幼儿教师口语

（第二版）

张永梅 李 静 主编

清华大学出版社

北京

内 容 简 介

本书从学前教育专业的角度出发,运用各种行之有效的训练方法,融基础理论知识和基本技能训练为一体,是切实适应特定教育对象、具备专业特色、可操作性强的幼儿教师口语训练教材。全书共分为五章,主要内容有:普通话训练基础、普通话水平测试概说、幼儿教师口语表达训练、幼儿教师职业口语训练、幼儿教师资格证考试面试环节口语表达训练。本书设有案例导入、课堂训练、能力拓展、延伸阅读等栏目,并配套教学课件、微课、案例、试卷、学生演示视频等教学资源。本书适合高等院校学前教育专业大专、本科层次的学生作为教材,也可供学前教育研究人员和幼儿园教师阅读参考。

图书在版编目(CIP)数据

幼儿教师口语 / 张永梅,李静主编.—2 版.—北京:清华大学出版社,2023.6(2025.1 重印)
ISBN 978-7-302-63572-7

Ⅰ.①幼… Ⅱ.①张… ②李… Ⅲ.①幼教人员—汉语—口语—教材 Ⅳ.①H193.2

中国国家版本馆 CIP 数据核字(2023)第 088522 号

责任编辑:张　弛
封面设计:于晓丽
责任校对:刘　静
责任印制:宋　林

出版发行:清华大学出版社
　　　　网　　　址:https://www.tup.com.cn,https://www.wqxuetang.com
　　　　地　　　址:北京清华大学学研大厦 A 座　　　　邮　　编:100084
　　　　社 总 机:010-83470000　　　　　　　　　　　邮　　购:010-62786544
　　　　投稿与读者服务:010-62776969,c-service@tup.tsinghua.edu.cn
　　　　质量反馈:010-62772015,zhiliang@tup.tsinghua.edu.cn
　　　　课件下载:https://www.tup.com.cn,010-83470410
印 装 者:三河市龙大印装有限公司
经　　销:全国新华书店
开　　本:185mm×260mm　　印　　张:19.25　　　　　字　　数:460千字
版　　次:2016 年 6 月第 1 版　2023 年 8 月第 2 版　印　　次:2025 年 1 月第 2 次印刷
定　　价:59.90 元

产品编号:088730-01

编写委员会

主编：张永梅　李　静

参编：（按姓氏笔画排序）

于海英　王秀伟　张文娟　苏柳铭　范煜璟

周　莉　徐广宇　高　丽　高建英　袁增欣

第二版前言

本书自 2016 年第一版出版以来,广受师范院校师生好评。为适应新时代学前教育改革、发展和贯彻党的二十大精神,顺应师范教育高质量发展的需要,紧跟信息化时代教育变革和教育智能化发展的新趋势,更好地对接《幼儿园教师专业标准》,不断满足学前教育高质量发展对高素质幼儿园教师的需求,提高学前教育专业人才培养质量,遵循推进现代教师教育高质量发展的总体要求,本书编写组对教材内容进行了整合,对部分章节重新编写。积极融合现阶段"互联网+"思想,拓展教学资源,在教材板块体系中引入微课、试卷、课件、拓展资源等数字化教学资源与内容。将传统教学手段与信息技术手段完美结合,展现与时俱进的教学风貌。

幼儿教师口语是学前教育专业重要的专业基础课程。参加本书编写的教师均有着丰富的一线教学经验,他们怀着对已有教学科研成果的尊重,怀着提高幼儿教师口语课程教学质量的期望,结合自身的教学实践经验,力求体现新形势下学前教育专业教学改革对教师技能尤其是教师口语技能的新要求。

本次再版的课堂训练内容更加注重工学结合,对接幼儿教师岗位需求,依据幼师职业对人才培养的实际要求,以培养学生从事教育教学的能力为核心,结合现代先进的教育理论和教育技术,形成以下特色优势。

1. 注重职业导向,强化实践训练

教材内容以训练幼儿教师职业口语的运用能力为主线,注重结合幼儿园教育教学的典型事例和成功经验,既有相关理论知识介绍,又有丰富的、有梯度的针对性训练,使学生的理论学习与实践训练相结合,阶段递进、步步深入。力求做到案例导入生动有趣,理论铺垫深入浅出,课堂训练循序渐进,能力拓展行之有效。

2. 注重岗位能力培养,强化岗课赛证一体化

课程内容对接《幼儿园教师专业标准》和岗位需求,对接国家普通话水平等级测试内容,对接幼儿园教师资格考试纲要相关内容,对接学前教育专业学生技能大赛的要求,使课程教学、技能比赛、职业认证、持证上岗实现有力衔接。

3. 注重与时俱进,打造融媒体教材

在"互联网+"的背景下,强化现代教育技术的运用。为了适应线上线下混合式教学、翻转课堂等课堂教学新模式,也为了提高学生的学习兴趣和主动性,本书采用新形态教材设计。与教材配套的微课、课件、拓展资源等都以数字化的形式呈献给读者,满足学习者全方位个性化移动学习需要。

本书由张永梅、李静主编并统稿。本书项目一任务一由范煜璟编写;任务二的声母训练、韵母训练由高建英编写;声调训练、音节由张永梅编写;语流音变中的变调、儿化、语气词

"啊"的变读由王秀伟编写，轻声由于海英编写。项目二任务一由袁增欣编写；任务二由张文娟、苏柳铭编写。项目三任务一由于海英编写；任务二由王秀伟编写；任务三由袁增欣编写；任务四由张永梅、周莉编写；任务五中华经典诗文诵读由徐广宇编写，幼儿文学作品朗诵、表演由李静、高丽编写。项目四由范煜璟编写。项目五由徐广宇编写。

幼儿教师口语编写组

2023 年 3 月

教学课件

教案

第一版前言

学前教育是基础教育的基石,随着经济社会的快速发展,广大人民群众对学前教育规模和质量的要求越来越高,这些都直接推动着我国学前教师教育的迅速发展。幼儿教师口语是教师口语的一个特殊分支,它是在相应理论指导下,训练学前教育师范生在幼儿园日常教育、教学等活动中的口语运用技能和技巧的实践性极强的语言训练课程,是培养幼儿教师职业技能的必修课程。

《幼儿教师口语》的编写是我们多年的实践积累,编写力求从学前教育专业的角度出发,针对幼儿教育对象的特殊性,以及教学需要编写而成。我们筛选整理出较为理想的训练材料,并尝试运用各种行之有效的训练方法,融基础理论知识和基本技能训练为一体,是切实适应特定教育对象、具备专业特色、可操作性强的幼儿教师口语训练教材。

在继承已有成果和经验的基础上,教材编写有以下几点创新。一是具有专业针对性。针对幼儿教育的专业特殊性,无论是在理论的建构还是案例的选择、训练材料的编写方面,都以提高学前教育专业学生的口语表达水平为宗旨,突出学前教育的特点。二是设计全面,体系完整。通过普通话训练、普通话水平测试概说、幼儿教师口语表达训练、幼儿教师职业口语训练、幼儿教师资格证考试面试环节口语表达训练等几个章节建构理论知识与技能训练框架,内容完整且系统。三是体例创新,强化学科的实践性和口语训练的指导性。课程通过生动有趣的案例导入,深入浅出的理论铺垫,循序渐进的课堂训练,行之有效的能力拓展,发人深省的延伸阅读,使学生的理论学习与实践训练相结合,阶段递进,步步深入。四是强化实践指导性。综合考虑现有教材的不足,精心编写了"表演性口语表达训练"(中华经典诗文诵读、表演,幼儿文学作品朗诵、表演)、"讲故事训练""演讲训练""幼儿教师资格证考试面试环节口语表达训练"等较为实用的内容,相信教材中简明、系统的基础理论知识阐述,扎实有效的训练方法,新鲜生动的案例解读,都将有助于学生的学习与训练,并取得较为理想的效果。

本书由张永梅、范煜璟主编。第一章第一节由范煜璟编写。第二节的声母训练、韵母训练由崔耀霞编写;声调训练、音节由张永梅编写;语流音变中的变调、儿化、语气词"啊"的变读由王秀伟编写,轻声由于海英编写。第二章第一节由袁增欣编写,第二节由张文娟编写。第三章第一节由于海英编写,第二节由王秀伟编写,第三节由袁增欣编写,第四节由张永梅编写,第五节中华经典诗文诵读由徐广宇编写,幼儿文学作品朗诵、表演由李静编写,第四章由范煜璟编写,第五章由徐广宇编写。全书由张永梅、范煜璟统稿。

幼儿教师口语编写组

2015 年 12 月

目 录

项目一　普通话训练基础 ·· 1

　任务一　了解普通话概念 ·· 2

　　一、普通话与方言 ·· 3

　　二、普通话是教师的职业语言 ······································ 6

　　三、怎样学好普通话 ·· 6

　任务二　普通话语音训练 ·· 7

　　一、声母训练 ·· 8

　　二、韵母训练 ··· 23

　　三、声调训练 ··· 41

　　四、音节 ··· 49

　　五、语流音变 ··· 56

项目二　普通话水平测试概说 ··· 73

　任务一　了解普通话水平测试 ······································· 74

　　一、普通话水平测试的试卷构成 ··································· 75

　　二、普通话水平测试的方式和等级标准 ····························· 78

　　三、计算机辅助普通话水平测试简介 ······························· 80

　任务二　普通话水平测试分项指导 ··································· 81

　　一、读单音节字词指导 ··· 81

　　二、读多音节词语指导 ··· 85

　　三、朗读短文指导 ··· 91

　　四、命题说话指导 ··· 96

项目三　幼儿教师口语表达训练 ······································ 108

　任务一　朗读训练 ·· 109

　　一、朗读概说 ·· 109

　　二、朗读的基本技巧 ·· 110

　　三、常见文体的朗读训练 ·· 121

　任务二　态势语训练 ·· 134

　　一、态势语概说 ·· 134

二、态势语的技巧训练 ……………………………………………… 137

任务三　讲故事训练 …………………………………………………… 149

一、讲故事概说 …………………………………………………… 150

二、讲故事的技巧 ………………………………………………… 156

三、讲故事的指导与训练 ………………………………………… 164

任务四　演讲训练 ……………………………………………………… 170

一、演讲概说 ……………………………………………………… 170

二、演讲稿的设计 ………………………………………………… 176

三、演讲技巧的综合训练 ………………………………………… 183

任务五　表演性口语表达训练 ………………………………………… 189

一、中华经典诗文诵读 …………………………………………… 189

二、幼儿文学作品朗诵、表演 …………………………………… 209

项目四　幼儿教师职业口语训练 …………………………………………… 246

任务一　了解幼儿教师职业口语 ……………………………………… 247

一、幼儿教师职业口语的含义 …………………………………… 247

二、幼儿教师职业口语的特点 …………………………………… 248

任务二　幼儿教师职业口语分类训练 ………………………………… 252

一、教学口语训练 ………………………………………………… 254

二、教育口语训练 ………………………………………………… 266

三、交际口语训练 ………………………………………………… 272

项目五　幼儿教师资格证考试面试环节口语表达训练 ………………… 276

任务一　了解幼儿教师资格证考试面试 ……………………………… 277

一、测试性质 ……………………………………………………… 277

二、测试目标 ……………………………………………………… 278

三、测试内容、要求及评分标准 ………………………………… 278

四、测试方法 ……………………………………………………… 280

五、评分标准 ……………………………………………………… 280

六、试题示例 ……………………………………………………… 280

任务二　幼儿教师资格证考试面试口语表达技巧综合训练 ………… 281

一、格式化面试和答辩的口语技巧 ……………………………… 281

二、试讲中的口语表达技巧 ……………………………………… 284

三、其他面试常用技巧 …………………………………………… 287

参考文献 …………………………………………………………………… 294

项目一
普通话训练基础

训练目标

1. 掌握普通话的定义、地位。

2. 了解普通话和方言的关系，了解方言的分类。

3. 掌握学习普通话的方法，帮助指导普通话的学习和训练。

4. 熟练掌握普通话中声母、韵母、声调、音节的发声，掌握语流音变的规律，具备一定的方言辨证能力和指导幼儿进行方言辨证的能力。

5. 引导学前教育专业学生热爱祖国语言文字，了解并贯彻执行国家语言文字方针政策，树立教师职业道德和职业意识的观念，养成讲规范语言、标准语言、文明语言的良好习惯。

任务一　了解普通话概念

案例导入

（1）请分别用普通话和家乡话朗读下面的儿歌，体会普通话和方言的异同。

数　数　歌

郭明志

1 像铅笔细长条，

2 像小鸭水上漂。

3 像耳朵听声音，

4 像小旗随风摇。

5 像秤钩来称菜，

6 像豆芽咧嘴笑。

7 像镰刀割青草，

8 像麻花拧一遭。

9 像勺子能吃饭，

0 像鸡蛋做蛋糕。

（http://www.docin.com/p-307444951.html）

（2）用普通话朗读下面这首儿歌，说说你对普通话的体会。

说好普通话

说好普通话，

阔步走天下。

同音好同心，

齐心建中华。

不说普通话，

说话像打架。

一个瞪着眼，

一个乱比画。

学说普通话，

起步抓娃娃。

坚持十几年，

全民笑哈哈。

（http://wenda.haosou.com/q/1364852738069586）

一、普通话与方言

（一）普通话

1. 什么是普通话

普通话是以北京语音为标准音，以北方话为基础方言，以典范的现代白话文著作为语法规范的现代汉民族共同语。

普通话的"普通"就是普遍、通用的意思，而非"普普通通"之意。普通话是中华人民共和国的官方语言，是新加坡四种官方语言之一，也是联合国六种官方工作语言之一。

普通话"以北京语音为标准音"，是符合人们使用汉语的客观情况的。任何一个民族的共同语都需要有一个地点方言的语音作为标准音，而不能把不同地方的语音拼凑成一种标准音，汉民族共同语也是这样。普通话以北京语音为标准音，是我国历史发展的必然结果。辽、金、元、明、清以来的数百年间，大多以北京作为都城，北京成为我国政治、经济和文化的中心，因此，作为北方方言代表的北京话，成为官府的通用语言传播到了全国各地，北京话的影响逐渐显著，地位日益重要。民国时期掀起的"国语运动"又在口语方面增强了北京话的代表性，促使北京语音成为全民族共同语的标准音。需要注意的是，"以北京语音为标准音"指的是以北京话的语音系统为标准，但并不是把北京话一切读法全部照搬，普通话并不等于北京话，那些北京人口语中的土音以及过多的轻声、儿化现象等并不包括在内。

普通话"以北方话为基础方言"，是指普通话是在北方话的基础上形成的。北方话分布区域最广，使用人数最多，影响最大。宋代话本、元朝的戏曲杂剧、明清小说如《水浒传》《西游记》《三国演义》《红楼梦》等，都是用北方话写成的。这些作品长期以来在广大人民中产生了深远的影响，北方话也通过这些作品得以广泛传播。"五四运动"以后众多的白话作品也多由北方话写成，这些作品的流传更扩大了北方话的影响，北方话成为普通话的基础方言是历史的必然。普通话"以北方话为基础方言"，同时也意味着普通话的词汇标准是以北方话词汇为基础。普通话词汇来源于北方话，但并不是北方话中所有的词语都可以进入普通话，为了丰富词汇，普通话也可从方言、古代汉语、外来语中吸收一些必需的词语。

普通话的语法标准是"以典范的现代白话文著作为语法规范"，这个标准包括四方面意思："典范"就是排除不典范的现代白话文著作作为语法规范；"白话文"就是排除文言文；"现代白话文"就是排除"五四运动"以前的早期白话文；"著作"就是指普通话的书面形式，它建立在口语基础上，但又不等于一般的口语，而是经过加工、提炼的语言。

2. 普通话的形成

汉语，是汉民族自古以来使用的语言，属汉藏语系，是世界主要语言之一，包括汉语方言和汉民族共同语。普通话是汉民族共同语，这是相对于汉语方言来说的，它是汉民族内部用来交际的共同语言，是汉民族的主要标志之一。

纵观汉语的发展历史，汉民族共同语——普通话的形成和发展经历了漫长的历史时期。

（1）春秋战国时期的汉民族共同语叫"雅言"。早在先秦时代，汉民族就存在着民族共同语，到春秋时期，这种共同语被称为"雅言"。《辞海》"雅言"条说："雅言，古时称'共同语'，同'方言'对称。"孔颖达在《正文》中说："雅言，正言也。"孔子在鲁国讲学，他的三千弟子来自四面八方,孔子正是用雅言来讲学的。《论语·述而第七》中说:"子所雅言,诗、书、执礼,皆雅言也。"这段文字说明孔子在讲学、诵读和执行典礼时用的都是雅言,而不是孔子的家乡话鲁国方言。"雅言"主要流行于黄河流域,我国第一部诗歌总集《诗经》使用的语言就是雅言。

（2）汉代的民族共同语叫"通语"。到了汉代,扬雄编纂《方言》,书中多次使用"通语""凡语""通名""四方之通语"等,指的就是当时各地通用的语言。

（3）明清时期的汉民族共同语叫"官话"。到了明代,我国又出现了"官话"这个名称,大致相当于我国的北方方言。"官话"名称的出现标志着现代汉民族共同语的早期形式初步形成。清朝初年,广东、福建等地专门设立了"正音书院"教学官话,从而使官话得以在民间推行和普及。

（4）民国时期汉民族共同语叫"国语"。1910年,近代著名语言学家江谦主张用拼音办法统一语音,把"官话"正名为"国语"。1912年年初中华民国成立后,决定在全国范围内推行"国语"。1916年掀起了"国语运动",促使北京语音成为全民族共同语的标准音。

（5）新中国成立后的汉民族共同语叫"普通话"。中华人民共和国成立后,为了加强政治、经济、文化的统一,为了顺利进行社会主义建设,决定把汉民族的共同语加以规范,大力推广。1955年召开的全国文字改革会议和现代汉语规范问题学术会议,确定了民族共同语的标准,明确规定把现代汉民族共同语称为"普通话"。

3. 大力推广普通话

推广普通话是我国语言文字工作的基本方针。《中华人民共和国宪法》明确规定:"国家推广全国通用的普通话。"《中华人民共和国国家通用语言文字法》第五条规定:"国家通用语言文字的使用应当有利于维护国家主权和民族尊严,有利于国家统一和民族团结,有利于社会主义物质文明建设和精神文明建设。"我国是多民族、多语言、多方言的人口大国,推广普及普通话有利于增进各民族、各地区的交流,有利于维护国家统一,增强中华民族凝聚力。为了适应改革开放、经济建设和社会发展的需要,1986年国家把推广普通话列为新时期语言文字工作的首要任务,1992年确定的推广普通话工作方针为"大力推行、积极普及、逐步提高",在强化政府行为,扩大普及范围,提高全民普通话应用水平方面提出了更高的要求。根据需要和多年推广普通话工作的经验,1997年国家语言文字工作委员会颁布了《国家语言文字工作委员会关于普通话水平测试管理工作的若干规定(试行)》,提出抓好普通话水平测试工作。地方各级人民政府及其有关部门应当采取措施,推广普通话和推行规范汉字。普通话水平测试是推广普通话工作的重要组成部分,是使推广普通话工作逐步走向科学化、规范化、制度化的重要举措。

1998年,经国务院批准,把每年9月的第三周作为全国推广普通话宣传周。1998年举办了第一届推广普通话宣传周活动,每一届全国推广普通话宣传周都有明确的主题和宣传口号。2001年颁布的《中华人民共和国国家通用语言文字法》确立了普通话和规范汉字的"国家通用语言文字"的法定地位。其中规定:"国家推广普通话,推行规范汉字。""地方各级人民政府及其有关部门应当采取措施,推广普通话和推行规范汉字。"《中华人民共和国国家通用语言文字法》的诞生,标志着推广普通话工作从此走上了法制道路。

（二）方言

现代汉语中既有民族共同语——普通话,也存在着各种不同的方言。汉语方言俗称地方话,它不是独立于民族语之外的另一种语言,它只通行于一定的地域,是局部地区使用的语言。作为区域性的交际工具,方言发挥着很大的作用。根据方言形成和发展的历史以及结构上的特点,现代汉语的方言可以分为七大类,每类大方言内,还可分出若干种次方言。"七大方言"概说如下。

1. 北方方言

北方方言一般叫"北方话",以北京话为代表,是普通话的基础方言,在汉语各方言中分布地区最广,使用人数也最多,占汉族人口总数的70％以上。它包括四个次方言:①华北、东北方言,分布在北京、天津、河北、山东、东北三省以及内蒙古的部分地区。②西北方言,分布在西北各省汉族居住的地区,包括山西、陕西、甘肃等省以及青海、宁夏、新疆、内蒙古的部分地区。③西南方言,分布在四川、云南、贵州三省以及湖北大部分地区,还有广西西北部、湖南西北部的小部分地区。④江淮方言,分布在安徽、江苏两省的长江以北、淮河以南地区(徐州、蚌埠一带属华北、东北方言)和镇江及江西、九江以东的长江南岸沿江一带。

2. 吴方言

吴方言一般叫"吴语",也叫"江浙话"或"江南话",以苏州话或上海话为代表,分布于上海地区,江苏省长江以南的镇江以东(不包括镇江)、长江以北部分沿江地带,浙江省大部分地区。使用人数占汉族总人口的8％。

3. 湘方言

湘方言一般叫"湖南话",以长沙话为代表,分布在湖南省大部分地区(西北部除外)。使用人数约占汉族总人口的5％。

4. 赣方言

赣方言一般叫"江西话",以南昌话为代表,分布于江西省大部分地区(东北沿长江地带和南部除外)及湖北省东南部。使用人数约占汉族总人口的3％。

5. 客家方言

客家方言一般叫"客家话",以广东省梅县话为代表。分布于广东的东部和北部、福建西部、江西南部。此外,广东的南部,广西、湖南、四川、台湾也有少数地区使用客家方言。使用人数约占汉族总人口的4％。

6. 闽方言

闽方言影响较广的有闽北方言和闽南方言两种。①闽北方言一般叫"闽北话",以福州话为代表,分布于福建省北部和台湾的小部分地区。②闽南方言一般叫"闽南话",以厦门话为代表,分布于福建省南部,广东省东部潮州、汕头一带,海南省的一部分,台湾地区的大部分。闽方言使用人数约占汉族总人口的5％。

7. 粤方言

粤方言一般叫"粤语",以广州话为代表,分布于广东省中部和西南部、广西壮族自治区东南部。使用人数约占汉族总人口的5％。

在七大方言中,闽、粤方言和普通话的差别最大,吴方言次之,湘、赣、客家方言和普通话的差别最小。现代汉语各方言之间的差异表现在语音、词汇、语法三个方面,语音方面尤为突出。使用不同方言的人在一起交谈，首先感到对方说话时发音与自己不同，其次才会发现对方使用的词语和语法规则与自己也有差异。调查和研究方言，找出方言和普通话的对应规律，对推广普通话有很大的实际意义。

作为以普通话为职业语言的幼儿教师，应当正确处理普通话和方言的关系。国家推广普及普通话并不是要求一切人员在一切场合都只能使用普通话，也绝不是要人为地消灭方言。《中华人民共和国国家通用语言文字法》规定："各民族都有使用和发展自己的语言文字的自由。"推广普通话是使公民在使用方言的同时也掌握国家通用语言，并在正式场合和公共交际场合自觉地使用普通话。作为地方文化的一种，方言被称作民族文化的"语言活化石"，是民族文化的有机组成部分，它传承千年，有着丰厚的文化底蕴，也应当受到保护。所以幼儿教师一方面要尊重方言的使用价值和文化价值；另一方面要增强在正式场合和公共交际场合自觉使用普通话的意识。

二、 普通话是教师的职业语言

《中华人民共和国国家通用语言文字法》第十条规定："学校及其他教育机构以普通话和规范汉字为基本的教育教学用语用字。"《中华人民共和国教育法》第十二条规定："学校及其他教育机构进行教学，应当推广使用全国通用的普通话和规范汉字。"《中华人民共和国义务教育法实施细则》第二十四条规定："实施义务教育的学校在教育教学和各种活动中，应当推广使用全国通用的普通话。师范院校的教育教学和各种活动应当使用普通话。"《幼儿园管理条例》第十五条规定："幼儿园应当使用全国通用的普通话。"这些法规明确了学校、幼儿园是推广普通话的主阵地，普通话是教师的职业语言，在课堂上使用标准的普通话是每位教师义不容辞的责任。

对于幼儿教师来说，说一口标准流利的普通话不仅能给幼儿以正确的语音示范，还能让幼儿感受到母语的美好，激发幼儿学习母语的兴趣。幼儿教师面对的是3～6岁的幼儿，这一特殊的教育群体正处在语言发展的关键期，如果错过这一阶段，或者在这一阶段给孩子一些不恰当的指导或示范，那么幼儿很可能形成不良的语言交往习惯，甚至在将来有可能出现语言障碍。幼儿学习语言的方式主要是模仿，幼儿教师的语言应该成为幼儿学习语言的典范。另外，说一口标准流利的普通话，可以帮助幼儿教师顺利开展教育教学活动。幼儿教师标准清晰、生动形象、富有感染力的语言表达，不仅带给幼儿美的享受，还能提升教育教学效果，让幼儿更好地掌握知识和技能。

三、 怎样学好普通话

要想说一口标准的普通话，克服方言的影响，并且顺利地通过普通话水平测试，就要掌握一定的方法、技巧，方法得当会达到事半功倍的效果。那么怎样才能学好普通话呢？

（一）学好理论

普通话学习不是盲目地练习，而是在理论指导下正确地实践。汉语方言与普通话的差别，从语音、词汇、语法三方面看，语音方面的差别最为突出，词汇方面的差别虽然也相当大，但没有语音那样明显,语法的差别最小。我们可以把学习的重点放在普通话的语音方面。熟练掌握《汉语拼音方案》,通过学习和训练,掌握普通话声母、韵母、声调的发音以及它们的结合规律,掌握普通话的各种音变,这些语音知识可以提高我们辨别和判断语音的能力,可以帮助我们对自己的语音问题进行科学的分析。因此,扎实的理论知识是学好普通话的重要前提。

(二)找准问题

受多种因素的影响,每个人的普通话水平不尽相同,为了提高学习效率,一定要结合普通话的标准语音,对照自查,找到自己的主要问题。有些学生对自己的语音问题非常清楚,而有些学生却浑然不觉,那么就要请求专业教师的指点和帮助。明确了自己的语音问题后,就要针对自己的薄弱环节分析原因,在普通话训练中抓住重点、突破难点、对症下药,这样就能尽快提高普通话水平。

(三)科学练习

要想说好普通话,就要讲究科学的训练方法,比如多听、多练。听是说的前提,不会听就不会说。良好的听力是学好普通话的基础。平时可以多听中央人民广播电台、中央电视台播音员的发音,或者是身边普通话说得好的人的发音,边听边模仿,标准音听得多了,听得准了,再练习说,就能轻松自如地发出正确的读音。说好普通话,还在于多练。只有多练,才能将普通话的标准语音转化为自身的口语能力。练习过程中,训练材料的选择也很关键。结合自身的情况,训练材料可以由易到难,以不断增强学习的信心;训练材料可以多种多样,比如单双音节字词,篇章句段,拗口有趣的绕口令,不同体裁、风格的作品等,以增强练习的兴趣;特别需要注意的是训练材料的选择一定要有针对性,这样可以让自己的学习既快乐又高效。

值得一提的是,说好普通话应以字音准确为前提,除了纠正自己的难点音和不良的发音习惯外,还要注重普通话规范汉字的认读。作为学前教育专业的学生,必须掌握 3500 个常用汉字的正确读音,碰到不确定或不认识的字一定要勤查字典、反复记忆,绝不能想当然地认读。

练就一口标准流利的普通话,仅靠几堂普通话训练课是远远不够的,应当将课内训练和课外训练相结合,养成以自练为主的学习习惯;还要特别注意加强普通话口语交际的训练,通过综合练习达到普通话语音运用规范准确、自然流畅的效果。

任务二 普通话语音训练

案例导入

(1)用方言和普通话分别读一读下面两段话,说说有什么不同。

① 捉兔——一个小孩叫小顾,上街打醋又买布。买了布,打了醋,回头看见鹰抓兔。放下布,搁下醋,上前去追鹰和兔,飞了鹰,跑了兔。打翻醋,醋湿布。

② 羊和狼——东边来了一只小山羊,西边来了一只大灰狼,一起走到小桥上,小山羊不

让大灰狼,大灰狼不让小山羊,小山羊叫大灰狼让小山羊,大灰狼叫小山羊让大灰狼,羊不让狼,狼不让羊,扑通一声掉到河中央。

(2) 尝试有节奏地朗读下面的儿歌。

b p m f 真淘气,找 d t l n 做游戏,g k h,j q x,吵着闹着也要去;zh ch sh 听见了,背着椅子追上去,r 在后面大声喊,翘舌音还有我;再找 z c s 还有 y w 两兄弟;23 个声母齐,大家一起做游戏。

一、声母训练

（一）声母的分类

关于声母,在语言学界比较通行的解释是:声母是汉语音节开头部分的辅音。

什么是辅音呢？这里需要介绍一个新的概念——音素。音素是从音色角度划分出来的最小的语音单位。例如:"妈"(mā),可以划分成"m"和"a"两个不同的音素。

音素可以分成元音和辅音两大类。辅音是气流经过口腔或者咽头受阻碍而形成的音素。比如:b p m f d t n l g k h j q x zh ch sh r z c s 等;元音是气流振动声带发出声音,气流经过口腔、咽头不受阻碍而形成的音素,比如:a o e i u ü 等。

依据普通话音节的实际发音,按照拼音的拼写规则,把拼音的前半部分划分为声母,后半部分划分为韵母。声母一般由辅音构成。实际发音的声母有 22 个。除了能够书写出来的辅音声母 21 个(b p m f d t n l g k h j q x zh ch sh r z c s),还有一类零声母,以元音开头的音节是零声母音节。

按照发音部位,可以把声母分成 7 个类别。发辅音时,阻碍气流的部位叫作发音部位。

(1) 双唇音:上下嘴唇闭合形成阻碍。普通话声母中有 3 个双唇音:b p m。

(2) 唇齿音:下唇和上齿靠拢形成阻碍。唇齿音也称作齿唇音,普通话声母中唇齿音只有 1 个:f。

(3) 舌尖前音:舌尖前部和上齿背接触或接近形成阻碍。普通话声母舌尖前音有 3 个:z c s。也叫作"平舌音"。

(4) 舌尖中音:舌尖中部和上齿龈(即上牙床)接触形成阻碍。普通话声母舌尖中音有 4 个:d t n l。

(5) 舌尖后音:舌尖后部和硬腭的前端接触形成阻碍。普通话声母的舌尖后音有 4 个:zh ch sh r。也叫作"翘舌音"。

(6) 舌面音:舌面前部和硬腭前端形成阻碍,普通话声母的舌面音有 3 个:j q x。也叫作"舌面前音"。

(7) 舌根音:舌根(舌面后部)和软腭形成阻碍,普通话声母的舌根音有 3 个:g k h。也叫作"舌面后音"。

辅音的发音方法是指发音时喉头、口腔和鼻腔节制气流的方式和状况。可以从阻碍气流的方式、声带是否振动、气流的强弱 3 个方面来观察。辅音发音过程可以分为:形成阻碍——持续阻碍——解除阻碍 3 个阶段,简称成阻——持阻——除阻。

按照发音方法可以将 21 个辅音声母分为 5 类。

（1）塞音：成阻时发音部位完全闭合阻住气流；持阻时气流蓄积在阻碍部位；除阻时受阻部位突然完全放开，使阻住的气流骤然释放，爆发成声。普通话声母的塞音有6个：b p d t g k。

（2）擦音：成阻时发音部位接近但不完全闭合，形成适度缝隙；持阻时气流从缝隙中摩擦成声；除阻时发音结束。普通话声母的擦音有6个：f s sh r x h。

（3）塞擦音：成阻时发音部位完全闭合，封闭气流通道；除阻时发音部位打开一个窄缝，气流从窄缝里挤出来，摩擦成声。普通话声母的塞擦音有6个：z c zh ch j q。

（4）鼻音：成阻时发音部位完全闭合，封闭口腔通路；持阻时软腭下垂，打开鼻腔通路，声带颤动，气流在口腔受到阻碍，由鼻腔透出成声；除阻时口腔阻碍解除。鼻音是鼻腔和口腔双重共鸣形成的，由于鼻腔的不可调节性，不同音质的鼻音实际是发音部位在口腔的不同位置形成的。普通话声母的鼻音有3个：m n ng，其中只有 m n 作辅音声母，ng 只作韵母的构成部分，不作声母。

（5）边音：成阻时舌尖抵住上齿龈，阻挡气流正前方通路，除阻时舌头两边松弛，气流冲击声带从舌头两边空隙中流出。普通话声母的边音只有1个：l。

另外在普通话里根据气流的强弱，辅音声母还可以分为送气音和不送气音两大类。送气音发音成阻时从口腔里送出来的气流强而持久，除阻后声门大开，气流快速在声门以及声门以上的某个部位摩擦成声。普通话的送气音有6个：p t k q c ch。不送气音发音除阻时从口腔里送出的气流比较弱。普通话的不送气音也有6个：b d g j z zh。

另外，根据发音时声带震颤与否，又可以把辅音分成清辅音和浊辅音两大类，清辅音发音时不震颤声带，浊辅音发音时震颤声带，普通话的浊辅音只有5个：m n l r ng，其余的都是清辅音。

普通话的辅音发音部位和发音方法见表1-1，发音器官示意图如图1-1所示。

表 1-1 普通话辅音声母总表

方法 部位	清塞音		清塞擦音		清擦音	浊擦音	浊鼻音	浊边音
	不送气	送气	不送气	送气				
双唇音	b	p					m	
唇齿音					f			
舌尖前音			z	c	s			
舌尖中音	d	t					n	l
舌尖后音			zh	ch	sh	r		
舌面音			j	q	x			
舌根音	g	k			h		(ng)	

注：1. 声母发音部位和方法如下。

① 双唇音：上唇和下唇的阻挡，可发出 b、p、m。

② 唇齿音：上齿和下唇阻挡，可发出 f。

③ 舌尖前音：由上齿背和舌尖阻挡，可发出 z、c、s。

④ 舌尖中音：由上齿龈和舌尖阻挡，可发出 d、t、n、l。

⑤ 舌尖后音：由前硬腭和舌尖前阻挡，可发出 zh、ch、sh、r。

⑥ 舌面音：由前硬腭和舌面前阻挡，可发出 j、q、x。

⑦ 舌根音：由软腭和舌面后阻挡，可发出 g、k、h。

2. ng(ŋ)这个辅音在普通话中只作音尾，不作声母。

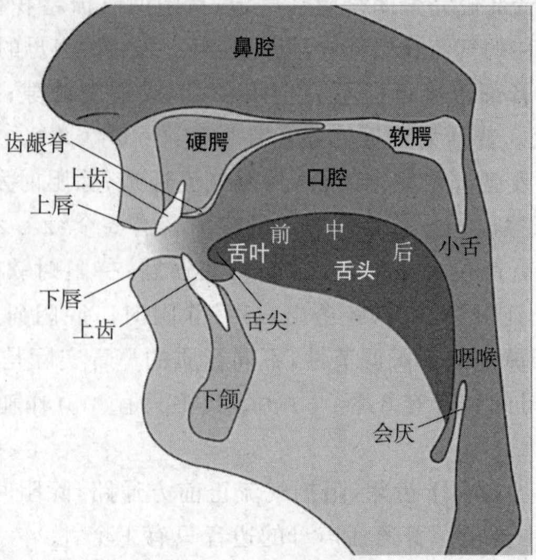

图 1-1　发音器官示意图

（二）声母的发音

声母的发音我们分辅音声母和零声母两部分来学习,首先介绍普通话辅音声母的发音情况。

1. 辅音声母的发音

1）"b p m f"辅音声母的发音

（1）b[p]双唇、不送气、清、塞音

发音时双唇闭紧,形成阻碍,软腭上升,关闭鼻腔通路;气流到达双唇后蓄气,然后气流骤然冲出双唇,爆发成声;气流较弱,声带不振动。

例如:

奔波 bēnbō	包办 bāobàn	报表 bàobiǎo	保镖 bǎobiāo
摆布 bǎibù	宝贝 bǎobèi	颁布 bānbù	百倍 bǎibèi

（2）p[pʻ]双唇、送气、清、塞音

发音时双唇闭紧,形成阻碍,软腭上升,关闭鼻腔通路;气流到达双唇后蓄气,然后气流骤然冲出双唇,爆发成声;气流较强,声带不振动。

例如:

偏旁 piānpáng	偏僻 piānpì	琵琶 pí·pa	攀爬 pānpá
品牌 pǐnpái	匹配 pǐpèi	拼盘 pīnpán	偏颇 piānpō

（3）m[m]双唇、浊、鼻音

发音时双唇闭紧,形成阻碍,软腭下降,打开鼻腔通路;气流同时到达口腔和鼻腔,在口腔内到达双唇后受到阻碍,从鼻腔流出;声带振动成声。

例如:

面目 miànmù	明媚 míngmèi	眉目 méimù	埋没 máimò
美妙 měimiào	秘密 mìmì	麻木 mámù	牧民 mùmín

（4）f[f]唇齿、清、擦音

发音时下唇略内收,靠近上齿,形成一条窄缝,软腭上升,关闭鼻腔通路;气流从唇齿的窄缝中挤出,摩擦成声;声带不振动。

例如:

方法 fāngfǎ	风范 fēngfàn	防范 fángfàn	房费 fángfèi
反复 fǎnfù	仿佛 fǎngfú	奋发 fènfā	付费 fùfèi

课堂训练

1. 读一读下面的词语,看谁读得又快又准。

必备　败北　白板　弊病　报表　匹配　枇杷　澎湃

批判　拼盘　攀爬　乒乓　品牌　美满　美貌　蒙昧

弥漫　迷茫　面貌　非法　分发　纷繁　纷飞　芬芳

2. 绕口令练习。

（1）八百标兵奔北坡,北坡炮兵并排跑,炮兵怕把标兵碰,标兵怕碰炮兵炮。

（2）吃葡萄不吐葡萄皮儿,不吃葡萄倒吐葡萄皮儿。

（3）一平盆面,烙一平盆饼,饼碰盆,盆碰饼。

2) "d t n l" 辅音声母的发音

（1）d[t]舌尖中、不送气、清、塞音

发音时舌尖中部抵住上齿龈,软腭上升,关闭鼻腔通路;气流到达口腔后蓄气,用较弱的气流冲破舌尖的阻碍,爆破成声;声带不振动。

例如:

单调 dāndiào	道德 dàodé	得到 dédào	达到 dádào
点灯 diǎndēng	导弹 dǎodàn	奠定 diàndìng	大地 dàdì

（2）t[t']舌尖中、送气、清、塞音

发音时舌尖中部抵住上齿龈,软腭上升,关闭鼻腔通路;气流到达口腔后蓄气,用较强的气流冲破舌尖的阻碍,爆破成声;声带不振动。

例如:

坍塌 tāntā	滩涂 tāntú	团体 tuántǐ	淘汰 táotài
忐忑 tǎntè	体贴 tǐtiē	探讨 tàntǎo	天梯 tiāntī

（3）n[n]舌尖中、浊、鼻音

发音时舌尖中部抵住上齿龈,形成阻塞,软腭下降,打开鼻腔通路;气流从鼻腔流出,同时舌尖离开上齿龈,解除阻碍;声带振动成声。

例如:

年内 niánnèi	男女 nánnǚ	南宁 nánníng	泥泞 nínìng
恼怒 nǎonù	奶牛 nǎiniú	那年 nànián	难耐 nánnài

注意:声母 n 与齐齿呼韵母相拼时,n 的实际发音变成了舌面音。如"你""您""念""宁""牛""鸟"等字的发音。

（4）l[l]舌尖中、浊、边音

发音时舌尖中部抵住上齿龈,软腭上升,关闭鼻腔通路,阻塞气流在口腔的中路的通道,气流从舌头两边出来;声带振动发声。

例如:

拉拢 lālǒng	溜冰 liūbīng	浏览 liúlǎn	轮流 lúnliú
凛冽 lǐnliè	磊落 lěiluò	靓丽 liànglì	力量 lìliàng

课堂训练 ....

1. 读一读下面的词语,看谁读得又快又准。

打闹	等你	得到	担当	地点	地灯	点滴	读本
坦荡	忐忑	特点	团队	通透	通天	态度	讨论
能耐	奶奶	男女	伶俐	理论	年内	力量	溜冰

2. 绕口令练习。

（1）白石塔,白石搭,白石搭白塔,白塔白石搭。

（2）刘奶奶找牛奶奶买榴莲牛奶,牛奶奶给刘奶奶拿榴莲牛奶。

（3）新脑筋老脑筋,老脑筋学习变成新脑筋,新脑筋不学习变成老脑筋。

3）"g k h"辅音声母的发音

（1）g[k]舌根、不送气、清、塞音

发音时舌面后部(舌根)抵住软腭,软腭后部上升,关闭鼻腔通路;气流在阻塞部位后蓄积;突然解除阻塞成声;气流较弱,声带不振动。

例如:

高贵 gāoguì	光顾 guānggù	国歌 guógē	观感 guāngǎn
改革 gǎigé	巩固 gǒnggù	灌溉 guàngài	公告 gōnggào

（2）k[k']舌根、送气、清、塞音

发音时舌面后部(舌根)抵住软腭,软腭后部上升,关闭鼻腔通路;气流在阻塞部位后蓄积;突然解除阻塞成声;气流较强,声带不振动。

例如:

宽阔 kuānkuò	慷慨 kāngkǎi	空旷 kōngkuàng	开垦 kāikěn
可靠 kěkào	坎坷 kǎnkě	刻苦 kèkǔ	困苦 kùnkǔ

（3）h[x]舌根、清、擦音

发音时舌面后部(舌根)接近软腭,留出一条窄缝,软腭上升,堵塞鼻腔通路;气流从窄缝中挤出,摩擦成声;声带不振动。

例如:

欢呼 huānhū	辉煌 huīhuáng	航海 hánghǎi	荷花 héhuā
缓和 huǎnhé	悔恨 huǐhèn	绘画 huìhuà	后悔 hòuhuǐ

课堂训练 ....

1. 读一读下面的词语,看谁读得又快又准。

改观	感官	杠杆	高贵	更改	公共	公关	公馆

| 坎坷 | 宽阔 | 空旷 | 可靠 | 慷慨 | 开垦 | 夸口 | 扣款 |
| 憨厚 | 航海 | 行会 | 豪华 | 好汉 | 合伙 | 和缓 | 呼喊 |

2. 绕口令练习。

(1) 大哥有大锅,二哥有小锅,大哥要换二哥的小锅,二哥不换大哥的大锅。

(2) 画上盛开一朵花,花朵开花花非花。花非花朵花,花是画上花。画上花开花,画花也是花。

(3) 瓜藤开花像喇叭,娃娃爱花不去掐。瓜藤开花花结瓜,没花就没瓜。吃瓜要爱花,娃娃爱花也爱瓜。

4)"j q x"辅音声母的发音

(1) j[tɕ]舌面(前)、不送气、清、塞擦音

发音时舌面前部抵住硬腭前端,软腭上升,关闭鼻腔通路;用较弱的气流把舌面前部的阻碍冲开一条窄缝,摩擦成声;声带不振动。

例如:

| 加紧 jiājǐn | 交际 jiāojì | 倔强 juéjiàng | 集结 jíjié |
| 简洁 jiǎnjié | 借鉴 jièjiàn | 拒绝 jùjué | 境界 jìngjiè |

(2) q[tɕ']舌面(前)、送气、清、塞擦音

发音时舌面前部抵住硬腭前端,软腭上升,关闭鼻腔通路;用较强的气流把舌面前部的阻碍冲开一条窄缝,摩擦成声;声带不振动。

例如:

| 亲切 qīnqiè | 轻巧 qīngqiǎo | 崎岖 qíqū | 前期 qiánqī |
| 请求 qǐngqiú | 取钱 qǔqián | 弃权 qìquán | 恰巧 qiàqiǎo |

(3) x[ɕ]舌面(前)、清、擦音

发音时舌面前部接近硬腭前端,留出窄缝,软腭上升,关闭鼻腔通路;气流从窄缝中挤出,摩擦成声;声带不振动。

例如:

| 相信 xiāngxìn | 新鲜 xīnxiān | 形象 xíngxiàng | 信息 xìnxī |
| 欣喜 xīnxǐ | 歇息 xiē·xi | 想象 xiǎngxiàng | 罅隙 xiàxì |

课堂训练

1. 读准下列词语。

集锦	机警	肌腱	积极	积聚	基建	基金	鸡精
亲切	请求	崎岖	娶亲	恰巧	秋千	气球	欠缺
习性	喜讯	细心	狭小	遐想	闲暇	现象	限行

2. 绕口令练习。

(1) 京剧叫京剧,警句叫警句。京剧不能叫警句,警句不能叫京剧。

(2) 墙头高,墙头低,墙旮旯里有两只蛐蛐,在那儿吹大气。大蛐蛐说:"昨儿个我吃了两只花不棱登的大老虎。"小蛐蛐说:"今儿个我吃了两只灰不溜丢的大毛驴。"大蛐蛐说:"我在南山爪子一抬,踢倒了十棵大柳树。"小蛐蛐说:"我在北海大嘴一张,吞掉了十条大鲸鱼。"

这两个蛐蛐正在吹大气，扑棱棱打东边飞来一只芦花大公鸡。你看这只公鸡有多愣，它"哆"的一声吃了那只小蛐蛐。大蛐蛐一看生了气，它龇牙捋须一伸腿，唉！它也喂了鸡！哈哈，看它们还吹大气不吹大气！

（3）天空飘着一片霞，水上游来一群鸭。霞是五彩霞，鸭是麻花鸭。麻花鸭游进五彩霞，五彩霞网住麻花鸭，分不清是鸭还是霞。

5）"zh ch sh r"辅音声母发音

（1）zh[tʂ]舌尖后、不送气、清、塞擦音

发音时舌尖后部抵住硬腭前端，软腭上升，关闭鼻腔通路；然后用较弱的气流把舌尖阻碍冲开一条窄缝，摩擦成声；声带不振动。

例如：

招致 zhāozhì	真正 zhēnzhèng	折中 zhézhōng	直至 zhízhì
长者 zhǎngzhě	主张 zhǔzhāng	战争 zhànzhēng	政治 zhèngzhì

（2）ch[tʂʻ]舌尖后、送气、清、塞擦音

发音时舌尖后部抵住硬腭前端，软腭上升，关闭鼻腔通路；然后用较强的气流把舌尖阻碍冲开一条窄缝，摩擦成声；声带不振动。

例如：

车床 chēchuáng	出产 chūchǎn	长城 chángchéng	传承 chuánchéng
产出 chǎnchū	长春 chángchūn	拆除 chāichú	彻查 chèchá

（3）sh[ʂ]舌尖后、清、擦音

发音时舌尖后部接近硬腭前部，形成窄缝，软腭上升，关闭鼻腔通路；气流从窄缝中挤出，摩擦成声；声带不振动。

例如：

身世 shēnshì	山水 shānshuǐ	实施 shíshī	神圣 shénshèng
少数 shǎoshù	手势 shǒushì	舒适 shūshì	上升 shàngshēng

（4）r[ʐ]舌尖后、浊、擦音

发音时舌尖后部接近硬腭前部形成适度间隙，软腭上升，关闭鼻腔通路，气流从间隙中摩擦通过，摩擦成声；声带振动。（发音情况和 sh 相似，摩擦比 sh 弱）

例如：

仍然 réngrán	柔软 róuruǎn	容忍 róngrěn	如若 rúruò
忍让 rěnràng	荏苒 rěnrǎn	荣辱 róngrǔ	柔韧 róurèn

课堂训练

1. 读一读下面的词语，看谁读得又快又准。

战争	长者	招致	折中	珍珠	真正	争执	正直
惆怅	拆除	蟾蜍	长城	超常	超出	车床	抽查
山水	闪烁	赏识	上市	少数	如果	柔韧	荏苒

2. 绕口令练习。

（1）石小四，史肖石，一同来到阅览室。

石小四年十四,史肖石年四十。

年十四的石小四爱看诗词,年四十的史肖石爱看报纸。

年四十的史肖石发现了好诗词,忙递给年十四的石小四。

年十四的石小四见了好报纸,忙递给年四十的史肖石。

年十四的石小四总能在阅览室看到好诗词,

年四十的史肖石也总能在阅览室看到好报纸。

(2) 叔叔锄长草,长草常长长。长草常常丛中长,叔叔常常锄草忙。草长长,锄草忙,叔叔劳动常紧张。常常草丛锄长草,锄尽长草做草料。

(3) 朱家一株竹,竹笋初长出,朱叔处处锄,锄出笋来煮,锄完不再出,竹株又干枯,朱叔没笋煮。

6) "z c s"辅音声母的发音

(1) z[ts]舌尖前、不送气、清、塞擦音

发音时舌尖前部抵住上齿背,软腭上升,关闭鼻腔通路;用较弱的气流把舌尖的阻碍冲开一条窄缝,摩擦成声;声带不振动。

例如:

曾祖 zēngzǔ	罪责 zuìzé	最早 zuìzǎo	自尊 zìzūn
祖宗 zǔzōng	总则 zǒngzé	藏族 zàngzú	造作 zàozuò

(2) c[ts']舌尖前、送气、清、塞擦音

发音时舌尖前部抵住上齿背,软腭上升,关闭鼻腔通路;用较强的气流把舌尖的阻碍冲开一条窄缝,摩擦成声;声带不振动。

例如:

苍翠 cāngcuì	催促 cuīcù	层次 céngcì	参差 cēncī
草丛 cǎocóng	粗糙 cūcāo	猜测 cāicè	措辞 cuòcí

(3) s[s]舌尖后、清、擦音

发音时舌尖前部接近上齿背,留下适度间隙,软腭上升,关闭鼻腔通路;气流从间隙通过,摩擦成声;声带不振动。

例如:

松散 sōngsǎn	思索 sīsuǒ	色素 sèsù	诉讼 sùsòng
琐碎 suǒsuì	搜索 sōusuǒ	速算 sùsuàn	瑟缩 sèsuō

课堂训练

1. 读准下列词语。

自尊	藏族	造作	罪责	总则	曾祖	粽子	祖宗
层次	催促	猜测	苍翠	从此	仓促	草丛	摧残
思索	松散	琐碎	瑟缩	洒扫	色素	诉讼	璀璨

2. 绕口令练习。

(1) 山前有个崔粗腿,山后有个崔腿粗,二人山前来比腿。不知是崔腿粗比崔粗腿的腿粗,还是崔粗腿比崔腿粗的腿粗。

（2）桃子李子梨子栗子橘子柿子和榛子,栽满院子村子和寨子。刀子斧子锯子凿子锤子刨子尺子,做出桌子椅子和箱子。

（3）一次撕下横字纸,一次撕下竖字纸。横竖两次撕下四十四张字纸。是字纸你就撕字纸,不是字纸你就不要撕来撕去撕一地纸。

2. 零声母的发音

没有辅音声母的音节统称零声母音节,零声母也是一种声母。汉语拼音方案中对齐齿呼、撮口呼、合口呼韵母形成的零声母音节使用了隔音字母 y 和 w,目前小学拼音教学把 y 和 w 当作声母教,实际就是在 21 个辅音声母外加了零声母。

注:汉语拼音方案规定的是拼写方式,声母表里也没有设计出字母来表示零声母。

例如:

（1）开口呼零声母的音节。

| 安稳 ānwěn | 哀怨 āiyuàn | 耳闻 ěrwén | 恩爱 ēn'ài |
| 恩怨 ēnyuàn | 安慰 ānwèi | 噩运 èyùn | 而已 ěryǐ |

（2）齐齿呼零声母的音节。

| 洋烟 yángyān | 耀眼 yàoyǎn | 摇曳 yáoyè | 要言 yàoyán |
| 野营 yěyíng | 抑扬 yìyáng | 医药 yīyào | 疑义 yíyì |

（3）合口呼零声母的音节。

| 外耳 wài'ěr | 玩偶 wán'ǒu | 晚安 wǎn'ān | 万恶 wàn'è |
| 文案 wén'àn | 外延 wàiyán | 喂养 wèiyǎng | 弯腰 wānyāo |

（4）撮口呼零声母的音节。

| 余额 yú'é | 鱼饵 yú'ěr | 悦耳 yuè'ěr | 渊源 yuānyuán |
| 庸医 yōngyī | 拥有 yōngyǒu | 用意 yòngyì | 育婴 yùyīng |

（三）声母的辨正

案例导入

读一读下面的小故事,分析误会产生的原因。

（1）一次朋友们在一块儿吃饭,先上一盘田螺,主人夹起一颗一看说:"公的（空的）!"便弃之,再夹起一个田螺说:"又是公的（空的）!"朋友非常惊讶,心想:"真厉害,连田螺的公母都能看得出来!"

（2）河边传来一声叫声:"快来人呀我的孩子掉河里了。"女人着急地说。我一听,孩子掉河里了,不说二话,"咚"的一声跳进去,在河里找了一会儿,除了一只鞋子没见有什么孩子呀,女人一见我手里的东西激动地说:"啊! 我的名牌孩子呀,谢谢你啦!"

1. 鼻音 n 和边音 l 的辨正

（1）发音要领:这两个声母同属于舌尖中音,但是发音方法不一样,一个是鼻音一个是边音,两个都是声带振动的浊音。在我国南方广大地区尤其是四川、湖南一带,这两个声母是区分不开的。区分的最简单方法是捏住自己

边鼻音代表字类推表

的鼻孔来体验是否是鼻辅音。另外可以感受一下气流是从哪里流出的,如果是从舌头两边流出就是边音,如果是从鼻腔流出就是鼻音。例如:试试"女"和"吕"的发音,你能分辨出来吗?

(2)记忆要领:①利用形声字声旁类推记忆。例如:宁(n)—拧、咛、狞、柠、泞;令(l)—伶、玲、铃、羚、聆、零、龄。②记少推多的方法。普通话中 n 声母的字词比 l 声母的字词少,所以留心记住 n 声母的字词,如拿、哪、那、娜、钠、捺。

课堂训练

1. 分清 n 和 l,读准下列词语。

累年—理念　　能力—林立　　来历—耐力　　留念—牛年
年龄—列宁　　南岭—辽宁　　男篮—连年　　努力—柳绿
农历—流利　　榴莲—女篮　　老李—脑力　　内陆—磊落

2. 绕口令练习。

(1)念一念,练一练,n l 发音要分辨。l 是边音软腭升,n 是鼻音舌靠前。你来念,我来练,不怕累,不怕难,齐努力,攻难关。

(2)南南家种兰花,兰兰家种南瓜。南南想要用兰花换兰兰家的南瓜,兰兰不愿用南瓜换南南家的兰花。

(3)刘村有个刘小牛,柳村有个柳小妞。刘小牛去放牛,柳小妞种石榴。刘小牛让柳小妞骑牛牛,柳小妞让刘小牛吃石榴。

2. 舌尖前音 z c s 与舌尖后音 zh ch sh 的辨正

普通话系统中这两组音的使用频率很高,也很容易相混。不仅包括受方言影响的人群,也包括初学拼音的孩子和外国人。我们经常说的"平翘舌音不分"就是这两组音。舌尖前音也叫平舌音,舌尖后音也叫翘舌音。我国南方区域翘舌音大范围缺失或与平舌音相混,没有翘舌音发音,北方少数区域(如吉林长春,山东淄博、济宁)也没有这个发音。有些方言区(如天津、宁夏银川、陕西西安)没有平舌音。

分辨平翘舌,首先得找准发音部位和发音方法,发准这两组声母。其次要注意辨别哪些字是平舌音、哪些字是翘舌音。

翘舌音代表
字类推表

平舌音代表
字类推表

记忆要领:

(1)利用声韵配合规律来分辨。比如韵母 ua uai uang 只能与 zh ch sh 相拼,不能与 z c s 相拼。所以"捉""抓""摔""庄""揣""窗""霜"等音节都读翘舌音;韵母 ong 不能与声母 sh 相拼,所以"送""怂""松""颂""诵""嵩""耸"等音节都读平舌音。我们可以用"ua uai uang,翘不怕,松、耸、宋,翘不动"来帮助记忆。

(2)利用形声字声旁类推。汉字中形声字占主体,凡声旁相同的字,它们的声母往往也相同,或者是声母的发音部位相同。例如:"占"是翘舌音,"占"作声旁的字像"站""粘""战""沾""毡"等字一般也是翘舌音。

(3)记少不记多。普通话中,翘舌音的字多于平舌音的字,那么我们记住少的那一部分字,就可以推测得知翘舌音的字了。

课堂训练

1. 平翘舌音辨正字词练习。

渣—扎	战—赞	哲—则	追—最	真—怎	政—赠	知—资
终—宗	粥—邹	照—造	煮—祖	吃—词	插—擦	铲—惨
常—苍	车—册	晨—岑	炊—催	城—层	冲—匆	抽—凑
超—糙	时—死	杀—撒	山—三	伤—桑	设—涩	身—森
睡—岁	声—僧	首—叟	捎—搔	树—素		

2. 绕口令练习。

(1) 四和十，十和四，十四和四十，四十和十四，说好四和十得靠舌头和牙齿。谁说四十是细席，他的舌头没用力；谁说十四是席四，他的舌头没伸直。认真学，常练习，十四、四十、四十四。

(2) 三月三，小三去登山；上山又下山，下山又上山；登了三次山，跑了三里三；出了一身汗，湿了三件衫；小三山上大声喊，离天只有三尺三。

(3) 山前边有四十四个小狮子，山后边有四十四棵柿子树，山前边的四十四个小狮子吃了山后边的四十四棵柿子树的涩柿子，山前四十四个小狮子让山后四十四棵柿子树的涩柿子给涩死了。

3. 舌面音 j q x 与舌尖前音 z c s 的辨正

尖音：声母 z c s 与 i ü 或以 i ü 开头的韵母拼读的音，如"酒 ziǔ""雪 süě""秋 ciū"等。

团音：声母 j q x 与 i ü 或 i ü 开头的韵母相拼合的音，如"酒 jiǔ""秋 qiū"。

普通话的语音系统在"国语罗马字"之后就取消了尖音，全部归入团音。在取消尖音、合并尖团之前，中国两千多年的字书和韵书都是分尖团的。现在一些方言如：郑州、青岛、苏州、株洲等地以及粤语中也存在明显的尖音。除了受地域影响外，一般女性尖音现象比男性明显。

尖团音的概念最早见于清朝的《圆音正考》，在古汉语中，声母是分为尖音和团音的，后来都归入 j q x 这一组音中。现代普通话中已经没有尖音了，但是在南方的某些方言中会有尖团分明的现象。比如粤语和京剧的某些字词发音会发现有尖音。

纠正尖音应注意两点，一是发舌面音时舌尖不要浮起来。舌尖浮起会造成气流在舌尖与上齿背部位受到阻碍，就会发出近似于 z c s 的音，造成有尖音色彩的读音缺陷；二是上下门齿不要刻意对齐，一旦对齐就容易变成尖音，或出现尖音色彩的语音缺陷。

课堂训练

1. 读下列音节，体会有无尖音。

机—机器	积—积累	坚—坚持	煎—煎熬	交—交通
焦—焦虑	期—期待	七—七个	瞧—瞧见	巧—巧妙
强—强壮	墙—墙壁	习—习惯	新—新鲜	想—想象
形—形象	闲—清闲	选—选项		

2. 绕口令练习。

(1) 七巷一个漆匠,西巷一个锡匠。漆匠偷了锡匠的锡,锡匠偷了漆匠的漆。请问锡匠和漆匠,谁拿谁的锡? 谁偷谁的漆?

(2) 小七喜欢巧姬,小鸡也喜欢巧姬,小七叫巧姬一起去驾校学习驾驶飞机,小鸡坚决不让小七去驾校学习驾驶飞机。

(3) 请将九十七卷极细极细的细丝线,织成九十七个极小极小的小家雀,九十七个极小极小的小家雀,剪断九十七卷极细极细的细丝线,飞向极峭极峭的悬崖边。

4. 舌面音 j q x 与舌尖后音 zh ch sh 的辨正

j q x 是舌面音,发音时舌尖位置在下齿背后面,不用力,舌面隆起来接近硬腭,发音部位是舌面和硬腭前;而 zh ch sh 是舌尖后音,发音时舌尖接触硬腭,发音部位是舌尖后和硬腭前。

粤方言、闽方言、部分湘方言及吴方言区会出现声母 zh ch sh 与 j q x 混用的情况。把舌面音发成舌尖音,如"九 jiǔ"读成"ziǔ";把舌尖音发成舌面音,如"老张"读成"老姜","抽水"读成"秋水","诗人"读成"西人"。还有一种情况,就是在湘方言、西南官话中,舌尖后音"zh ch sh"与 u 或以 u 起头的韵母拼合时往往变成了"j q x"与撮口呼韵母 ü 相拼。如"专"读成"捐","川"读成"圈","栓"读成"宣","猪"读成"居"等。但在有些方言中(尤其是皖西地区),却常常把舌面音 j q x 误读成舌尖后音 zh ch sh,如"军 jūn"读成"谆 zhūn","圈 quān"读成"川 chuān","训 xùn"读成"顺 shùn";而有的地区,如河北邢台的南宫等地却把 zh ch sh 发成 j q x,因此"猪 zhū"读成"居 jū","这 zhè"读成"借 jiè","吃 chī"读成"七 qī","说 shuō"读成"薛 xuē"。

记忆要领:利用声韵配合规律记忆 j q x 只与齐齿呼和撮口呼韵母相拼,而 zh ch sh 只与开口呼和合口呼韵母相拼。

课堂训练

1. 词语对比辨音练习。

墨迹—墨汁　交际—交织　密集—密植　边际—编制　就业—昼夜
浅明—阐明　砖墙—专长　洗礼—失礼　缺席—确实　砖墙—专长
获悉—获释　逍遥—烧窑　电线—电扇　修饰—收拾　艰辛—艰深

2. 读准下列各词。

集资 jízī　其次 qícì　袖子 xiùzi　下策 xiàcè　戏词 xìcí
资金 zījīn　字迹 zìjī　字据 zìjù　自己 zìjǐ　自觉 zìjué
瓷器 cíqì　刺激 cìjī　思绪 sīxù　私交 sījiāo　习字 xízì

3. 绕口令练习。

(1) 小朱喜吃食,仙女喜七夕。小朱七夕不吃食,仙女七夕下凡池。不吃食,独相思,游凡池,寂嬉戏。小朱仙女巧相遇,鹊桥七夕成相知。

(2) 小猪扛锄头,吭哧吭哧走。小鸟唱枝头,小猪扭头瞅,锄头撞石头,石头砸猪头。小猪怨锄头,锄头怨猪头。

（3）朱叔叔煮熟了熟猪肉，迟叔叔炒熟了臭猪肉。世人吃了熟猪肉，人人都不吃臭猪肉。

5. 唇齿音 f 与舌根音 h 的辨正

f 是唇齿清擦音，发音部位是上齿和下唇。h 是舌根清擦音，发音部位是舌根与软腭。f 与 h 一个是唇齿清擦音，即上齿碰下唇。一个是舌根清擦音，即气流从舌根与软腭硬腭的缝隙中摩擦出声。其发音方法、发音部位的掌握不是难点，关键是要记住常用字的正确发音。

唇齿音和舌根音代表字类推表

这两个声母在北方方言中是比较容易分辨的。但是在湘方言、赣方言、闽方言、粤方言及客家方言中大都不能分辨 f 和 h，江淮官话和西南官话也存在着 f 与 h 混读的情况。有些地方将 f 读成 h，如将"幸福"读成"姓胡"，"起风"读成"起哄"，"方法"读成"荒华"；有的地方又将 h 读成 f，如将"湖南"读成"服南"，"喜欢"读成"洗翻"。

记忆要领：可以利用形声字偏旁类推，如 f 声母的代表声符有凡、反、番、夫、父、付、弗、伏、甫、孚、复、分、乏、发、伐、风、非等，h 声母的代表声符有火、禾、或、户、乎、虎、忽、胡、灰、回、奂、昏、荒、皇等。

课堂训练

1. 读准下列音节。

（1）

防风 fángfēng—黄蜂 huángfēng   方地 fāngdì—荒地 huāngdì
返航 fǎnháng—防护 fánghù   防旱 fánghàn—奉还 fènghuán
翻腾 fānténg—欢腾 huānténg   公费 gōngfèi—工会 gōnghuì

（2）

绯红 fēihóng   肥厚 féihòu   分化 fēnhuà   奉还 fènghuán   附和 fùhè
耗费 hàofèi   海风 hǎifēng   合肥 héféi   盒饭 héfàn   恢复 huīfù
伙房 huǒfáng   挥发 huīfā   焕发 huànfā   洪福 hóngfú   何方 héfāng

2. 词语对比辨音练习。

公费—工会   放荡—晃荡   辉煌—灰房   非法—挥发
飞鱼—黑鱼   发红—花红   防风—黄蜂   挥霍—黑货
老房—老黄   西湖—西服   黄花—方法   汉服—反复

3. 绕口令练习。

（1）黄发上楼遇房化，房化下楼遇黄发。黄发向左让房化，房化向右让黄发。房化看着瘦黄发，黄发望着胖房化。

（2）风吹灰飞，灰飞花上花堆灰，风吹花灰灰飞去，灰在风里飞又飞。

（3）红凤凰，粉凤凰，粉红墙上画凤凰，凤凰飞上粉红墙。凤凰飞，飞凤凰，红粉凤凰粉红凤凰飞南方。

6. 舌边音 l 和舌尖后浊擦音 r 的辨正

r 和 l 都是振动声带而发音的浊声母，但是发音部位和发音方法都不同，舌尖抵达的位置也有前后之别。r的发音部位在硬腭,l的发音部位在齿龈;r发音除阻时,气流的通道很窄,在舌尖和硬腭之间的缝隙中摩擦成声;而l音除阻时,气流的通道在舌侧两边,很宽松,摩擦不明显,属于边音。练习l的时候可以试试弹舌说"啦啦啦啦"。

声母r属于翘舌音,没有翘舌音的方言也就没有r声母,比如山西、四川、江苏、浙江、湖南、江西以及东北等部分地区的方言中把声母r发成了[z];而吴方言、江淮方言、闽方言和山东方言、河北南部的部分地区把r声母读成[l];部分山东方言以及东北方言又把声母r读成[y]。

课堂训练

1. 词语对比辨音练习。

无赖—无奈	蓝色—染色	老人—扰人	累心—仁心	近路—进入
娱乐—余热	流露—流入	衰落—衰弱	蓝领—认领	阻拦—阻燃
囚牢—求饶	利润—留恋			

2. 绕口令练习。

(1) 热天吃肉,肉漏油。油漏肉热,人又愁。

(2) 莲蓉生得玲珑,灵龙弄聋莲蓉,莲蓉不忍不容,非要扔掉灵龙,灵龙柔弱认怂,莲蓉心软通融,灵龙蠕入溶洞,莲蓉恍然一梦。

能力拓展

1. l n r词语对比辨音练习。

阻拦—阻燃	扰乱—热烈	滋润—字音	吃肉—吃油	褴褛—男女
邻居—凝聚	篱笆—泥巴	隆重—浓重	说你—说理	碧蓝—必然
娱乐—余热	囚牢—求饶	卤制—乳汁	露馅—肉馅	老人—老银
烈日—利刃	蓝银—男人	利润—牛人	留恋—留念	蓝灵—南宁
临界—凝结	廉洁—黏结	良家—娘家	旅客—女客	

2. 平翘舌音对比辨音练习。

三头—山头	综合—中和	冲冲—聪聪	自利—智力
思人—诗人	栽花—摘花	散装—山庄	苏宇—书语
司命—失明	姿势—芝士	赞成—站层	曾氏—正式
商业—桑叶	时速—时数	辞退—斥退	

3. 尖团音对比练习。

级—集	几—挤	减—剪	见—剑	降—浆	械—谢	腔—羌
怯—窃	勤—秦	擎—晴	顷—请	希—西	行—星	喜—洗
县—羡	享—想	向—象	歇—些	血—写	解—姐	近—进

4. 读准下列字音。

鸡—狙—家—教—今—将—经—卷—军

七—秦—请—掐—千—强—区—缺—全

西—新—兴—瞎—先—想—行—须—薛

5. 口部操练习。

1）唇的练习

（1）喷：也称作双唇后打响，双唇紧闭，将唇的力量集中于后中纵线三分之一的部位，唇齿相依，不裹唇，阻住气流，然后突然连续喷气出声，发出ＰＰＰ的音。

（2）咧：将双唇闭紧尽力向前嘬起，然后将嘴角用力向两边伸展。（咧嘴），反复进行。

（3）撇：双唇闭紧向前嘬起，然后向左歪、向右歪、向上抬、向下压。

（4）绕：双唇闭紧向前嘬起，然后向左或向右作360°的转圈运动。

2）舌的练习

（1）刮舌：舌尖抵下齿背，舌体贴住齿背，随着张嘴，用上门齿齿沿刮舌叶、舌面，使舌面能逐渐上挺隆起，然后，将舌面后移向上贴住硬腭前部，感觉舌面向头顶上部"百会"穴的位置立起来。这一练习对于打开后声腔和纠正"尖音"、增加舌面隆起的力量很有效。口腔开度不好的人、舌面音ｊｑｘ发音有问题的人可以多练习。

（2）顶舌：闭唇.用舌尖顶住左内颊、用力顶，似逗小孩儿嘴里有糖状，然后，用舌尖顶住右内颊做同样练习。如上左右交替、反复练习。

（3）伸舌：将舌伸出唇外，舌体集中、舌尖向前、向左右、向上下尽力伸展。这一练习主要练习使舌体集中、舌尖能集中用力。

（4）绕舌：闭唇，把舌尖伸到齿前唇后，向顺时针方向环绕360°，然后向逆时针方向环绕360°，交替进行。

（5）立舌：将舌尖向后贴住左侧槽牙齿背，然后将舌沿齿背推至门齿中缝，使舌尖向右侧力翻。然后做相反方向的练习。这一练习对于改进边音ｌ的发音有益。

6. 文段练习。

我为什么非要教书不可？是因为我喜欢当教师的时间安排表和生活节奏。七、八、九三个月给我提供了进行回顾、研究、写作的良机，并将三者有机融合，而善于回顾、研究和总结正是优秀教师素质中不可缺少的成分。

干这行给了我多种多样的"甘泉"去品尝，找优秀的书籍去研读，到"象牙塔"和实际世界里去发现。教学工作给我提供继续学习的时间保证，以及多种途径、机遇和挑战。

然而，我爱这一行的真正原因，是爱我的学生。学生们在我的眼前成长变化。当教师意味着亲历"创造"过程的发生恰似亲手赋予一团泥土以生命，没有什么比目睹它开始呼吸更激动人心的了。

权利我也有了：我有权利去启发诱导，去激发智慧的火花，去问费心思考的问题，去赞扬回答的尝试，去推荐书籍，去指点迷津。还有什么别的权利能与之相比呢？

而且，教书还给我金钱和权利之外的东西，那就是爱心。不仅有对学生的爱，对书籍的爱，对知识的爱，还有老师才能感受到的对"特别"学生的爱。这些学生，有如冥顽不灵的泥块，由于接受了老师的炽爱才勃发了生机。

所以，我爱教书，还因为，在那些勃发生机的"特别"学生身上，我有时发现自己和他们呼吸相通，忧乐与共。

（节选自彼得基贝得勒《我为什么当教师》）

二、 韵母训练

案例导入

朗读下面儿歌。

韵 母 歌

a o e 和 i u ü,

6 个单韵母;

ai ei ui ao ou iu ie üe,

8 个复韵母。

6 个单韵母,8 个复韵母,

还有一个特殊韵母 er,

不跟声母拼。

前鼻韵母有 5 个,

an en in un ün;

后鼻韵母有 4 个,

ang eng ing ong;

an en in un ün,ang eng ing ong,

前鼻韵母,后鼻韵母,

都是鼻韵母。

——《汉语拼音表》

(一)韵母的构成和分类

韵母是汉语音节中声母后面的部分,由元音或元音加辅音构成。

普通话的韵母共有 39 个,数目比声母多,系统也比较复杂。其中 23 个韵母完全由元音构成(包括 10 个单元音韵母和 13 个复元音韵母)。普通话的韵母是以元音为主。元音的主要发音特征是:气流在口腔中不受阻碍;气流较弱;正常发音时振动声带。

1. 韵母的构成

普通话的韵母可以是一个单元音,可以是两个或三个元音的组合,还可以是元音和辅音的组合,但是不可以没有元音。

韵母的内部构成可以分为韵头、韵腹、韵尾。一个韵母中可以没有韵头和韵尾,不可以没有韵腹。韵腹是韵母中发音最清晰、最响亮的元音,韵腹前面的元音是韵头,韵腹后面的元音或辅音是韵尾。如 uai uen 都是韵头、韵腹、韵尾俱全的。但不是每个韵母都具备这三部分的,如 e 没有韵头和韵尾;ie 只有韵头和韵腹;ai 只有韵腹和韵尾。普通话中能够充当韵头的只有 i u ü 3 个高元音,韵尾只有 5 个,其中元音韵尾是 i u o,辅音韵尾是 n 和 ng。

注:韵尾是 o 时一般写成 u,一说韵尾只有 4 个。

2. 韵母的分类

（1）按照一个韵母开头元音的唇形和舌位的不同，可以把韵母分为四类：开口呼、齐齿呼、合口呼、撮口呼，简称"四呼"。

① 开口呼：韵母为 a o e ê er i（前）i（后）或 a o e 开头的韵母。

② 齐齿呼：韵母为 i 或 i 开头的韵母，如 iou iao ie ia 等。

③ 合口呼：韵母为 u 或 u 开头的韵母，如 ua uo uai uei 等。

④ 撮口呼：韵母为 ü 或 ü 开头的韵母，如 üe ün üan 等。

根据四呼标准划分的韵母如表 1-2 所示。

表 1-2　普通话韵母总表

韵头	开口呼	齐齿呼	合口呼	撮口呼
单韵母	-i（前） -i（后）	i	u	ü
	a			
	o			
	e			
	ê			
	er			
复韵母		ia	ua	
			uo	
		ie		üe
	ai		uai	
	ei		uei	
	ao	iao		
	ou	iou		
鼻韵母	an	ian	uan	üan
	en	in	uen	ün
	ang	iang	uang	
	eng	ing	ueng	
	ong	iong		

注：-i、ê、er，拼音方案未列入韵母表内。

（2）根据韵母的构成，可以将其分为单元音韵母（简称单韵母）、复合元音韵母（简称复韵母）、鼻韵母 3 类。

由一个元音构成的韵母叫单韵母，又叫单元音韵母。单元音韵母发音的特点是自始至终口形不变，舌位不移动。普通话中单元音韵母共有 10 个：a o e ê i u ü -i（前）-i（后）er。

由两个或三个元音结合而成的韵母叫复韵母。普通话共有 13 个复韵母：ai ei ao ou ia ie ua uo üe iao iou uai uei。根据主要元音所处的位置，复韵母可分为前响复韵母，中响复韵母和后响复韵母。

由一个或两个元音后面带上鼻辅音构成的韵母叫鼻韵母。鼻韵母共有 16 个：an ian

uan üan en in uen ün ang iang uang eng ing ueng ong iong。鼻韵母也会出现无韵头、有韵头之分。

（二）韵母的发音

1. 单韵母发音

单韵母是由单元音构成的,普通话的单韵母一共有 10 个。根据单元音的发音部位又可以进一步分成舌面单元音 7 个:a o e ê i u ü,也叫舌面单韵母;舌尖单元音 2 个:-i(前) -i(后),也叫舌尖单韵母;卷舌单元音 1 个:er,也叫卷舌单韵母。

舌面单韵母音色的不同是由舌位高低、舌位前后及唇型的不同造成的(见表 1-3)。

表 1-3　普通话单元音总表

类别 ＼ 舌位	舌面元音					舌尖元音		卷舌元音
	前元音		央	后元音		前元音	后元音	央元音
	展唇	圆唇	自然	展唇	圆唇	展唇	展唇	自然
最高元音 (最闭元音)	i[i]	ü[y]			u[u]	-i[ɿ]	-i[ʅ]	
半高元音 (半闭元音)				e[ɤ]	o[o]			
正中 (元音)								er[ɚ]
半低元音 (半开元音)	ê[ɛ]							
最低元音 (最开元音)			a[A]					

第一,舌位高低。舌位的高低同口腔开口度大小相关,舌位越高开口度越小,舌位越低开口度越大。试试对比 a 和 i 的开口度和舌位高低,哪个高哪个低呢?

依据舌位的高低可以将舌面元音分出"高元音"(i u ü)、"半高元音"(o e)、"半低元音"(ê)、"低元音"(a)四个类别。

第二,舌位前后。按照舌面在口腔中位置的前后可以分为"舌面前元音"(i ü)、"央元音"(e)、"舌面后元音"(u o)。

第三,唇形的圆展。按照发音时唇形圆展可分为圆唇元音(o ü)、不圆唇元音或展唇元音(i a)。

下面逐一学习元音的发音。

1) 第一小类:舌面元音

(1) a[A]——舌面央、低、不圆唇

发音时口腔张到最大,舌尖微离或者接近下齿背,舌尖放松,同时舌面中部微微隆起,嘴唇展开,颤动声带。

例如:

沙发 shāfā	拉闸 lāzhá	大马 dàmǎ	蛤蟆 há·ma
喇叭 lǎ·ba	大妈 dàmā	沙哑 shāyǎ	打岔 dǎchà

(2) o[o]——舌面后、半高、圆唇

发音时口腔半开,舌位半高,舌身后缩,舌面后部隆起和软腭前部相对,上下唇自然拢圆,颤动声带。

例如:

泼墨 pōmò	薄膜 bómó	磨破 mópò	婆婆 pó·po
伯伯 bó·bo	磨墨 mómò	破包 pòbāo	萝卜 luó·bo

(3) e[ɤ]——舌面后、半高、不圆唇

发音时,开口度与 o 基本相似,舌身后缩,舌面后部隆起和软腭前部相对,但双唇要自然展开,颤动声带。

例如:

隔热 gérè	苛刻 kēkè	隔阂 géhé	各色 gèsè
各个 gè·ge	车辙 chēzhé	合格 hégé	苛责 kēzé

(4) ê[ɛ]——舌面前、半低、不圆唇

发音时开口度比 e 大一些,舌尖微微接触下齿背,放松舌尖同时舌面前部隆起和硬腭前部相对,嘴唇自然展开,颤动声带。

这个元音在普通话中单独作为韵母出现的只有语气词"欸",其余都是在复合韵母 ie/üe 中出现。这里不再单独举例。

(5) i[i]——舌面前、高、不圆唇

发音时开口度最小,口微开,上下牙齿相对齐,舌尖接触下齿背,舌面前部隆起和硬腭前部相对,两唇呈扁平形,嘴角向两边展开,颤动声带。

例如:

稀奇 xīqí	米皮 mǐpí	迷离 mílí	脾气 pí·qi
体积 tǐjī	基地 jīdì	地理 dìlǐ	笔记 bǐjì

(6) u[u]——舌面后、高、圆唇

发音时开口度同 i,口微开,向前突出,中间留一个小孔,舌头后缩,舌面后部隆起和软腭前部相对,两唇收缩成圆形,颤动声带。

例如:

孤苦 gūkǔ	孤独 gūdú	粗俗 cūsú	匍匐 púfú
补助 bǔzhù	复苏 fùsū	陆路 lùlù	父母 fùmǔ

(7) ü[y]——舌面前、高、圆唇

发音时开口度同 i,口微开,略向前突,中间留一个扁圆小孔,舌尖抵住下齿背,舌面前部隆起和硬腭前部相对,两唇拢圆,颤动声带。

例如:

区域 qūyù	须臾 xūyú	聚居 jùjū	豫剧 yùjù
语句 yǔjù	屈居 qūjū	序曲 xùqǔ	序语 xùyǔ

舌面元音舌位口腔示意图及舌面元音舌位示意图如图 1-2 和图 1-3 所示。

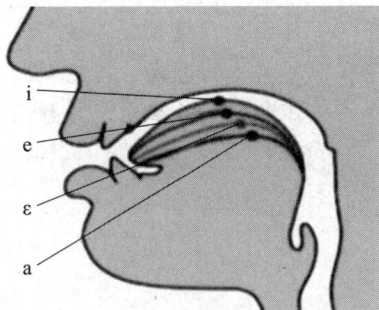

图 1-2　舌面元音舌位口腔示意图

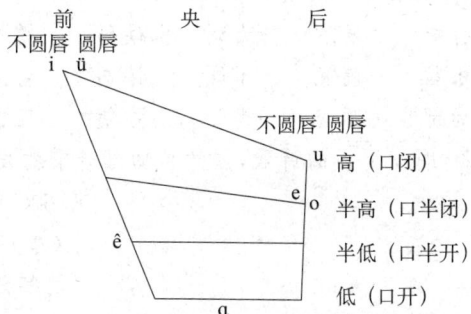

图 1-3　舌面元音舌位示意图

2) 第二小类:舌尖元音

(1) -i(前)[ɿ]——舌尖前、高、不圆唇

发音时口略开,嘴角向两旁展开,舌尖和上齿背相对,保持适当距离,颤动声带。这个韵母在普通话里只和声母 z c s 相拼。

例如:

此次 cǐcì	私自 sīzì	刺字 cìzì	字词 zící
子嗣 zǐsì	刺死 cìsǐ	四次 sìcì	恣肆 zìsì

(2) -i(后)[ʅ]——舌尖后、高、不圆唇

发音时口略开,嘴角向两旁展开,舌前端抬起和硬腭前部相对,发音时颤动声带。这个韵母在普通话中只和声母 zh ch sh r 相拼。

例如:

失智 shīzhì	支持 zhīchí	实质 shízhì	失职 shīzhí
直至 zhízhì	智齿 zhìchǐ	市值 shìzhí	试吃 shìchī

两个舌尖元音的发音状况不同,音值也不同。普通话中"兹"发音拉长后的发音是舌尖前元音;"知"发音拉长后是舌尖后元音。这两个元音单独都不能构成音节,只能附着在相应的声母后面。他们跟舌面单元音"i"的出现条件不同,所以互不影响。因此《汉语拼音方案》中用"i"这个符号同时表示舌面元音 i 与舌尖前元音和舌尖后元音,但彼此发音没有任何关联。

3) 第三小类:卷舌元音

er[ɚ]——卷舌、央、不圆唇

发音时,舌面和舌尖同时起作用,卷舌前,舌面处于自然状态,不前不后,不高不低,舌面中部微微隆起,然后舌尖很快卷起靠近前硬腭,嘴唇不圆。颤动声带。

注意:《汉语拼音方案》中 er 中的 r 并不代表音素,只是表示卷舌动作的符号。所以虽然这个元音是用两个字母写成的,但仍然是一个单元音。

例如:

耳朵 ěr·duo	二十 èrshí	而且 érqiě	花儿 huāer
耳光 ěrguāng	儿歌 érgē	二胡 èrhú	儿化 érhuà

课堂训练

1. 读准下列词语。

打蜡　发达　大妈　砝码　娜拉　摩托　佛祖　拨付　泼妇
米粒　谜底　不顾　诗词　去除　日子　格格　合法　密码
局部　师资　狮子　指使　序曲　破塔　不符　辣妈　发蜡

2. 朗读下面的诗歌，注意单韵母音节的发音。

咏　鹅

（唐）骆宾王

鹅鹅鹅，
曲项向天歌。
白毛浮绿水，
红掌拨清波。

3. 卷舌单韵母练习。

说"尔"

要说"尔"，专说"尔"。
马尔代夫，喀布尔；
阿尔巴尼亚，扎伊尔；
卡塔尔，尼泊尔；
贝尔格莱德，安道尔；
萨尔瓦多，尼泊尔；
利伯维尔，班珠尔；
厄瓜多尔，塞舌尔；
哈密尔顿，尼日尔；
圣彼埃尔，巴斯特尔；
塞内加尔的达喀尔；
阿尔及利亚的阿尔及尔。

4. 绕口令练习。

（1）坡上住着一只鹅，坡下流着一条河，宽宽的河，肥肥的鹅，鹅要过河，河要渡鹅，不知是鹅过河还是河渡鹅。

（2）山上五棵树，架上五壶醋，林中五只鹿，箱里五条裤。伐了山上树，搬下架上醋，射死林中鹿，取出箱中裤。

（3）婆婆和嬷嬷，来到山坡坡，婆婆默默采蘑菇，嬷嬷默默拔萝卜。婆婆拿了一个破簸箕，嬷嬷带了一个薄笸箩。婆婆采了半簸箕小蘑菇，嬷嬷拔了一笸箩大萝卜。婆婆采了蘑菇换饽饽，嬷嬷卖了萝卜买馍馍。

2. 复韵母发音

复韵母是由复合元音（两个或两个以上的元音组成）充当的韵母。复合元音相对于单元音发音时舌位和唇形的不变不动，有了明显的发音过程，即发音时舌位和唇形是移动变化的，其中主要元音的发音最清晰响亮，而韵头和韵尾的发音是快速模糊的。

普通话的复韵母共有 13 个,根据韵腹的位置分为三类:前响复韵母、中响复韵母和后响复韵母。前响复韵母有 4 个:ai ei ao ou,中响复韵母有 4 个:iao iou(iu) uai uei(ui),后响复韵母有 5 个:ia ie ua uo üe。

1) 第一小类:前响复韵母

发音时由开口度较大舌位较低的元音开始,滑向开口度较小、舌位较高的元音。响亮的主要元音在前。

(1) ai[ai]

起始元音 a 我们称之为前低 a(a 的一种变体),比单元音 a 稍微舌位靠前。发音时,舌尖接触下齿背,舌面前部隆起部位与硬腭相对,舌和腭不接触。从 a 开始,舌位向 i 的方向滑动,在接近 i 的发音位置时停止。

例如:

开斋 kāizhāi	摘菜 zhāicài	灾害 zāihài	爱戴 àidài
采摘 cǎizhāi	买卖 mǎimài	摆拍 bǎipāi	彩带 cǎidài

(2) ei[ei]

起始元音 e 比单元音 i 舌位靠前,是半高元音向高元音的滑动。发音过程中,舌尖抵住下齿背,舌面前部(略后)隆起,对着硬腭中部,从 e 开始向着 i 的方向滑动,快到 i 时结束。

例如:

黑煤 hēiméi	飞贼 fēizéi	蓓蕾 bèilěi	肥美 féiměi
北美 běiměi	每类 měilèi	配备 pèibèi	妹妹 mèi·mei

(3) ao[au]

起始元音 a 比单元音 a[a]发音的舌位靠后,是后低 a。发音时舌头后缩,舌尖离开下齿背,舌面后部隆起,从后 a[a]开始,舌位向 u 的方向滑动升高,接近 u 的位置时停止。

例如:

操劳 cāoláo	高考 gāokǎo	逃跑 táopǎo	照抄 zhàochāo
早操 zǎocāo	报考 bàokǎo	懊恼 àonǎo	爆炒 bàochǎo

(4) ou[ou]

起始元音 o 比单元音 o 的舌位略高,略前,接近 e,唇形略圆。从 e 向 u 的方向滑动,接近 u 时发音结束。这个复韵母是普通话复韵母中发音动程最短的。

例如:

丑陋 chǒulòu	兜售 dōushòu	喉头 hóutóu	筹谋 chóumóu
抖擞 dǒusǒu	走兽 zǒushòu	收购 shōugòu	欧洲 ōuzhōu

2) 第二小类:中响复韵母

中响复韵母是由韵头、韵腹、韵尾组成的,中间是主要元音。从构成上看,中响复韵母是韵头与前响复韵母的组合,其发音的过程也是韵头滑向前响复韵母,发音时韵头要很快滑向韵腹。充当韵头的 i u 舌位高,从最高元音开始滑向韵腹和韵尾,韵腹的发音清晰响亮,而韵尾的发音轻短模糊,因此舌位的终点不太确定。

(1) iao[iau]

发音时从 i 开始,向前响复韵母 ao 过渡。舌头先降后升,由前到后,唇形从 a 开始由不圆唇到圆唇。

例如：

| 娇小 jiāoxiǎo | 吊销 diàoxiāo | 疗效 liáoxiào | 调教 tiáojiào |
| 巧妙 qiǎomiào | 小鸟 xiǎoniǎo | 吊桥 diàoqiáo | 叫嚣 jiàoxiāo |

（2）iou［iou］

发音时从 i 开始向前响复韵母 ou 过渡。唇形从央元音 e 开始圆拢。

注：这个复韵母在和辅音声母相拼时略写成 iu。

例如：

| 优秀 yōuxiù | 秋游 qiūyóu | 牛油 niúyóu | 流油 liúyóu |
| 久留 jiǔliú | 有救 yǒujiù | 绣球 xiùqiú | 求救 qiújiù |

（3）uai［uai］

发音时从 u 开始，向前响复韵母 ai 过渡。唇形从圆拢到展开。

例如：

| 摔坏 shuāihuài | 拽来 zhuàilái | 外踝 wàihuái | 怀揣 huáichuāi |
| 甩卖 shuǎimài | 甩开 shuǎikāi | 外快 wàikuài | 踹坏 chuàihuài |

（4）uei［uei］

发音时从 u 开始向前响复韵母 ei 过渡。唇形从圆拢到展开。

注：这个复韵母在和辅音声母相拼时略写成 ui。

例如：

| 摧毁 cuīhuǐ | 退回 tuìhuí | 垂危 chuíwēi | 回归 huíguī |
| 尾随 wěisuí | 队规 duìguī | 推诿 tuīwěi | 回味 huíwèi |

3）第三小类：后响复韵母

后响复韵母是由韵头和韵腹组成，主要元音在后。因为充当韵头的 i u ü 都是高舌位元音，因此后响复韵母的发音特点是舌位由高向低滑动，而收尾的韵腹清晰响亮，因此舌位运动的终点是确定的。

（1）ia［iA］

发音时由高元音 i 向央低元音 a 滑动。

例如：

| 加价 jiājià | 加码 jiāmǎ | 加压 jiāyā | 下家 xiàjiā |
| 掐架 qiājià | 假牙 jiǎyá | 下架 xiàjià | 下牙 xiàyá |

（2）ie［iɛ］

发音时由前高元音 i 向前半低元音 ê 滑动，舌尖一直抵住下齿背。

例如：

| 贴切 tiēqiè | 铁业 tiěyè | 鞋业 xiéyè | 斜街 xiéjiē |
| 姐姐 jiě·jie | 铁鞋 tiěxié | 趔趄 liè·qie | 结节 jiéjié |

（3）ua［ua］

发音由高元音 u 向央低元音 a 滑动。唇形由圆拢逐渐打开。

例如：

| 花袜 huāwà | 画花 huàhuā | 花褂 huāguà | 娃娃 wá·wa |
| 挂花 guàhuā | 耍滑 shuǎhuá | 抓花 zhuāhuā | 刮花 guāhuā |

（4）uo[uo]

发音时由 u 向 o 滑动,唇形始终圆拢。

例如:

哆嗦 duō·suo　　　错过 cuòguò　　　国货 guóhuò　　　堕落 duòluò

火锅 huǒguō　　　活捉 huózhuō　　　阔绰 kuòchuò　　　骆驼 luò·tuo

（5）üe[yɛ]

发音时由前高圆唇元音 ü 起始,舌位下滑到前中不圆唇元音 ê 结束,舌尖一直抵住下齿背,唇形由圆拢到展开。

例如:

约略 yuēlüè　　　雀跃 quèyuè　　　学姐 xuéjiě　　　跃进 yuèjìn

雪月 xuěyuè　　　决绝 juéjué　　　确切 quèqiè　　　越野 yuèyě

课堂训练

1. 读准下列词语。

爱莫能助　　爱屋及乌　　塞翁失马　　爱憎分明　　拍手称快　　哀鸿遍野

铁面无私　　夜长梦多　　别出心裁　　别具一格　　别开生面　　灰心丧气

画龙点睛　　花好月圆　　画饼充饥　　哗众取宠　　对答如流　　归心似箭

2. 绕口令练习——复韵母发音。

（1）买白菜,搭海带,不买海带就别买大白菜。买卖改,不搭卖,不买海带也能买到大白菜。

（2）一只猴牵着狗,坐在油篓边上喝点酒,猴喝酒还就着藕,狗啃骨头也啃油篓。猴拿油篓口去套狗的头,狗的头进了油篓口,狗啃油篓篓才漏,狗不啃油篓篓不漏。

（3）老爹上大街,砖头绊老爹,老爹一趔趄,跌倒在当街,眼睛一乜斜,口中骂不迭。姐姐扶老爹,老爹忙道谢。砖头放当街,此举应警戒。

3. 鼻韵母发音

鼻韵母是由元音和鼻辅音构成的。一般能够充当韵尾的鼻辅音只有 2 个,前鼻辅音 n 和后鼻辅音 ng,鼻韵母共有 16 个,可分成前鼻韵母和后鼻韵母两类,各 8 个。

前鼻韵母:an en in ün ian üan uan uen。

后鼻韵母:ang eng ing ong iang uang ueng iong。

鼻音韵母的发音特点有两点:一是不生硬,二是韵尾不发音。不生硬是说元音和鼻辅音的组合不是生硬的拼合;二是元音向鼻音逐渐过渡,鼻音色彩增加;韵尾不发音是说鼻辅音发音时的除阻阶段只有动作没有声音,也就是说鼻音韵母中的鼻音韵尾与鼻音单独发音时发的音不同,类似一种鼻化音。

下面逐一学习鼻韵母的发音。

1）第一小类:前鼻韵母

（1）an[an]

发音时由前低 a 起始,舌尖抵住下齿背,舌位降到最低,软腭上升关闭鼻腔通路,然后舌面前部升高,同时舌尖部位向上齿龈靠近,两者接触时软腭下降关闭口腔通道,让气流从鼻腔透出。

例如：

斑斓 bānlán	攀岩 pānyán	漫谈 màntán	男篮 nánlán
散漫 sǎnmàn	看山 kànshān	赞叹 zàntàn	灿烂 cànlàn

（2）en[ən]

发音时舌尖抵住下齿背，从舌位央中元音 ɘ 开始，舌面升高，同时舌尖部位向上齿龈靠近，两者接触时软腭下降关闭口腔通道，让气流从鼻腔透出。

例如：

根本 gēnběn	真人 zhēnrén	人参 rénshēn	门神 ménshén
本分 běnfèn	分针 fēnzhēn	愤恨 fènhèn	沉闷 chénmèn

（3）in[in]

发音时舌尖抵住下齿背，从前高不圆唇元音 i 开始，舌尖部位向上齿龈靠近，两者接触时软腭下降关闭口腔通路，让气流从鼻腔透出。

例如：

金银 jīnyín	亲近 qīnjìn	琴音 qínyīn	濒临 bīnlín
亲信 qīnxìn	亲民 qīn mín	薪金 xīnjīn	贫民 pínmín

（4）ün[yn]

发音时从舌面前高圆唇元音 ü 开始，舌尖抬起向上齿龈靠近，两者接触时软腭下降打开鼻腔通路，让气流从鼻腔透出。

例如：

均匀 jūnyún	军训 jūnxùn	逡巡 qūnxún	菌群 jūnqún
君子 jūnzǐ	询问 xúnwèn	熏晕 xūnyūn	匀称 yúnchèn

（5）ian[iɛn]

发音时先从舌面前高不圆唇元音 i 开始，向前低 a 发音，舌位未完全到达前低 a，只降到这个舌面前半低不圆唇元音时，舌尖部位又向上贴近上齿龈形成前鼻辅音 n。

例如：

鲜艳 xiānyàn	边沿 biānyán	偏殿 piāndiàn	前线 qiánxiàn
捡钱 jiǎnqián	边线 biānxiàn	变天 biàntiān	店面 diànmiàn

（6）üan[yɛn]

发音时先从舌面前高圆唇元音 ü 开始，向前低 a 发音，舌位未完全到达前低 a，只降到这个舌面前半低不圆唇元音时，舌尖部位又向上贴近上齿龈形成前鼻辅音 n。

注：发音时舌位的变化与 ian 相同，只是唇形起始时是圆唇。

例如：

轩辕 xuānyuán	渊源 yuānyuán	源泉 yuánquán	圆圈 yuánquān
全权 quánquán	远远 yuǎnyuǎn	涓涓 juānjuān	源源 yuányuán

（7）uan[uan]

发音时先从舌面前高圆唇元音 u 开始，向前低 a 发音，舌位未完全到达前低 a，只降到这个舌面前半低不圆唇元音时，舌尖部位又向上贴近上齿龈形成前鼻辅音 n。

例如：

贯穿 guànchuān	官宦 guānhuàn	婉转 wǎnzhuǎn	软缎 ruǎnduàn

传唤 chuánhuàn　　　转弯 zhuǎnwān　　　转款 zhuǎnkuǎn　　　专断 zhuānduàn

(8) uen[uən]

发音时先从舌面前高圆唇元音 u 开始,向舌位央中元音 e 开始,舌面升高,同时舌尖部位又向上贴近上齿龈形成前鼻辅音 n,唇形由圆变展,在和辅音声母相拼时写作 un。

例如:

昆仑 kūnlún　　　论文 lùnwén　　　唇纹 chúnwén　　　蠢笨 chǔnbèn

混沌 hùndùn　　　困顿 kùndùn　　　温存 wēncún　　　温顺 wēnshùn

课堂训练

1. 读准下列词语。

安居乐业　暗箭伤人　按兵不动　身临其境　门庭若市　年富力强
颠沛流离　点石成金　彬彬有礼　饮水思源　引人注目　欢欣鼓舞
缓兵之计　茅塞顿开　温文尔雅　寸草春晖　稳扎稳打　全力以赴

2. 绕口令练习。

(1) 冈娃冈,笨娃笨,冈娃嫌笨娃笨,笨娃嫌冈娃冈。冈娃说笨娃我冈你笨,笨娃说冈娃我笨你冈。也不知冈娃笨还是笨娃冈。

(2) 隔墙听见人分银,不知道多少人分多少银。只听见说,人人分半斤银余银四两,人人分四两银余银半斤。

(3) 蓝天上是片片白云,草原上是银色的羊群。近处看,这是羊群,那是白云;远处看,分不清哪是白云,哪是羊群。

2) 第二小类:后鼻韵母

(1) ang[aŋ]

发音时从低元音 a 开始,到后鼻音 ng 结束。

例如:

帮忙 bāngmáng　　　盲肠 mángcháng　　　当堂 dāngtáng　　　长廊 chángláng

盲杖 mángzhàng　　　沧桑 cāngsāng　　　蟑螂 zhāngláng　　　厂房 chǎngfáng

(2) eng[əŋ]

发音时从半高元音 e 开始,到后鼻音 ng 结束。

例如:

丰盛 fēngshèng　　　增生 zēngshēng　　　更正 gēngzhèng　　　鹏程 péngchéng

乘风 chéngfēng　　　封城 fēngchéng　　　逞能 chěngnéng　　　风筝 fēngzhēng

(3) ing[iŋ]

发音时从高元音 i 开始,到后鼻音 ng 结束。

例如:

伶仃 língdīng　　　经营 jīngyíng　　　命令 mìnglìng　　　姓名 xìngmíng

精明 jīngmíng　　　命名 mìngmíng　　　平静 píngjìng　　　聆听 língtīng

(4) ong[uŋ]

发音时从松口 u 开始,到后鼻音 ng 结束。

例如：

共同 gòngtóng	公众 gōngzhòng	总工 zǒnggōng	从容 cóngróng
冲动 chōngdòng	总统 zǒngtǒng	通融 tōngróng	总重 zǒngzhòng

（5）iang[iaŋ]

发音时在 ang 的基础上加上了韵头 i 的发音。

例如：

洋姜 yángjiāng	强项 qiángxiàng	襄阳 xiāngyáng	江洋 jiāngyáng
酱香 jiàngxiāng	奖项 jiǎngxiàng	想象 xiǎngxiàng	湘江 xiāngjiāng

（6）uang[uaŋ]

发音时在 ang 基础上加了韵头 u 的发音。

例如：

双簧 shuānghuáng	状况 zhuàngkuàng	狂妄 kuángwàng	黄筐 huángkuāng
装框 zhuāngkuàng	装潢 zhuānghuáng	矿床 kuàngchuáng	网状 wǎngzhuàng

（7）ueng[uəŋ]

发音时在 eng 的发音基础上加了韵头 u 的发音。

例如：

老翁 lǎowēng	渔翁 yúwēng	蓊郁 wěngyù	请君入瓮 qǐngjūnrùwèng
瓮声 wèngshēng	酒瓮 jiǔwèng	蕹菜 wèngcài	瓮中之鳖 wèngzhōngzhībiē

（8）iong[yŋ]

发音时在 ong 的发音基础上加了韵头 i 的发音。

例如：

佣工 yōnggōng	汹涌 xiōngyǒng	穷凶 qióngxiōng	茕茕 qióngqióng
炯炯 jiǒngjiǒng	熊熊 xióngxióng	汹汹 xiōngxiōng	用功 yònggōng

课堂训练

1. 读准下列词语。

征程	丰盛	登城	生硬	病情	正常	商量	方向
堂上	情景	生成	矿长	恐龙	中东	隆重	轻盈
用工	胸中	想象	章程	丰盈	床帐	灵性	装上

2. 绕口令练习——前、后鼻音发音。

（1）东洞庭，西洞庭，洞庭山上一条藤，藤条顶上挂铜铃。风吹藤动铜铃鸣，风停藤定铜铃静。

（2）生身亲母亲，谨请您就寝，请您心宁静，身心很要紧。

（3）扁担长，板凳宽，扁担没有板凳宽，板凳没有扁担长，扁担绑在板凳上，板凳不让扁担绑在板凳上，扁担生气不帮板凳忙。

（三）韵母的辨正

案例导入

读下面两段对话，体会说好普通话的重要性。

（1）有一对农民兄妹用板车拉着小麦到市场去卖，一个南方人来到他们兄妹跟前，问："大哥，你的小妹（小麦）怎么卖呀？"大哥气得额头上青筋暴起。

（2）某潮汕地区领导热情地招待外省参观的客人上船游览时，很认真地说："来，来，来，请到床头（船头）来，坐在床头（船头）看娇妻（郊区），真是越看越美啊！"

有些地方的方言同普通话的差别较大，学习普通话必须要了解普通话的正确读音才能加以辨正。北方方言的差异大多表现在个别韵母发音的混乱，声母差异较小，南方方言则更多表现在声韵母的差别上，韵母差异也较为明显，尤其是儿化和鼻韵母的分别需要格外注意。

1. 单韵母 o 与 e 的辨正

在普通话中声母 b p m f 是不和单韵母 e 相拼的。但是在东北方言中 o 音往往都发成 e，例如：bo—be、po—pe、mo—me、fo—fe。

回顾图 1-3 的舌面元音舌位示意图可知，这两个元音的开口度和舌位前后是相同的，差别就在于一个圆唇 o，一个展唇 e。

区分这两个元音一定要注意唇形的变化。

课堂训练

1. 读准音节。

波 博 播 薄 泼 破 坡 魄 迫 摸 膜 抹 墨 佛

2. 读准下列词语。

磨墨　　墨色　　脖子　　驳斥　　婆婆　　破车　　模特

摹刻　　莫测　　破壳　　磨车　　车膜　　破格　　伯乐

3. 诗文练习。

钗　头　凤

（宋）陆游

红酥手，黄縢酒，

满城春色宫墙柳。

东风恶，欢情薄。

一怀愁绪，几年离索。

错，错，错。

春如旧，人空瘦，

泪痕红浥鲛绡透。

桃花落，闲池阁，

山盟虽在，锦书难托。

莫，莫，莫。

2. 单韵母 i 与 ü 的辨正

有些地方如昆明、广西等地方言中没有撮口呼韵母 ü，撮口呼韵母 ü 都念成齐齿呼 i。回顾图 1-3 的舌面元音舌位示意图可知，从开口度和舌位前后来看这两个韵母是相同的，唯一的区别是嘴唇的圆展，所以区分这两个音控制好唇形即可区分。

课堂训练

1. 体会下列词语的发音区别。

生育—生意　　居住—记住　　聚会—忌讳　　取名—起名　　于是—仪式

名誉—名义　　遇见—意见　　舆论—议论　　美育—美意　　姓吕—姓李

雨具—以及　　区域—歧义

2. 绕口令练习。

（1）大渠养大鱼不养小鱼，小渠养小鱼不养大鱼。一天天下雨，大渠水流进小渠，小渠水流进大渠。大渠里有了小鱼不见大鱼，小渠里有了大鱼不见小鱼。

（2）这天天下雨，体育局穿绿雨衣的小吕，去找穿绿运动衣的老李。穿绿雨衣的小吕，没找到穿绿运动衣的老李，穿绿运动衣的老李，也没见着穿绿雨衣的小吕。

3. 诗文练习。

渔　歌　子

（唐）张志和

西塞山前白鹭飞，

桃花流水鳜鱼肥。

青箬笠，绿蓑衣，

斜风细雨不须归。

3. 单韵母 i u ü -i(前) -i(后)的发音要饱满

这几个单元音单独作韵母时，发音一定要固定口形，把韵腹的音发饱满。有些方言中把"对(duì)"读成"dèi"、有些人把"最(zuì)读成(zèi)"。为了避免这种韵母发音不准确的情况，我们要注意自己的舌位和口形。

课堂训练

1. 读准下列词语。

（1）i

比例	臂力	脾气	痞气	记忆	气息	米奇
秘密	秘籍	洗洗	丽丽	弟弟	体力	意义

（2）u

读图	鼓舞	祝福	嘱咐	如初	粗鲁	住户
糊涂	出入	书目	族谱	木塑	祖父	粗俗

（3）ü

语序	局域	序曲	语句	逾矩	渔具	玉女
豫剧	徐徐	须臾	絮语	屈居	区域	蛐蛐

（4）-i(前)

自私	私自	司仪	四姨	四次	刺死	子嗣

（5）-i(后)

知识	指示	支持	智齿	日式	日食	实质

2. 诗文练习。

风·周南·汉广

《诗经》

南有乔木,不可休思。汉有游女,不可求思。

汉之广矣,不可泳思。江之永矣,不可方思。

翘翘错薪,言刈其楚。之子于归,言秣其马。

汉之广矣,不可泳思。江之永矣,不可方思。

翘翘错薪,言刈其蒌。之子于归,言秣其驹。

汉之广矣,不可泳思。江之永矣,不可方思。

4. ai uai ao iao 的发音要准确,不要丢失韵头和韵尾

这些复韵母发音时一定要注意发出韵母中的每一个音素,舌位、嘴唇一定要从第一个元音开始,不能随便省略某个音,一直发到最后一个音素。

课堂训练

1. 读准下列词语。

淮海　　小孩　　妖怪　　搞怪　　稍好　　撬开

海藻　　海啸　　叫嚣　　怀表　　害臊　　摔跤

2. 绕口令练习。

(1) 槐树槐,槐树槐,槐树底下搭戏台,人家的姑娘都来了,我家的姑娘还不来。说着说着就来了,骑着驴,打着伞,歪着脑袋上戏台。

(2) 东边树上有猫,西边树上有鸟,猫挠鸟,鸟闹猫。不知是猫先挠鸟还是鸟先闹猫。

(3) 小爱和小菜,一起去买菜,小爱爱买芹菜,小菜爱装口袋。小爱一边买芹菜,小菜一边装口袋,小爱买完了芹菜,小菜装完了口袋,两人一起开开心心回家来。

3. 朗读诗文体会韵母的发音。

书湖阴先生壁

(宋)王安石

茅檐常扫净无苔,

花木成畦手自栽。

一水护田将绿绕,

两山排闼送青来。

清平乐·村居

(宋)辛弃疾

茅檐低小,溪上青青草。

醉里吴音相媚好,白发谁家翁媪。

大儿锄豆溪东,中儿正织鸡笼。

最喜小儿无赖,溪头卧剥莲蓬。

5. 前后鼻韵母的辨正

你的方言中会不会分不清楚"笨蛋"和"蹦蛋"?会不会把"程老师"说成"陈老师"?其

实,前后鼻音不分的情况是比较常见的,尤其是在北方方言中,很多方言都有多多少少的前后鼻音混乱的情况。比如在南京话、长沙话中比较常见的是前鼻音韵母;在广西灵川却都归到了后鼻音。

鼻韵母的发音存在两种错误情况,一种是前鼻音归音不到位,另一种是前后鼻音相混淆。

解决这个问题,主要有两个方法。第一个方法是掌握准确的发音方法。n 是舌尖中音,发音时舌尖抵住上齿龈;ng 是舌根音,发音时舌根抵住软腭,舌头整体靠后。都是用鼻腔发音,但是都是唯闭音(除阻阶段不发音)。第二个方法是记住鼻韵母出现频率较高的字。

发音时可以用手摸后脑勺的位置,后鼻音的时候后部会有轻微震颤,前鼻音没有。

课堂训练

1. 读准下列语。

| 安全 | 笨蛋 | 亲戚 | 金银 | 心神 | 深沉 | 引申 | 眼神 |
| 紧张 | 坚强 | 丰盛 | 封城 | 健将 | 减项 | 健忘 | 剪影 |

2. 绕口令练习。

(1) 桌上放着盆,盆里放着瓶,打了盆,碎了瓶,不知是瓶压了盆还是盆碰了瓶。

(2) 东运河,西运河,东西运河运东西。南通州,北通州,南北通州通南北。

(3) 老彭捧着盆,碰倒一个棚,棚里住着一老翁,问一问,原来老翁叫老程。老彭见老程,脸上笑盈盈,塌了棚,碰了盆,老彭要赔老程的棚,老程要赔老彭的盆。

3. 诗文练习。

清 明

（唐）杜牧

清明时节雨纷纷,

路上行人欲断魂。

借问酒家何处有,

牧童遥指杏花村。

6. ie üe 的韵腹要发音准确

ie üe 属于同一个韵部,是诗歌中比较常见的韵脚,二者也经常会在发音时产生混淆或发音不准。发音时注意韵腹 ê 的发音是舌面前中不圆唇元音,舌面前部隆起,不要抬舌根。

课堂训练

1. 读准下列词语。

结语	节约	解决	缺铁	缺血	决裂
姐姐	决绝	绝句	绝迹	茄子	茄汁
靴子	学制	瘸子	确权	缺陷	抉择

2. 绕口令练习。

(1) 姐姐借刀切茄子,去把去叶斜切丝。切好茄子烧茄子,炒茄子,还有一碗焖茄子。

(2) 北边来了一个瘸子,背着一捆概子,南边来了一个瘸子,背着一筐茄子,背概子的瘸子打了背茄子的瘸子一概子,背茄子的瘸子打了背概子的瘸子一茄子。

3. 诗文练习。

水调歌头·明月几时有

(宋)苏轼

明月几时有?把酒问青天。

不知天上宫阙,今夕是何年。

我欲乘风归去,又恐琼楼玉宇,高处不胜寒。

起舞弄清影,何似在人间。

转朱阁,低绮户,照无眠。

不应有恨,何事长向别时圆?

人有悲欢离合,月有阴晴圆缺,此事古难全。

但愿人长久,千里共婵娟。

7. 发好卷舌元音 er

卷舌元音 er 是从来不和辅音声母相拼的单元音。但是在南方方言中很多人不会发卷舌单韵母,要么发成单韵母 e,要么发成复韵母 ai。发音时一定要先找准舌头的起始位置——舌面后半高不圆唇元音 e,舌尖直抵硬腭前部,然后一边开始做卷舌动作一边发音。

要注意多练习卷舌的动作,学会放松舌头,否则会很生硬,没有儿化的轻松感,失去儿化的轻松意义。

课堂训练

1. 读准下列音节和词语。

儿子　　耳朵　　银耳　　鱼饵　　耳饰　　儿女　　二代　　而且

字儿　　词儿　　门儿　　分儿　　纸儿　　今儿　　事儿　　人儿

2. 读准儿化韵。

脚印儿　　花瓶儿　　打鸣儿　　图钉儿　　门铃儿　　眼镜儿　　蛋清儿

火星儿　　人影儿　　毛驴儿　　小曲儿　　痰盂儿　　合群儿　　模特儿

逗乐儿　　唱歌儿

3. 绕口令练习。

(1) 出了门儿,阴了天儿;抱了肩儿,进茶馆儿;靠炉台儿,找个朋友寻俩钱儿。出茶馆儿,飞雪花儿。老天爷,老和穷人闹着玩儿。

(2) 有个小孩儿叫小兰儿,兜儿里装着几个钱儿。又打醋来又买盐儿。

(3) 小哥俩儿,红脸蛋儿,手拉手儿,一块儿玩儿。小哥俩儿,一个班儿,一路上学唱着歌儿。学造句,一串串儿,唱新歌儿,一段段儿,学画画儿,不贪玩儿。画小猫儿,钻圆圈儿,画小狗儿,蹲庙台儿,画只小鸡儿吃小米儿,画条小鱼儿吐水泡儿。小哥俩儿,对脾气儿,上学念书不费劲儿,真是父母的好宝贝儿。

能力拓展

1. 读准下列音节。

不怕	朴素	模样	附录	赌徒	图书	呼喊	涂改
体制	礼仪	取钱	虚拟	语句	今天	警长	静态
情况	证人	乘车	神圣	通红	经营	准确	春天

2. 读准下列词语。

账房 zhàngfáng	螳螂 tángláng	浪荡 làngdàng	苍莽 cāngmǎng
经营 jīngyíng	详情 xiángqíng	想象 xiǎngxiàng	跟跄 liàngqiàng
领情 lǐngqíng	两样 liǎngyàng	姓名 xìngmíng	荧屏 yíngpíng
清明 qīngmíng	酩酊 mǐngdǐng	刑警 xíngjǐng	

3. 儿歌练习。

(1)

六个单韵母儿歌

圆脸蛋儿，羊角辫儿，张大嘴巴叫伙伴儿，a a a，快来呀；

大公鸡，o o o，天天早起伸长脖，早起出门去散步，看见池塘一只鹅；

清清池塘一只鹅，水中倒影像个e，e e e，我来了，帮助妈妈把衣洗；

妈妈晾衣，i i i，衣服上下要对齐；

u u u，星期五，赶紧回家把书读；

ü ü ü，单韵母，嘴巴撮起才好读。

(2)

复韵母儿歌

复韵母，真有趣，口形变化要注意，合成一个要牢记。

弟弟不矮，ai ai ai，干活给力，ei ei ei，

围上围巾，ui ui ui，熬粥做饭，ao ao ao，

藕断丝连，ou ou ou，悠闲悠闲，iu iu iu，

椰子真甜，ie ie ie，越来越圆，üe üe üe，

竖起耳朵，er er er，听到呼喊。

an an an 天安门前把梦圆。

en en en 党的恩情记心田。

in in in 穿衣出门笑吟吟。

un un un 问问前辈引路人。

ün ün ün 小心撞门头发晕。

ang ang ang 昂首挺胸把头扬。

eng eng eng 长城坡上吹吹风。

ing ing ing 英雄气概显英姿。

ong ong ong 现在要做主人公。

4. 对自己感兴趣的方言韵母进行分析，你能找出几处与普通话的不同之处？

三、声调训练

案例导入

1. 请用普通话朗读下面的同声同韵但不同调的四声训练材料,相互说一说声调朗读是否准确。

妈麻马骂	巴拔把罢	坡婆叵破	方房仿放	低敌抵弟	通同统痛
一移已易	夫扶府副	踢提体剔	温文稳问	妞牛扭拗	撩聊了料
科咳可克	酣寒喊汉	居桔举拒	香祥想象	知直纸至	称呈逞秤
申神审慎	猜才采菜	虽随髓岁	掰白百拜	抛刨跑炮	飞肥匪费
亲勤寝沁	温文吻问	先贤显现	憨寒喊汉	积极几记	渊源远院

2. 单韵母四声训练儿歌练习。

a:啦啦啦,啦啦啦,我们学习拼音啦。ā á ǎ à 我们一定学好它。
o:喔喔喔,喔喔喔,大公鸡,清早啼。ō ó ǒ ò 天天叫我早早起。
e:大白鹅,大白鹅,跳下河,唱唱歌。ē é ě è 大家听了乐呵呵。
i:一二三四五六七,啄木鸟医生穿花衣。ī í ǐ ì 老树病了它会医。
u:呜呜呜,呜呜呜,火车司机是小兔。ū ú ǔ ù 大家旅游到首都。
ü:一条鱼,两条鱼,小猫咪咪爱钓鱼。ǖ ǘ ǚ ǜ 钓到一条大金鱼。

(一)声调的性质

声调是具有区别意义作用的音节的高低曲直方面的变化。在汉语里一般一个音节对应一个汉字的读音,所以声调也叫字调。汉语是一种有声调的语言,这是区别于其他语言的重要特点之一。声调跟声母和韵母一样,具有区别意义的作用,是汉语音节中必不可少的成分。例如,通知(tōngzhī)和同志(tóngzhì)、差异(chāyì)和诧异(chàyì),声调不同,音节表示的意义就不同。汉语普通话的声调同时还有区别词性以及产生韵律美等多方面的作用。

(二)声调的调值和调类

1. 调值

调值就是声调的实际读法,指声调的高低升降和曲直长短的变化形式。记录普通话声调调值的方法是5度标记法,具体标法是:先画一条竖线作为音高比较线,并将竖线分成4格5度,从下到上分别用1、2、3、4、5表示低音、半低音、中音、半高音、高音等5度,再在比较线的左边用横线、斜线、曲线等4条线表示声调的调型,这些线条的形式就构成了5度标调的符号,如图1-4所示。《汉语拼音方案》规定这4种声调符号

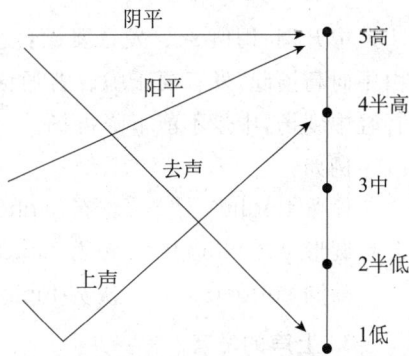

图1-4 普通话调值五度标记法图

为：¯（阴平）、ˊ（阳平）、ˇ（上声）、ˋ（去声）。这些符号的形状基本上是五度标记法的缩影。

从图1-4可以看出，普通话阴平的音高变化范围是从5度到5度，所以它的调值就是55；阳平的音高变化范围是从3度升到5度，调值就是35；上声的音高变化范围是由2度降到1度，再升到4度，调值是214；去声的音高变化范围是由5度降到1度，调值是51。

2. 调类

调类是声调的分类，就是把调值相同的音归纳在一起形成的声调类别。有几种实际读法就有几种调类，汉语普通话有4个调类，传统的汉语音韵学把这四种调类称为阴平、阳平、上声、去声，教学上也可称为第一声、第二声、第三声、第四声。

（三）声调的发音

普通话4种声调的特点可概括为：一声高平二声扬，三声拐弯四声降。声调的基本情况如表1-4所示。

表 1-4　声调的基本情况示例表

四声	例　字	调　值	调类	调号	调值描述口诀
第一声	春、天、花、开	高平调 55	阴平	¯	起音高高一路平
第二声	连、年、和、平	中升调 35	阳平	ˊ	由中到高往上升
第三声	美、好、理、想	降升调 214	上声	ˇ	低降后升曲折起
第四声	胜、利、建、设	全降调 51	去声	ˋ	高起猛降到低音

1. 阴平的发音

高平调，调值是55。阴平有为其他3个声调定高低的作用，如果阴平调值掌握不好，会影响其他声调的发音。发音要领：发音时声带绷到最紧，声调高而平，始终保持音高，没有升降变化，起点、终点都在最高5度上。

例如：

播音 bōyīn	通知 tōngzhī	出租 chūzū	批发 pīfā
讴歌 ōugē	鲜花 xiānhuā	交通 jiāotōng	中心 zhōngxīn
呼吸 hūxī	波涛 bōtāo	插班 chābān	低估 dīgū

2. 阳平的发音

中升调，调值35。发音要领：发音时声带从不松不紧开始，逐步绷紧直到最紧为止，声调由中向高扬起，发音要干脆。普通话的阳平调柔美动听，自然上扬，起音时不要用力过猛，要轻轻中度扬，中途不能下降再扬。

例如：

停留 tíngliú	银行 yínháng	和平 hépíng	纯洁 chúnjié
圆形 yuánxíng	频繁 pínfán	合成 héchéng	滑轮 huálún
随同 suítóng	扶贫 fúpín	滑翔 huáxiáng	言辞 yáncí

3. 上声的发音

降升调，调值214。发音要领：发音时声带开始略带紧张，然后立刻松弛下来，稍稍延长，然后迅速绷紧,但没有绷到最紧。普通话的上声调舒缓轻柔,曲折好听。调值214要到位,要婉转,一定要先降到底再上扬,转变的时候要自然,不可太生硬。

例如:

感慨 gǎnkǎi	理解 lǐjiě	友好 yǒuhǎo	打鼓 dǎgǔ
管理 guǎnlǐ	剪彩 jiǎncǎi	美满 měimǎn	理想 lǐxiǎng
永远 yǒngyuǎn	把柄 bǎbǐng	短跑 duǎnpǎo	彼此 bǐcǐ

4. 去声的发音

全降调,调值51。发音要领:发音时声带从紧张开始滑到完全松弛为止,声调由最高降到最低,中间没有曲折。

例如:

上课 shàngkè	注意 zhùyì	庆祝 qìngzhù	报告 bàogào
判断 pànduàn	建设 jiànshè	教育 jiàoyù	世界 shìjiè
胜利 shènglì	创造 chuàngzào	利润 lìrùn	闭幕 bìmù

课堂训练

1. 双音节词语声调练习。

(1) 阴平——阳平

拼搏 pīnbó	功劳 gōngláo	川流 chuānliú	单独 dāndú
诗人 shīrén	鲜红 xiānhóng	荒芜 huāngwú	欢腾 huānténg
家蚕 jiācán	轰鸣 hōngmíng	佳肴 jiāyáo	灰白 huībái

(2) 阴平——上声

花圃 huāpǔ	温暖 wēnnuǎn	驱赶 qūgǎn	天险 tiānxiǎn
枢纽 shūniǔ	操场 cāochǎng	乡土 xiāngtǔ	书简 shūjiǎn
山水 shānshuǐ	钢笔 gāngbǐ	威武 wēiwǔ	搜索 sōusuǒ

(3) 阴平——去声

生态 shēngtài	公共 gōnggòng	闷热 mēnrè	家世 jiāshì
花卉 huāhuì	根系 gēnxì	音乐 yīnyuè	压迫 yāpò
激励 jīlì	师范 shīfàn	酣睡 hānshuì	花束 huāshù

(4) 阳平——阴平

国家 guójiā	词根 cígēn	寒窗 hánchuāng	结交 jiéjiāo
白金 báijīn	洪峰 hóngfēng	滑梯 huátī	拔高 bágāo
婆娑 pósuō	前期 qiánqī	集中 jízhōng	文章 wénzhāng

(5) 阳平——上声

杨柳 yángliǔ	截止 jiézhǐ	拦网 lánwǎng	民警 mínjǐng
晴朗 qínglǎng	浏览 liúlǎn	传统 chuántǒng	苹果 píngguǒ
联想 liánxiǎng	结果 jiéguǒ	蒲草 púcǎo	明理 mínglǐ

(6) 阳平——去声

球技 qiújì	荣誉 róngyù	文化 wénhuà	贤惠 xiánhuì

时刻 shíkè	评价 píngjià	荣幸 róngxìng	玄妙 xuánmiào
如数 rúshù	无畏 wúwèi	牢固 láogù	绳墨 shéngmò

（7）上声——阴平

抹杀 mǒshā	脊椎 jǐzhuī	起初 qǐchū	简称 jiǎnchēng
乳汁 rǔzhī	解剖 jiěpōu	扭曲 niǔqū	启发 qǐfā
假装 jiǎzhuāng	火星 huǒxīng	史诗 shǐshī	柳丝 liǔsī

（8）上声——阳平

彩虹 cǎihóng	省城 shěngchéng	眼前 yǎnqián	皎洁 jiǎojié
保持 bǎochí	晚霞 wǎnxiá	朴实 pǔshí	品德 pǐndé
启迪 qǐdí	享福 xiǎngfú	巧合 qiǎohé	语言 yǔyán

（9）上声——上声

粉笔 fěnbǐ	赶场 gǎnchǎng	火种 huǒzhǒng	感想 gǎnxiǎng
短跑 duǎnpǎo	典礼 diǎnlǐ	把柄 bǎbǐng	玛瑙 mǎnǎo
舞蹈 wǔdǎo	百感 bǎigǎn	打鼓 dǎgǔ	法理 fǎlǐ

（10）上声——去声

朴素 pǔsù	点缀 diǎnzhuì	响应 xiǎngyìng	诊断 zhěnduàn
哺育 bǔyù	翡翠 fěicuì	演变 yǎnbiàn	阐述 chǎnshù
暑热 shǔrè	匹配 pǐpèi	石墨 shímò	渴望 kěwàng

（11）去声——阴平

诞生 dànshēng	爱惜 àixī	办公 bàngōng	迸发 bèngfā
焊接 hànjiē	候车 hòuchē	乐章 yuèzhāng	复苏 fùsū
措施 cuòshī	气氛 qìfēn	辣椒 làjiāo	记功 jìgōng

（12）去声——阳平

浪潮 làngcháo	练习 liànxí	共鸣 gòngmíng	办学 bànxué
赤诚 chìchéng	笑容 xiàoróng	教材 jiàocái	碧蓝 bìlán
序言 xùyán	侧门 cèmén	措辞 cuòcí	告捷 gàojié

（13）去声——上声

背景 bèijǐng	创举 chuàngjǔ	淡水 dànshuǐ	见解 jiànjiě
界尺 jièchǐ	获奖 huòjiǎng	寸土 cùntǔ	翅膀 chìbǎng
进取 jìnqǔ	驾驶 jiàshǐ	换取 huànqǔ	烙饼 làobǐng

2. 四字词语声调练习。

（1）顺序四声

中华有志 zhōnghuáyǒuzhì	千锤百炼 qiānchuíbǎiliàn
坚持改进 jiānchígǎijìn	光明磊落 guāngmínglěiluò
花红柳绿 huāhóngliǔlǜ	高朋满座 gāopéngmǎnzuò
山河锦绣 shānhéjǐnxiù	天然宝藏 tiānránbǎozàng
资源满地 zīyuánmǎndì	三皇五帝 sānhuángwǔdì
周秦两汉 zhōuqínliǎnghàn	珍藏史料 zhēncángshǐliào
坚持努力 jiānchínǔlì	三国演义 sānguóyǎnyì

深谋远虑 shēnmóuyuǎnlǜ　　心直口快 xīnzhíkǒukuài

飞檐走壁 fēiyánzǒubì　　中流砥柱 zhōngliúdǐzhù

官僚主义 guānliáozhǔyì　　英雄好汉 yīngxiónghǎohàn

（2）逆序四声

万里长征 wànlǐchángzhēng　　四海为家 sìhǎiwéijiā

妙手回春 miàoshǒuhuíchūn　　聚少成多 jùshǎo chéngduō

奋笔疾书 fènbǐjíshū　　调虎离山 diàohǔlíshān

墨守成规 mòshǒuchéngguī　　赤胆红心 chìdǎnhóngxīn

暴雨狂风 bàoyǔkuángfēng　　忘我无私 wàngwǒwúsī

刻苦读书 kèkǔdúshū　　刻骨铭心 kègǔmíngxīn

四脚朝天 sìjiǎocháotiān　　大有文章 dàyǒuwénzhāng

破釜沉舟 pòfǔchénzhōu　　弄巧成拙 nòngqiǎochéngzhuō

异口同声 yìkǒutóngshēng　　信以为真 xìnyǐwéizhēn

字里行间 zìlǐhángjiān　　耀武扬威 yàowǔyángwēi

逆水行舟 nìshuǐxíngzhōu　　热火朝天 rèhuǒcháotiān

（3）四声交错

老气横秋 lǎoqìhéngqiū　　落花流水 luòhuāliúshuǐ

闭关锁国 bìguānsuǒguó　　抱残守缺 bàocánshǒuquē

豁然开朗 huòránkāilǎng　　万紫千红 wànzǐqiānhóng

博闻强识 bówénqiángzhì　　迫不得已 pòbùdéyǐ

不速之客 bùsùzhīkè　　披荆斩棘 pījīngzhǎnjí

明哲保身 míngzhébǎoshēn　　敷衍塞责 fūyǎnsèzé

顾此失彼 gùcǐshībǐ　　怒发冲冠 nùfàchōngguān

鹤发童颜 hèfàtóngyán　　居心叵测 jūxīnpǒcè

骄兵必败 jiāobīngbìbài　　绰绰有余 chuòchuòyǒuyú

一触即发 yīchùjífā　　呕心沥血 ǒuxīnlìxuè

微不足道 wēibùzúdào　　作茧自缚 zuòjiǎnzìfù

（四）声调辩正

案例导入

朗读下面的普通话发音要领口诀，体会声韵调的发音要领。

学好声韵辨四声，阴阳上去要分明。部位方法须找准，开齐合撮属口形。

双唇班报必百波，舌尖当地斗点丁。舌根高狗坑耕故，舌面积结教坚精。

翘舌主争真志照，平舌资则早在增。前鼻恩因烟弯稳，后鼻昂迎中拥生。

咬紧字头归字尾，阴阳上去记变声。循序渐进坚持练，不难达到纯和清。

1. 普通话声调与方言声调的差异

汉语的声调具有区别意义的作用，声调不准是造成歧义或语音错误的重要原因之一。

各种方言声调与普通话声调有许多差别。一般情况下,方言和普通话在声调上的差异主要是:调类不同、调值不同、入声保留或归并的情况不同。就调值和调类的关系来说,方言与普通话之间,有的调值相同,调类不一定相同;有的调类相同,调值不一定相同。如贵州方言属北方方言区,在调值上与普通话调值差异较大,如阴平调没有普通话高,大约是44;阳平调为降调,大约是31;普通话上声是降升调,而贵州方言上声是只降不升,发音短促,相当于42;去声不够低,不够快,相当于214的拖长音。普通话4个调类,而方言中有的只有3个调类(如河北滦县),有的有5个调类(如贵州赤水市),有的又多达10个调类(如广西博白县)。

现代汉语普通话中已无入声,入声分别归入阴、阳、上、去4声中。常用的古入声字有400个左右,在普通话中归并的大致情况是:将近一半归入去声,近1/3归入阳平,剩下约100个分别归入阴平和上声,其中归入上声的最少。有入声的方言大致分两种情况:一种是入声后面带有塞音或喉塞音韵尾的,读音短促,不能延长,如粤方言、客家方言、吴方言等的入声;一种是入声后面不带塞音韵尾的,读音不短促,可以延长,只是古入声字仍然独立成一个调类,有自己的调值,如湘方言的入声。先记住归入上声的字,再记住归入阴平的字,然后记住归入阳平的字,把其余的入声字都读成去声,就可以掌握古入声字在普通话中的读音了。

因此,辨别本地方言与普通话4个声调的差异及其对应关系,读准调值、辨明调类、分派入声是方言区的人学习普通话应该特别注意的。

2. 普通话四声辨正

(1) 阴平容易出现的问题:一是调值不够高,不能达到调值55的高度;二是出现前后高低不一致的现象。忽高忽低,音高不稳定。阴平需要始终保持在一个最高的调值上,有些人会把阴平调发成44或33,主要是因为发音时声带的紧张度不够,虽然有平的特征,但是还不够高。练习时应该稍微夸张一点,适当提高音高。

(2) 阳平容易出现的问题主要是阳平与上声的混淆。阳平与上声都包含"升"的一段,如果发阳平调音节时,在前面的3度部分稍微延长一下,听起来就会像上声;如果发上声的时候前面的"21"段说得太短,而后面的"14"段说得太长,听起来也会像阳平,最后导致这两个声调混淆不清。如:把"节日"读成"解日","好的"读成"豪的"。纠正的方法是:先把声带放松,然后再拉紧。阳平的主要特征是"升",一开始发音就往高处走,不要拖拉出平调。上声的主要特征是"低","21"段是主体,"14"段只占很短的时间,应加强"21"部分的练习。多读去声和阳平相连的词语,有助于练好阳平。

(3) 上声最常见的问题是将214调值读为211调值,即把上声读成半上。因为普通话中存在变调情况,上声在阴平、阳平及去声前面读作半上,这易给一般人造成误解,上声在任何情况下都是读作211调值。实际上,上声在单念、词尾、句尾时,必须读作214调值。普通话测试中,第一题中所有的单音节字词上声必须读作214调值,第二题中在词尾的上声也必须读作214调值。

上声是普通话四个声调中最难学的,容易出现的问题还有以下几方面:①上声拐弯,即上升后下滑再上升。使得上声在上升的过程中拐弯,造成声调缺陷;②调尾发音高度不够(读成212或213),虽把上声读成了一个降升调,但升的时候高度不够。矫正方法可采用手势引导法,发音的时长与做手势的时长保持一致,手在空中画钩的时长正好是发上声的时长。这一方法对于纠正发音时时值太短而引起的发音高度不够的问题颇为奏效;③声调偏高,几乎无曲势。解决这一问题可以用压颌法,发音时做点头的动作,下颌往下压,以此来控制上声下降时的音高;④声调中断(读21-4)。学习上声,要在头脑中建立起音高的概念,多听、多问、多模仿。针对存在的问题找准病源并对症下药。

(4) 去声的主要问题是缺乏音高概念,去声下不来。有些人发去声时总是发成53或52,没有降到最低点,整个去声音节的长度也偏长。普通话的去声音节是四个声调中长度最短的,因此练习时应注意让声带紧绷后快速地放松,降得快的同时才能降得够低。

课堂训练

1. 声调对比辨音练习。

(1) 阴平与阳平对比练习

抽丝—愁思	瓣开—白开	欺人—旗人	呼喊—胡喊
包子—雹子	心机—心急	拍球—排球	窗前—床前
厂方—厂房	初七—出奇	大锅—大国	知道—直道
青天—晴天	开初—开除	抹布—麻布	猎枪—列强

(2) 阴平与去声对比练习

收获—售货	生产—盛产	坚定—鉴定	事先—视线
气氛—气愤	衣物—义务	差异—诧异	震惊—镇静
刀子—稻子	东西—洞悉	交换—叫唤	改编—改变
贴金—贴近	清单—清淡	医书—医术	鸽子—个子

(3) 阳平与上声对比练习

战国—战果	颜色—眼色	土肥—土匪	小乔—小巧
返回—反悔	洋油—仰游	牧童—木桶	大学—大雪
情调—请调	直绳—纸绳	好麻—好马	老胡—老虎
琴室—寝室	职责—指责	实用—使用	上房—上访

(4) 阳平与去声对比练习

斗奇—斗气	大麻—大骂	钱款—欠款	发愁—发臭
正直—政治	肥料—废料	小格—小个	荆棘—经济
瓷碗—次碗	白军—败军	同情—同庆	协议—谢意
凡人—犯人	糖酒—烫酒	洋房—样房	壶口—户口

(5) 多音字词组对比练习

栏杆—笔杆	假如—假日	空手—空白	挑水—挑拨
中心—看中	颠簸—簸箕	处理—处所	吐气—呕吐
少数—少年	创作—创伤	教书—教育	美好—爱好
调节—声调	衣冠—冠军	发表—理发	骨头—骨碌

(6) 词语辨音练习

按时—暗示—安适	边界—变节—辩解	餐具—残局—惨剧
穿通—传统—串通	仙境—险境—陷阱	声称—生成—省城
妖艳—谣言—耀眼	赋予—抚育—富裕	语气—预期—玉器

抵制—地址—地质　　赏识—上市—伤势　　管理—官吏—惯例

竹子—珠子—主子—柱子　　　　忧郁—由于—犹豫—鱿鱼

2. 绕口令练习。

（1）妈妈骑马，马慢妈妈骂马。妞妞哄牛，牛拧（nìng）妞妞拧（nǐng）牛。

（2）李丽买了一斤梨，黎礼买了一斤栗。李丽要用梨换栗，黎礼要用栗换梨。不知是李丽的梨换了黎礼的栗，还是黎礼的栗换了李丽的梨。

（3）山前有个颜远眼，山后有个袁眼圆。两人爬上山头来比眼，也不知是颜远眼的眼比袁眼圆的眼看得远，还是袁眼圆的眼比颜远眼的眼生得圆。

（4）清早起来雨淅淅，王七上街去买席，骑着毛驴跑得急，捎带卖蛋又贩梨。一跑跑到小桥西，毛驴一下失了蹄，打了蛋，撒了梨，急得王七眼泪滴，又哭鸡蛋又骂驴。

（5）路东住着刘小柳，路南住着牛小妞，刘小柳拿着大皮球，牛小妞抱着大石榴，刘小柳把大皮球送给牛小妞，牛小妞把大石榴送给刘小柳。

（6）手拿七支长枪上城墙，上了城墙手耍七支长枪。见枪不见墙，见墙扔了枪，眼花缭乱，武艺高强。

（7）老师老是叫老史去捞石，老史老是让老石去捞石，老石老是看老史不捞石，老师老是说老史不老实。

（8）珍珍绣锦枕，绣枕用金针，双蝶枕上争，珍珍的锦枕赠亲人。

能力拓展

1. 给下列成语标上声调符号并正确朗读。

深谋远虑　　千锤百炼　　心怀叵测　　兵强马壮

万马齐喑　　步履维艰　　驷马难追　　兔死狐悲

气势磅礴　　迫在眉睫　　噤若寒蝉　　众目睽睽

陈词滥调　　童颜鹤发　　荡气回肠　　闲情逸致

2. 声调不同的词语辨音练习。

春节—纯洁　　松鼠—松树　　会意—回忆　　长方—厂房

突然—徒然　　指示—致使　　土地—徒弟　　枝叶—职业

导演—导言　　几时—计时　　鲜鱼—闲语　　佳节—假借

整洁—政界　　鸳鸯—远洋　　指导—知道　　展览—湛蓝

同志—统治　　胜利—生理　　礼节—理解　　练习—联系

面貌—棉帽　　股市—故事　　裁员—菜园　　孤立—鼓励

3. 诗文声调练习，正确辨别并读准普通话声、韵、调。

关 山 月

（唐）李白

明月出天山，苍茫云海间。

长风几万里，吹度玉门关。

汉下白登道，胡窥青海湾。

由来征战地，不见有人还。

戍客望边色,思归多苦颜。

高楼当此夜,叹息未应闲。

珍妮的辫子
余光中

当初我认识珍妮的时候,

她还是一个很小的姑娘,

长长的辫子飘在背后,

像一对梦幻的翅膀。

但那是很久,很久的事了,

我很久,很久没见过她。

人家说珍妮已长大了,

长长的辫子变成卷发。

昨天在路上我遇见珍妮,

她抛给我一朵鲜红的微笑,

但是我差一点哭出声来,

珍妮的辫子哪儿去了?

夜风轻飘飘地吹拂着,空气中飘荡着一种大海和田禾相混合的香味,柔软的沙滩上还残留着白天太阳炙晒的余温。那些在各个工作岗位上劳动了一天的人们,三三两两地来到了这软绵绵的沙滩上,他们浴着凉爽的海风,望着那缀满了星星的夜空,尽情地说笑,尽情地休憩。愉快的笑声,不时地从这儿那儿飞扬开来,像平静的海面上不断地从这儿那儿涌起的波浪。我漫步沙滩,徘徊在我的乡亲朋友们中间。

(峻青《海滨仲夏夜》)

4. 著名语言学家赵元任先生曾创作了三篇完全用同音字写成的文言微型奇文:《施氏食狮史》,全为 shi 音节;《漪姨》,全为 yi 音节;《饥鸡集机记》,全为 ji 音节。下面是第一篇《施氏食狮史》,试着读一读,想一想文章的意思。

石室诗士施氏,嗜狮,誓食十狮。氏时时适市视狮。十时,适十狮适市。是时,适施氏适市。氏视是十狮,恃矢势,使是十狮逝世。氏拾是十狮尸,适石室。石室湿,氏使侍拭石室。石室拭,氏始试食是十狮尸。食时,始识是十狮尸,实十石狮尸。试释是事。

四、音节

📝 案例导入

1. 拼读下面的儿歌,看谁读得快。

Zìlìgē

Dī zìjǐ de hàn,

Chī zìjǐ de fàn,

Zìjǐ de shìqing zìjǐ gàn,

Kàotiān kàodì kàofùmǔ,
Búsuàn shì hǎohàn.

Xiǎolù

Xiǎolù wānwān,
Xiàng gēn biǎndan,
Yītóu tiāozhe cūnzhuāng,
Yītóu tiāozhe dàshān。

Ménlíng

Ménlíng ménlíng gè'ér xiǎo,
Shǒuzài ménbiān jìng qiāoqiāo,
Yī'àn yī'àn tā jiù jiào,
Dīngdōng dīngdōng kèrén dào。

2. 快速拼读下面一段拼音，试着说一说普通话音节的特点。

Wǒ gǎndào zìjǐ de wúzhī，yěgǎndàole chǒu shí de wěidà，wǒ shènzhì yuànhèn tā zhème duō nián jìng huì mòmò de rěnshòu zhe zhè yīqiè！Ér wǒ yòu lìjí shēnshēn de gǎndào tā nà zhǒng bùqū yú wùjiě、jìmò de shēngcún de wěidà。

（贾平凹《丑石》）

（一）普通话音节的构成

音节是语音的基本结构单位，也是听觉上自然感到的最小语音片段。例如：朗读"江枫渔火对愁眠"这句诗时，jiāng/fēng/yú/huǒ/duì/chóu/mián 这一个个的语音片段，就是音节。从汉字和音节的对应上看，一个汉字就是一个音节，儿化音除外。例如"花儿（huār）""鸟儿（niǎor）"，在书写上是两个汉字，但听感上只有一个音节，"儿"在这里只表示音节末尾的卷舌动作。

普通话的音节由声母、韵母和声调三个组成部分。如果再进行分析，还可以把韵母分成韵头、韵腹、韵尾三个部分，这其中只有韵腹是不能缺少的，所有的韵母都必须有韵腹。结构比较复杂的音节含有声母、韵头、韵腹、韵尾和声调。普通话的音节有不同的结构类型。表 1-5 对普通话的音节进行分析，可以进一步看出普通话的音节结构特点。

表 1-5 普通话音节结构表

例子	音节 结构成分	声母	韵母				声调
			韵头（介音）	韵腹（主要元音）	韵尾		
					元音	辅音	
乌	wū	（零）		u			阴平
银	yín	（零）		i		n	阳平
欧	ōu	（零）		o	u		阴平
运	yùn	（零）		ü		n	去声
翁	wēng	（零）	u	e		ng	阴平

续表

例子 / 结构成分 / 音节	声母	韵母				声调
		韵头（介音）	韵腹（主要元音）	韵尾		
				元音	辅音	
雪 xuě	x	ü	e			上声
都 dōu	d		o	u		阴平
绢 juān	j	ü	a		n	阴平
创 chuàng	ch	u	a		ng	去声
准 zhǔn	zh		(e)		n	上声
谁 shuí	sh	u	(e)	i		阳平
表 biǎo	b	i	a	o		上声

从表 1-5 可以看出,普通话音节结构有以下特点。

(1) 每个音节最少要由三个成分组成,即声母、韵母、声调。它的声母可以是零声母,韵母中可以没有韵头、韵尾,但必须有韵腹。例如:"乌(wū)"由零声母、韵腹 u 和阴平声调组成。

(2) 每个音节最多可以由五个成分组成,例如:"绢(juān)",由声母 j、韵头 u、韵腹 a、韵尾 n 和阴平声调组成。

(3) 每个音节中必须有元音因素,但不一定都有辅音。音节中的元音至少一个,充当韵腹;最多三个,分别充当韵母的韵头、韵腹和韵尾。

(4) 韵头只能由 i u ü 充当,韵尾由元音 i u(o)或鼻辅音 n ng 充当。每个元音都能充当韵腹,如果韵母不止一个元音时,由开口度较大、舌位较低、发音较响亮的元音充当韵腹。

(5) 辅音音素只出现在音节的开头(作声母)或末尾(作韵尾),没有辅音连续排列的情况。

(二)普通话声母和韵母的拼合规律

普通话的声母和韵母之间的配合是有一定规律的(见表 1-6),这主要取决于声母的发音部位与韵母的开、齐、合、撮四呼之间的组配要求。掌握了声韵拼合规律,可以避免拼读和拼写时出现差错,还可以帮助辨正方音,学好普通话。

表 1-6 声母、韵母的配合关系简表

声母 / 韵母 / 拼合		开口呼	齐齿呼	合口呼	撮口呼
双唇音	b p m	+	+	只跟 u 相拼	—
唇齿音	f	+	—	只跟 u 相拼	—
舌尖中音	d t	+	+	+	—
	n l				+
舌面音	j q x	—	+	—	+

续表

声母 　　　　 韵母　拼合		开口呼	齐齿呼	合口呼	撮口呼
舌根音	g k h	＋	－	＋	－
舌尖后音	zh ch sh r	＋	－	＋	－
舌尖前音	z c s	＋	－	＋	－
零声母		＋	＋	＋	＋

注："＋"表示声韵可以拼合成音节，"－"表示不能拼合成音节。

从表 1-6 中可以看出，普通话声母和韵母配合主要有以下规律。

（1）双唇音声母 b p m 和舌尖中音声母 d t 能和开口呼、齐齿呼、合口呼韵母相拼（b p m 和合口呼相拼限于 u），但不能和撮口呼韵母相拼。

（2）舌根音声母 g k h，舌尖后音声母 zh ch sh r，舌尖前音声母 z c s 都能和开口呼、合口呼韵母相拼，但不能和齐齿呼、撮口呼韵母相拼。

（3）舌面音 j q x 和上述三组声母相反，只能和齐齿呼、撮口呼韵母相拼，而不能和开口呼、合口呼韵母相拼。

（4）舌尖中音 n l，零声母和四呼都能相拼。

需要指出的是，上述规律并不是绝对的。要全面细致地掌握普通话声韵配合的规律，还必须熟悉普通话音节的拼写规则，多查看详细的声韵配合表。

课堂训练

1. 读准下列音节，并注上汉字。

dàfù-piánpián　　　　huàlóng-diǎnjīng　　　　niānhuā-rěcǎo

guāshú-dìluò　　　　chìshǒu-kōngquán　　　　xiōngwú-diǎnmò

fēiyán-zǒubì　　　　sāngù-máolú　　　　chéngqián-bìhòu

bēigōng-qūxī　　　　liángyǒu-bùqí　　　　línlí-jìnzhì

xiāoyǒng-shànzhàn　　　　nányuán-běizhé　　　　miàoqù-héngshēng

2. 列表分析下列音节的结构。

日　演　君　昆　权　贵　园　生　外　两

3. 根据声韵拼合规律，说明下列声韵母拼合的音节为什么不正确，并加以改正。

può（破）　　　　shiǎo（少）　　　　tuéng（腾）　　　　dō（多）

siòng（送）　　　　luǐ（磊）　　　　zīng（京）　　　　gúe（绝）

duēng（东）　　　　xà（下）　　　　pē（坡）　　　　fún（焚）

（三）音节的拼读和拼写

1. 音节的拼读

音节的拼读就是按照声、韵、调的配合规律，将声母和韵母拼合，并带上声调拼成一个音节。

1）拼读方法

音节的拼读方法有以下 4 种。

（1）两拼法

两拼法是把音节分成声母和韵母两部分，再拼到一起的方法。其发音要领是：前音轻短后音重，两音相连猛一碰。两拼法是最常用的拼读方法。例如：

g＋uang→guāng（光）　　　　m＋ing→míng（明）

w＋an→wǎn（晚）　　　　　　x＋ia→xiá（霞）

（2）三拼法

三拼法适用于有声母并有韵头的音节。把音节分成声母、韵头（也叫介音）、后随韵母三个部分，再拼到一起。例如：

j＋i＋a→jiǎ（假）　　　　　　zh＋u＋ang→zhuàng（状）

x＋i＋an→xián（闲）　　　　　sh＋u＋ai→shuāi（摔）

三拼音练习要提醒学生掌握拼音方法，不要漏掉介音。

（3）声介合拼法

这种拼读方法同样适用于有声母也有韵头的音节。拼读时把声母和韵头（也叫介音）看作一个整体，然后再把这个整体与后随韵母相拼。例如：

zhu＋o→zhuō（桌）　　　　　gu＋a→guà（挂）

qi＋ao→qiáo（瞧）　　　　　ji＋an→jiǎn（剪）

（4）整体认读法

整体认读法又叫音节直呼法，就是看到拼音的声韵调不再分开相拼，直接读出整个音节。这需要熟练掌握《汉语拼音方案》。小学拼音教学中，把不便于使用上述三种方法的音节归纳为 16 个整体认读音节：

zhi chi shi ri zi ci si

yi wu yu yin ying ye yue yuan yun

2）拼读要领

音节拼读时要注意以下几点。

（1）声母要发本音。声母都是辅音，发音时声带不振动，不响亮，拼读要用声母的本音，而不要用声母的呼读音。例如：巴 bā，声母的呼读音是 bo，拼读时不是 bo＋a，而是 b＋a。

（2）拼合时声母和韵母之间要连贯，中间不要有停顿，要发出一个结合紧密的音节。如 gǔ（鼓）由 g－ǔ→gǔ 不间断，否则就像 gē（歌）-ǔ 两个音节了。

（3）复韵母和鼻韵母的发音必须准确熟练。复韵母和鼻韵母的几个音素之间结合得比较紧密，拼读时要把它们作为一个整体准确地念出来，否则容易丢掉韵头或韵尾，或影响韵头、韵腹、韵尾之间的强弱、长短，从而达不到"字正腔圆"的效果。例如：jiāo（教）由 j＋iāo 相拼，而有的则拼成 j＋āo；又如 huāng（慌）是 h－uāng 相拼，而不能拼成 h－āng；再如 pāo（抛），发音时元音 a 开口度不够，后面 o 收音跟着受影响，整个音节听起来就像 pōu（剖）。

（4）读准每一个音节声调的调值。声调是一个音节中不可缺少的要素之一。拼读时既要掌握音变规律（主要是"一""不"的音变，上声的变调），又要掌握轻重格式（主要是"轻声"读法），还要把 4 个声调的调值读到位。

2. 音节的拼写

《汉语拼音方案》对普通话音节的拼写有具体的规定。我们把它归纳为以下几方面加以说明。

1）隔音规则

（1）用 y 和 w 隔音。

① 韵母表中 i 行的韵母，在零声母音节中，要用 y 开头；如果后面还有别的元音，就把 i 改为 y。例如：

yī（一）　　　yá（牙）　　　yě（野）　　　yào（要）　　　yōu（优）

② 韵母表中 u 行的韵母，在零声母音节中，要用 w 开头；如果后面还有别的元音，就把 u 改为 w。例如：

wā（蛙）　　　wú（无）　　　wǒ（我）　　　wài（外）

③ 韵母表中 ü 行的韵母，在零声母音节中，也要用 y 开头，跟 i 行韵母不同的是，不论后面有没有别的元音，一律要在前面加 y，加 y 后，ü 上两点省去。例如：

yuē（约）　　　yuán（园）　　　yú（于）　　　yùn（运）

（2）用隔音符号隔音。

"a o e"开头的音节，连接在其他音节后面的时候，如果音节的界限发生混淆，就要用隔音符号" ' "隔开。例如：

xī'ān（西安）　　　hǎi'ōu（海鸥）　　　tiān'é（天鹅）　　　pí'ǎo（皮袄）

2）省写规则

（1）韵母 iou uei uen 的省写。

《汉语拼音方案》在韵母表后面的说明中做了这样的规定，iou uei uen 前面有辅音声母的时候，中间的元音 o 或 e 必须省去，分别写成 iu ui un。例如：diū（丢）、guì（桂）、niú（牛）、cūn（村）。不跟声母相拼，即自成音节，就不能省写，仍然用 y w 开头，例如：yōu（优）、wēi（威）、wēn（温）。

实行省写，既能反映语音的实际情况，又能使拼式简短，易写易记。小学汉语拼音教学中，为了便于理解，直接把 iu ui un 当 3 个韵母来教，不再出现 iou uei uen。

（2）ü 上两点的省写。

韵母表中 ü 行的韵母与声母 j q x 相拼时，ü 上两点要省去。例如：jǔ（举）、jūn（军）、què（却）、quán（权）、xù（序）。但如果与声母 n l 相拼时，ü 上两点不能省略。因为声母 j q x 不能跟合口呼韵母相拼，省去了 ü 上两点也不会误认为是合口呼韵母，音节不致发生混淆，而声母 n l 既能跟撮口呼韵母相拼，又能跟合口呼韵母相拼，所以两点不能省，省了就会发生混淆。例如：nǚ（女）、nǔ（努）、lǜ（律）、lù（路）。

3）标调规则

（1）声调符号应标在韵母的主要元音（韵腹）上。

（2）省写音节的韵母，标在后一个元音或所剩的唯一一个元音上。

（3）轻声不标调。

（4）若在"i"上标调，"i"上的点要省去。

4）音节连写和大写

（1）分词连写法。用汉语拼音方案拼写普通话，基本上是以词为书写单位，一个复音节

词的几个音节要连写,词和词之间要分写。例如:

Rénlèi àihào hépíng(人类爱好和平)

Jīntiān tiānqì qínglǎng(今天天气晴朗)

(2)成语拼写法。四字成语可以分为两个音节来念的,中间加短横,不能分为两个音节来念的四字成语、熟语等,全部连写。例如:

dāoguāng-jiànyǐng(刀光剑影)   qīshàng-bāxià(七上八下)

niǎoyǔ-huāxiāng(鸟语花香)   xī·lihútú(稀里糊涂)

yīyīdàishuǐ(一衣带水)   bùsùzhīkè(不速之客)

(3)人名地名拼写法。汉语人名按姓氏和名字分写,姓和名的开头字母要大写,外国人名开头的第一个字母要大写。专有名词(国名、地名)每个词的第一个字母大写。

例如:

Sūn Zhōngshān(孙中山)   Tài Shān(泰山)

Zhūgě Liàng(诸葛亮)   Bā'ěrzhākè(巴尔扎克)

Zhōnghuá Rénmín gònghéguó(中华人民共和国)

Héběi Shěng Shíjiāzhuāng Shì(河北省石家庄市)

(4)大写字母的用法。一是每个句子开头的第一个字母,每行诗开头的第一个字母大写;二是专有名词的第一个字母大写。标题、商标、商店的名字一般每个字母都大写,或每个词的第一个字母大写。为了整齐美观,音节不标调号。例如:

Fēngyǔ sòng chūn guī,   风雨送春归,

Fēixuě yíng chūn dào。   飞雪迎春到。

Wǒmen ài zìjì de zǔguó。   我们爱自己的祖国。

BEIJINg DAXUE   北京大学

(5)短横的用法。短横"-"是连接号,有的是表示词语之间的连接关系。例如:

fù-lián(妇联—妇女联合会)   huán-bǎo(环保—环境保护)

有的是用于书写或排印上的移行,放在每行的末尾,表示音节和音节的衔接。转行时要注意,尽量不要把一个音节拆开。

课堂训练

1. 给下列词语加上拼音,并口头说说它们的拼写规则。

一个	因为	友爱	没有	厌恶
耽误	物品	希望	提问	玩耍
原来	于是	春雨	语言	云朵
居所	区域	虚心	疲倦	权利
屡次	女人	旅行	驴肉	自律
流水	议论	水平	回归	威胁
女儿	饥饿	敬爱	西欧	方案

2. 下列各词的拼写是不合拼写规则的,试把它们改正过来。

ióuiǒng(游泳)   īnüè(音乐)   úluèn(无论)   üèiè(月夜)

Duèilióu(对流)   jānyèng(坚硬)   uēiǔ(威武)   shuěizhǔn(水准)

iǎnuán（演员）　　　youxiou（优秀）　　guēilù（规律）　　uěiuán（委员）

3. 用拼音拼写下面的诗歌，注意标题和作者姓名的拼写。

凉 州 词

（唐）王之涣

黄河远上白云间，

一片孤城万仞山。

羌笛何须怨杨柳，

春风不度玉门关。

能力拓展

1. 给下列词语和句子注音。

倔强　婴儿　悠久　愚蠢　模范　女婿　棒槌　黑夜　什么　模样　杜甫　元帅
捏弄　老张　漂亮　深奥　春节　捐款

书山有路勤为径，学海无涯苦作舟。

山重水复疑无路，柳暗花明又一村。

2. 根据《汉语拼音方案》对音节拼写的规定，正确拼写下列成语。

信以为真　　声色俱厉　　明察秋毫　　今非昔比　　亡羊补牢　　多多益善

迎来送往　　耀武扬威　　神机妙算　　国色天香　　杯水车薪　　温文尔雅

削足适履　　旁若无人　　沧海桑田

3. 下列音节的拼写如果有错误，请加以修改，并说明修改的理由。

ùjù（豫剧）　　　　yiāoqiú（要求）　　　xiouukueì（羞愧）　　　yiǒngjiǒu（永久）

wuěiwèn（慰问）　　pínlù（频率）　　　jiaòdaǒ（教导）　　　uěiqū（委屈）

xiouukueì（羞愧）　　xīān（西安）　　　　üèiè（月夜）　　　　yiánglǐu（杨柳）

4. 为下面的这段诗歌注音，注意音节连写与大写的规则。

我是中国人——

我的祖先最早走出森林，

我的祖先最早开始耕耘，

我是指南针、印刷术的后裔，

我是圆周率、地动仪的子孙。

在我的民族中，

不光有史册上万古不朽的

孔夫子、司马迁、李自成、孙中山，

还有那文学史上万古不朽的

花木兰、林黛玉、孙悟空、鲁智深。

我骄傲，我是中国人！

五、语流音变

普通话的音节都有自己相对固定的声、韵、调，单独读准它们的声、韵、调并不难，但是，我们在说话或朗读时,不是孤立地发出一个个音素或音节,而是把许多音节组成词和句子连续地发出来,习惯上我们称之为语流。在连续的语流中,由于相邻音节之间相互影响,有些音节的读音就会发生一定变化,这种语音变化叫作语流音变。普通话的语流音变主要包括:变调、轻声、儿化、语气词"啊"的变读等现象。

（一）变调

案例导入

读儿歌,想一想儿歌中的"一"出现了哪些声调?

一座山,两座山,
一数数到四十三!
一幢楼,两幢楼,
一数数到六十九!
一株树,两株树,
一数数到五十五!
一朵花,两朵花,
一数数到七十八!
一二三四五六七,
看谁数数得第一。

(http://wenku.baidu.com)

在词语和句子中,音节与音节相连发音时,有些音节的调值会发生变化,就叫变调。普通话的变调主要分为上声变调 、"一""不"变调。

1. 上声变调

案例导入

朗读下面的绕口令,体会上声音节的声调变化。
五组的小组长姓鲁,九组的小组长姓李,鲁组长比李组长小,李组长比鲁组长老。
比李组长小的鲁组长有个表姐比李组长老,比鲁组长老的李组长有个表姐比鲁组长小。
小的小组长比老的小组长长得美,老的小组长比小的小组长长得丑。
丑小组长的表姐比美小组长的表姐美,美小组长的表姐比丑小组长的表姐丑。

(http://wenku.baidu.com)

请你想一想:
是鲁组长老,还是鲁组长的表姐老?是李组长小,还是李组长的表姐小?
是五组小组长丑,还是九组小组长丑?是鲁组长表姐美,还是李组长表姐美?

普通话上声音节在单念或处于句尾以及处于句子中语音停顿位置时,没有后续音节的影响,即可读原调。在其他情况下一般要做变调处理,具体分为以下几点。

1) 上声＋非上声→半上＋非上声

（1）上声＋阴平（211＋55）

| 首都 | 火车 | 礼花 | 雨衣 | 省心 | 捕捞 | 老师 | 主编 | 把关 |
| 贬低 | 饼干 | 补充 | 打针 | 产生 | 取消 | 法规 | 反思 | 感激 |

（2）上声＋阳平（211＋35）

| 古人 | 祖国 | 补偿 | 乞求 | 可能 | 厂房 | 起床 | 品尝 | 旅行 |
| 火柴 | 海洋 | 典型 | 导游 | 表达 | 狠毒 | 打球 | 改革 | 抢夺 |

（3）上声＋去声（211＋51）

| 本质 | 法律 | 百货 | 小麦 | 讲话 | 美术 | 狡辩 | 稿件 | 保证 |
| 保护 | 宝贝 | 女士 | 尽量 | 理发 | 美丽 | 法院 | 跑步 | 鼓励 |

2) 上声＋上声→阳平＋上声（35＋214）

| 保险 | 保养 | 党委 | 尽管 | 老板 | 本领 | 引导 | 古老 | 敏感 |
| 鼓舞 | 产品 | 永远 | 岛屿 | 保姆 | 远景 | 北海 | 首长 | 懒散 |

3) 三个上声相连的变调

如果后面没有其他音节和语气词，开头、中间的上声音节有两种变调。

（1）双音节＋单音节（"双单格"结构），前两个变阳平。

| 演讲稿 | 跑马场 | 展览馆 | 管理组 | 水彩笔 | 蒙古语 |
| 选取法 | 古典舞 | 虎骨酒 | 洗脸水 | 往北走 | 草稿纸 |

（2）单音节＋双音节（"单双格"结构），第一个变半上，第二个变阳平。

| 史小姐 | 党小组 | 好小伙 | 跑百米 | 纸老虎 | 李厂长 |
| 老保姆 | 冷处理 | 很友好 | 旅党委 | 小雨伞 | 缓减免 |

（3）单音节＋单音节＋单音节（"单三格"结构），前两个变阳平。

软懒散　　稳准狠

更多上声音节相连时，按语意分若干二字组或三字组，然后按以上变调规律处理，停顿之前的音节都读半上声，最后音节读完整。例如：

彼此/理解　　　　　岂有/此理
我俩/永远/友好　　　请你/给老柳/买两碗/藕粉
我给你/把把脉　　　小组长/请你/往北走

4)"上声＋轻声"的变调

（1）上声＋轻声→半上＋轻声（原声调是非上声的轻声）

尾巴　喜欢　喇叭　枕头　口袋　打扮

（2）上声＋轻声→阳平＋轻声（原声调是上声的轻声）

等等　走走　把手　水里　想起　找补

有以下三种情况例外。

（1）"子"做后缀的词。

脑子　爪子　胆子　掸子　款子　谷子　饺子　小子　主子　舀子　毯子

（2）对人的称呼。

奶奶　姥姥　婶婶　姐姐　宝宝

(3)习惯读法。

马虎 指甲 耳朵 痒痒

课堂训练

上声变调训练。

(1)读准下列词语里上声字的变调。

① 上声+阴平

火车 北方 指标 水乡 许多 海鸥
祖先 始终 打击 纺织 垦荒 表彰
喜欢 展出 组织 等车 老师 普通
主张 小心 口腔 紧张 语音 启发

② 上声+阳平

美德 选择 总结 考察 果园 旅游
保存 好评 主持 讲台 铁锤 典型
理财 祖国 敏捷 考查 果茶 羽毛
口才 草原 紧急 酒席 审核 几何

③ 上声+去声

坦率 想念 感谢 恳切 妥善 暖室
老练 水库 铁路 柳树 晚会 海燕
笔画 脚步 丑恶 满意 体育 考试
等待 美丽 短促 酒会 矫健 巩固

④ 上声+轻声

比方 板子 膀子 本事 本子 扁担
打点 补丁 厂子 尺子 打发 打听
口袋 姐夫 脊梁 伙计 火候 寡妇
女婿 你们 买卖 马虎 爽快 使唤

⑤ 上声+上声

哺养 表演 冷饮 陕北 饱满 保险
洗澡 勉强 友好 粉笔 管理 采访
尽管 许久 顶点 老虎 演讲 选举
舞蹈 委婉 倘使 以免 缓解 好歹
考古 口语 赶紧 处女 岛屿 匕首

⑥ 三个上声及三个以上上声连读

导管厂 勇敢者 女选手 打靶场 小老虎 考古所
搞管理 好本领 蒙古语 党小组 导火索 老保守
小拇指 演讲稿 老古板 敏感点 跑马场 剪草场
手写体 请允许 苦水井 耍笔杆 古典舞 厂党委
手表厂马厂长 请你给我找找演讲稿 你把纸雨伞保管好 我想给你几种水彩笔
请小李给我买五把小雨伞

（2）朗读下列语句，注意上声的变调。

① 一切反动派都是纸老虎。

② 中国人民是永远友好，还是挑起事端燃起战火？

③ 厂长批评了管理组的做法，要求他们按时整改。

④ 有些演讲者全神贯注在自己的讲稿上，从来不正视听众一眼。肯定地说，这样的演讲者在演讲的当天就会被听众忘掉。还有些演讲者从头到尾用一种语调读自己的讲稿，这样的演讲根本不会被人家接受，只不过是麻痹听众的注意力，使听众昏昏欲睡。

⑤ 养鸟是我的一个癖好。与鸟为伴，乐无他求。鸟有灵性，可与人相通，此乃爱之根源。

⑥ 今晚百花广场有好几百人表演的大型舞蹈。

⑦ 这是五百块钱，你去买两百本笔记本。

2.“一”“不”变调

案例导入

读下面的一字诗，说一说“一”的读音。

① 一帆一桨一渔舟，一个渔翁一钓钩。一俯一仰一顿笑，一江明月一江秋。

② 一蓑一笠一扁舟，一丈丝纶一寸钩。一曲高歌一樽酒，一人独钓一江秋。

③ 一鱼一肉一条虾，一碟生姜一酱瓜。一口一杯拼一醉，一人还吃一樽茶。

④ 一喜一悲一相对，一串荔枝一串泪。一诗一吟一梦里，一朝酒醒一朝醉。

1）“一”的变调

“一”的原调为阴平，单念、在词句末尾、做序数表日期时念原调。例如：

不管三七二十一　全国第一　第一名　县一中

“一”的变调规律如下。

（1）“一”在非去声字前念去声（调值为51）。

一早　一晚　一朝　一夕　一心　一生　一直　一瞥

一览　一连　一些　一体　一瓶　一厢　一回　一身

（2）“一”在去声字前念阳平（调值为35）。

一致　一再　一定　一律　一瞬　一共　一带　一向

一道　一并　一贯　一度　一半　一万　一类　一切

（3）“一”夹在重叠动词中间念轻声。

走一走　看一看　写一写　想一想　读一读　试一试　说一说

课堂训练

读准下列词语里“一”的变调。

（1）在非去声前。

一般　一边　一身　一天　一些　一心

一连　一时　一同　一头　一直　一行

一口　一起　一手　一体　一早　一总

一双　一碗　一齐　一张　一元

一针见血   一马平川   一分为二   一厢情愿
一尘不染   一盘散沙   一成不变   一往无前
一如既往   一无所有   一言九鼎   一贫如洗
一拍即合   一呼百应   一纸空文   一反常态

（2）在去声前。

一半   一道   一定   一概   一共   一贯
一晃   一刻   一路   一面   一色   一致
一瞬   一块   一并   一次   一下   一度
一件   一架   一旦   一切   一册   一地
一诺千金   一概而论   一落千丈   一面之交
一日千里   千钧一发   一败涂地   一窍不通
一掷千金   一气呵成   命悬一线   一事无成
一目十行   一视同仁   一路顺风   一见如故

（3）在重叠式动词之间。

听一听   说一说   穿一穿   吃一吃   翻一翻   修一修
读一读   谈一谈   停一停   尝一尝   来一来   查一查
写一写   洗一洗   走一走   跑一跑   剪一剪   理一理
试一试   笑一笑   坐一坐   跳一跳   画一画   念一念

案例导入

读下列绕口令,说一说"不"的读音。

王老汉手拿一根不长不短的马鞭子,赶着一辆不新不旧的大马车,拉着满车只多不少的公粮,奔驰在一条不宽不窄的大道上。到了粮库门口,他不慌不忙地停下了那辆不新不旧的大马车,不声不响地放下了那根不长不短的马鞭子,不遗余力地扛起一包包的公粮,不高不低地哼着丰收的小调儿,把只多不少的公粮送进了国家的大粮仓。

2）"不"的变调
"不"在单念或在句末时念原调,如"不,我不"。"不"在阴平、阳平、上声前面时也念原调。例如:
（1）在阴平前
不安 不单 不慌 不堪 不公 不屈 不惜 不消
（2）在阳平前
不成 不曾 不迭 不凡 不符 不及 不才 不然
（3）在上声前
不齿 不好 不等 不法 不轨 不久 不朽 不许
①"不"在去声前面时变为阳平。
不外 不幸 不论 不愧 不但 不肖 不逊 不屑 不适 不日
②"不"夹在词语中间时读轻声。
去不去 走不走 受不了 吃不了 了不起 起不来 下不去 买不买 来不来

让不让　要不要　吃不吃　想不想

课堂训练

1. 读准下列词语里"不"的变调。

(1) 在非去声前

不挑　　不公　　不行　　不分　　不及　　不敢

不可　　不满　　不理　　不久　　不乏　　不仅

不值　　不同　　不详　　不休　　不惜　　不忍

不管　　不曾　　不好　　不听　　不等　　不时

不慌不忙　　不以为然　　不约而同　　不骄不躁

不打自招　　不屈不挠　　不修边幅　　不拘一格

不堪一击　　不可一世　　不遗余力　　不劳而获

不同凡响　　不耻下问　　不假思索　　不即不离

(2) 在去声前

不窄　　不贵　　不卖　　不累　　不适　　不过

不屑　　不够　　不愿　　不是　　不论　　不像

不幸　　不变　　不在　　不见　　不要　　不错

不会　　不测　　不利　　不必　　不怕　　不对

不计其数　　不在话下　　不自量力　　不置可否

不厌其烦　　不翼而飞　　不胜枚举　　不共戴天

不动声色　　不胫而走　　不亦乐乎　　不落窠白

不见经传　　不蔓不枝　　不速之客　　不破不立

(3) 夹在词语之间

热不热　　去不去　　好不好　　行不行　　熟不熟　　走不走

小不小　　苦不苦　　油不油　　忙不忙　　算不算　　美不美

看不清　　打不开　　吃不消　　说不定　　认不准　　起不来

拧不紧　　管不了　　吃不下　　站不住　　唱不好　　买不起

2. 读准下列语句中"不"的变调。

(1) 树，活的树，又不卖，何言其贵？只因它老，它粗，是香港百年沧桑的活见证，香港人不忍看着它被砍伐或者被移走，便跟要占用这片山坡的建筑者谈条件：可以在这儿建大楼盖大厦，但一不准砍树，二不准挪树，必须把它原地精心养起来，成为香港闹市中的一景。

《香港：最贵的一棵树》

(2) 由此我想，那些失去阅读能力或不能阅读的人是多么的不幸，他们的丧失是不可补偿的。世间有诸多的不平等，财富的不平等，权力的不平等，而阅读能力的拥有或丧失却体现为精神的不平等。

《读书人是幸福的》

3. "一""不"变调综合练习。

(1) 你如果不答应，我就不干了。干什么工作都要一心一意，表里如一，言行一致，埋头苦干。情绪不能一高一低,一好一坏。受挫折时,也不能一落千丈,一蹶不振。

(2) 一个老僧一本经,一句一行念得清。不是老僧爱念经,不会念经当不了僧。

(3)

甲:师傅,我这鞋出了一点儿毛病,不知怎么搞的,一走路就一瘸一拐的,请您修一修。

乙:让我看一看,哦,该换一个鞋跟儿了。

甲:换一个鞋跟儿多少钱?

乙:不贵,1块钱。

甲:能快一点儿吗?我还要赶路呢。

乙:稍等一会儿就行了,您坐一坐。……好了,穿上试一试。

甲:不错,谢谢您。

乙:不客气。

(二)轻声

案例导入

某幼儿园一名教师正在上课,教师说:"小朋友们,古时候,有一个大军事家,他就是——孙子! 你们知道吗?"一名幼儿忽然大声说:"老师,我知道,我就是爷爷的孙子,还是奶奶的孙子!"教师连忙解释说:"我说的孙子和你说的孙子不是一回事。"幼儿更不明白了,于是问道:"那老师说的是谁的孙子呢?"这名教师一时也不知道该怎么回答了。

普通话每一个音节都有固定的声调,可是有些音节在词语和句子中使用的时候,失去了原有的声调,变成一种又轻又短的调子,这种现象就是轻声。例如:"儿子""椅子"等词中的"子"。

1. 轻声的性质及特征

普通话的轻声并不是除四声之外的又一个声调,而是在一定条件下出现的整个音节弱化的一种特殊的音变现象。轻声的性质与声调有很大的不同,声调的不同主要取决于音高,轻声则主要取决于音长和音强。轻声的特点是发音时音长变短,音强变弱。由此可知轻声的发音技巧,应把轻声音节读得又轻又短,而把轻声前面的音节读得又重又长。例如:

柴火　好吧　休息　使唤　风筝　困难

骆驼　马虎　口袋　耳朵　斧子　拳头

2. 轻声的作用

(1) 轻声可以区别词义。例如:

孙子 sūnzi(指儿子的儿子)—孙子 sūnzǐ(指古代一位军事家)

兄弟 xiōngdi(指弟弟)—兄弟 xiōngdì(指哥哥和弟弟)

大爷 dàye(指对年长男子的称呼)—大爷 dàyé(指不好劳动、傲慢任性的男子)

东西 dōngxi(指物品)—东西 dōngxī(指东、西两个方向)

(2) 轻声可以区别词性。例如:

大意 dàyi(形容词,指疏忽)—大意 dàyì(名词,指主要意思)

地道 dìdao（形容词，指纯正的）—地道 dìdào（名词，指地下通道）

自然 zìran（形容词，指不勉强，不呆板）—自然 zìrán（名词，指自然界）

对头 duìtou（名词，指仇敌、对手）—对头 duìtóu（形容词，指正确、合适）

（3）有的轻声能增强口语色彩，使语气活泼。例如：亮堂、阔气、巴结、商量、庄稼、尺寸等。

（4）在语流中必要的轻声，能增强语言的节奏感和韵律美。例如：

① 水涨起来了，太阳的脸红起来了。

② 天上的星星像眼睛似的，眨呀眨的，那么明亮，真有意思！

③ 爷爷一定站在大门口，眯缝着眼睛看那乡村教室的红亮的窗户。

④ 公园里什么花儿都有：牡丹、月季、玫瑰、芍药，红的、白的、黄的、紫的，漂亮极了！

3. 轻声音变规律

普通话多数轻声同词汇、语法有密切联系，因而轻声的变读有一定的规律，普通话语音在以下几种情况下常读轻声。

（1）助词一般读轻声。例如：

① 语气助词"吧""吗""呢""啊"等，例如：好吧、去吗、他呢、行啊。

② 结构助词"的""地""得"等，例如：我们的、勇敢地、跑得快。

③ 时态助词"着""了""过"等，例如：忙着、走了、去过、看过。

（2）名词或代词的后缀"子""头""巴""们""么"等一般读轻声。例如：

桌子　房子　石头　骨头　嘴巴　尾巴　你们　咱们　那么　什么

需要注意的是，"子""头"是实语素时，不读轻声。例如：电子、女子、游子、点头、烟头、床头。

（3）方位词"上""下""里""边"等一般读轻声。例如：

墙上　桌上　地下　底下　家里　河里　这边　左边

（4）趋向动词"来""去""起来""进去""下去"等一般读轻声。例如：

过来　出去　干起来　跑进去　冷下去　掉下来　看出来　爬上去

（5）重叠形式的名词、动词中的后一个音节。例如：

爸爸　娃娃　哥哥　星星　听听　读读　说说　看看

此外，口语中有一部分双音节词第二个音节习惯上读轻声。例如：

閨女　葡萄　包袱　头发　奴才　合同

唠叨　溜达　客气　体面　吆喝　疙瘩

苍蝇　眉毛　麻烦　打听　规矩　明白

轻声音节的音色变化是不稳定的。语音训练中应该掌握已经固定下来的轻声现象，即字典、词典已经收入的，对于可读轻声也可不读轻声的音节一般不读轻声。

普通话水平测
试轻声词语表

课堂训练

1. 读准下列词语的轻声音节。

神气	炉子	咳嗽	他们	软和	好处	体面	舒服
冤枉	包涵	馒头	匣子	福气	数落	故事	相声
稳当	三个	哑巴	棒槌	忌妒	蘑菇	打扮	机灵
帽子	委屈	勤快	苗条	麻利	名堂	枕头	困难

| 首饰 | 招呼 | 快活 | 钥匙 | 豆腐 | 篱笆 | 狐狸 | 妯娌 |
| 累赘 | 热闹 | 秧歌 | 补丁 | 灯笼 | 疟疾 | 下巴 | 溜达 |

2. 对比朗读下列轻声与非轻声词语,体会意义上的区别。

摆设—摆设	利害—利害	废物—废物	合计—合计	精神—精神
开通—开通	人家—人家	眉目—眉目	大气—大气	地方—地方
丈夫—丈夫	地下—地下	抬举—抬举	是非—是非	自然—自然

3. 读准绕口令中的轻声音节。

(1) 天上有个日头,地下有块石头,嘴里有个舌头,手上有五个手指头。不管是天上的热日头、地下的硬石头、嘴里的软舌头、手上的手指头,还是热日头、硬石头、软舌头、手指头,反正都是练舌头。

(2) 你会炖炖冻豆腐,你来炖我的炖冻豆腐;你不会炖炖冻豆腐,别胡炖乱炖炖坏了我的炖冻豆腐。

4. 练习下面的对话,读准轻声音节。

售货员:小同学,你大概是想买衣服,在颜色上拿不定主意吧?

顾客:是的,我想给妈妈买件风衣,但不知道买什么颜色的。

售货员:你妈妈在什么单位工作? 多大岁数? 身材高吗? 皮肤白吗?

顾客:我妈妈是护士,今年四十二了,皮肤挺白的,个头嘛……就这么高!

售货员:请你看看,左边那位售货员是不是和你妈妈差不多高?

顾客:我觉得和你差不多。

售货员:那好,我穿上一件给你看看。

顾客:嗯,美观大方,就要这一件! 谢谢你!

5. 朗读下文,读准其中的轻声音节,体会轻重有致的节奏。

曲曲折折的荷塘上面,弥望的是田田的叶子。叶子出水很高,像亭亭的舞女的裙。层层的叶子中间,零星地点缀着些白花,有袅娜地开着的,有羞涩地打着朵儿的;正如一粒粒的明珠,又如碧天里的星星,又如刚出浴的美人。微风过处,送来缕缕清香,仿佛远处高楼上渺茫的歌声似的。这时候叶子与花也有一丝的颤动,像闪电般,霎时传过荷塘的那边去了。叶子本是肩并肩密密地挨着,这便宛然有了一道凝碧的波痕。叶子底下是脉脉的流水,遮住了,不能见一些颜色;而叶子却更见风致了。

(朱自清《荷塘月色》)

(三) 儿化

案例导入

朗读下面两首儿歌,体会儿化带来的乐趣。

练 字 音 儿

进了门儿,倒杯水儿,

喝了两口儿运运气儿,

顺手儿拿起小唱本儿,

唱一曲儿,又一曲儿,

练完了嗓子我练嘴皮儿。

绕口令儿，练字音儿，

还有单弦牌子曲儿，

小快板儿，大鼓词儿，

越说越唱我越带劲儿。

小 饭 碗 儿

有个小孩儿叫小兰儿，

挑着个水桶儿上庙台儿，

摔了个跟头儿捡了个钱儿。

又打醋儿，又买盐儿，

还买了一个小饭碗儿。

小饭碗儿，真好玩儿，

没有边儿，没有沿儿，

中间儿有个小红点儿。

1. 儿化及相关概念

在普通话里，卷舌元音 er 与它前一音节的韵母结合成一个音节，并使这个韵母带上卷舌音色的这种特殊的音变现象叫作"儿化"，我们把这种有卷舌色彩的韵母称作"儿化韵"。例如"花儿（huār）"一词，就是把"儿（er）"与"花（huā）"的韵母 ua 结合成一个音节，简写作 uar，这种现象叫"儿化"，uar 叫"儿化韵"。

2. 儿化的作用

（1）表示亲切、温和或喜爱的感情色彩。

小孩儿　　脸蛋儿　　雪球儿　　小狗儿　　小嘴儿　　宝贝儿

（2）表示细小、轻微的状态或性质。

勺儿　碗儿　　树枝儿　　门缝儿　　针眼儿　　粉末儿　　细丝儿

（3）区分词性。

画（动词）—画儿（名词）　　　　　　尖（形容词）—尖儿（名词）

破烂（形容词）—破烂儿（名词）　　　个（量词）—个儿（名词）

盖（动词）—盖儿（名词）

（4）区分词义。

头（脑袋）—头儿（首领、起点）　　　　信（相信）—信儿（消息）

眼（眼睛）—眼儿（小孔、小窟窿）　　　白面（面粉）—白面儿（白色粉末、毒品）

3. 儿化的音变规则

（1）a o e ê u 收尾的韵母，儿化时主要元音基本不变，韵母直接卷舌。

a-ar 刀把儿　　　o-or 粉末儿　　　ao-aor 火苗儿

e-er 模特儿　　　u-ur 没谱儿　　　ou-our 小丑儿

（2）韵尾是 i n 的韵母，韵尾脱落，主要元音卷舌。

ai-ar 小菜儿　　　an-ar 书签儿

（3）韵母是 i ü 的，韵腹不变，原韵母后加 er。

i-ier 米粒儿　　　ü-üer 金鱼儿

（4）韵母是舌尖前韵母-i 和舌尖后韵母-i 的，将韵母改成 er。

-i(前)-er 瓜子儿　 -i(后)-er 没事儿

（5）韵尾是-ng 的，丢韵尾、韵母鼻化并卷舌。

ang-ar 药方儿　　 eng-er 夹缝儿

ing-ir 花瓶儿　　 ong-or 果冻

4. 特殊音节儿化后的读音变化

有的词语后面加上了 er 以后，不仅韵母出现了卷舌现象，其声调也发生了变化，例如：

早早（zǎozǎo）—早早儿（zǎozāor）

慢慢（mànmàn）—慢慢儿（mànmānr）

相片（xiàngpiàn）—相片儿（xiàngpiānr）

中间（zhōngjiān）—中间儿（zhōngjiànr）

5. 儿尾词与儿化韵的区别

书面上有"儿"的词语，不一定都读成儿化韵。"儿尾词"（即词尾带"儿"，但"儿"字独立成音节，本身也具有实在意义）应将"儿"字读出来。例如下列语句中的"儿尾词"。

（1）在历史时代，国家间经常发生对抗，好男儿（nán'ér）戎装卫国。

（2）上面写着"为帮助患小儿（xiǎo'ér）麻痹的伙伴募捐"。

（3）我送你一个名字，我从此叫你"女儿（nǚ'ér）绿"好吗？

（4）它用身体掩护着自己的幼儿（yòu'ér）……

（5）风儿（fēng'ér）俯临，在这座无名者之墓周围的树木之间飒飒响着，和暖的阳光在坟头嬉戏；冬天，白雪温柔地覆盖着这片幽暗的土地。

这些语句中的"儿"一定不能读成儿化词语，而应将"儿"单独读出来。

要想比较清楚地区别开儿尾词与儿化韵，一定要多读《普通话水平测试用儿化词语表》，一来可以加深对儿化词语的记忆，二来可以培养儿化朗读的语感，更好地掌握儿化韵的读音和实际运用。

普通话水平测试用儿化词语表

课堂训练

1. 词语练习。

（1）a>ar

刀把儿 dāobàr　　号码儿 hàomǎr　　戏法儿 xìfǎr　　在哪儿 zàinǎr

找茬儿 zhǎochár　打杂儿 dǎzár　　板擦儿 bǎncār

（2）ai>ar

名牌儿 míngpáir　鞋带儿 xiédàir　　壶盖儿 húgàir　　小孩儿 xiǎoháir

加塞儿 jiāsāir

（3）an>ar

快板儿 kuàibǎnr　老伴儿 lǎobànr　　蒜瓣儿 suànbànr　脸盘儿 liǎnpánr

脸蛋儿 liǎndànr　收摊儿 shōutānr　　栅栏儿 zhà·lanr　包干儿 bāogānr

笔杆儿 bǐgǎnr　　　　门槛儿 ménkǎnr

2.绕口令练习。

（1）一个老头儿，上山头儿，砍木头儿，砍了这头儿砍那头儿。对面儿来了个小丫头儿，给老头儿送来一盘儿小馒头儿，没留神儿撞上一块大木头儿，栽了一个小跟头儿，撒了一地儿小馒头儿。

（2）小哥俩儿，红脸蛋儿，手拉手儿，一块儿玩儿。小哥俩儿，一个班儿，学造句儿，一串串儿，唱新歌儿，一段段儿，学画画儿，不贪玩儿。画小猫儿，钻圆圈儿，画小狗儿，蹲庙台儿，画只小鸡儿吃小米儿，画条小鱼儿吐水泡儿。小哥俩儿，对脾气儿，上学念书不费劲儿，真是父母的好宝贝儿。

（3）

门　脸　儿

你别看就这么两间小门脸儿，

你别看屋子不大点儿。

你别看设备不起眼儿，

可售货员的服务贴心坎儿。

有火柴儿，有烟卷儿，

有背心儿，有手绢儿，

有蜡烛、盘子、小瓷碗儿，

还有刀子、勺子、小铁铲儿。

起个早儿贪个晚儿，

买什么都在家门前儿。

（四）语气词"啊"的变读

案例导入

朗读下面的文字，注意语气词的发音。

我三叔哇、三婶儿啊，合办了个畜牧场啊，养马呀，养牛哇，养羊啊，养猪哇；还养鹅呀，鸭呀，鸡呀，兔哇，狗哇。我三叔哇，三婶儿啊，他们还承包了动物园哪，什么狮啊，虎哇，豹哇，狼啊，熊啊，猴哇，纷纷从各地引进哪。搞假山哪，让猴儿们哪，在山上爬呀，跳哇，玩哪；建水池啊，让狮啊，虎哇，豹哇，狼啊，熊啊，天天有澡洗呀。

我三叔哇、三婶儿啊，他们除了合办畜牧场啊，承包动物园哪，还有其他心思啊，那就是招人才呀，办公司啊。什么工程师啊，会计师啊，厨师啊，律师啊，主管哪，保安哪，他们全需要哇。啊！我也要去应聘哪。

我是个能人哪，什么设计呀，画图哇，新品哪，市场啊，我全懂啊！只是不知三叔哇、三婶儿啊，他们会不会收下我这个侄儿啊！

文中出现的"哇""哪""呀"，全都来自"啊"的音变。

在现代汉语中，"啊"按照词类分类，属于叹词和语气词。表示叹词时常放在句首，有4种读音：啊（ā），表示赞叹或惊异；啊（á），表示疑问或反问；啊（ǎ），表示疑惑；啊（à），表示应诺(音较短),表示醒悟或赞叹(音较长)。而语气词"啊"一般用在句末或句中稍作停顿处,作为零声母音节,在实际语言里,当一连串语音发出时常会受到前面一个音节末尾音素的影响产生音变,使a的前面像增加了一个音素,如读成"呀ya""哇wa""哪na"等。"啊"的音变的发音取决于"啊"之前音节的末尾音素,变读规律如下。

1. 前面音节的末尾音素是 a o e i ü ê 的,读作"呀(ya)"

快去找他啊(tāya)!

你去说啊(shuōya)!

今天好热啊(rèya)!

你可要拿定主意啊(yìya)!

我来买些鱼啊(yúya)!

赶紧向他道谢啊(xièya)!

2. 前面音节的末尾音素是 u(包括 ao iao)的,读作"哇(wa)"

你在哪里住啊(zhùwa)?

他人挺好啊(hǎowa)!

口气可真不小啊(xiǎowa)!

3. 前面音节的末尾音素是 n 的,读作"哪(na)"

早晨的空气多清新啊(xīnna)!

多好的人啊(rénna)!

你猜得真准啊(zhǔnna)!

4. 前面音节的末尾音素是 ng 的,读作"啊(nga)"

这幅图真漂亮啊(liàngnga)!

注意听啊(tīngnga)!

最近太忙啊(mángnga)!

5. 前面音节的末尾音素是的-i(前)的,读作"啊(za,'z'是's'的浊音)"

今天来回几次啊(cìza)!

两个什么字啊(zìza)?

哪个公司啊(sīza)?

6. 前面音节的末尾音素是-i(后)、er 和儿化音节的,读作"啊(ra)"

你有什么事啊(shìra)!

你怎么撕了一地纸啊(zhǐra)!

掌握"啊"的变读规律,并不需要一一硬记,只要将前一个音节顺势连读"a"(像念声母与韵母拼音一样,其间不要停顿)自然就会念出"a"的变音来。

用汉语拼音拼写音节时,"啊"仍写作a,不必写出音变情况。

课堂训练

1. 分类练习。

(1) 前面音节的末尾音素是"a o e i ü ê"时的"啊"变练习。

① 快打啊!

② 就等你回家啊！

③ 好新潮的大衣啊！

④ 大家快来吃菠萝啊！

⑤ 都是记者啊！

(2) 在 u 音素后面时（包括 ao、iao）的"啊"变练习。

① 他普通话说得真好啊！

② 还这么小啊！

③ 屋顶还漏不漏啊？

④ 看你一身油啊！

⑤ 真热闹啊！

(3) 前面音节的末尾音素是 n 时的"啊"变练习。

① 你怎么这么懒啊！

② 这块石头真沉啊。

③ 怎么花了这么多钱啊！

④ 他画的地球可真圆啊。

⑤ 今天的事办得真顺啊。

(4) 前面音节的末尾音素是 ng 时的"啊"变练习。

① 灯真亮啊！

② 夜好静啊！

③ 刚才那阵风刮得可真猛啊！

④ 他可真穷啊！

⑤ 小心水烫啊！

(5) 前面音节的末尾音素是 -i(前) 时的"啊"变练习。

① 谁写的字啊！

② 你就去过一次啊！

③ 你就是老四啊！

④ 烧茄子啊！

⑤ 多好的孩子啊！

(6) 前面音节的末尾音素是 -i(后)er 和儿化音节时的"啊"变练习。

① 我的好同志啊！

② 我求你件事啊！

③ 这可是名角儿啊！

④ 没法治啊！

⑤ 随便吃啊！

2. 混合练习，注意区分"啊"的音变。

① 没事儿啊！

② 好大的雪啊！

③ 太阳它有脚啊！

④ 最妙的是下点儿小雪啊！

⑤ 那醉人的绿啊！

⑥ 但这是怎样一个妄想啊。

⑦ 这才这般的鲜润啊。

⑧ 狗该是多么庞大的怪物啊！

⑨ 应该奖励你啊！

⑩ 满桥豪笑满桥歌啊！

3. 语段练习。

(1) 他喜欢很多种运动,游泳啊,跳水啊,滑雪啊,跳舞啊,标枪啊,铁饼啊,长跑啊,足球啊,射箭啊,钓鱼啊,围棋啊,桥牌啊什么的,真是个全才!

(2) 菜市场里什么品种都有:韭菜啊,香椿啊,萝卜啊,竹笋啊,菜花啊,茄子啊,西红柿啊,羊肉啊,鲜鱼啊,鸡蛋啊,香肠啊,苹果啊,香蕉啊,饮料啊,真是琳琅满目!

(3) 植物园里有各种树木花卉:杨树啊,垂柳啊,油松啊,桧柏啊,牡丹啊,芍药啊,玫瑰啊,月季啊,郁金香啊,桂花啊,车前子啊,仙人掌啊,让人觉得美不胜收!

4. 对话练习。

模仿对话,要求会话自然、流畅、清晰、标准,尽量做到字正腔圆,富有亲和力,准确读出语气词"啊"的音变。

(1) 甲:这些孩子,真可爱啊!

乙:那还用说啊,不然,怎么叫模范幼儿园啊!

甲:你看啊,他们多高兴啊!

乙:是啊! 他们又作诗啊,又画画儿啊,老师教得多好啊!

甲:你还没见啊,下了课啊,他们唱啊,跳啊,简直像一群小鸟啊!

乙:那你快回去把孩子送来啊!

(2) 甲:请问,到图书馆怎么走啊?

乙:咳! 原来是你啊! 我也正想去图书馆,一块儿走吧。

甲:好的。哟! 那儿怎么那么多人啊?

乙:买书的呗! 什么诗歌啊,小说啊,报告文学啊,全有!

甲:那么多啊,那咱们也去看看啊!

乙:行! 快跑啊!

能力拓展

1. 什么叫轻声? 轻声和普通话四声有什么不同?

2. 什么是儿化韵? 儿化在汉语里有什么作用?

3. 读下列词语,注意这些词语中哪些习惯上读轻声,哪些习惯上要儿化。

| 脖颈 | 补丁 | 聊天 | 亮堂 | 了不起 |
| 凑趣 | 差点 | 摸黑 | 裁缝 | 不在乎 |

4. 按照音变规律,下面一些词语中的"一""不"该怎么读?

| 一五一十 | 一前一后 | 一朝一夕 | 一曝十寒 | 不即不离 | 不折不扣 |
| 不屈不挠 | 不声不响 | 不可一世 | 不卑不亢 | 不伦不类 | 不经一事 |

5. 听写下列词语并注上拼音，然后指出它们的变调特点。

首先　　口语　　傀儡　　懒散　　手写体　　朗诵　　礼让

缆车　　脸谱　　品格　　审美　　讲演稿　　古董　　冷水

6. 按照语气词"啊"的音变规律，在下列短句中填上对应的汉字，再准确朗读。

(1) 这花开得多美(　　)!

(2) 真是个英雄(　　)!

(3) 你来瞧(　　)!

(4) 好一个硬骨头(　　)!

(5) 你会什么(　　)!

(6) 说下去(　　)!

(7) 真糟糕(　　)!

(8) 年轻的朋友们(　　)!

7. 朗读下面语段，注意音变现象。

外婆的生日到了，小熊心想：我给外婆送点儿什么？它决定做一些好吃的小蛋糕送给外婆。小狗、小羊、小猪听了也来帮忙。小熊边和面边唱起了"祝你生日快乐……"不一会儿，烤箱里飘出一阵阵诱人的香味。"蛋糕真香啊!"小狗说着，打开烤箱拿出蛋糕。小熊走过来问："不知甜不甜?"说着就咬了一口尝尝。吃着吃着，忽然，小熊的肚脐眼里冒出了它刚才唱的歌词："祝你生日快乐……"

(王铨美《会唱歌的生日蛋糕》)

项目二
普通话水平测试概说

训练目标

1. 了解普通话水平测试的意义和目的。

2. 熟知普通话水平测试中人工测试和计算机辅助测试的程序要求。

3. 熟知普通话水平测试的内容、试题类型及评分标准、等级标准。

4. 掌握普通话的声、韵、调的发音要求,按照单音节字词、多音节词语、短文朗读、说话4项测试项目的标准反复练习,充分准备并达到幼儿教师所要求的普通话水平等级标准。

5. 熟知普通话测试中易出现的问题、方言与普通话的差异,有针对性地训练,掌握普通话水平测试的应试技巧,提高应试技能和水平。

6. 提高语言文字的普通话认读水平,增强思维能力、语言表达能力,树立良好的从教意识。

任务一　了解普通话水平测试

普通话测试简介

案例导入

某幼儿园教师给小朋友上课。

教师问："小朋友们，大家看看，图片上有什么？"

小朋友纷纷低下头，撩起衣服看。

教师感到奇怪，就再说了句："小朋友，图片上有什么呀？"

小朋友参差不齐地说："有肚脐眼！"

原来，这位教师普通话不标准，把"图片"的语音发成"肚皮"了。

国家规定幼儿教师必须持普通话水平测试等级证书才能上岗。普通话是教师口语的基础，是对幼儿教师的基本要求。作为学前教育专业的学生，如何参加普通话水平测试？如何才能获得《普通话水平测试等级证书》呢？

普通话是现代汉语的标准语。《中华人民共和国宪法》规定："国家推广全国通用的普通话。"1994年国家语言文字工作委员会、国家教育委员会、广播电影电视部联合颁布《关于开展普通话水平测试工作的决定》。由此，普通话水平测试成为推广和普及普通话工作的重要组成部分。

普通话水平测试是推广普通话工作的一项重要举措。在一定范围内对某些岗位的人员进行普通话水平测试，并逐步实行普通话等级证书上岗制度，标志着我国普及普通话工作进入了制度化、规范化、科学化的新阶段。开展普通话水平测试不仅是评定应试人普通话水平等级，更重要的是将大大加强推广普通话工作的力度，使"大力推行、积极普及、逐步提高"的方针落到实处，从而提高全社会的普通话水平和汉语规范化水平。

普通话水平测试是国家级的测试，是以《中华人民共和国国家通用语言文字法》为法律依据，对特定岗位人员掌握和运用国家通用语言的水平的标准化考试，是对特定岗位人员实行持普通话等级证书上岗制度的依据，是我国为加快普通话普及提高而设置的一种语言测试。测试由国家和地方政府语言文字主管单位负责，由其所属的各级普通话水平测试机构具体实施，具有科学性、严肃性和权威性。

测试名称为"普通话水平测试"。该测试是对应试人掌握和运用普通话所达到的规范程度的测查和评定，是应试人的汉语标准语测试。现阶段主要从职业素质要求和工作影响的角度考虑，普通话水平测试的主要测试对象是师范院校毕业生、教师、播音员、节目主持人和电影、电视剧演员及相关专业的院校毕业生。随着工作的进展，普通话水平测试已逐步扩大到公务员及其他服务行业的有关人员。

普通话是教师的职业语言。普通话是否符合标准直接影响师范生的教师资格和从教能力。因此，幼儿师范生必须刻苦练习，达到相应水平。

一、普通话水平测试的试卷构成

(一)普通话水平测试内容

根据《普通话水平测试大纲》规定:普通话水平测试的内容包括普通话语音、词汇和语法。

普通话水平测试的范围是国家测试机构编制的普通话水平测试用普通话词语表、普通话水平测试用普通话与方言词语对照表、普通话水平测试用普通话与方言常见语法差异对照表、《普通话水平测试用朗读作品》《普通话水平测试用话题》。

普通话水平测试的试卷内容包括 5 个部分,满分为 100 分。

(1) 读单音节字词(100 个音节,共 10 分)。

(2) 读多音节词语(100 个音节,共 20 分)。

(3) 判断测试(25 个题目,共 10 分)。

(4) 朗读短文(1 篇,共 30 分)。

(5) 命题说话(1 个话题,共 30 分)

注:各省、自治区、直辖市语言文字工作部门可以根据测试对象或本地区的实际情况,决定是否免测"选择判断"测试项。如免测此项,"命题说话"测试项的分值由 30 分调整为 40 分。例如辽宁省、河北省免测"选择判断",测试卷由 4 个部分构成。

(二)普通话水平测试样卷

普通话水平测试样卷一(4 个测试项)

一、读单音节字词(100 个音节,共 10 分,限时 3.5 分钟)

矮 倍 刮 德 滑 纠 卷 恐 慌 码 留 暖 临 准 日 群 埋
祝 养 喜 描 瓶 暂 缺 印 虚 停 绳 忍 赔 哲 枪 甩 图
征 撞 压 赛 松 阅 昂 像 尊 亏 柏 梢 肘 迥 奔 赏 陨
局 灿 肆 歇 浩 操 翁 渲 鸿 猖 纤 顽 感 辰 滋 窝 乖
持 赠 甜 抚 笛 否 唾 顶 抖 咔 随 窜 讹 慷 润 洛 伐
稿 旅 购 务 掐 琼 贺 腻 佛 俏 盼 捧 烈 楷 仰

二、读多音节词语(100 个音节,共 20 分,限时 2.5 分钟)

专家 熊猫 环境 创造 外语 聪明 广播 担忧 能量
冠军 放心 请帖 解剖 肺脏 尾巴 酵母 庸才 夸耀
起诉 俭朴 驱使 紧张 快乐 科学 勤奋 悔改 慈祥
害羞 而且 辩论 出色 柔嫩 校训 版权 知道 累赘
污染 提供 纽扣 琢磨 成熟 统辖 耍弄 策略 婆娑
差点儿 纳闷儿 老头儿 冰棍儿 绕远儿

三、朗读短文(400 个音节,共 30 分,限时 4 分钟)

作品 35 号

我在俄国见到的景物再没有比托尔斯泰墓更宏伟、更感人的了。

完全按照托尔斯泰的愿望,他的坟墓成了世间最美的,给人印象最深刻的坟墓。它只是树林中的一个小小的长方形土丘，上面开满鲜花——没有十字架，没有墓碑，没有墓志铭，连托尔斯泰这个名字也没有。

这位比谁都感到受自己的声名所累的伟人，却像偶尔被发现的流浪汉，不为人知的士兵，不留名姓地被人埋葬了。谁都可以踏进他最后的安息地，围在四周稀疏的木栅栏是不关闭的——保护列夫·托尔斯泰得以安息的没有任何别的东西，唯有人们的敬意；而通常，人们却总是怀着好奇，去破坏伟人墓地的宁静。

这里，逼人的朴素禁锢住任何一种观赏的闲情，并且不容许你大声说话。风儿俯临，在这座无名者之墓周围的树木之间飒飒响着，和暖的阳光在坟头嬉戏；冬天，白雪温柔地覆盖着这片幽暗的土地。无论你在夏天或冬天经过这儿，你都想象不到，这个小小的、隆起的长方体里安放着一位当代最伟大的人物。

然而，恰恰是这座不留姓名的坟墓，比所有挖空心思用大理石和奢华装饰建造的坟墓更扣人心弦。在今天这个特殊的日子//里，成百上千到他的安息地来的人中间没有一个有勇气，哪怕仅仅从这幽暗的土丘上摘下一朵花留作纪念。人们重新感到，这个世界上再也没有比这最后留下的、纪念碑式的朴素更打动人心的了。老残军人退休院大理石穹隆底下拿破仑的墓穴，魏玛公侯之墓中歌德的灵寝，西敏司寺里莎士比亚的石棺，看上去都不像树林中的这个只有风儿低吟，甚至全无人语声，庄严肃穆，感人至深的无名墓冢那样能剧烈震撼每一个人内心深藏着的感情。（"//"以前为400个音节，以后部分不予评分）

（斯蒂芬·茨威格.世间最美的坟墓. 全国优秀作文选:小学综合阅读,2013,003）

四、命题说话（请在下列话题中任选一，共40分，限时3分钟）
1. 童年的记忆
2. 我知道的风俗

普通话水平测试样卷二（5个测试项）

普通话水平测试样卷二

一、读单音节字词（100个音节，共10分，限时3.5分钟）

哑	铸	染	亭	后	挽	敬	疮	游	乖
仲	君	凑	稳	掐	酱	椰	铂	峰	账
焦	碰	暖	扑	龙	碍	离	鸟	瘤	密
承	滨	盒	专	此	艘	雪	肥	薰	硫
宣	表	嫡	迁	套	滇	砌	藻	刷	坏
虽	滚	杂	倦	垦	屈	所	惯	实	扯
栽	额	屡	弓	拿	物	粉	葵	躺	肉
铁	日	帆	萌	寡	猫	窖	内	雄	伞
蛙	葬	夸	戴	罗	并	摧	狂	饱	魄
而	沈	贤	润	麻	养	盘	自	您	虎

二、读多音节词语（100个音节，共20分，限时2.5分钟）

勾画	刚才	松软	半截儿	穷人	吵嘴	乒乓球
少女	篡夺	牛顿	沉默	富翁	傻子	持续
佛像	被窝儿	全部	乳汁	对照	家伙	灭亡
连绵	小腿	原则	外国	戏法儿	侵略	咏叹调

愉快	撒谎	下来	昆虫	意思	声明	患者
未曾	感慨	老头儿	群体	红娘	觉得	排演
赞美	运输	抓紧	儿童	症状	机灵	昂首

三、选择判断(共 10 分,限时 3 分钟)

1. 词语判断:请判断并读出下列各组中的普通话词语。

(1) 勿断　　　　不断　　　　么断　　　　无停

(2) 吹牛三　　　吹牛　　　　车大炮　　　吹大炮　　　戳口

(3) 窿欸　　　　洞　　　　　窿

(4) 叶飞子　　　蝴蝶　　　　尾页　　　　蝴蝶子

(5) 盲公　　　　摸目欸　　　盲人　　　　青盲的

(6) 忍不住　　　忍唔住　　　熬勿牢

(7) 脸都里　　　哈腮　　　　喙角栅　　　腮

(8) 散头坞　　　膝盖　　　　馒头　　头　　　膝头骨

(9) 幼儿　　　　细哥欸　　　幼团　　　　细人子　　　小小囡

(10) 呢便　　　　这边　　　　即片　　　　个边

2. 量词、名词搭配:请搭配并读出下列符合普通话规范的量名短语。(如一条——鱼)

条　　　　把　　　　件　　　　匹　　　　扇　　　　头(量词)

菜刀　礼物　提琴　窗户　羊　大衣　绸缎　牛　布　屏风(名词)

3. 语序或表达形式判断:请判断并读出下列各组中的普通话语句。

(1) A. 这座山有一千九五米高。
　　B. 这座山有一千九百五十米高。
　　C. 这座山有千九五米高。

(2) A. 他还耍起在。
　　B. 他还玩着呢。

(3) A. 把桌子搬开了。
　　B. 把桌子搬转了。

(4) A. 你站站好。
　　B. 你站好。

(5) A. 他跑得不快过我。
　　B. 他跑得不快的我。
　　C. 他跑得不比我快。

四、朗读短文(400 个音节,共 30 分,限时 4 分钟)

作品 46 号

　　高兴,这是一种具体的被看得到摸得着的事物所唤起的情绪。它是心理的,更是生理的。它容易来也容易去,谁也不应该对它视而不见失之交臂,谁也不应该总是做那些使自己不高兴也使旁人不高兴的事。让我们说一件最容易做也最令人高兴的事吧,尊重你自己,也尊重别人,这是每一个人的权利,我还要说这是每一个人的义务。

　　快乐,它是一种富有概括性的生存状态、工作状态。它几乎是先验的,它来自生命本身的活力,来自宇宙、地球和人间的吸引,它是世界的丰富、绚丽、阔大、悠久的体现。

快乐还是一种力量，是埋在地下的根脉。消灭一个人的快乐比挖掉一棵大树的根要难得多。

欢欣，这是一种青春的、诗意的情感。它来自面向着未来伸开双臂奔跑的冲力，它来自一种轻松而又神秘、朦胧而又隐秘的激动，它是激情即将到来的预兆，它又是大雨过后的比下雨还要美妙得多也久远得多的回味……

喜悦，它是一种带有形而上色彩的修养和境界。与其说它是一种情绪，不如说它是一种智慧、一种超拔、一种悲天悯人的宽容和理解，一种饱经沧桑的充实和自信，一种光明的理性，一种坚定 // 的成熟，一种战胜了烦恼和庸俗的清明澄澈。它是一潭清水，它是一抹朝霞，它是无边的平原，它是沉默的地平线，多一点儿、再多一点儿喜悦吧，它是翅膀，也是归巢。它是一杯美酒，也是一朵永远开不败的莲花。（" // "以前为 400 个音节，以后部分不予评分）

（王蒙. 喜悦:忘却的魅力. 北京:作家出版社,2005）

五、命题说话(请在下列话题中任选一个,共 30 分,限时 3 分钟)

1. 我喜欢的节日

2. 我喜爱的动物(或植物)

样卷说明:目前全国大多数省市普通话水平测试采用样卷一的题型,样卷一省略了样卷二的"选择判断"测试项。

二、 普通话水平测试的方式和等级标准

(一)普通话水平测试的方式及评分

为突出普通话口语运用能力测试的特点,测试采用口试方式,应试人在运用普通话口语进行表达的过程中所表现的语音、词汇、语法规范程度,是评定其所达到的水平等级的重要依据。测试方式分为计算机智能测评和测试员人工测评。

计算机智能测评:进入考场后,首先抽出测试卷,熟悉内容,应试者有 10 分钟的备测时间。应试者在测试室面对计算机操作并按顺序答题。目前,计算机智能测评的试卷试题题型如"样卷二",共四项题。前三项由计算机自动评分,第四项测试,由普通话测试员进行互联网网上评分。

测试员人工测评:每个考场有 2~3 位测试员负责对应试者的普通话水平进行判定。总时间在 15 分钟左右。首先抽签确定朗读作品和说话题目,有约 10 分钟的准备时间。进入考场后首先报出自己的姓名及所在单位,然后按照四项(五项)内容进行测试:100 个单音节字词、50 个双音节词语、判断测试、作品朗读、说话。测试员在测试现场边听边为应试者现场评分,测试全程录音,测试完成后方可离开测试现场。

目前,全国大部分省市采用计算机智能测评,部分省市计算机智能测评和测试员人工测评并存。

(二)普通话水平测试等级标准

1. 等级划分标准

普通话水平分为三个级别(一级可称为标准的普通话,二级可称为比较标准的普通话,

三级可称为一般水平的普通话),每个级别内划分甲、乙两个等次,简称"三级六等"。

一级甲等(测试得分:97～100分):朗读和自由交谈时,语音标准,词语、语法正确无误,语调自然,表达流畅。测试总失分率在3%以内。

一级乙等(测试得分:92～96.99分):朗读和自由交谈时,语音标准,词语、语法正确无误,语调自然,表达流畅。偶然有字音、字调失误。测试总失分率在8%以内。

二级甲等(测试得分:87～91.99分):朗读和自由交谈时,声韵调发音基本标准,语调自然,表达流畅。少数难点音有时出现失误。词语、语法极少有误。测试总失分率在13%以内。

二级乙等(测试得分:80～86.99分):朗读和自由交谈时,个别调值不准,声韵母发音有不到位现象。难点音失误较多。方言语调不明显。有使用方言词、方言语法的情况。测试总失分率在20%以内。

三级甲等(测试得分:70～79.99分):朗读和自由交谈时,声韵母发音失误较多,难点音超出常见范围,声调调值多不准。方言语调较明显。词语、语法有失误。测试总失分率在30%以内。

三级乙等(测试得分:60～69.99分):朗读和自由交谈时,声韵调发音失误多,方言特征突出。方言语调明显。词语、语法失误较多。外地人听其谈话有听不懂的情况。测试总失分率在40%以内。

2. 相关人员等级要求

应试者经过测试,成绩达到相关等级要求,即可获得国家普通话水平测试等级证书。国家普通话水平测试等级证书由国家语言文字工作委员会统一制作。证书内将记录应试者的测试成绩和相应的等级。普通话水平等级证书是从业人员普通话水平的凭证,全国通用。

各省市根据《中华人民共和国国家通用语言文字法》及相关政策法规,结合实际情况进行以下规定。

(1)下列情形应当以普通话为基本用语。

① 国家机关的公务活动用语。

② 学校及其他教育机构的教育教学和集体活动用语。

③ 广播电台、电视台的播音、主持和采访用语,电影、电视剧用语,汉语音像制品、有声电子出版物用语。

④ 召开或者举办的各类会议、展览、大型活动的工作用语。

(2)下列人员的普通话水平应当分别达到以下等级标准。

① 播音员、节目主持人和影视、话剧演员为一级乙等以上水平,其中省级广播电台、电视台的播音员为一级甲等水平。

② 国家机关工作人员为三级甲等以上水平。

③ 学校及其他教育机构的教师的普通话应当达到二级乙等以上水平,其中语文教师、幼儿园教师、对外汉语教学教师的普通话应当达到二级甲等以上水平,普通话教师和语音教师的普通话应当达到一级水平。

④ 公共服务行业中直接面向公众服务的特定岗位人员(如广播员、解说员、话务员等),普通话水平不低于二级甲等。

⑤ 大中专学生毕业时的普通话应当达到三级甲等以上水平,其中师范类中文专业学生毕业时的普通话应当达到二级甲等以上水平,师范类其他专业学生毕业时的普通话应当达到二级以上水平。

相关人员按照国家有关规定持证上岗。对普通话水平未达到规定等级标准的人员,视情况进行培训。

三、计算机辅助普通话水平测试简介

计算机智能测评即"机测",是通过计算机语音识别系统,部分代替人工评测,对普通话水平测试中应试者朗读的1~3题的语音标准程度进行辨识的评测。机测较人工测试更科学、规范,测试成绩客观公正,便于查询。目前,我国大部分省市已经采用计算机智能测评。

(一)计算机智能测评流程

(1)应试者进入候测室报到。
(2)应试者进入备测室,抽取座位号对号入座。
(3)测试。

(二)计算机智能测评上机考试流程

计算机智能测评的依据是考生的发音记录,录音资料是否完整清晰将直接影响到测试的质量。

1. 佩戴耳机

考生就座后戴上耳机,并将话筒置于口部前方2~3厘米的位置,避免话筒与面部接触,测试时手不要触摸话筒或数据线,以免杂音被录入。

2. 考生登录

(1)考生正确输入本人的准考证号,准考证号的前几位数系统已经自动给出,考生只需要输入最后四位即可。

(2)核对考生信息:考生姓名、身份证号是否为考生本人,信息确认无误后,单击"确认"按钮,开始测试。

3. 等待考试指令

该步骤不需要考生做任何操作,只需要等待其他考生确认个人信息后统一开始试音。

4. 自动试音

(1)请在提示语结束并听到"嘟"的一声后,用正常说话的音量朗读界面上提供的文字。

(2)当考生朗读后,如无误,计算机会出现新的对话框,写着"试音成功"。

5. 开始考试

(1)普通话水平测试共有4项题目,系统会依次显示各项内容,考生只需根据屏幕显示的试题内容进行录音。

(2)每项试题前都有一段语音提示,请在提示语结束并听到"嘟"的一声后,再开始录音。

（3）录音过程中,应做到吐字清晰,语速适中,尽量与试音音量一致。如果发音量太小,系统在放大有效音的同时,背景音也被放大了,这将影响考生的成绩;反之,音量太大,将导致系统音频数据的失真,同样会影响考生的成绩。考试过程中,考生不要说试卷以外的任何内容,以免影响考试成绩。

（4）录音过程中,请注意主屏下方的时间提示,确保在规定的时间内完成每项考试。

（5）规定时间结束,系统会自动进入下一项试题。

（6）如某项试题测试完毕,时间有余,请不要停留,直接单击屏幕右下角的"下一题"按钮,可进入下一项试题。

任务二　普通话水平测试分项指导

一、读单音节字词指导

案例导入

读单音节字词

读单音节字词100个,限时3.5分钟,注意发现声、韵、调方面存在的问题。

准	骗	娘	广	日	波	选	氅	霜	耳
峰	盆	厢	褶	恰	胎	臣	拐	粤	嘴
荡	慌	算	砷	永	如	捺	魂	款	绪
碟	粪	棱	均	特	栽	抵	膜	钩	防
洛	雨	圣	偷	幕	晚	字	争	筹	刮
范	夕	井	涉	评	北	型	四	绒	氨
怀	祆	云	伙	坝	纠	犁	缺	伍	襟
掉	趴	草	瞥	括	粗	填	蹿	穷	黑
潮	伞	浓	巧	王	买	流	娶	鼻	吃
廊	踩	葬	唇	甲	坠	栋	烤	抓	院

（一）单音节字词测试试卷简介

1. 试卷构成

（1）试卷共100个音节,不含轻声、儿化音节。

（2）100个音节中,每个声母出现次数一般不少于3次,每个韵母出现次数一般不少于2次,4个声调出现次数大致均衡。

（3）音节的排列要避免同一测试要素连续出现。

2. 测试目的

测查应试者掌握声母、韵母、声调的发音标准程度。

3. 评分标准

（1）共 10 分，限时 3.5 分钟。超时 1 分钟以内，扣 0.5 分；超时 1 分钟以上（含 1 分钟），扣 1 分。

（2）语音错误，每个音节扣 0.1 分。

① 声母、韵母读错或字词漏读；声母的平舌音和翘舌音、舌尖音和舌面音混淆；韵母圆唇与否、前鼻音韵母和后鼻音韵母混淆。如"秋"读成"揪"，"芬"读成"风"。

② 调值读错。如"踩"读成"猜"，"而"读成"耳"。

（3）语音缺陷，每个音节扣 0.05 分。

① 声、韵、调发音不规范不到位。声母的发音部位不准确，如舌尖前音的发音位置靠后接近舌尖后音；韵母发音的舌位高低前后有偏差，圆唇韵母归音不到位，儿化韵母有卷舌色彩但生硬或舌位明显有误差；无鼻音的音节明显带有鼻化色彩。

② 调值音高明显不够，或调值过短而不到位。如把阴平的 55 读成 44、上声的 214 读成 211 或 212 等。

4. 读单音节字词的要求

（1）试卷要求从左到右横向朗读，不漏字，不跳行。

（2）遇到不认识的字可以任读一音。

（3）多音字可任读其中一个音调，轻声除外。如"重"可以读成 zhòng，也可以读成 chóng；"卜"只能读 bǔ，不能读 bo。

（4）所有字音都念本音原调，不读音变，如"一"读作 yī，"不"读作 bù；每个音节可以回读一次，以第二次读音为准。

（5）声母：掌握好发音部位和发音方法。

（6）韵母：掌握好单韵母的发音位置、舌位的高低前后、唇形的圆展；复韵母的发音要浑然一体，读好韵腹的发音。

（7）声调：声调要特别注意调型。阴平——起音高高一路平，一点弯曲都不行；阳平——由中到高往上挑，上升幅度不要小；上声——先降后扬送到家，不要半路就停下；去声——从高降到最低层，调值 51 要记清。

（二）应试出现问题的原因及纠正建议

1. 错音

错音是指把甲字认读成乙字。

（1）生字：受文化水平的限制，不认识该字。要提高文化素养，养成勤查汉语字典的学习习惯。

（2）方音的影响：方音长期的发音方法和发音位置形成发音习惯，在短期内难以纠正。如舌尖音和舌面音、前鼻音韵母和后鼻音韵母的混淆，把"金鱼"读成"鲸鱼"；圆唇与不圆唇等的发音，如"腿"读成 těi。需要长期有针对性的练习。

（3）心理因素：心理紧张，很常见的字词不认识；受形近字或前字的影响，如"授"后面的"揪"直接读成"秋"，"拔"和"拨"混淆。

2. 缺陷音

缺陷音是指读音不规范,声母、韵母的发音位置或发音方法不正确,声调调值读不到位。

(1) 声母中的舌面音 j q x 的发音部位明显靠前,近似于舌尖音 z c s;翘舌音 zh ch sh r 发音部位明显靠前或靠后;平舌音 z c s 发音部位明显靠前或读成齿间音。针对以上情况要分清发音部位,多多练习。

(2) 韵母中的合口呼 u uo 的零声母读成唇齿浊擦音;前鼻音韵母或后鼻音韵母的归音位置偏前或偏后。发音归音要准确。

(3) 声调:阴平达不到 55 的高平位,读成 44 甚至 33;阳平读成 34;上声读成 212 或 211 的调值。可以跟读录音或音像辅导教程练习。

(4) 读单音节词语语速过快,导致声调不到位、韵母没有动程。语速要适当。

课堂训练

1. 易读错词语练习。

A 癌 ái   矮 ǎi   隘 ài   凹 āo

B 拔 bá   坝 bà   褒 bāo   匾 biǎn   裱 biǎo   憋 biē   拨 bō   埠 bù

C 嘈 cáo   谄 chǎn   忏 chàn   偿 cháng   炒 chǎo   掣 chè   瞠 chēng   惩 chéng
  逞 chěng   踹 chuài   搓 cuō   磋 cuō

D 贷 dài   祷 dǎo   堤 dī   掂 diān   惦 diàn   钓 diào   跌 diē   栋 dòng
  兑 duì   敦 dūn   垛 duò   舵 duò

F 番 fān

H 踝 huái   讳 huì

G 戈 gē   犷 guǎng   逛 guàng

J 稽 jī   嫉 jí   缄 jiān   犟 jiàng   浸 jìn   胫 jìng   疚 jiù   菌 jūn

K 勘 kān   咳 ké   抠 kōu

L 捞 lāo   罹 lí   苈 lì

N 嫩 nèn   虐 nüè

O 呕 ǒu   怄 òu

P 癖 pǐ   撇 piě   瞥 piē   剖 pōu

Q 绮 qǐ   掮 qián   潜 qián   歉 qiàn   惬 qiè   沁 qìn   倾 qīng   蜷 quán

R 茹 rú   褥 rù   润 rùn   冗 rǒng

S 霎 shà   筛 shāi   汕 shàn   晌 shǎng   赦 shè   摄 shè   枢 shū   戍 shù
  墅 shù   闩 shuān   涮 shuàn   肆 sì   讼 sòng   艘 sōu   夙 sù   唆 suō

T 榻 tà   沓 tà   烫 tàng   剔 tī   剃 tì   颓 tuí   臀 tún

X 枭 xiāo   挟 xié   癣 xuǎn   谑 xuè   逊 xùn

Y 殒 yǔn   愠 yùn   熨 yùn

Z 憎 zēng   栈 zhàn   栉 zhì   掷 zhì   滞 zhì   粥 zhōu   绉 zhòu   皱 zhòu
  伫 zhù   贮 zhù   撰 zhuàn   灼 zhuó   辎 zī   梓 zǐ   恣 zì

2. 读准下列易混淆的形近字。

螯——蛰　拔——拨　亳——毫　哺——埔　蹭——憎　潵——辙
喘——端　春——舂　窜——蹿　瞠——瞠　滇——缜　腐——瘸
徽——微　楝——刺　髻——鬟　槛——滥　街——衔　倦——蜷
磕——嗑　抠——呕　砾——烁　咧——冽　母——毋　娜——挪
奈——捺　拈——掂　坏——胚　嘌——瞟　瞥——撇　顾——欣
砌——沏　倾——顷　擎——挚　磬——馨　券——卷　闰——闰
晌——响　莘——梓　侍——待　恃——峙　舐——舔　刷——涮
提——堤　皙——暂　谐——楷　谒——遏　坠——堕　篡——攥

3. 读单音节字词模拟卷练习。

模拟卷（一）

哲　洽　许　滕　缓　昂　翻　容　选　闻
悦　围　波　信　铭　欧　测　敷　闰　巢
字　披　翁　辆　申　按　捐　旗　黑　咬
瞥　贺　失　广　晒　兵　卦　拔　君　仍
胸　撞　非　眸　葬　昭　览　脱　嫩　所
德　柳　砚　甩　豹　壤　凑　坑　绞　崔
我　初　蔽　勺　铝　枪　柴　搭　穷　董
池　款　杂　此　艘　粉　阔　您　镁　帘
械　搞　堤　捡　魂　躺　瘸　蛀　游　蠢
固　浓　钾　酸　莫　捧　队　耍　踹　儿

模拟卷（二）

崩　饷　攻　劳　凑　匹　捐　坎　蹲　女
恨　蹿　窍　飞　骗　封　攥　竹　苍　嚎
纱　您　吻　渠　狗　奎　署　踹　垒　阎
蒋　额　淡　房　拢　爵　猛　而　军　德
溢　亡　软　下　俗　瞥　禀　氏　窖　丢
捅　寻　贝　台　自　侵　入　凭　朵　条
诈　淮　棕　滑　状　恩　有　龄　鳖　垮
摸　囊　招　酶　曳　插　选　赛　谎　阅
吹　忍　吃　涮　丝　破　轨　戏　裹　财
搞　掐　曼　歪　仍　砌　我　用　　　抻

模拟卷（三）

岳　抓　桃　水　淹　憾　辽　纳　昂　品
饭　美　侧　北　揭　拐　费　暖　外　盆
夏　秧　袍　鳜　磁　统　掠　蹿　廊　峰
急　蜕　漆　垂　份　卤　痘　欢　垦　掐

窘	拔	陇	椎	爽	蹬	贼	赣	舔	局
怎	挖	衡	死	娘	兽	友	凸	凝	杀
衔	光	去	孙	蹈	波	渴	鸥	庙	丢
日	膜	蔡	选	让	逼	袖	仓	尺	跌
绸	汝	雄	迈	领	贬	农	赠	原	均
我	平	准	群	抄	责	寨	秦	嘱	二

二、读多音节词语指导

📝 案例导入

读多音节字词指导

试读多音节词语 100 个音节,限时 2.5 分钟,注意发现自身存在的问题。

英雄	群体	候鸟	协商	首饰	柔软	刺激
跑腿儿	夸张	状况	而且	下降	男女	镇压
坎肩儿	全面	扫帚	工作	画外音	差别	虐待
衰老	训练	聪明	课本	红包儿	谬论	回归
富翁	所有	强度	断层	表皮	盖子	长城
顶点	合同	掠夺	大自然	佛法	赞美	消费
合同法	恩情	窘迫	问卷	人民	不以为然	

(一)多音节词语测试试卷简介

1. 试卷构成

(1)音节共 100 个,含双音节和多音节词语。一般由 45 个双音节词语、2 个三音节词语和 1 个四音节词语构成。

(2)声母、韵母、声调出现的次数与读单音节字词的要求相同。

(3)上声与上声相连的词语不少于 3 个,上声与非上声相连的词语不少于 4 个,轻声不少于 3 个,儿化不少于 4 个(应为不同的儿化韵母)。

(4)词语的排列要避免同一测试要素连续出现。

2. 测试目的

测查应试者声母、韵母、声调和变调、轻声、儿化读音的标准程度。

3. 评分标准

(1)共 20 分,限时 2.5 分钟。超时 1 分钟以内,扣 0.5 分;超时 1 分钟以上(含 1 分钟),扣 1 分。

(2)语音错误,每个音节扣 0.2 分。

① 词语中任何一个声母、韵母错读或字词漏读;声母、韵母发音混淆。如"池塘"读成 cítáng。

② 调值错读。如"照片"读成 zhàopiān。

③ "一""不"和上声应该变调而没有变调。

④ 儿化词语没有读出儿化韵,必读轻声没有读成轻声调值。

（3）语音缺陷,每个音节扣0.1分。

① 声母、韵母发音不规范不到位。

② 末尾词语的调值处理不到位,如非轻声词语的收音过短或轻声词语的收音过长。

③ 词语内部音节与音节明显断开,一字一顿。

④ 词语的轻重音格式处理不当。

4. 读多音节词语的要求

（1）试卷要求从左到右横向朗读,不漏字,不跳行。

（2）遇到不认识的字可以任读一音。

（3）多音词语可任读其中一个音调,如"琢磨"可以读成 zhuómó,也可以读成 zuómo。

（4）词语的轻重音格式:普通话的轻重音格式大多数最后一个音节为重音。双音节词语的读音多为"中·重"格式,三音节词语读音多为"中·次轻·重"格式,四音节词语读音多为"中·次轻·中·重"格式。

（5）轻声要读得既轻又短。"轻"是轻声音节的音强较轻,"短"是轻声音节的音长较短。

（6）儿化韵的读法:er 要和前一个韵母结合起来构成卷舌韵母,两个音节合成一个音节。

（7）变调:注意上声的变调和"一""不"的变调。

（8）多音词语的读法:音随义转,按义定音。如"塞",在瓶塞、边塞、堵塞三个词语中的读音分别是 sāi、sài、sè;两读音节可以任读一音,如"算盘"可以读成 suànpán,也可以读成 suànpan。

（二）应试易出现的问题及纠正建议

（1）轻声判断不准:轻声音和非轻声音混淆。建议熟读普通话必读轻声词语表。

（2）儿化读音不标准:卷舌韵母 er 卷舌生硬不到位或不能与前一个韵母融合成一个音节。建议熟读《普通话水平测试用必读轻声词语》,练习卷舌的发音。

（3）轻重音格式处理不恰当:最后一个音节读不到位,导致读音接近轻声。要注意收尾的音节调值送到位。

（4）多音词语的误读:如"提防"读成 tífang。注意多音词语的按义定音的规则。

（5）统读音:按照普通话统读的要求,不再使用异读音。

课堂训练

1. 熟读普通话水平测试用必读轻声词语表。

2. 读准下列轻声词语。

簸箕	提防	东家	行当	皇上	困难	脊梁	亲戚	眉毛
麻烦	蘑菇	石匠	主意	挖苦	月饼	学问	招牌	眼睛
委屈	首饰	世故	那么	主子	我们	云彩	兄弟	钥匙
心思	养活	见识	糊涂	活泼	家伙	将就	莲蓬	模糊
朋友	漂亮	扫帚	暖和	使唤	思量	喜鹊	学生	琢磨

疙瘩　　骨头　　事情

指甲 zhǐjia(zhíjia)　　　指头 zhǐtou(zhítou)　　　主意 zhǔyi(zhúyi)

3. 熟读普通话水平测试用儿化词语表。

4. 读准下列儿化词语。

栅栏儿 zhàlánr	戏法儿 xìfǎr	蒜瓣儿 suànbànr
瓜瓤儿 guārángr	牙签儿 yáqiānr	照片儿 zhàopiānr
花样儿 huāyàngr	牙刷儿 yáshuār	拐弯儿 guǎiwānr
天窗儿 tiānchuāngr	手绢儿 shǒujuànr	花盆儿 huāpénr
刀刃儿 dāorènr	钢镚儿 gāngbèngr	小鞋儿 xiǎoxiér
墨水儿 mòshuǐr	打盹儿 dǎdǔnr	瓜子儿 guāzǐr
肚脐儿 dùqír	老本儿 lǎoběnr	脚印儿 jiǎoyìnr
人影儿 rényǐngr	模特儿 mótèr	泪珠儿 lèizhūr
胡同儿 hútòngr	跳高儿 tiàogāor	跑调儿 pǎodiàor
小丑儿 xiǎochǒur	抓阄儿 zhuājiūr	被窝儿 bèiwōr
粉末儿 fěnmòr	墨汁儿 mòzhīr	

5. 读准下列易错多音节词语。

(1) 按捺 ànnà　　　　　　　　安步当车 ānbùdàngchē　　　拗口 àokǒu

(2) 大伯 bǎi 子(丈夫的哥哥)　跋扈 báhù　　　　　白皙 báixī
　　颁布 bān bù　　　　　　包庇 bāobì　　　　　包扎 bāozā
　　褒贬 bāobiǎn　　　　　　背包 bèibāo　　　　　贲门 bēnmén
　　笨拙 bènzhuō　　　　　　绷脸 běngliǎn　　　　庇护 bìhù
　　边卡 biānqiǎ　　　　　　鞭笞 biānchī　　　　标识 biāoshí
　　摒弃 bìngqì　　　　　　　簸箕 bòji　　　　　　补给 bǔjǐ
　　不啻 bùchì　　　　　　　屏息 bǐngxī

(3) 猜忌 cāijì　　　　　　　参差 cēncī　　　　　苍劲 cāngjìng
　　蟾蜍 chánchú　　　　　　谄谀 chǎnyú　　　　称心 chènxīn
　　瞠目 chēngmù　　　　　　踌躇 chóuchú　　　　处理 chǔlǐ
　　揣度 chuǎiduó　　　　　揣摩 chuǎimó　　　　创伤 chuāngshāng
　　辍学 chuòxué　　　　　　粗糙 cūcāo　　　　　促膝 cùxī
　　蹿红 cuānhóng　　　　　痤疮 cuóchuāng　　　挫折 cuòzhé
　　刹那 chànà　　　　　　　攒动 cuándòng

(4) 当真 dàngzhēn　　　　　逮捕 dàibǔ　　　　　胆怯 dǎnqiè
　　悼念 dàoniàn　　　　　　跌宕 diēdàng　　　　豆豉 dòuchǐ
　　笃信 dǔxìn　　　　　　　度量 dùliàng　　　　蠹虫 dùchóng
　　提防 dīfang

(5) 讹诈 ézhà

(6) 藩篱 fānlí　　　　　　　菲薄 fěibó　　　　　废黜 fèichù
　　氛围 fēnwéi　　　　　　风靡 fēngmí　　　　拂拭 fúshì
　　抚恤 fǔxù　　　　　　　附和 fùhè

(7) 尴尬 gāngà　　　　　脖颈 bógěng 子　　　　刚愎 gāngbì

　　刚劲 gāngjìng　　　　胳臂 gēbei　　　　　　胳膊 gēbo

　　隔阂 géhé　　　　　　哽咽 gěngyè　　　　　供销 gōngxiāo

　　枸杞 gǒuqǐ　　　　　骨髓 gǔsuǐ　　　　　　怪癖 guàipǐ

　　皈依 guīyī　　　　　　刽子手 guìzǐshǒu

(8) 哈达 hǎdá　　　　　　荷重 hèzhòng　　　　　横祸 hènghuò

　　横行 héngxíng　　　　烘焙 hōngbèi　　　　　哗然 huárán

　　化纤 huàxiān　　　　豢养 huànyǎng　　　　诙谐 huīxié

　　混淆 hùnxiáo　　　　一会儿 yīhuìr

(9) 稽查 jīchá　　　　　给养 jǐyǎng　　　　　　畸形 jīxíng

　　羁绊 jībàn　　　　　急遽 jíjù　　　　　　　棘手 jíshǒu

　　嫉妒 jídù　　　　　缄默 jiānmò　　　　　　奖惩 jiǎngchéng

　　犟嘴 jiàngzuǐ　　　　侥幸 jiǎoxìng　　　　酵母 jiàomǔ

　　校对 jiàoduì　　　　尽管 jǐnguǎn　　　　　劲旅 jìnglǚ

　　禁锢 jìngù　　　　　禁受 jīnshòu　　　　　粳米 jīngmǐ

　　迥然 jiǒngrán　　　　狙击 jūjī　　　　　　咀嚼 jǔjué

　　矩形 jǔxíng　　　　倔强 juéjiàng　　　　　龟裂 jūnliè

(10) 伉俪 kànglì　　　　看护 kānhù　　　　　恪守 kèshǒu

　　铿锵 kēngqiāng　　　恐吓 kǒnghè　　　　　脍炙人口 kuàizhìrénkǒu

　　框架 kuàngjià　　　　窥测 kuīcè　　　　　傀儡 kuǐlěi

　　愧疚 kuìjiù　　　　　馈赠 kuìzèng

(11) 阑珊 lánshān　　　　狼藉 lángjí　　　　　落枕 làozhěn

　　勒令 lèlìng　　　　　涟漪 liányī　　　　　良莠不齐 liángyǒubùqí

　　踉跄 liàngqiàng　　　劣势 lièshì　　　　　掳掠 lǔlüè

　　绿林（好汉）lùlín

(12) 抹布 mābù　　　　　闷热 mēnrè　　　　　迷惘 míwǎng

　　勉强 miǎnqiǎng　　　藐视 miǎoshì　　　　模样 móyàng

　　抹杀 mǒshā　　　　蓦然 mòrán　　　　　木讷 mùnè

(13) 赧然 nǎnrán　　　　拈轻怕重 niānqīngpàzhòng　　懦弱 nuòruò

(14) 迫击炮 pǎijīpào　　　蹒跚 pánshān　　　　咆哮 páoxiāo

　　炮制 páozhì　　　　纰漏 pīlòu　　　　　毗邻 pílín

　　剽窃 piāoqiè　　　　缥缈 piāomiǎo

(15) 蹊跷 qīqiāo　　　　地壳 dìqiào　　　　　栖息 qīxī

　　颀长 qícháng　　　　谦逊 qiānxùn　　　　愆期 qiānqī

　　戕害 qiānghài　　　　襁褓 qiǎngbǎo　　　　悄然 qiǎorán

　　憔悴 qiáocuì　　　　翘首 qiáoshǒu　　　　怯懦 qiènuò

　　惬意 qièyì　　　　　青睐 qīnglài　　　　　轻佻 qīngtiāo

　　顷刻 qǐngkè　　　　请帖 qǐngtiě　　　　　躯壳 qūqiào

龉齿 qǔchǐ　　　　诠释 quánshì　　　　确凿 quèzáo

(16) 荏苒 rěnrǎn　　　　妊娠 rènshēn　　　　冗长 rǒngcháng

蠕动 rúdòng　　　　乳臭未干 rǔxiùwèigān　　睿智 ruìzhì

(17) 飒爽 sàshuǎng　　　禅让 shànràng　　　撒谎 sāhuǎng

塞责 sèzé　　　　桑梓 sāngzǐ　　　　煞白 shàbái

潸然 shānrán　　　扇动 shāndòng　　　商贾 shānggǔ

赊账 shēzhàng　　　赦免 shèmiǎn　　　呻吟 shēnyín

生肖 shēngxiào　　　牲畜 shēngchù　　　矢口 shǐkǒu

嗜好 shìhào　　　　狩猎 shòuliè　　　　倏然 shūrán

赎罪 shúzuì　　　　树冠 shùguān　　　数见不鲜 shuòjiànbùxiān

漱口 shùkǒu　　　　吮吸 shǔnxī　　　　思忖 sīcǔn

厮混 sīhùn　　　　似的 shìde　　　　悚然 sǒngrán

溯源 sùyuán　　　　唆使 suōshǐ　　　　折耗 shéhào

(18) 弹劾 tánhé　　　　囤积 túnjī　　　　忐忑 tǎntè

搪塞 tángsè　　　　韬略 tāolüè　　　　誊写 téngxiě

挑衅 tiǎoxìn　　　　湍流 tuānliú　　　　拖累 tuōlěi

拓本 tàběn

(19) 蜿蜒 wānyán　　　纨绔 wánkù　　　　逶迤 wēiyí

帷幄 wéiwò　　　　萎缩 wěisuō　　　　卫冕 wèimiǎn

慰藉 wèijiè　　　　紊乱 wěnluàn　　　莴笋 wōsǔn

斡旋 wòxuán　　　　龌龊 wòchuò　　　　污垢 wūgòu

污秽 wūhuì　　　　忤逆 wǔnì

(20) 檄文 xíwén　　　　省亲 xǐngqīn　　　细菌 xìjūn

狭隘 xiá'ài　　　　遐迩 xiá'ěr　　　　瑕疵 xiácī

纤维 xiānwéi　　　籼米 xiānmǐ　　　舷窗 xiánchuāng

枭雄 xiāoxióng　　　骁勇 xiāoyǒng　　　小憩 xiǎoqì

笑靥 xiàoyè　　　　亵渎 xièdú　　　　懈怠 xièdài

邂逅 xièhòu　　　　惺忪 xīngsōng　　　胸脯 xiōngpú

酗酒 xùjiǔ　　　　喧哗 xuānhuá　　　渲染 xuànrǎn

(21) 赝品 yànpǐn　　　　摇曳 yáoyè　　　　窈窕 yǎotiǎo

谒见 yèjiàn　　　　一曝十寒 yípùshíhán　　迤逦 yǐlǐ

贻笑大方 yíxiàodàfāng　肄业 yìyè　　　　荫庇 yìnbì

殷红 yānhóng　　　应届 yīngjiè　　　佣金 yòngjīn

甬道 yǒngdào　　　陨落 yǔnluò　　　愠色 yùnsè

(22) 札记 zhájì　　　　载体 zàitǐ　　　　造诣 zàoyì

憎恨 zēnghèn　　　栅栏 zhà·lan　　　占卜 zhānbǔ

栈道 zhàndào　　　招徕 zhāolái　　　召开 zhàokāi

照片 zhàopiàn　　　蛰居 zhéjū　　　　褶皱 zhězhòu

针砭 zhēnbiān	缜密 zhěnmì	整饬 zhěngchì
诤言 zhèngyán	症结 zhēngjié	脂肪 zhīfáng
执拗 zhíniù	旨意 zhǐyì	咫尺 zhǐchǐ
炙热 zhìrè	桎梏 zhìgù	窒息 zhìxī
中枢 zhōngshū	侏儒 zhūrú	伫立 zhùlì
驻扎 zhùzhā	篆刻 zhuànkè	追溯 zhuīsù
赘述 zhuìshù	拙劣 zhuōliè	灼热 zhuórè
着落 zhuóluò	字帖 zìtiè	自给 zìjǐ
自怨自艾 zìyuànzìyì	佐证 zuǒzhèng	

6. 读多音节词语模拟卷。

模拟卷（一）

国王	今日	虐待	花瓶儿	难怪	产品	掉头
遭受	露馅	人群	压力	材料	窘迫	亏损
翱翔	永远	一辈子	佛典	沙尘	存在	请求
累赘	发愣	外面	酒盅儿	似乎	怎么	赔偿
勘察	妨碍	辨别	调整	少女	做活儿	完全
霓虹灯	疯狂	从而	入学	夸奖	回去	篡夺
秧歌	夏季	钢铁	通讯	敏感	不速之客	

模拟卷（二）

奶粉	在这儿	雄伟	婴儿	群众	电压	吵架
连续	枕头	新娘	航空	富翁	节日	上层
核算	大学生	名词	况且	抓阄儿	虐待	麻烦
追求	佛教	包子	原则	热量	农村	履行
骨髓	概括	拐弯儿	配套	玻璃	探索	创作
后跟儿	全体	春光	运动	神经质	昂首	衰变
诋毁	黑暗	挖苦	发票	贫穷	一目了然	

模拟卷（三）

全身	断层	允许	障碍	小瓮儿	坏人	愉快
打算	来临	灭亡	仍然	虐待	方法论	挫折
压迫	至今	减轻	罪恶	脸盘儿	教训	签订
告诉	黑夜	唱歌儿	疲倦	电话	口吻	宾馆
物价	宫女	荒谬	思想	穷苦	挑剔	从容
侦查	作用	玩耍	窗子	给以	南半球	重量
蜜枣儿	摧毁	佛学	特别	命令	周而复始	

模拟卷（四）

窘迫	给以	战略	昂然	分别	祖宗	凉爽
撒开	画家	走访	因而	身边	拐弯儿	下游

看法	哥们儿	篡改	圈套	群体	效率	思维
虐待	英雄	牛顿	冲刷	大伙儿	今日	流传
轻快	多么	奥秘	亏损	状况	军事	太阳能
面前	谬误	灯泡儿	从此	扫帚	贯彻	土匪
商标	戏曲	佛像	主人翁	同伴	收回	厌倦

模拟卷（五）

撇开	群众	窘迫	提成儿	日益	亏损	怀念
洼地	男女	喜欢	军阀	效果	舌头	傍晚
深化	线轴儿	协作	定额	随便	分配	牛仔裤
勉强	穷人	摧毁	大褂儿	仍然	率领	母亲
昂扬	栅栏	佛寺	旋转	原因	价格	长颈鹿
装备	句子	操纵	逗乐儿	手稿	材料	观察
恰好	往返	谬论	标志	虐待	不约而同	

三、朗读短文指导

案例导入

朗读短文指导

作品28号

那年我六岁。离我家仅一箭之遥的小山坡旁，有一个早已被废弃的采石场，双亲从来不准我去那儿，其实那儿的风景十分迷人。

一个夏季的下午，我随着一群小伙伴偷偷上哪儿去了。就在我们穿越了一条孤寂的小路后，他们却把我一个人留在原地，然后奔向"更危险的地带"了。

等他们走后，我惊慌失措地发现，再找不到要回家的那条孤寂的小道了。像只无头的苍蝇，我到处乱钻，衣裤上挂满了芒刺。太阳已经落山，而此时此刻，家里一定开始吃晚餐了，双亲正盼着我回家！想着想着，我不由得背靠着一棵树，伤心地呜呜大哭起来……

突然，不远处传来了声声柳笛。我像找到了救星，急忙循声走去。一条小道边的树桩上坐着一位吹笛人，手里还正削着什么。走近细看，他不就是被大家称为"乡巴佬儿"的卡廷吗？

"你好，小家伙儿，"卡廷说，"看天气多美，你是出来散步的吧？"

我怯生生地点点头，答道："我要回家了。"

"请耐心等上几分钟，"卡廷说，"瞧，我正在削一支柳笛，差不多就要做好了，完工后就送给你吧！"

卡廷边削边不时地把尚未成形的柳笛放在嘴里试吹一下。没过多久，一支柳笛便递到了我手中。我俩在一阵阵清脆悦耳的笛音//中，踏上了归途……

当时，我心中只充满感激，而今天，当我自己也成了祖父时，却突然领悟到他用心之良苦！那天当他听到我的哭声时，便判定我一定迷了路，但他并不想在孩子面前扮演"救星"的角色，于是吹响柳笛以便让我能发现他，并跟着他走出困境！就这样，卡廷先生以乡下人的纯朴,保护了一个小男孩儿强烈的自尊。

(唐若水译.迷途笛音.学苑创造:B版,2012(12).)

(一)朗读短文简介

1. 测试目的

测查应试者使用普通话朗读书面作品的水平。在测查声母、韵母、声调读音标准程度的同时,重点测查连读音变、停连、语调以及流畅程度。

2. 评分标准

(1) 共30分,限时4分钟。每错1个音节扣0.1分;漏读或增读1个音节扣0.1分。

(2) 声母或韵母的系统性语音缺陷,视程度扣0.5分或1分。

(3) 语调偏误,视程度扣0.5分、1分、2分。

(4) 停连不当,视程度扣0.5分、1分、2分。

(5) 朗读不流畅(包括回读),视程度扣0.5分、1分、2分。

(6) 限时4分钟,超时扣1分。

3. 朗读短文要求

(1) 短文从《普通话水平测试用朗读作品》中选取,一组2篇中任选1篇。

(2) 评分以朗读作品的前400个音节(不含标点符号和括注的音节)为限。

(3) 要求吐字规范清晰,轻声、儿化、变调正确,轻重音处理得当,读音自然、流畅;语速适中,节奏、停连把握得当;语句连贯,情感自然。

(4) 应该做到"六不":不读错字,不添字,不减字,不换字,不重复,不颠倒。

(二)应试中易出现的问题及纠正

(1) 作品内容不熟悉,多音字、生僻字、变调等读错音。应该首先扫清字词障碍,然后多加练习。

(2) 语句朗读不流畅,语速时快时慢,语调处理失当,长句停顿出现失误。多朗读,达到轻松驾驭。

(3) 要分清文体,掌握文体特点,记叙文的叙述语、角色语,说明文的说明顺序、层次安排,议论文的逻辑推理、结论等都要在语气中有所体现。

(4) 普通话水平较差者,初期学习朗读文章,可以跟读录音或网站的普通话音视频教学课程,扫清语音障碍后,多加练习,达到流畅自如。

(三)普通话水平测试用朗读作品60篇指定篇目

作品1号　《白杨礼赞》,节选自茅盾《白杨礼赞》

作品2号　《差别》,节选自张健鹏、胡足青主编《故事时代》中《差别》

作品3号　《丑石》,节选自贾平凹《丑石》

作品4号　《达瑞的故事》,节选自[德]博多·舍费尔《达瑞的故事》,刘志明译

作品5号　《第一场雪》,节选自峻青《第一场雪》

作品6号　《读书人是幸福人》,节选自谢冕《读书人是幸福人》

作品 7 号　《二十美金的价值》,节选自唐继柳编译《二十美金的价值》

作品 8 号　《繁星》,节选自巴金《繁星》

作品 9 号　《风筝畅想曲》,节选自李恒瑞《风筝畅想曲》

作品 10 号　《父亲的爱》,节选自[美]艾尔玛·邦贝克《父亲的爱》

作品 11 号　《国家荣誉感》,节选自冯骥才《国家荣誉感》

作品 12 号　《海滨仲夏夜》,节选自峻青《海滨仲夏夜》

作品 13 号　《海洋与生命》,节选自童裳(cháng)亮《海洋与生命》

作品 14 号　《和时间赛跑》,节选自(中国台湾)林清玄《和时间赛跑》

作品 15 号　《胡适的白话电报》,节选自陈灼《实用汉语中级教程》(上)中《胡适的白话电报》

作品 16 号　《火光》,节选自[俄]柯罗连科《火光》,张铁夫译

作品 17 号　《济南的冬天》,节选自老舍《济南的冬天》

作品 18 号　《家乡的桥》,节选自郑莹《家乡的桥》

作品 19 号　《坚守你的高贵》,节选自游宇明《坚守你的高贵》

作品 20 号　《金子》,节选自陶猛译《金子》

作品 21 号　《捐诚》,节选自青白《捐诚》

作品 22 号　《可爱的小鸟》,节选自王文杰《可爱的小鸟》

作品 23 号　《课不能停》,节选自(中国台湾)刘墉《课不能停》。

作品 24 号　《莲花和樱花》,节选自严文井《莲花和樱花》

作品 25 号　《绿》,节选自朱自清《绿》

作品 26 号　《落花生》,节选自许地山《落花生》

作品 27 号　《麻雀》,节选自[俄]屠格涅夫《麻雀》,巴金译

作品 28 号　《迷途笛音》,节选自唐若水译《迷途笛音》

作品 29 号　《莫高窟》,节选自小学《语文》第六册中《莫高窟》

作品 30 号　《牡丹的拒绝》,节选自张抗抗《牡丹的拒绝》

作品 31 号　《"能吞能吐"的森林》,节选自《中考语文课外阅读试题精选》中《"能吞能吐"的森林》

作品 32 号　《朋友和其他》,节选自(中国台湾)杏林子《朋友和其他》

作品 33 号　《散步》,节选自莫怀戚《散步》

作品 34 号　《神秘的"无底洞"》,节选自罗伯特·罗威尔《神秘的"无底洞"》

作品 35 号　《世间最美的坟墓》,节选自[奥]茨威格《世间最美的坟墓》,张厚仁译

作品 36 号　《苏州园林》,节选自叶圣陶《苏州园林》

作品 37 号　《态度创造快乐》,节选自《态度创造快乐》

作品 38 号　《泰山极顶》,节选自杨朔《泰山极顶》

作品 39 号　《陶行知的"四块糖果"》,节选自《教师博览·百期精华》中《陶行知的"四块糖果"》

作品 40 号　《提醒幸福》,节选自毕淑敏《提醒幸福》

作品 41 号　《天才的造就》,节选自刘燕敏《天才的造就》

作品 42 号　《我的母亲独一无二》,节选自[法]加里《我的母亲独一无二》

作品 43 号《我的信念》，节选自[波兰]玛丽·居里《我的信念》，剑捷译

作品 44 号《我为什么当教师》，节选自[美]彼得·基·贝得勒《我为什么当教师》

作品 45 号《西部文化和西部开发》，节选自《中考语文课外阅读试题精选》中《西部文化和西部开发》

作品 46 号《喜悦》，节选自王蒙《喜悦》

作品 47 号《香港：最贵的一棵树》，节选自舒乙《香港：最贵的一棵树》

作品 48 号《鸟的天堂》，节选自巴金《鸟的天堂》

作品 49 号《野草》，节选自夏衍《野草》

作品 50 号《一分钟》，节选自纪广洋《一分钟》

作品 51 号《一个美丽的故事》，节选自张玉庭《一个美丽的故事》

作品 52 号《永远的记忆》，节选自苦伶《永远的记忆》

作品 53 号《语言的魅力》，节选自小学《语文》第六册中《语言的魅力》

作品 54 号《赠你四味长寿药》，节选自蒲昭和《赠你四味长寿药》

作品 55 号《站在历史的枝头微笑》，节选自[美]本杰明·拉什《站在历史的枝头微笑》

作品 56 号《中国的宝岛——台湾》，节选自《中国的宝岛——台湾》

作品 57 号《中国的牛》，节选自小思《中国的牛》

作品 58 号《住的梦》，节选自老舍《住的梦》

作品 59 号《紫藤萝瀑布》，节选自宗璞《紫藤萝瀑布》

作品 60 号《最糟糕的发明》，节选自林光如《最糟糕的发明》

课堂训练

1. 读准下列含有"一"的句子。

（1）一根根长长的引线，一头系在天上，一头系在地上，孩子同风筝都在天与地之间悠荡……（李恒瑞《风筝畅想曲》）

（2）我想找一个两全的办法，找不出；我想拆散一家人，分成两路，各得其所，终不愿意。（莫怀戚《散步》）

（3）一连串的问题，使我这个有生以来头一次在众目睽睽之下让别人擦鞋的异乡人，从近乎狼狈的窘态中解脱出来。（青白《捐诚》）

（4）据专家测算，一片十万亩面积的森林，相当于一个两百万立方米的水库。（《中考语文课外阅读试题精选》中《"能吞能吐"的森林》）

（5）这里的每一尊彩塑、每一幅壁画、每一件文物，都是中国古代人民智慧的结晶。（小学《语文》第六册中《莫高窟》）

（6）一条小道边的树桩上坐着一位吹笛人。（唐若水译《迷途笛音》）

（7）一个大问题一直盘踞在我脑袋里。（冯骥才《国家荣誉感》）

（8）没有一片绿叶，没有一缕炊烟，没有一粒泥土，没有一丝花香，只有水的世界，云的海洋。（王文杰《可爱的小鸟》）

（9）日历挂在墙壁，一天撕去一页，使我心里着急。（林清玄《和时间赛跑》）

（10）船到一个转弯处，只见前面黑黢黢的山峰下面一星火光蓦地一闪。（[俄]柯罗连科《火光》，张铁夫译）

2. 读准下列含有"不"的句子。

（1）双亲从来不准我去那儿。（唐若水译《迷途笛音》）

（2）再找不到要回家的那条孤寂的小道了。（唐若水译《迷途笛音》）

（3）假山的堆叠，可以说是一项艺术而不仅是技术。（叶圣陶《苏州园林》）

（4）他……还寄过一封短柬给我，说因为我不在草坪上踢足球了，所以他的草坪长得很美。（[美]艾尔玛·邦贝克《父亲的爱》）

（5）卡廷边削边不时地把尚未成形的柳笛放在嘴里试吹一下。（唐若水译《迷途笛音》）

（6）所有时间里的事物，都永远不会回来。（林清玄《和时间赛跑》）

（7）时间过得那么快，使我的小心眼儿里不只是着急，还有悲伤。（林清玄《和时间赛跑》）

（8）彼得走出小木屋，发现眼前的土地看上去好像和以前不一样。（陶猛译《金子》）

（9）后者白天开不起暖气，供不起午餐。（刘墉《课不能停》）

（10）它不苟且、不俯就、不妥协、不媚俗，甘愿自己冷落自己。（张抗抗《牡丹的拒绝》）

3. 读准下列含有"啊"的句子。

（1）当第一束阳光射进舷窗时，它便敞开美丽的歌喉，唱啊唱……（王文杰《可爱的小鸟》）

（2）我想张开两臂抱住她，但这是怎样一个妄想啊。（朱自清《绿》）

（3）仿佛蔚蓝的天融了一块在里面似的，这才这般的鲜润啊。（朱自清《绿》）

（4）在它看来，狗该是多么庞大的怪物啊！（[俄]屠格涅夫《麻雀》，巴金译）

（5）是啊，请不要见笑。（[俄]屠格涅夫《麻雀》，巴金译）

（6）这又怪又丑的石头，原来是天上的啊！（贾平凹《丑石》）

（7）是啊，我们有自己的祖国，小鸟也有它的归宿，人和动物都是一样啊，哪儿也不如故乡好！（王文杰《可爱的小鸟》）

（8）你砸他们，说明你很正直善良，且有批评不良行为的勇气，应该奖励你啊！（《教师博览·百期精华》中《陶行知的"四块糖果"》）

（9）我砸的不是坏人，而是自己的同学啊……（《教师博览·百期精华》中《陶行知的"四块糖果"》）

（10）这都是千金难买的幸福啊。（毕淑敏《提醒幸福》）

4. 朗读句子，读准加横线字的读音。

（1）它没有婆娑的姿态，没有屈曲盘旋的虬枝……（茅盾《白杨礼赞》）

（2）我蓦地记起儿时唱给小桥的歌。（郑莹《家乡的桥》）

（3）人类给它以生命，它毫不悭吝地把自己的艺术青春奉献给了哺育它的人。（王文杰《可爱的小鸟》）

（4）她松松地皱缬着，像少妇的裙幅……（朱自清《绿》）

（5）如果它再被贬谪十次，也许它就会繁衍出十个洛阳牡丹城。（张抗抗《牡丹的拒绝》）

（6）由于濒临大海，大涨潮时，汹涌的海水便会排山倒海般地涌入洞中，形成一股湍湍的急流。（[美]罗伯特·洛威尔《神秘的"无底洞"》）

（7）啊，是对我的美好前途的憧憬支撑着她活下去……（[法]罗曼·加里《我的母亲独一无二》）

（8）在繁华的巴黎大街的路旁,站着一个衣衫褴褛、头发斑白、双目失明的老人。（小学《语文》第六册中《语言的魅力》）

（9）儿时放的风筝,大多是自己的长辈或家人编扎的,几根削得很薄的篾……（李恒瑞《风筝畅想曲》）

（10）天长日久,小鸟和水手的感情日趋笃厚。（王文杰《可爱的小鸟》）

5. 停连训练。

（1）年少的时候,我们差不多都在为别人而活,为苦口婆心的父母活,为循循善诱的师长活,为许多观念、许多传统的约束力而活。（杏林子《朋友和其他》）

（2）你看见过被压在瓦砾和石块下面的一棵小草的生长吗?（夏衍《野草》）

（3）可是,没有等青年人把满腹的有关人生和事业的疑难问题向班杰明讲出来,班杰明就非常客气地说道:"干杯。你可以走了。"（纪广洋《一分钟》）

（4）老板一边耐心地听着他的抱怨,一边在心里盘算着怎样向他解释清楚他和阿诺德之间的差别。（张健鹏,胡足青主编《故事时代》中《差别》）

（5）你可能没有成为一个美丽的词,一个引人注目的句子,一个惊叹号,但你依然是这生命的立体诗篇中的一个音节、一个停顿、一个必不可少的组成部分。（[美]本杰明·拉什《站在历史的枝头微笑》）

（6）"晚食以当肉",意思是人应用已饥方食、未饱先止代替对美味佳肴的贪吃无厌。（蒲昭和《赠你四味长寿药》）

（7）它容易来也容易去,谁也不应该对它视而不见失之交臂,谁也不应该总是做那些使自己不高兴也使旁人不高兴的事。（王蒙《喜悦》）

（8）灵魂的快意同器官的舒适像一对孪生兄弟,时而相傍相依,时而南辕北辙。（毕淑敏《提醒幸福》）

（9）东边有了一个亭子或者一道回廊,西边绝不会来一个同样的亭子或者一道同样的回廊。（叶圣陶《苏州园林》）

（10）谁都可以踏进他最后的安息地,围在四周稀疏的木栅栏是不关闭的——保护列夫·托尔斯泰得以安息的没有任何别的东西,唯有人们的敬意……（[奥]茨威格《世间最美的坟墓》）

四、命题说话指导

命题说话指导

✎ 案例导入

熟悉《我尊敬的人》说话稿,做说话练习,时间3分钟。注意语言的口语化,不要背稿。

我尊敬的人

有很多人都值得我尊敬:有我熟悉的邻居李阿姨,几十年如一日地照顾卧病在床的婆婆;有素昧平生的路人,他们在雨中为陌生人默默地打起一把雨伞;有因病倒在岗位上的公交车司机,他们在生命的最后一刻还在坚持履行岗位职责。然而,我最尊敬的人是我读初中时的班主任老师。每当想起她,我对她的敬爱之情便油然而生。

李老师近40岁,她不仅对工作非常热爱,课讲得生动有趣,而且兢兢业业。有一次,她生病感冒了,可是为了不耽误我们的学习,她坚持带病上课。在课堂上,她脸色苍白,额头不时冒出汗珠,还不停地咳嗽,大口大口地喘气,但她拼尽全力坚持到下课的铃声响起,然后连走下讲台的力气都没有了,是几个同学把她搀回了办公室。记不清有多少次,老师拖着疲惫的身子、用沙哑的声音坚持给我们上课、辅导作业;记不清有多少次,老师和调皮捣蛋的同学一一谈心,有的时候甚至连回家的时间都忘了,以至于家长都到学校来找孩子了;记不清有多少次,前一天刚刚考试的卷子,第二天上课就发到了我们的手里,看着卷子上红红的对钩或叉子,我们都知道,李老师昨天晚上肯定又熬到了深夜。李老师就是这样把全部的心血和精力献给了三尺讲台,献给了渴求知识的学生。

李老师不仅向我们讲授科学文化知识,也教给我们做人的道理,还帮助同学们解除心中的种种疑问和困惑,她每次上课的前两三分钟,都给我们读社会新闻,让我们"风声、雨声、读书声,声声入耳;家事、国事、天下事,事事关心"。我们每个人都认认真真地听,有时大家还会讨论几句,表达自己的看法。

在日常生活中,李老师也给我们无微不至的关怀,她每个星期两三次到我们的宿舍,跟我们谈心、聊天。有一次,一位同学因为和父母就某件事情闹得不可开交而痛哭流涕,甚至周末借宿到同学家里而不回自己的家,也不见自己的父母,同学们怎么劝解都没有效果。李老师听说这件事以后,把那位同学叫到她的办公室,交谈了差不多整整一个下午,那位同学终于认识到自己的错误;李老师还把同学的家长请到学校,就孩子存在的问题、家长存在的问题以及如何教育管理孩子,又和家长谈,终于平息了一场风波。李老师就是这样无微不至地关心和爱护着我们。记不清多少次、也不知道有多少同学通过和李老师长谈,解除了心中的疑虑、抛去了懊恼的情绪,身心愉悦地重新投入紧张的学习生活中。

现在我离开李老师已经五六年了,可我的内心深处总是忘不了她,忘不了她的学识、她的品格、她为学生的无私奉献。她永远是我尊敬的人。

(一)说话测试简介

1. 测试目的

测查应试者在无文字凭借的情况下说普通话的水平,包括测查语音的标准程度、词汇语法的规范程度和表达过程中的自然流畅程度。

2. 评分标准

(1) 语音标准程度,共20分。分为以下六档。

一档:语音标准,或极少有失误。扣0分、1分、2分。

二档:语音错误在10次以下,有方音但不明显。扣3分、4分。

三档:语音错误在10次以下,但方音比较明显;或语音错误在10次~15次,有方音但不明显。扣5分、6分。

四档:语音错误在10~15次,方音比较明显。扣7分、8分。

五档:语音错误超过15次,方音明显。扣9分、10分、11分。

六档:语音错误多,方音重。扣12分、13分、14分。

(2) 词汇语法规范程度,共10分。分为以下三档。

一档：词汇、语法规范。扣 0 分。

二档：词汇、语法偶有不规范的情况。扣 1 分、2 分。

三档：词汇、语法屡有不规范的情况。扣 3 分、4 分。

（3）自然流畅程度，共 5 分。分为以下三档。

一档：语言自然流畅。扣 0 分。

二档：语言基本流畅，口语化较差，有背稿子的表现。扣 0.5 分、1 分。

三档：语言不连贯，语调生硬。扣 2 分、3 分。

（4）说话不足 3 分钟，酌情扣分：缺时 1 分钟以内（含 1 分钟），扣 1 分、2 分、3 分；缺时 1 分钟以上，扣 4 分、5 分、6 分；说话不满 30 秒（含 30 秒），本测试项成绩计为 0 分。

3. 测试要求

（1）说话话题从《普通话水平测试用话题》中选取，由应试者从给定的两个话题中选定 1 个话题，连续说一段话，说话的形式为单向说话。

（2）命题说话，限时 3 分钟，共 40 分。

（3）说话要求语音规范，注意变调、轻声、儿化和语气词"啊"的变读，使用符合现代汉语规范的词汇和语法，避免使用方言词语和语法，说话内容围绕中心，准备足够时间的材料。

（二）应试易出现的问题及纠正建议

（1）说话时间不足。在测试过程中，应试者的语速一般容易偏快，不到三分钟的时间就用完了说话材料。要准备足够说话三分钟或三分钟以上的材料。

（2）有背诵的痕迹。对说话材料要熟悉但不要背诵，要自然流畅，用口语化的语言说话，减少书面用语。

（3）说话容易暴露词语和语法的问题，词语、语法要规范。避免方言词语，少用口头禅，不使用网络语言。如"花生"不要用"长寿果""长果"等词语，"不知道"不要采用"知不道"的句式。

（三）说话题目应试建议

1. 文体归类

说话的题目较多，为了便于准备，我们可以根据题目的述说方式和内容进行归类，可以使同一文体的题目用相似的思路来行文。

叙述类文体中侧重记人的，可以从不同的侧面和角度的事件来写人，展现人物的性格和特点；侧重叙事类的，可以着重从事件的发生发展过程来写。

议论类的文体，先提出论点，再用论据进行论证，使论点的提出建立在论据的基础上，而论据围绕着论点展开，为论点服务。

说明类的文体，先概括说明对象的特点，按照一定的顺序（时间顺序、空间顺序或逻辑顺序）展开说明，使文章脉络清晰，层次分明。

（1）说所爱

我喜爱的动物（或植物）；

我喜爱的职业；

难忘的旅行；

我的朋友；

我喜爱的文学(或其他)艺术形式；

我喜欢的季节(或天气)；

我喜欢的节日；

我喜欢的明星(或其他知名人士)；

我喜爱的书刊；

我和体育；

我向往的地方。

(2) 记成长

我的愿望(或理想)；

我尊敬的人；

童年的记忆；

我的成长之路；

我的家乡(或熟悉的地方)。

(3) 谈生活

我的学习生活；

我的业余生活；

我的假日生活；

我所在的集体(学校、机关、公司等)。

(4) 论社会

谈谈卫生与健康；

学习普通话的体会；

谈谈服饰；

谈谈科技发展与社会生活；

我知道的风俗；

谈谈美食；

谈谈社会公德(或职业道德)；

谈谈个人修养；

谈谈对环境保护的认识；

购物(消费)的感受。

2. 素材共用

列出说话的提纲，相近内容的素材共享。例如：《我的假日生活》和《难忘的旅行》《童年的记忆》和《我的成长之路》《谈谈科技发展与社会生活》和《谈谈对环境保护的认识》等篇目的内容可以有共用的内容。

3. 扬长避短

选择熟悉的说话内容，特别是自己的亲身经历或见闻，内容烂熟于心，说话就可以轻松自然，不会出现死记硬背和卡壳的情况。

4. 查漏补缺

对容易出现语音问题的地方要心中有数,找准薄弱环节,有针对性地训练,一定会成竹在胸。

5. 巧用表达方式

表达方式要多用叙述,少用描写和议论。前者更适合口语表达,后者容易失误。

（四）应考者的心理调适

1. 重视考试,认真备考

面对普通话水平等级测试,普通话水平基础较差者往往会有危机意识和压力,通常会认真准备刻苦练习;基础较好者往往会掉以轻心,结果往往是前者的成绩较理想,而后者的成绩达不到理想的水平。所以要达到理想的等级水平,一定要从内心重视,认真备考。

应试者要明确普通话声、韵、调的规范读法,熟读普通活水平测试用必读轻声词语表、普通话水平测试用儿化词语表;熟读朗读材料;给说话题目列出提纲,并组织相应的素材。普通话基础较差者,应该针对声、韵、调方面存在的问题,确定重点和难点,找到合适的训练方法,如从听录音、跟读到大声朗读,持之以恒,反复练习;普通话基础较好者纠正的重点在于日常口语与普通话的差别,"分析"应读 fēnxī 不是 fēnxi。

2. 沉着应考,发挥水平

不打无准备之仗,平时细致认真地纠正语音缺陷,考试时就可以心中有数,从容自信。在应试过程中,重视每一个环节和步骤,认真对待每一部分考试内容,掌握好语速和节奏,全神贯注于自己的试卷。心态好,音调准,材料熟,就接近了成功。

3. 排除干扰,全力以赴

考试中,可能会出现意外情况,如周围应试者的异响、计算机出现故障等,面对突如其来的情况,一定不要慌乱,你举手示意,监考老师会为你的顺利考试提供保障。

课堂训练

将下列30个普通话水平测试用说话题目写成提纲,每位学生每次课前三分钟轮流进行说话训练。

1. 我的愿望(或理想)
2. 我的学习生活
3. 我尊敬的人
4. 我喜爱的动物(或植物)
5. 童年的记忆
6. 我喜爱的职业
7. 难忘的旅行
8. 我的朋友
9. 我喜爱的文学(或其他)艺术形式
10. 谈谈卫生与健康
11. 我的业余生活

12. 我喜欢的季节(或天气)

13. 学习普通话的体会

14. 谈谈服饰

15. 我的假日生活

16. 我的成长之路

17. 谈谈科技发展与社会生活

18. 我知道的风俗

19. 我和体育

20. 我的家乡(或熟悉的地方)

21. 谈谈美食

22. 我喜欢的节日

23. 我所在的集体(学校、机关、公司等)

24. 谈谈社会公德(或职业道德)

25. 谈谈个人修养

26. 我喜欢的明星(或其他知名人士)

27. 我喜爱的书刊

28. 谈谈对环境保护的认识

29. 我向往的地方

30. 购物(消费)的感受

能力拓展

普通话水平测试样卷练习。

样卷(一)

一、读单音节字词(100个音节,共10分,限时3.5分钟)

运	唐	郑	龙	攥	夸	永	裂	此
尘	雪	波	凑	爽	潮	软	内	袄
揪	醒	粪	憋	脾	腐	离	搜	灼	捞
您	缴	胡	拐	蕨	买	娘	鞭	瓢	翁
砍	驻	丹	扭	砸	构	权	日	抓	踹
点	夏	丝	夜	军	矛	桶	怯	温	捕
二	鬃	末	丰	鹅	塔	羹	伞	锐	关
癞	想	若	捧	漱	甩	池	愿	床	毡
访	黑	窘	欺	水	浑	迷	徐	炖	盆
盯	岩	擦	渠	炕	迷	挖	鬟	挡	掐
命	屯								

二、读多音节词语(100个音节,共20分,限时2.5分钟)

| 佛经 | 虐待 | 成本 | 闺女 | 强调 | 侵略 | 能量 |
| 灭亡 | 打嗝儿 | 收藏 | 迅速 | 烧饼 | 人群 | 钢铁 |

豪华	亏损	框子	后天	农村	怀抱	荧光屏
家长	何尝	可以	然而	胸脯	开窍儿	盗贼
无穷	有劲儿	席卷	挫折	于是	陡坡	繁荣
镇压	玩耍	拉链儿	宣传	拇指	安慰	探索
外面	四周	矮小	你们	做梦	非法	留声机

三、朗读作品（400个音节，共30分，限时4分钟）

作品15号

三十年代初，胡适在北京大学任教授。讲课时他常常对白话文大加称赞，引起一些只喜欢文言文而不喜欢白话文的学生的不满。

一次，胡适正讲得得意的时候，一位姓魏的学生突然站了起来，生气地问："胡先生，难道说白话文就毫无缺点吗？"胡适微笑着回答说："没有。"那位学生更加激动了："肯定有！白话文废话太多，打电报用字多，花钱多。"胡适的目光顿时变亮了。轻声地解释说："不一定吧！前几天有位朋友给我打来电报，请我去政府部门工作，我决定不去，就回电拒绝了。复电是用白话写的，看起来也很省字。请同学们根据我这个意思，用文言文写一个回电，看看究竟是白话文省字，还是文言文省字？"胡教授刚说完，同学们立刻认真地写了起来。

十五分钟过去，胡适让学生举手，报告用字的数目，然后挑了一份用字最少的文言电报稿，电文是这样写的：

"才疏学浅，恐难胜任，不堪从命。"白话文的意思是：学问不深，恐怕很难担任这个工作，不能服从安排。

胡适说，这份写得确实不错，仅用了十二个字。但我的白话电报却只用了五个字：

"干不了，谢谢！"

胡适又解释说，"干不了"就有才疏学浅、恐难胜任的意思；"谢谢"既∥对朋友的介绍表示感谢，又有拒绝的意思。所以，废话多不多，并不看它是文言文还是白话文，只要注意选用字词，白话文是可以比文言文更省字的。

（陈灼《胡适的白话电报》《实用汉语中级教程》（上）中）

四、命题说话（请在下列话题中任选一个，共40分，限时3分钟）

1. 我知道的风俗
2. 我尊敬的人

样卷（二）

样卷（二）

一、读单音节字词（100个音节，共10分，限时3.5分钟）

蹦	耍	德	扰	直	返	凝	秋	淡	丝
炯	粗	袄	瓮	癣	儿	履	告	筒	猫
囊	驯	辱	碟	栓	来	顶	墩	忙	哀
霎	果	憋	捺	装	群	精	唇	亮	馆
符	肉	梯	船	溺	北	剖	民	邀	旷
暖	快	酒	除	缺	杂	搜	税	脾	锋
日	贼	孔	哲	许	尘	谓	忍	填	颇
残	洞	穷	歪	雅	捉	凑	怎	虾	冷

躬　莫　虽　绢　挖　伙　聘　英　条　笨
敛　墙　岳　黑　巨　访　自　毁　郑　浑

二、读多音节词语（100个音节，共20分，限时2.5分钟）

损坏　　昆虫　　兴奋　　恶劣　　挂帅　　针鼻儿　　排斥
采取　　利索　　荒谬　　少女　　电磁波　　愿望　　恰当
若干　　加塞儿　　浪费　　苦衷　　降低　　夜晚　　小熊儿
存留　　上午　　按钮　　佛教　　新娘　　逗乐儿　　全面
包括　　不用　　培养　　编纂　　扎实　　推测　　吵嘴
均匀　　收成　　然而　　满口　　怪异　　听话　　大学生
发作　　侵略　　钢铁　　孩子　　光荣　　前仆后继

三、朗读作品（400个音节，共30分，限时4分钟）

作品2号

两个同龄的年轻人同时受雇于一家店铺，并且拿同样的薪水。可是一段时间后，叫阿诺德的那个小伙子青云直上，而那个叫布鲁诺的小伙子却仍在原地踏步。布鲁诺很不满意老板的不公正待遇。终于有一天他到老板那儿发牢骚了。老板一边耐心地听着他的抱怨，一边在心里盘算着怎样向他解释清楚他和阿诺德之间的差别。

"布鲁诺先生，"老板开口说话了，"您现在到集市上去一下，看看今天早上有什么卖的。"

布鲁诺从集市上回来向老板汇报说，今早集市上只有一个农民拉了一车土豆在卖。

"有多少？"老板问。

布鲁诺赶快戴上帽子又跑到集上，然后回来告诉老板一共四十袋土豆。

"价格是多少？"布鲁诺又第三次跑到集上。

"好吧，"老板对他说，"现在请您坐到这把椅子上一句话也不要说，看看阿诺德怎么说。"

阿诺德很快就从集市上回来了。向老板汇报说到现在为止只有一个农民在卖土豆，一共四十袋，价格是多少多少；土豆质量很不错，他带回来一个让老板看看。这个农民一个钟头以后还会弄来几箱西红柿，据他看价格非常公道。昨天他们铺子的西红柿卖得很快，库存已经不//多了。他想这么便宜的西红柿，老板肯定会要进一些的，所以他不仅带回了一个西红柿做样品，而且把那个农民也带来了，他现在正在外面等回话呢。

此时老板转向了布鲁诺，说："现在您肯定知道为什么阿诺德的薪水比您高了吧！"

（张健鹏，胡足青．差别．故事时代．）

四、命题说话（请在下列话题中任选一个，共40分，限时3分钟）

1. 谈谈卫生与健康
2. 我喜欢的明星（或其他知名人士）

样卷（三）

一、读单音节字词（100个音节，共10分，限时3.5分钟）

趋　穴　彼　孵　砍　蹄　整　锈　窖　漾
凝　温　团　键　书　筒　摸　垮　录　厥
腊　彩　吨　遣　徐　尺　迸　堵　挥　远
笨　霉　册　偏　芽　谎　代　锁　沟　尝

扰　硫　追　棚　蛙　扣　桩　蛋　纺　运
条　怪　您　矫　瑞　楼　安　示　层　劣
虹　攥　买　穷　超　民　选　巴　蜜　亡
响　爬　锭　筐　委　波　磁　黑　群　害
勺　掌　极　遵　洽　葛　踹　捏　壤　拴
澳　戳　耸　皱　酸　儿　郭　自　酚　酉

二、读多音节词语(100个音节,共20分,限时2.5分钟)

军队　融合　根据地　挫折　汹涌　成名　意思
疲倦　清爽　仍旧　棉球儿　虽说　病人　天下
佛典　被窝儿　权利　终身　扭转　破坏　宾主
价值　怎么　刷新　大娘　爱好　小瓮儿　感慨
临床　猫头鹰　拱桥　循环　钢铁　咳嗽　舞蹈
缺乏　昂贵　快板儿　频率　花鸟　内外　贩子
节日　粗略　早春　善良　存在　不言而喻

三、读作品(400个音节,共30分,限时4分钟)

作品57号

对于中国的牛,我有着一种特别尊敬的感情。

留给我印象最深的,要算在田垄上的一次"相遇"。

一群朋友郊游,我领头在狭窄的阡陌上走,怎料迎面来了几头耕牛,狭道容不下人和牛,终有一方要让路。它们还没有走近,我们已经预计斗不过畜牧,恐怕难免踩到田地泥水里,弄得鞋袜又泥又湿了。正踟蹰的时候,带头的一头牛在离我们不远的地方停下来,抬起头看看,稍迟疑一下,就自动走下田去。一队耕牛,全跟着它离开阡陌,从我们身边经过。

我们都呆了,回过头来,看着深褐色的牛队,在路的尽头消失,忽然觉得自己受了很大的恩惠。

中国的牛,永远沉默地为人做着沉重的工作。在大地上,在晨光或烈日下,它拖着沉重的犁,低头一步又一步,拖出了身后一列又一列松土,好让人们下种。等到满地金黄或农闲时候,它可能还得担当搬运负重的工作;或终日绕着石磨,朝同一方向,走不计程的路。

在它沉默的劳动中,人便得到应得的收成。

那时候,也许它可以松一肩重担,站在树下,吃几口嫩草。偶尔摇摇尾巴,摆摆耳朵,赶走飞附在身上的苍蝇,已经算是它最闲适的生活了。

中国的牛,没有成群奔跑的习//惯,永远沉沉实实的,默默地工作,平心静气。这就是中国的牛!

(小思.中国的牛.阅读鉴赏:初中,2005(4).)

四、命题说话(请在下列话题中任选一个,共40分,限时3分钟)

1. 谈谈你对环境保护的认识

2. 我的家乡(或熟悉的地方)

样卷(四)

一、读单音节字词(100个音节,共10分,限时3.5分钟)

爹　维　液　昂　鬣　萍　有　凳　穷　坤

样卷(四)

面	梯	羽	抓	耿	端	渴	批	簧	赶
文	江	热	尊	亮	捐	陈	方	赤	法
掐	缓	沾	拐	皆	琴	葱	儒	爽	夺
复	藤	掠	槽	款	擦	鳍	波	死	束
丑	弱	临	股	宅	赏	太	杭	虾	哨
膘	朽	耐	选	蛮	拥	北	能	字	而
枕	材	鸟	制	雪	杂	闹	酸	傻	并
赔	君	咧	凑	俄	津	驴	蜕	拙	莫
倾	瓦	农	涩	鬼	逊	添	踹	衍	醉

二、读多音节词语(100个音节,共20分,限时2.5分钟)

钢铁	盖子	磁场	主人翁	成品	飞快	说话
家畜	灵敏	矮小	全部	红包儿	症状	趋向
探讨	怎么	作风	亏损	儿童	蚂蚁	日见
柔软	火星儿	英雄	仙女	及时	格外	摧残
国务院	虐待	牙刷儿	佛教	棒槌	存亡	搬运
横扫	逗乐儿	粉碎	何况	缺点	连累	撇开
墙壁	管理	大娘	窘迫	群众	异口同声	

三、朗读作品(400个音节,共30分,限时4分钟)

作品 9 号

假日到河滩上转转,看见许多孩子在放风筝。一根根长长的引线,一头系在天上,一头系在地上,孩子同风筝都在天与地之间悠荡,连心也被悠荡得恍恍惚惚了,好像又回到了童年。

儿时放的风筝,大多是自己的长辈或家人编扎的,几根削得很薄的篾,用细纱线扎成各种鸟兽的造型,糊上雪白的纸片,再用彩笔勾勒出面孔与翅膀的图案。通常扎得最多的是"老雕""美人儿""花蝴蝶"等。

我们家前院就有位叔叔,擅扎风筝,远近闻名。他扎的风筝不只体形好看,色彩艳丽,放飞得高远,还在风筝上绷一叶用蒲苇削成的膜片,经风一吹,发出"嗡嗡"的声响,仿佛是风筝的歌唱,在蓝天下播扬,给开阔的天地增添了无尽的韵味,给驰荡的童心带来几分疯狂。

我们那条胡同的左邻右舍的孩子们放的风筝几乎都是叔叔编扎的。他的风筝不卖钱,谁上门去要,就给谁,他乐意自己贴钱买材料。

后来,这位叔叔去了海外,放风筝也渐与孩子们远离了。不过叔叔年年给家乡写信,总不忘提起儿时的放风筝。香港回归之后,他的家信中说到,他这只被故乡放飞到海外的风筝,尽管飘荡游弋,经沐风雨,可那线头儿一直在故乡和//亲人手中牵着,如今飘得太累了,也该要回归到家乡和亲人身边来了。

是的。我想,不光是叔叔,我们每个人都是风筝,在妈妈手中牵着,从小放到大,再从家乡放到祖国最需要的地方去啊!

(李恒瑞《风筝畅想曲》)

四、命题说话（请在下列话题中任选一个，共40分，限时3分钟）

1. 我的假日生活
2. 我的业余生活

样卷（五）

一、读单音节字词（100个音节，共10分，限时3.5分钟）

民	推	陪	宰	鹿	牛	戒	凝	棒	爽
末	北	您	抖	瓮	雏	用	奎	糟	捻
勺	黑	效	筐	皖	畔	肿	天	者	军
诚	庵	仿	牙	栋	坪	拐	僻	额	拟
貂	死	源	剑	活	犬	梭	氦	苯	耗
墩	唱	词	略	州	逃	组	仍	滤	软
驱	咧	礁	世	铃	征	坟	闲	腔	抬
抓	遵	免	波	很	蹿	窘	川	簇	损
二	寡	怯	闻	享	茬	下	米	松	日
艘	蟹	云	登	块	柑	伐	缺	愁	朽

二、读多音节词语（100个音节，共20分，限时2.5分钟）

恰当	砂轮儿	核算	丰满	疟疾	表演	加工
破坏	开外	寻找	恩情	从而	生产力	无穷
荒谬	群体	花脸	佛学	挨个儿	匪徒	锥子
观光	弱点	由于	渗透	妇女	半道儿	红润
老爷	飘带	上层	拼命	夸张	媒人	白色
操纵	大娘	侵占	显微镜	持久	宾客	钢铁
手绢儿	英雄	质量	选举	创作	一丝不苟	

三、朗读作品（400个音节，共30分，限时4分钟）

作品22号

没有一片绿叶，没有一缕炊烟，没有一粒泥土，没有一丝花香，只有水的世界，云的海洋。

一阵台风袭过，一只孤单的小鸟无家可归，落在被卷到洋里的木板上，乘流而下，姗姗而来，近了，近了！……

忽然，小鸟张开翅膀，在人们头顶盘旋了几圈儿，"噗啦"一声落到了船上。许是累了？还是发现了"新大陆"？水手撵它它不走，抓它，它乖乖地落在掌心。可爱的小鸟和善良的水手结成了朋友。

瞧，它多美丽，娇巧的小嘴，啄理着绿色的羽毛，鸭子样的扁脚，呈现出春草的鹅黄。水手们把它带到舱里，给它"搭铺"，让它在船上安家落户，每天，把分到的一塑料桶淡水匀给它喝，把从祖国带来的鲜美的鱼肉分给它吃，天长日久，小鸟和水手的感情日趋笃厚。清晨，当第一束阳光射进舷窗时，它便敞开美丽的歌喉，唱啊唱，嘤嘤有韵，宛如春水淙淙。人类给它以生命，它毫不悭吝地把自己的艺术青春奉献给了哺育它的人。可能都是这样，艺术家们的青春只会献给尊敬他们的人。

小鸟给远航生活蒙上了一层浪漫色调。返航时，人们爱不释手，恋恋不舍地想把它带到异乡。可小鸟憔悴了,给水,不喝! 喂肉,不吃! 油亮的羽毛失去了光泽。是啊,我//们有自己的祖国,小鸟也有它的归宿,人和动物都是一样啊,哪儿也不如故乡好!

慈爱的水手们决定放开它,让它回到大海的摇篮去,回到蓝色的故乡去。离别前,这个大自然的朋友与水手们留影纪念。它站在许多人的头上,肩上,掌上,胳膊上,与喂养过它的人们,一起融进那蓝色的画面……

(王文杰.可爱的小鸟.小学教学研究:新小读者,2009(6).)

四、命题说话(请在下列话题中任选一个,共 40 分,限时 3 分钟)

1. 童年的记忆

2. 谈谈社会公德(或职业道德)

项目三
幼儿教师口语表达训练

✖ 训练目标

1. 了解朗读的作用和朗读的基本要求,熟练掌握不同文体的朗读技巧。

2. 灵活地运用诵读、朗诵技巧,掌握中华经典诗文及不同类型的幼儿文学作品的诵读、朗诵方法。

3. 明确态势语在一般口语交际和教育教学工作中的作用,熟练运用态势语进行朗诵、演讲、讲故事等,能够指导幼儿正确使用态势语。

4. 熟练掌握演讲技巧,能够在规定时间内进行脱稿演讲或即兴演讲。

5. 综合运用讲故事、戏剧表演的技巧,为幼儿讲述故事、表演戏剧,并能够指导幼儿生动地讲故事、表演戏剧。

任务一 朗读训练

案例导入

朗读朱自清先生著名的散文《春》中的几个片段,根据自己的感受说一说什么是朗读。

1."盼望着,盼望着,东风来了,春天的脚步近了。"(一开始就将作者殷切而又喜悦的心情表现得淋漓尽致,要用一种明朗而喜悦的声音读出来。)

2."山朗润起来了,水涨起来了,太阳的脸红起来了。"(读出层次感,春天越来越近,人们越来越欣喜的心情。)

3.春天像刚落地的娃娃,从头到脚都是新的,它生长着。春天像小姑娘,花枝招展的,笑着走着。春天像健壮的青年,有铁一般的胳膊和腰脚,领着我们向前去。(作者用三个比喻性排比句式,说明春天是新鲜、美丽、具有强大生命力的;人类也应当踏着春天的步伐,去创造美好幸福的生活。基调是热情、愉快的,由此我们应该用明朗、甜美的嗓音去读。)

一、朗读概说

朗读是把书面语言转化为发音规范、形象生动的有声语言的再创作活动。如果说写文章是一种创造,朗读则是一种再创造。朗读的创造性要求朗读者要在重视原作的基础上,融入自己的思想感情,运用各种技巧进行语言艺术的再加工。

朗读学的理论体系揭示了朗读的基本规律。"理论是基础,目的是统帅,感受是关键;感情要运动,声音要变化,状态要自如。"我们在朗读文字作品时,必须遵循朗读的基本规律。也就是说,朗读者要在深入分析、理解文字作品内容的基础上,加强内心的感受,产生真实的感情和鲜明的态度,然后通过富有感染力的声音,准确、清晰、生动地再现文字作品的思想内容,加深听者对作品的理解,激发听者的情感并引起共鸣,从而达到朗读的目的。

(一) 朗读的作用

1. 朗读可以推广普通话,促进语言规范化

朗读要求必须使用规范的普通话,经常朗读可以将我们学到的普通话语音知识运用到训练中。练习朗读是改变发音习惯的好方法,在反复的朗读中能逐步减少方言语音成分,有效地纠正方音;同时在反复朗读中还可以学会如何自如地调控发音器官准确发音,训练发音技能。所以,朗读可以使普通话中的声母、韵母、声调的发音更加规范,是学好普通话的一条重要途径。

2. 朗读可以积累语言素材,有利于提高语言表达能力

朗读的过程,正是广泛吸取古今中外名家语言精华的过程。经常朗读可以积累语言素材,作品中优美规范的词语和句式以及语法、修辞、逻辑规律等也会在潜移默化中影响到朗读者。朗读者无论在写作还是说话时,都会自然而然地加以借鉴,从而使语言表达简练、流畅,更富有感染力。

3. 朗读可以锻炼思维能力，促使思维敏捷

语言是思维的外壳，语言表达的清晰与条理，形象与生动，都与人的思维水平密切相关，学习和训练朗读的过程，也正是训练思维能力的过程。朗读者从准备朗读开始，直到朗读的最后完成，始终处于积极的思维状态。好的朗读往往能使枯燥的文字变成脑海中的形象，形成一幅幅活动的画面，唤起想象，激发情感，加深人们对作品的理解和鉴赏。因此，练习朗读可以训练想象力、创造力、思维能力，促进思维的敏捷。

4. 朗读可以提升文化素养，培养高尚的审美情趣

苏东坡说："腹有诗书气自华。"经常朗读优秀的诗文，既可以获得丰富的文化知识，又能受到良好的思想教育；既启迪智慧，培养灵感，又增强审美情趣。在此过程中，将会改善我们为人做事的质地，不断加厚和刷新我们的人生底色，提高我们的文化品位，陶冶我们的道德情操。所以，通过朗读可以开启智慧、塑造完美人格，提升文化素养，提高感受美、鉴赏美的能力，从而培养高尚的审美情趣。

（二）朗读的基本要求

1. 语音准确，吐字清晰

因为朗读的作品一般都是运用规范的现代汉民族共同语（普通话）写成的，所以只有使用规范的普通话语音朗读，才能更好、更充分准确地表达作品的思想内容。朗读时注意声、韵、调到位，读音标准，多音字、异读词的读音准确规范，读好语流音变。对于把握不准的字音要勤查词典，不能胡乱猜测，随意去读。朗读中，还要做到吐字清晰，音色圆润，发音响亮，不能含混不清、滑音吃字。做到这些才能为准确地表达作品的内容奠定良好的基础。

2. 自然流畅，忠实原作

朗读时要忠实于原作品，做到不丢字、不添字、不改字、不重复。在熟悉作品的基础上，做到朗读连贯顺畅、语速得当、停顿断句符合语意表达的需要，把语句读得自然流畅。朗读时，如果读得随意停顿、结结巴巴，就会破坏作品的完整性，还会造成歧义。

3. 运用技巧，富有感情

朗读时要避免机械地把文字变成声音，单纯照字读音，或从头到尾没有高低起伏，没有感情色彩和声音的抑扬顿挫的"念字式"和"念经式"。要根据作品的内容、风格，以及朗读者的语音条件，采用不同的方式和技巧去朗读，把握好朗读的分寸。做到正确理解与准确表达的统一，思想感情与语言技巧的统一，表达形式与体裁风格的统一。朗读时应以情带声，以声传情，富有真情实感的朗读，才能引起听者的共鸣。

二、朗读的基本技巧

案例导入

运用以下相应的感情朗读："我认识你"。

① 热情肯定地

② 惊讶疑问地

③ 轻蔑嘲讽地

④ 冷峻揭露地

在相应感情的驱使下,运用不同语气恰当地读出这句话来,需要朗读技巧。

(一) 朗读的内部技巧

朗读不仅要让听众领会朗读的内容,而且要使其在感情上受到感染。朗读中如果离开了准确透彻地把握内容这个前提和基础,那么艺术技巧就成了无源之水、无本之木,就无法做到传情,无法让听众动情。因此,要朗读好一篇作品,必须在朗读之前做好一系列的准备工作。

1. 熟悉作品——熟悉朗读内容,扫清文字障碍

熟悉作品是准确理解和深入感受作品并朗读好作品的前提。第一步就是熟悉朗读内容,朗读者首先要对朗读材料认真阅读,整体感知,对朗读材料的内容有基本的认识和大致的把握。

朗读之前要规范读音,扫清文字障碍。首先要发准字音,掌握语流音变等普通话语音知识。其次在熟悉作品的同时,要搞清楚作品中生字、生词、多义词、异读词、成语典故、语句等的含义。理解字词是分析作品的前提,朗读是以声音的形式将文字作品所表达的事物、阐发的事理、蕴含的情感等传递给听众的,如果字音念得不准确,信息的传递就会产生错误,使听的人莫名其妙、不知所云,甚至会产生误解。规范读音有助于提高朗读的准确性、庄重性和流畅感。

2. 理解作品——深入研读作品,确定朗读基调

理解作品就是在熟悉作品的基础上,从理性上把握作品的思想内容和精神实质。朗诵者要把作品的思想感情准确地表现出来,需要透过字里行间,理解作品的内在含义,要把握作品创作的背景、作品的主题和情感的基调,只有透彻地理解,才有深切的感受,这样才会准确地理解作品,才能正确地表现作品的思想感情。以高尔基的《海燕》为例,在熟悉、理解作品的基础上,就要对作品进行综合分析。这篇作品以象征手法,通过暴风雨来临之前、暴风雨逼近和即将来临三个画面的描绘,塑造了一只不怕电闪雷鸣、敢于搏风击浪、勇于呼风唤雨的海燕——这一"胜利的预言家"的形象。综合分析之后,朗读时就不难把握其主题:满怀激情地呼唤革命高潮的到来。进而,我们又不难把握这部作品的基调:对革命高潮的向往、企盼。

基调是指作品的基本情调,即由作品总的情感所决定的语言的基本特色。把握基调主要是指要把握作品整体感情倾向,朗读者只有从作品的人物、事件或作品的语言风格等方面去认真揣度,才能恰当地把握作品的基调。作品的基调是一种整体感,是部分、层次、段落、语句中具体思想感情的综合表现。但是,这并不意味着全篇作品用一成不变的腔调来读,因此,把握基调要处理好整体性与变化性的关系。朗读时一定要区别对待,灵活变化。无论怎么变化,万变不离其宗,语言风格、主体感情自始至终要和谐统一。

朗读基调有各种不同的类型:有庄重严肃的,有轻松活泼的,有悲愤凝重的,有喜悦明快的,有激越澎湃的,有舒缓从容的,有雄浑豪放的,有秀丽婉约的,等等。例如:诗歌《周总理,你在哪里》

的感情基调是深沉、哀婉、思念；童话《卖火柴的小女孩》则是亲切爱怜、压抑愤懑。

朗读者在阅读钻研作品、反复推敲作品时，为了更好地再现作品的思想内容和更好地实现朗读目的，往往在文字中做些标记，我们把这些标记称作"朗读符号"。下面本着有益于朗读和便于操作的原则，介绍几种常用的朗读符号，供大家参考使用。

（1）／ 停顿号。一般停顿，可换气，也可不换气，不论有无标点处均可用。

例如：我们的祖国／是一个伟大的国家。

（2）／／ 间歇号。较长停顿，换气，不论有无标点处都可使用。用于有标点处，表示停顿时间更长些。

例如：井冈山／／五百里林海里，最使人难忘的／／是毛竹。

（3）· 重音号。表示重读。

例如：桂林的山真奇啊，……桂林的山真秀啊，……桂林的山真险啊……

（4）⌒ 连接号。只用于有标点的地方，连接较紧密，表示缩短原停顿时间，或不停顿连起来读，不换气。

例如：糟了⌒，糟了⌒，月亮掉到井里去啦！

（5）＿＿ 短语号。把需要连起来读的词或短语连在一起，避免破坏语意。

例如：中华人民共和国外交部新闻司昨天发布公告。

课堂训练

试着给下面的作品标注朗读符号，并进行朗读，要求读得自然、流畅、有感情。

麻雀（节选）

［俄］屠格涅夫

我打猎归来，沿着花园的林荫路走着，狗跑在我前边。

突然，狗放慢脚步，蹑足潜行，好像嗅到了前边有什么野物。

我顺着林荫路望去，看见了一只嘴边还带黄色、头上生着柔毛的小麻雀。风猛烈地吹打着林荫路上的白桦树，麻雀从巢里跌落下来，呆呆地伏在地上，孤立无援地张开两只羽毛还未丰满的小翅膀。

我的狗慢慢向它靠近。忽然，从附近的一棵树上飞下一只黑胸脯的老麻雀，像一颗石子似的落到狗的跟前。老麻雀全身倒竖着羽毛，惊恐万状，发出绝望、凄惨的叫声，接着向露出牙齿、大张着的狗嘴扑去。

老麻雀是猛扑下来救护幼雀的。它用身体掩护着自己的幼儿……但它整个小小的身体因恐怖而战栗着，它小小的声音也变得粗暴嘶哑，它在牺牲自己！

在它看来，狗该是多么庞大的怪物啊！然而，它还是不能站在自己高高的、安全的树枝上……一种比它的理智更强烈的力量，使它从那儿扑下身来。

我的狗站住了，向后退了退……看来，它也感到了这种力量。

我赶紧唤住惊慌失措的狗，然后我怀着崇敬的心情，走开了。

是啊，请不要见笑。我崇敬那只小小的、英勇的鸟儿，我崇敬它那种爱的冲动和力量。

爱，我想，比死和死的恐惧更强大。只有依靠它，依靠这种爱，生命才能维持下去，发展下去。

（二）朗读的外部技巧

朗读者在深刻透彻地把握作品内容的基础上，还需要运用表达技巧将作品的思想内容和情感表达出来。表达技巧包括：停连、重音、语气语调、节奏等。

1. 停连

✏ **案例导入**

朗读下面的语段，说一说你对句中停连的理解，体会停连的作用。

1. 这样的山围绕着这样的水，这样的水倒映着这样的山，再加上空中云雾迷蒙，山间绿树红花，江上竹筏小舟……

（陈淼《桂林山水》）

2. 你是一弯银色的新月，给人间普照光辉；你是一把闪亮的镰刀，割刈着欢笑的花果；你是一根晃悠悠的扁担，挑起了彩色的明天！

（郑莹《家乡的桥》）

3. 小雨点儿，从云娃娃的船上一个跟着一个勇敢地跳下来。

（佟希仁《小雨点》）

4. 大雪整整下了一夜。今天早晨，天放晴了，太阳出来了。

（峻青《第一场雪》）

停连是指朗读语流中声音的中断和延续。朗读不是一字一顿地读，也不是毫无间歇地一口气连续读下去，而是连中有停，停中有连，停连结合的。朗读中的停或连，都不是任意的，而是思想感情发展变化的体现。

文字语言的标点符号并不等于有声语言的"标点符号"，因为一个是供人看的，一个是供人听的。很多情况下，朗读时不一定按照作品标点符号停连，有标点的地方可能会连接起来，没有标点的地方可能会停顿。朗读时要根据作品的内容和表情达意的需要，打破标点符号的限制，努力做到连到好处，停在妙处，以增强有声语言的表现力。

停连是朗读者调节气息的需要和结果，是准确传情达意的方法。恰当的停连，可以清楚地显示语句脉络，强调、突出表达重点，还可以控制语速，增强语句的节奏感，造成抑扬顿挫的旋律美。同时，给听众留出思考、理解和接受的时间，以更好地理解语意。

例如：

母亲｜要走人路﹀，大路平顺；我的儿子｜要走小路﹀，小路有意思。

桃树﹀、杏树﹀、梨树，你不让我﹀，我不让你，｜都开满了花赶趟儿。

停连一般可分为语法停连、强调停连、生理停连。

（1）语法停连

语法停连是指显示句子的各种语法关系的停连。往往发生在主语和谓语，谓语和宾语，定语、状语和中心语之间。在这些成分的中间略作停顿，可以更加清楚地表明整个句子的结构层次、结构关系，从而更好地传达整个句子的含义。

一般来讲，段落与层次之间，句子与句子之间都要停顿，而且时间略长；句子成分之间也要停顿,停顿时间略短。标点符号是朗读作品时语言停连的重要依据。

例如：

① 山 / 朗润起来了,水 / 涨起来了,太阳的脸 / 红起来了。

(朱自清《春》)

② 我知道 / 太阳要从那天际升起来了。

(巴金《海上的日出》)

③ 我常常遗憾我家门前 / 那块丑石。

(贾平凹《丑石》)

（2）强调停连

强调停连是指为了强调某一事物,突出某一语意或某种感情而做的停连。强调停连在不是语法停连的地方做适当的停连,也可以在语法停顿的基础上变动停顿的时间。

例如：

① 小白兔没有了 / 兔妈妈就着急了。

小白兔没有了兔妈妈 / 就着急了。

② 别了,我爱的中国,我全心爱着的 / 中国！

(郑振铎《别了,我爱的中国》)

（3）生理停连

生理停连是指作品中人物因生理上的需要而产生的异态语气。比如,激动、上气不接下气、无力完整说话断断续续地、口吃等状态。生理停连在朗读中要注意把握好分寸,能够提点传神即可,而不强调夸张的呼气和吸气声音,以免打断稿件语气的脉络。在朗读中只给以必要的、象征性的表现,而不可过分强调模拟性。

例如：

1964年5月14日,在焦裕禄同志生命的最后时刻,中共河南省委和开封地委两位负责同志守在他的床前,他拉着这两位同志的手,断断续续地说："党……派我……到兰考……工作,我……没有……完成……党交给我的……任务。"

课堂训练

1. 根据朗读符号,读好下列句子的停连。

（1）一个夏天,太阳 / 暖暖地照着,海 / 在很远的地方奔腾怒吼,绿叶 / 在树枝上沙沙地响。

([德]柏吉尔《琥珀》)

（2）森林爷爷的脚伸在很深很深的泥土里,任凭风魔王怎么摇,它还是 / 稳稳地站着。

(童话《森林爷爷》)

（3）第二天清晨,这个小女孩 / 坐在墙角里,两腮 / 通红,嘴上 / 带着 / 微笑。她 / 死 / 了,在旧年的大年夜冻 / 死 / 了。

([丹麦]安徒生《卖火柴的小女孩》)

（4）这时候,他用力把我向上一顶,一下子把我甩到一边,大声说："快离开我,咱们两个不能都牺牲！……要……要记住 / 革命！"

(王愿坚《草地夜行》)

（5）可小鸟憔悴了,给水 ＿,不喝! 喂肉 ＿,不吃! 油亮的羽毛 / 失去了光泽。

（王文杰《可爱的小鸟》）

2. 朗读下面语句,你会怎么停连? 体会不同的表达及意思的不同。

（1）下雨天留客天天留我不留。

（2）无鸡鸭也可无鱼肉也可一盘青菜不可。

（3）已经取得大专学历的和尚未取得大专学历的干部……

（4）妈妈看见女儿笑了。

（5）杀他不得留!

2. 重音

案例导入

朗读下面的句子,体会重音的位置和作用。

1. 大白狗变成红的了,红公鸡变成金的了,黑母鸡变成紫檀色的了。

（萧红《火烧云》）

2. 哪儿也不如故乡好。

（王文杰《可爱的小鸟》）

3. 春天是多么美丽啊!

4. 有这么一个传说:古时候,天上有十个太阳,晒得地面寸草不生。

（人教版小学语文四年级下册《太阳》）

重音是指在朗读中根据句子的语意要加以特别强调或突出的字、词或短语等。每篇作品都有主题,朗读作品都有目的,落实到语句中,语句也有目的,重音就是体现语句目的的重要手段。同样一句话,由于重音位置不同,整个句子的意思也就发生了很大的变化。确定恰当的重音位置,才能做到准确地表情达意。

重音有词重音和语句重音之分。词重音是指词的轻重格式中重读的音节,这里说的重音是指语句重音。语句中什么地方该重音没有固定的规律,要根据说话人的意愿和具体的语境而定。

重音一般分为语法重音和强调重音两种。

（1）语法重音

语法重音是指根据句子的语法结构的特点而处理的重音。这类重音位置比较固定,常见规律是:短句中一般谓语重读,定语、状语、补语或句子中的疑问代词、指示代词往往重读。一般来说,语法重音没有特别强调的色彩。

例如:

盼望着,盼望着,东风来了,春天的脚步近了。（谓语重读）

（朱自清《春》）

那是小鸟儿舒适又温暖的巢。（定语重读）

（冯骥才《珍珠鸟》）

什么是永远不会回来的呢?（疑问代词重读）

（林清玄《和时间赛跑》）

（2）强调重音

强调重音是指为了突出语意重点或为了表达强烈感情而读出来的重音。它不受语法结构的制约,语句中什么地方该用强调重音并没有固定的规律,而是受说话的环境、内容和感情支配的。同一句话,重音的位置不同,表达的意思也往往不同。

例如:

谁在读英语?——我在读英语。

你在读什么?——我在读英语。

你在干什么?——我在读英语。

你在读英语?——我在读英语。

读重音绝不仅仅是加重声音,如果表达时凡是重音都使用一般大小的劲儿,会给人一种呆板单调的感觉。重音的表达方式多种多样,朗读者要在明确朗读目的,深入理解作品的基础上寻求多种变化形式。重音可以重读,也可以轻读,还可以延长,另外,弱中加强,低中见高,快中显慢,连中有停,实中转虚……都是重音的表达方式。所谓的"重"是在和"轻"的对比中而存在的,因此重音表达的实质就是对比。

例如:

风 / 轻悄悄的,草 / 软绵绵的。（重音轻读）

这太阳 / 像负着什么重担似的,慢慢儿,一步一步地,努力 / 向上面升起来。（重音慢读）

让暴风雨来得更猛烈些吧!（拖长字音,加大音量）

一个读书人,一个有机会拥有 / 超乎个人生命体验的 / 幸运人。（利用停顿）

周总理,我们的好总理,你的人民想念你。（一字一顿）

树叶儿却绿得 / 发亮,小草儿也青得 / 逼你的眼。（提高字调）

课堂训练

1. 请你根据括号内提示的意思读出下列句子中的强调重音。

（1）一只小狗跑了过来。（是一只,不是两只或多只）

（2）一只小狗跑了过来。（是一只,不是一群）

（3）一只小狗跑了过来。（是小狗,不是大狗）

（4）一只小狗跑了过来。（是小狗,不是小猫）

（5）一只小狗跑了过来。（小狗跑过来,不是跳过来）

（6）一只小狗跑了过来。（是跑过来,不是跑过去）

2. 请给下面的故事设计重音,并结合停连的技巧朗读全文。

狼 和 小 羊

狼来到小溪边,看见小羊正在那儿喝水。

狼非常想吃小羊,就故意找碴儿,说:"你把我喝的水弄脏了,你安的什么心?"

小羊吃了一惊,温和地说:"我怎么会把您喝的水弄脏呢?您站在上游,水是从您那儿流到我这儿的,不是从我这儿流到您那儿的。"

狼气冲冲地说:"就算这样吧,你总是个坏家伙!我听说,去年你在背地里说我的坏话!"

可怜的小羊喊道:"啊,亲爱的狼先生,那是不会有的事,去年我还没有生下来呢!"

狼不想再争辩了,龇着牙,逼近小羊,大声嚷道:"你这个小坏蛋!说我坏话的不是你就是你爸爸,反正都一样。"说着就往小羊身上扑去。

(伊索寓言.济南:山东美术出版社,2010.)

3. 语气语调

案例导入

朗读下列语段,体会语气、语调的运用。

1. "外祖母生前最疼爱我。我无法排除自己的忧伤,每天在学校的操场上一圈一圈地跑着,跑得累倒在地上,扑在草坪上痛哭。"

(林清玄《和时间赛跑》)

提示:这句话是在悲痛、哀伤的心情下说的。朗读时感情应是悲伤的,语气是低沉的,语调是下降的。

2. "算了吧! 我的学者。"八哥说,"一个从垃圾堆里啃烂萝卜的嘴巴,来谈论书本上的事,是不大相宜的,还是去啃你的烂萝卜吧!"

(寓言故事《一头学问渊博的猪》)

提示:这句话表现出了八哥对这头无知的猪的嘲讽和轻蔑。朗读时语气是冷淡的,语调是上扬的。

(1) 语气

语气是由"语"和"气"组成。"语"是指通过声音表现出来的语句,"气"是指朗读时支撑有声语言的气息状态。语气的一面是内在的思想感情的色彩和分量,另一面是外在的高低、快慢、强弱、虚实的声音形式。具体来说,"语"是"神"的部分,"气"是"形"的部分,朗读、说话必须形神兼备,才能准确而生动地反映出朗读者和说话者的本意。这当中,不但音随意转,气随情动,而且以情运气,以气托声,以声传情。即有什么样的感情,就会产生什么样的气息;有什么样的气息,就会有什么样的声音状态。由此可见,语气是情、气、声的结合体。

语气运用的一般规律如下。

① 爱则气徐声柔。例如:栗色的小兔子想去睡觉了,它紧紧地抓住栗色的大兔子的长耳朵,它要栗色的大兔子好好地听。它说:"猜猜我有多爱你?"([爱尔兰]山姆·麦克布雷尼《猜猜我有多爱你》)

② 憎则气足声硬。例如:小猫咪看看它说:"狐狸,狐狸,你不做工,还想白白吃东西,哼! 我才不带你去呢!"说着,就跑掉了。(童话剧《小熊请客》)

③ 悲则气沉声缓。例如:老星星说:"每晚,我们星星一出来,花儿就睡了。我从来没见过开放的花。现在我老了,快要离开这个世界了,真想看一看开放的花……"(冰波《流星花》)

④ 喜则气满声高。例如:"今天的运气真不错!"驴小弟想,"从现在起,我要什么就会有什么了。爸妈也可以想要什么就有什么。我的亲戚、朋友,以及所有的人都可以要什么就有什么啦!"([美]威廉·史塔克《驴小弟变石头》)

⑤ 惧则气提声抖。例如:"大老虎嚼起铁杆来,跟吃面条一样……"小兔说着,害怕得缩起了脑袋。(冰子《没有牙齿的大老虎》)

⑥ 急则气短声促。例如:小猴子大叫起来:"不好了,不好了! 月亮掉到井里去了。"(寓言故事《猴子捞月亮》)

⑦ 怒则气粗声重。例如：狼气冲冲地说："就算这样吧，你总是个坏家伙！我听说，去年你在背地里说我的坏话！"（寓言故事《狼和小羊》）

⑧ 疑则气细声黏。例如：小猫喵呜喵呜叫："你为什么要吃我呀？"（《狮子照哈哈镜》）

朗读时，情是主导，是内涵，是依托；气息是被情支配、引导的，是声音的基础、动力；声音是形式，是情的外在表现，是气息控制的结果。只有感情上的千变万化，才有气息上的千姿百态，也才会有声音上的姹紫嫣红。

（2）语调

语调（也称句调），是指朗读时整个句子高低升降的语流变化。

句调不同于声调。句调是整个句子音高的高低升降变化，声调则是一个音节音高的高低升降变化。

通过语调高低升降的变化，可以表达不同的语气，体现说话人喜怒哀乐的不同感情态度。语调是语气的载体，语气是借助于语调来表现的，所以说语调是语气外在的快慢、高低、长短、强弱、虚实等各种声音形式的总和。

语调的起伏千变万化，很难找到完全相同的形式。这里仅对一般语调总的运动趋势做粗略的归纳，语调可大致分为平直调、高升调、降抑调及曲折调四类。

① 平直调（→）

语流的运动状态基本平直舒缓，没有显著的高低升降变化。一般多用在叙述、说明或表示迟疑、沉思、严肃、冷淡、悲痛、悼念等句子里。

例如：

记得一位伟人说过：母亲是女儿心中的太阳。（叙述）

他想是向爸爸妈妈要钱，还是自己挣钱。（思索）

烈士们的英勇和业绩将永垂不朽！（严肃）

② 高升调（↗）

句子语势逐渐由低升高，句尾音强而且向上扬起。一般表示疑问、反诘、号召、高兴、惊讶、紧张等语气多用这种语调，也用于表示激动的心情。

例如：

你怎么来了？（疑问）

这不是很伟大的奇观吗？（反问）

大家赶快行动起来吧！（号召）

草屋竟然变成了楼房！（惊异）

③ 降抑调（↘）

句子语势先高后低，逐渐下降，末尾低而短。一般表示肯定、恳求、允许、感叹、自信、祝愿等语气或心情沉重等感情的句子里。

例如：

似乎每一片树叶上都有一个新的生命在颤动，这美丽的南国的树！（赞美）

多可爱的孩子啊！（感叹）

放下武器，举起手来！（祈使）

乌云是遮不住太阳的！（自信）

④ 曲折调（↗↘ 或 ↘↗）

句子语势有较明显的起伏，或先升后降，或先降后升，末尾音也往往伴以特别的加重、拖长，形成一种升降曲折的变化。常用于表示特殊的感情，如夸张、反语、惊讶、幽默、嘲讽、双关等句子里。

例如：

上帝，这衣服多么合身啊！裁得多么好看啊！（夸张）

啊，亲爱的狼先生，那是不会有的事。（惊讶）

你漂亮，全世界数你最漂亮！（讽刺）

课堂训练

1. 请根据提示用四种不同的语调准确说出下列一句话。

你好。（平调，表示客观的认可）

你好？（升调，表示怀疑）

你好！（降调，表示肯定、赞赏）

你好！（曲调，表示讽刺、挖苦）

2. 根据提示朗读叶挺同志的《囚歌》，注意句调的处理。

囚　歌
叶挺

为人进出的门紧锁着，（平调）（冷眼相看）

为狗爬出的洞敞开着，（平调）

一个声音高叫着：（曲调）（嘲讽）

——爬出来吧，给你自由！（曲调）（诱惑）

我渴望自由，（平调）（庄严）

但我深深地知道——（平调）

人的身躯怎能从狗洞子里爬出！（升调）（蔑视、愤慨、反击）

我希望有一天，（平调）

地下的烈火，（稍向上扬）（语意未完）

将我连这活棺材一齐烧掉，（降调）（毫不犹豫）

我应该在烈火与热血中得到永生！（降调）（沉着、坚毅、充满自信）

4. 节奏

案例导入

仔细阅读下面的文字，体会节奏的变化。

1. 他好像面对着大海，月亮正从水天相接的地方升起来。微波粼粼的海面上，霎时间洒遍了银光，月亮越升越高，穿过一缕一缕轻纱似的微云。忽然，海面上刮起了大风，卷起了巨浪，被月光照得雪亮的浪花一个连一个朝着岸边涌过来……

（人教版小学语文六年级上册，《月光曲》）

2. 叮咚叮咚的琴声引来了小鸟，在窗口唱歌；叮咚叮咚的琴声引来了蝴蝶，在屋里跳舞;叮咚叮咚的琴声,引来了一个叫南南的小男孩儿……

　　老奶奶生病了,这可急坏了小鸟。喳喳喳,小鸟叫来了蝴蝶;喳喳喳,小鸟叫来了小男孩儿。

（幼儿散文《叮咚叮咚的琴声》）

　　节奏是指朗读时思想感情的波澜起伏所造成的,是在有声语言的表达上所显示的抑扬顿挫、轻重缓急、回环往复的声音形式。

　　节奏的运用往往使得朗读自始至终贯穿着一种生命的律动,使朗读者情感的抒发和听众的心灵相互触动与感染,交流与沟通。节奏的产生离不开语言的抑扬顿挫、轻重缓急的变化。节奏包括语言表达技巧问题,但不仅仅是语言技巧,它要求朗读者从内心情感出发,随感情变化的起伏跌宕控制节奏,体现出作品的内在韵律。

　　朗读时,节奏的类型不是单一的,也不是固定不变的。节奏类型主要是针对整篇作品而言的,因此从全篇来把握,要注意其整体性。一篇作品也不一定只有一种节奏,还要注意其变化性。如《卖火柴的小女孩》节奏类型应属于低沉型的,但在朗读幻觉中的"幸福感"时,就可以稍扬。全篇以抑为主,欲抑先扬,回环交替,形成现实和幻境的深刻对比。

　　根据节奏的基本特点和表现形式,一般来说,节奏可以分为以下六种类型。

　　① 轻快型——多扬少抑,多轻少重,语流显得轻快、欢畅,如《小蝌蚪找妈妈》。

　　② 凝重型——多抑少扬,多重少轻,音强而着力,语势较平稳,如《最后一课》。

　　③ 低沉型——少扬多抑,语速缓慢,声音偏暗、偏沉,如《卖火柴的小女孩》。

　　④ 高亢型——语势向高峰逐步推进,语速偏快,声音明亮、高昂、爽朗,如《海燕》。

　　⑤ 舒缓型——多连少停,声音清亮,语气舒展自如,语速徐缓,如《再别康桥》。

　　⑥ 紧张型——多连少停,多重少轻,语言密度大,语气急促、紧张,如《最后一次演讲》。

课堂训练

朗读下面的语段,并说一说它们的节奏类型。

　　1. 从未见过开得这样盛的藤萝,只见一片辉煌的淡紫色,像一条瀑布,从空中垂下,不见其发端,也不见其终极,只是深深浅浅的紫,仿佛在流动,在欢笑,在不停地生长。紫色的大条幅上,泛着点点银光,就像迸溅的水花。仔细看时,才知那是每一朵紫花中最浅淡的部分,在和阳光互相挑逗。

（宗璞《紫藤萝瀑布》）

　　2. 他穿上那套漂亮的礼服,原来是为了纪念这最后一课! 现在我明白了,镇上那些老年人为什么来坐在教室里。这好像告诉我,他们也懊悔当初没常到学校里来。他们像是用这种方式来感谢我们老师40年来忠诚的服务,来表示对就要失去的国土的敬意。

（[法]都德《最后一课》）

　　3. 第二天清晨,这个小女孩坐在墙角里,两腮通红,嘴上带着微笑。她死了,在旧年的大年夜冻死了。新年的太阳升起来了,照在她小小的尸体上。小女孩坐在那儿,手里还捏着一把烧过了的火柴梗。

（[丹麦]安徒生《卖火柴的小女孩》）

　　4. 看! ——一捶起来就发狠了,忘情了,没命了! 百十个斜背响声的后生,如百十块被强震不断击起的石头,狂舞在你的面前。骤雨一样,是急促的鼓点;旋风一样,是飞扬的流苏;乱蛙一样,是闪射的瞳仁;斗虎一样,是强健的风姿,黄土高原,爆出一场多么壮阔、多么豪放、多么火烈的舞蹈哇——安塞腰鼓。

(刘成章《安塞腰鼓》)

5. 月光如流水一般,静静地泻在一片叶子和花上,薄薄的青雾浮起在荷塘,叶子和花仿佛在牛乳中洗过一样,又像笼着轻纱的梦。虽然是满月,天上却有一层淡淡的云,所以不能朗照,但我以为这恰是到了好处——酣眠固不可少,小睡也别有一番风味的。

(朱自清《荷塘月色》)

6. 我的狗慢慢向它靠近。忽然,从附近的一棵树上飞下一只黑胸脯的老麻雀,像一颗石子似的落到狗的跟前。老麻雀全身倒竖着羽毛,惊恐万状,发出绝望、凄惨的叫声,接着向露出牙齿、大张着的狗嘴扑去。

([俄]屠格涅夫《麻雀》)

三、常见文体的朗读训练

案例导入

《囚歌》:"爬出来吧,给你自由!"有的朗读者以敌人的语气,甚至用某种怪腔怪调来表达,这样的处理背离了诗歌内在情感的发展逻辑,是不妥的。事实上,这句话是诗人转述自己的所听所感,而并不是以一个说客的身份表达,应该在表达中充满憎恶、否定的态度感情,从而进一步表现诗人内心的赤诚。

"我将在烈火与热血中得到永生!"如果朗读者为加重语气分量,采用上扬语调,作发号召状态,就破坏了应有的意境。事实上,这一句本是表达诗人的热烈期望,是诗人的自励自勉,应采用下降语调来表达深沉内在的感情。

(一)诗歌朗读训练

诗歌是世界上最古老、最基本的文学形式。它要求高度集中地概括、反映社会生活,饱含着作者丰富的思想感情和想象,语言精练而形象性强,并具有一定的节奏韵律,一般分行排列。

古人说:"三分诗,七分读。"它从一个侧面揭示了诗歌朗读的重要作用,诗歌是最适于朗读的一种文体。朗读诗歌要披文入情,以情入声,以声传情,以情动人。要达到这种效果,需要运用诗歌的朗读技巧。

1. 要表现诗歌充沛的感情

诗歌是抒情性最强的一种文学样式,重在表达人的自我内心世界和抒发对自然、社会、人生的心灵感受。托尔斯泰说:"诗是人们心里燃烧起来的火焰。"这个比喻生动形象地说明了诗歌的抒情性。朗读诗歌,应将自己饱满充沛的情感寓于诗歌的形象和意境之中,准确把握和深入感受诗歌表达的情感,并将自己的情感体验转化为生动的有声语言,来传达给听众,感染听众,达到诗人、朗读者、听众的情感共鸣、心灵沟通。

2. 要展现诗歌的意境美

诗人常将自己的情感寄托在具体的意象(融入诗人思想感情的具体物象)中。朗读诗歌，要把握好诗的意象，展开丰富的想象和联想，用形象感受和情景再现的方法，将朗读者自己内心的情感体验转化为生动的有声语言，将听众引入诗歌的意境之中，去感悟诗的情趣、理趣和妙趣，掌握诗歌的内涵。

3. 要体现诗歌的音韵美

诗歌具有音乐性。诗歌的音乐性主要表现为节奏，既指语音有规律的抑扬顿挫所形成的外在节奏，也指读者情感波动所形成的内在节奏。

诗歌外在节奏主要是指大致规律的节拍和押韵。节拍也叫音步（即诗行中有规律的顿歇），通常由一个或几个构成。节拍是表现诗歌的节奏，展现诗歌的意境美和音韵美的关键所在。因此，朗读前应根据诗歌的内容和情感的表达需要划分出节拍，灵活地利用抑扬顿挫、轻重缓急来显示诗歌的节奏感。朗读时，音步里包含音节多的读起来要紧凑，少的则舒缓，使两者所占时间大致相同。音步与音步之间用极短的停顿拖长前一个字的字音来表示。押韵是在诗句的末尾使用韵母相同或相近的字。押韵可以使诗句更加悠扬动听，回环往复，增强诗歌的旋律。朗读时，韵脚宜用拖长字音显示，不宜用重音突出，否则会冲淡逻辑重音，影响语义的表达。因此，要想充分体现诗歌的音韵之美，在朗读诗歌时，要显示节拍，押住韵脚，使诗歌听起来朗朗上口，悦耳动听，形成鲜明的节奏和律动美感。

诗歌内在节奏的把握在诗歌朗读中非常重要，对诗歌朗读而言，把握好诗人内心情感的律动，也就抓住了诗的内在律动。诗歌外在的抑扬顿挫和内在情感的波动起伏相一致，才能完美地体现诗歌具有的音乐美和情感美。

课堂训练

1. 结合朗读提示，分析并朗读下面的诗歌，体会音步的划分。

致 橡 树

舒 婷

致橡树范读

我/如果爱你——
绝不像/攀援的/凌霄花，
借你的/高枝/炫耀自己；
我/如果爱你——
绝不学/痴情的鸟儿，
为绿荫/重复/单调的歌曲；
也不止/像泉源，
常年/送来/清凉的慰藉；
也不止/像险峰，
增加/你的高度，衬托/你的威仪。
甚至/日光，
甚至/春雨。
不，/这些/都还不够！
我/必须是/你近旁的/一株木棉，
作为/树的形象/和你/站在一起。

根，/紧握在地下，

叶，/相触在云里。

每一阵风/过，

我们都/互相致意，

但/没有人，

听懂/我们的/言语。

你有/你的/铜枝铁干，

像刀，/像剑，/也像戟，

我有/我/红硕的花朵，

像/沉重的/叹息，

又像/英勇的/火炬。

我们分担/寒潮、/风雷、/霹雳；

我们共享/雾霭、/流岚、/虹霓。

仿佛/永远/分离，

却又/终身/相依。

这/才是/伟大的/爱情，

坚贞/就在/这里：

爱——

不仅爱你/伟岸的/身躯，

也爱你/坚持的/位置，

足下的/土地。

朗读提示:《致橡树》是舒婷的一首深沉的爱情诗,诗人以木棉树的口吻,用内心独白的形式阐释了一种大胆而独特的爱情观:爱情中人格价值的真正平等和人格的独立与尊严。诗人别具一格地选择了"木棉"与"橡树"这两个中心意象,将细腻委婉而又深沉刚劲的感情蕴含在新颖生动的意象之中。诗人以橡树为对象表达了爱情的热烈、诚挚和坚贞。诗中的橡树不是一个具体的对象,而是诗人理想中的情人象征。因此,这首诗一定程度上不是单纯倾诉自己的热烈爱情,而是要表达一种爱情的理想和信念。

橡树和木棉:一个高大威仪,象征刚健的男性;一个开着红花,象征柔美的女性。诗中他们比肩而立、各自独立而又深情相对的情景,构成了诗歌美妙的意境。此外,诗人还选取"凌霄花""鸟儿""源泉""险峰"等意象群来与之对比,并对这些意象所象征的爱情观予以否定。诗人运用意象的组合为我们塑造了一个开朗、坦诚、自重、勇敢,既积极争取自己的幸福,又有独立人格的女性形象,并以此诠释了一个全新的爱情世界。

诗人在诗的开头首先否定了种种世俗的爱情观;接着在强调独立平等的基础上提出了理想的爱情。这首诗歌可以分为两层。

第一层:批驳种种世俗的爱情观。第一句"我"是领词,引领全诗,其后停顿要稍长。第四句中"我"后停顿稍短,两句中"爱"是重音,应以舒缓柔声朗读。第三、六句中,"炫耀""重复"为突出诗人否定态度,要重音读。第八和第十句中,"送来""增加""衬托"为表明诗人鲜明的否定态度,仍为重音。其次,通过意象,确定重音。诗人以"凌霄花""鸟儿""源泉""险峰""日光""春雨"等意象表达了若干个否定,"绝不学""绝不像""也不止""甚至",这些副词要以重音处理，以表明作者鲜明的态度。诗歌第一层的基调是昂扬、向上的，朗读时语气要坚定有力；情感也由平缓到急促；节奏可逐渐加快，语调逐渐高昂；最后以肯定语气朗读"不"字，接着渐强读出"这些都还不够！"，把重音落在"不够"上，以表达对前文各种意象所象征的爱情观的否定。

　　第二层：倾诉自己向往的爱情。诗人强调爱的基础是：独立、平等。对于着重表现女性温柔真挚、细腻缠绵的词语，如"木棉""红硕的花朵""紧握""相触""共享""相互致意"及最后三个"爱"，朗读时可确定为情感重音，但语气节奏需舒缓、深情，语调不要张扬，既要突出女性的自尊又要突出其柔美的特点；对表现男性阳刚之美的重要词语，如"铜枝铁干""刀""剑""戟""伟岸"等，要用重音，以鲜明地传达出对男性阳刚之美的赞颂；对表达诗人爱情观的相关词语，如"站""听懂""分担""永远分离""终生相依""这"等，要加重语气，以表明诗人鲜明的爱情观，强化诗歌的主题。这一层的朗读基调应该是坚定而美好的。注意朗读最后一句情绪要饱满，语调要上扬，节奏要明快，以表现诗人对平等爱情的执着向往和美好憧憬。

　　2. 根据诗歌中朗读符号的提示，练习朗读下面的诗歌。

面朝大海，春暖花开

海　子

从⌒//明天起，做一个//幸福的人
喂马，//劈柴⌒，//周游世界～
从⌒//明天起，关心粮食//和蔬菜
我有一所房子，面朝/大海，春暖//花开～

从⌒//明天起，和//每一个亲人/通信＼
告诉他们//我的幸福～
那//幸福的闪电/告诉我的
我将⌒//告诉每一个人～
给//每一条河⌒/每一座山⌒//取一个/温暖的//名字～

陌生人，我也为你//祝福⌒
愿你⌒//有一个灿烂的前程↗
愿你⌒//有情人终成眷属↗
愿你⌒//在尘世获得幸福～
我⌒//只愿/面朝大海，春暖⌒花开～

　　注："/"表示时间停顿较短；"//"表示时间停顿略长；"⌒"表示语气延长；"～"表示颤音；"·"表示重音；"↗""＼"分别表示句调微升和句调略降，突出抑扬顿挫感。

（二）散文朗读训练

　　散文在结构上"形散而神不散"。"形散"主要是说散文取材十分广泛自由，不受时间和空间的限制，表现手法不拘一格。"神不散"主要是从散文的立意方面说的，即无论散文的内

容多么广泛,表现手法多么灵活,无不为更好地表达主题服务。

散文素有"美文"之称,它除了有精神的见解、优美的意境外,还有清新隽永、质朴无华的文采。散文虽不局限于诗歌的节奏韵律,却具备诗歌的抒情性和深邃的意境。朗读散文要深入理解作者的审美韵致与精神旨趣,以自然亲切的态度,带着自己的真情实感,循着散文优美、生动、凝练的语言,充分运用有声语言的艺术技巧,去展现散文的意境和情韵。

不同类型的散文具有不同的特点。有侧重叙事的,有侧重抒情的,有侧重说理的,叙述、描写、议论、抒情,多种手法都会碰到,朗读时要灵活多变,丰富多彩。散文朗读一定要朴实自然,给人以贴近感、亲切感,朗读者如同把自己的所见所闻告诉听者一样,使听者获得一种美的享受。

课堂训练

1. 结合朗读提示,分析并朗读下面的散文。

听潮(节选)
鲁 彦

听潮范读

海睡熟了。

大小的岛拥抱着,偎依着,也静静地恍惚入了梦乡。

星星在头上眨着慵懒的眼睑,也像要睡了。

许久许久,我俩也像入睡了似的,停止了一切的思念和情绪。

不晓得过了多少时间,远寺的钟声突然惊醒了海的酣梦,它恼怒似的激起波浪的兴奋,渐渐向我们脚下的岩石掀过来,发出汩汩的声音,像是谁在海底吐着气,海面的银光跟着晃动起来,银龙样的。接着我们脚下的岩石就像铃子、铙钹、钟鼓在奏鸣着,而且声音愈响愈大起来。

没有风。海自己醒了,喘着气,转侧着,打着哈欠,伸着懒腰,抹着眼睛。因为岛屿挡住了它的转动,它狠狠地用脚踢着,用手推着,用牙咬着。它一刻比一刻兴奋,一刻比一刻用劲。岩石也仿佛渐渐战栗,发出抵抗的噪叫,击碎了海的鳞甲,片片飞散。

海终于愤怒了。它咆哮着,猛烈地冲向岸边袭击过来,冲进了岩石的罅隙里,又拨刺着岩石的壁垒。

音响就越大了。战鼓声,金锣声,呐喊声,叫号声,啼哭声,马蹄声,车轮声,机翼声,掺杂在一起,像千军万马混战了起来。

朗读提示:《听潮》是作者鲁彦20世纪30年代的作品,这是一篇借景抒情的优美散文。通过描写大海的变化,海潮涨落的情景,讴歌大海的雄壮美。作者抓住大海落潮、涨潮初起和涨潮达到高峰时,声音、情态的不同,感受的不同,运用拟人、比喻等修辞手法,以"听"为中心,用细腻的笔触,从听觉、视觉、触觉、嗅觉等多角度依次描绘出海睡图、海醒图、海怒图,具有音乐美,意境美,突出了"海的美,海的伟大"这一中心。

文章借景抒情,鲁彦在文中着重从听觉的角度,用文字来塑造声音的形象,表现了大海落潮时静态的"柔美"和涨潮时动态的"壮美",讴歌了大海的伟大力量,表达了热爱大海、热爱生活的积极向上的人生态度。作者简直把大海写活了,与其说是在写大海,毋宁说是在抒发自己的情怀,表达自己的人生见解。

"海睡熟了。"这是一幅"海睡图",写潮落时的景象。作者将落潮时大海的轻柔、静谧刻画得细致入微,使人如临其境。朗读时应读得舒缓平静,充满柔情,充分体现大海熟睡的"恬静美",从而表现大海优美的意境和诗情画意的风光。

"不晓得过了多少时候……片片飞散。"这是一幅"海醒图",描写大海涨潮初起涌动的景象。这是一个发展的过程,展现大海刚醒来时的情景,要读得自然、语速中等。"海自己醒了……"是发展,作者运用排比句式,以表现大海惊醒后的剧烈动荡,展示了大海的粗犷、豪放的性格。感情是急躁的,火辣的,朗读时声音要响亮有力,节奏变得急促。

"海终于愤怒了。"这是一幅"海怒图",描写涨潮达到高潮时的情景。着重描写音响的巨大、海浪的气势,表现了大海磅礴的气势美和雄壮美。朗读时,感情是炽热的,气息是粗犷的,声音是奔放的、快速有力的。

2. 根据散文朗读训练指导要求,练习朗读下面的散文。

孝 心 无 价
毕淑敏

我不喜欢一个苦孩求学的故事。家庭十分困难,父亲逝去,弟妹嗷嗷待哺,可他大学毕业后,还要坚持读研究生,母亲只有去卖血……我以为那是一个自私的学子。求学的路很漫长,一生一世的事业,何必太在意几年蹉跎?况且这时间的分分秒秒都苦涩无比,需用母亲的鲜血灌溉! 一个连母亲都无法挚爱的人,还能指望他会爱谁?把自己的利益放在至高无上位置的人,怎能成为为人类献身的大师?

我也不喜欢父母重病在床,断然离去的游子,无论你有多少理由。地球离了谁都照样转动,不必将个人的力量夸大到不可思议的程度。在一位老人行将就木的时候,将他对人世间最后的期冀斩断,以绝望之心在寂寞中远行,那是对生命的大不敬。

我相信每一个赤诚忠厚的孩子,都曾在心底向父母许下"孝"的宏愿,相信来日方长,相信水到渠成,相信自己必有功成名就衣锦还乡的那一天,可以从容尽孝。

可惜人们忘了,忘了时间的残酷,忘了人生的短暂,忘了世上有永远无法报答的恩情,忘了生命本身有不堪一击的脆弱。

父母走了,带着对我们深深的挂念。父母走了,遗留给我们永无偿还的心情。你就永远无以言孝。

有一些事情,当我们年轻的时候,无法懂得。当我们懂得的时候,已不再年轻。世上有些东西可以弥补,有些东西永无弥补。

"孝"是稍纵即逝的眷恋,"孝"是无法重现的幸福。"孝"是一失足成千古恨的往事,"孝"是生命与生命交接处的链条,一旦断裂,永无连接。

赶快为你的父母尽一份孝心。也许是一处豪宅,也许是一片砖瓦。也许是大洋彼岸的一只鸿雁,也许是近在咫尺的一个口信。也许是一顶纯黑的博士帽,也许是作业簿上的一个红五分。也许是一桌山珍海味,也许是一只野果一朵小花。也许是花团锦簇的盛世华衣,也许是一双洁净的旧鞋。也许是数以万计的金钱,也许只是含着体温的一枚硬币……

在"孝"的天平上,它们等值。

只是,天下的儿女们,一定要抓紧啊! 趁你父母健在的光阴。

（三）故事朗读训练

故事侧重人物的刻画和事件的叙述,强调人物的形象性和情节的连贯性、生动性。人物和情节,是故事的两大要素。

要想朗读好故事,必须注意以下三方面技巧。

1. 要有丰富合理的想象

故事中的人物千姿百态、鲜明生动。朗读时既要想象出故事中的人物形象,更要想象出拟人化的动物、植物或无生物形象的外形特征与内在特质,感受和想象出具体形象的行为、心理、神态等,产生栩栩如生的内心视像。故事的朗读中,要大胆运用丰富而合理的想象这一艺术手法,使我们的表达有声有色、活灵活现,增强作品的艺术情趣与艺术魅力。

2. 叙述语言要讲究变化

故事中情节的叙述不可小视,情节推动故事的发展。朗读故事时,要注意把握叙述语言的语气语调,叙述语言需根据内容、风格的不同,而运用与之相应的基本语气。叙述语言,既要体现朗读故事者作为旁观者的客观性,用声自然、平稳,又要体现朗读故事者的感情、态度,语气、语速、节奏、音量等要随着情节的发展、感情的变化而起伏变化。

3. 人物语言要鲜活生动

我们不仅要把握故事中叙述语言的语气语调,更要注重人物语言的语气语调。故事中的人物形象十分鲜明、典型而夸张,但又不失生活的真实性和可信性。要想朗读好故事,应对故事中的各种形象进行造型设计,要有故事人物的"角色"感,做到"声如其人",着力表现人物性格和思想感情,抓住人物的言行和心理活动,理解和把握角色的个性。这就要求我们要学会运用不同的音色、音调、语气和语速等各种语音技巧来表现,用声音造型赋予各种角色以活力,使故事中的角色富有生命,富有个性,才会使故事栩栩如生,富有感染力。

总之,故事的朗读,在用声音和语言形式上比其他作品更具夸张性,其中人物的个性色彩更加鲜明,声音的物理性对比更加强烈、夸张、放大,显现不同事物、形象的特点,形成鲜明的对比,让幼儿容易接受并形成深刻印象。

课堂训练

1. 结合朗读提示,分析并朗读下面的故事。

猴吃西瓜

猴王找到个大西瓜,可是怎么吃呢? 这个猴儿啊是从来也没吃过西瓜。忽然他想出了一条妙计! 于是就把所有的猴儿都召集起来了,对大家说:"今天我找到一个大西瓜,这个西瓜的吃法嘛,我是知道的。不过我要考验一下你们的智慧,看你们谁能说出西瓜的吃法。要是说对了,我可以多赏它一份儿;要是说错了,我可要惩罚它!"小毛猴一听,挠了挠腮说:"我知道,吃西瓜是吃瓤儿!"猴王刚想同意,一个短尾巴猴说:"不对,我不同意小毛猴儿的意见! 我清清楚楚地记得,我和我爸爸到我姑妈家去的时候,吃过甜瓜。吃甜瓜是吃皮,我想西瓜是瓜,甜瓜也是瓜,当然应该吃皮啦!"大家一听,有道理,可到底谁对呢? 于是都不由得把眼光集中到一只老猴儿身上。老猴儿一看,觉得出头露面的机会来了,就清了清嗓子说道:"吃西瓜嘛,当然……是吃皮儿啦,我从小就吃西瓜,而且一直是吃皮。我想我之所以老而不死,也正是由于吃了西瓜皮的缘故!"

有些猴儿早等急了,一听老猴儿也这么说,就跟着嚷嚷起来:"对,吃西瓜吃皮,吃西瓜吃

猴吃西瓜范读

皮！"猴王一看，认为已经找到了正确的答案，就向前跨了一步，开言道："对！大家说得都对，吃西瓜是吃皮！哼，就小毛猴儿崽子说吃西瓜是吃瓤儿，那就叫它一个人吃，咱们大家都吃西瓜皮！"于是西瓜被一刀两断，小毛猴儿吃瓤儿，大家伙儿共分西瓜皮。

有只猴儿吃了两口西瓜皮，就捅了捅旁边的猴子说："哎！我说这可不是滋味儿啊！""咳——老弟，我常吃西瓜，西瓜嘛，就这味儿……"

（寓言故事）

朗读提示：《猴吃西瓜》这则寓言故事告诫我们：在生活中不能不懂装懂，人云亦云，否则就要闹笑话、犯错误。故事的寓意是通过对猴王、老猴、小猴等形象的生动刻画来揭示的。朗读时，主要把握住角色的个性、身份、年龄等不同，通过不同的声音造型和语气语调来塑造不同形象的个性特征。

猴王虽为众猴之王，地位显赫，但"腹中空空"，不知道吃西瓜该吃皮还是吃瓤。它刚愎自用，为了维护猴王的地位与尊严，滥用权力、发号施令。朗读猴王的语言时，应读出领导者居高临下的口吻，声音要威严、狂妄，语调高扬，夸张一些，可粗声粗气拉长声，突出以势压人、装腔作势的意味。老猴出于出头露面的思想动机，倚老卖老，语调宜平稳、缓慢，声音可适当苍老一些，可运用长停顿、咳嗽等技巧表达。小毛猴天真率直，无所顾忌，说话时语速急快，声音稚嫩，声位靠上，可以通过气息和共鸣腔的运用加以适当的调节。短尾巴猴虽不懂装懂，但它的推理猜测，论点鲜明，论证有力，层层推进，富有逻辑性，所以说的要非常认真，语气语调应铿锵有力，但它又是边想边说，因此语速稍慢。后两个猴的对话，以悄悄话的形式进行，最后一个猴要表现的什么都知道，说话语气要非常肯定。

朗读时，塑造好这些角色语言，就把这个故事的讽刺意味体现出来了。

故事中，朗读叙述语言要用表达者的本质音色，要和人物对话有所区别，并且要依据文中的内容、情感而有所变化，显示出朗读者的态度和作者的讽刺意味。让听众根据声音就能区分出角色和剧情的变化。

2. 根据故事中朗读符号的提示，练习朗读下面的故事。

乌鸦和狐狸

（语调中平）

关于阿谀拍马的卑鄙｜和恶劣，我们不知被告诫过多少遍了，↘然而｜总是没有用处，拍马屁的人，↗总会在我们心里‖找到空子。

（语调中升）

↗上帝不知怎么赏给乌鸦一小块儿乳酪，乌鸦躲到一棵枞树上。它好像已经安顿下来，准备享受它的口福了。↘但是它的嘴～｜半开半闭着，含着那小块儿美味儿的东西｜在沉思。

不幸 ，这时候跑来一只狐狸，｜一阵香味立刻使它停住了。｜它瞧瞧乳酪，舔舔嘴。这坏东西跷起脚偷偷地走近枞树。它卷起尾巴，目不转睛地瞅着。它那么～柔和地说话，一个字一个字都是↗细声细气地。↘

（语调稍高，声音细而柔）

你是～多么美丽呀 ，甜蜜的鸟，那脖子，｜呦，那眼睛，美丽得‖像个天堂的梦！而

且,怎样的羽毛 ！ 怎样的嘴呀！↗只要你开口,一定是～天使的声音。↗唱吧,亲爱的

＿＿,别～害臊！↗啊！小妹妹,说实话,你出落得这样美丽动人,要是唱得同样的美丽动

人,│那么│在鸟类之中,你就是令人拜倒的‖皇后了！↗

（语调中低）

那傻东西被狐狸的赞美搞得昏头昏脑,高兴得连气也透不过来了。↘它听从狐狸的柔声劝诱,提高嗓门儿＿＿,尽乌鸦之所能,叫出刺耳的声调。

乳酪│掉下去了！↘——乳酪和狐狸‖都没影儿了。

（人民教育出版社中学语文室·听话和说话（第二册）.北京:人民教育出版社,2005.）

朗读提示:朗读这一故事,要掌握好叙述语言及人物语言的语气语调,请参照朗读符号说明进行练习。

"．"表示重读,"│""‖"表示停顿,"﹏"表示慢速,"＿"表示快速,"↘"表示下降,"↗"表示上扬,"＿＿"表示连续,"～"表示曲折,"▲"表示重音轻读,"△"表示一字一顿。

（四）小说朗读训练

小说是叙事性的文学体裁,它以刻画人物形象为中心,以具体的环境描写和完整的故事情节,以及复杂的矛盾冲突,广泛、深刻地反映社会生活。与故事相比,小说更注重人物形象的刻画和环境的描写,有更丰富多样的表现手法。人物、情节、环境是小说的三要素。因此,小说朗读要注意把握小说中的叙述语言和人物语言。

1. 处理好叙述语言

小说的故事情节基本上是用叙述的方法来展开的,通过叙述交代情节的开端、发展、高潮和结局。朗读小说的叙述语言,应运用最舒服自如的中声部,要求语气舒缓,语速适中,语调从容、平稳,没有大起大落的感觉。语言应自然、有情、流畅、平稳,给人以自然亲切感。但随着情节的发展,小说内容的变化,朗读者也要灵活地变换语气、语调和语速,体现出情感、态度的变化与情节的发展相契合。

2. 塑造好人物语言

小说中的人物语言是体现人物性格特征的"窗口"。要朗读好小说,就必须朗读好人物语言。因此,朗读时必须深入解读小说,要注意不同人物的年龄、性别、身份、地位、性格等个性因素,形成对人物形象的准确把握。在此基础上,用不同的吐字发音手段来设计人物的语言造型,从而塑造出性格鲜明、形象丰满的典型人物。同时,小说朗读不是舞台表演,对于不同人物的对话,朗读时尽可能从语气、语调、停连、节奏上加以表现,而不必改变音色,去刻意"表演"人物怎么说。

课堂训练

1. 结合后面朗读提示,分析并朗读下面的小说。

永远的蝴蝶

陈启佑

那时候刚好下着雨,柏油路面湿冷冷的,还闪烁着青、黄、红颜色的灯火。我们就在骑楼

下躲雨,看绿色的邮筒孤独地站在街的对面。我白色风衣的大口袋里有一封要寄给在南部的母亲的信。

樱子说她可以撑伞过去帮我寄信。我默默点头,把信交给她。

"谁叫我们只带一把小伞哪。"她微笑着说,一面撑起伞,准备过马路去帮我寄信。从她伞骨滑下来的小雨点溅在我眼镜玻璃上。

随着一阵拔尖的刹车声,樱子的一生轻轻地飞了起来,缓缓地,飘落在湿冷的街面,好像一只夜晚的蝴蝶。

虽然是春天,好像已是深秋了。

她只是过马路去帮我寄信。这简单的动作,却要叫我终生难忘了。我缓缓睁开眼,茫然站在骑楼下,眼里噙着滚烫的泪水。世上所有的车子都停了下来,人朝涌向马路中央。没有人知道那躺在街面的,就是我的,蝴蝶。这时她只离我五公尺,竟是那么遥远。更大的雨点溅在我的眼镜上,溅到我的生命里来。

然而,我又看到樱子穿着白色的风衣,撑伞,静静地过马路了。她是要帮我寄信的,那,那是一封写给在南部母亲的信,我茫然站在骑楼下,我又看到永远的樱子走到街心。其实雨下得并不大,却是一生一世中最大的一场雨。而那封信是这样写的,年轻的樱子知不知道呢?

妈:我打算在下个月和樱子结婚。

朗读提示:《永远的蝴蝶》是我国台湾著名作家陈启佑先生的一篇小小说。作品情节很简单,写的是一个凄美的爱情故事。在一个雨天,"我"的恋人樱子自愿帮"我"到马路对面去寄信。随着一阵拔尖的刹车声,樱子年轻的生命消逝了。就是这样一个简单至极的故事,却深深地拨动了每一个读者的心弦,原因就在于作品巧妙而高超的表现艺术。

作品以"雨"为线索,贯穿全文的始终。悲剧因"雨"而生,小说开篇写"雨",正是对不幸和灾难起因的一个交代。樱子遭遇不幸后,又写"更大的雨点溅在我的眼镜上,溅到我的生命里来","成为一生一世的一场雨"。显然,"雨"又成为泪水和痛苦的象征。同时,以"雨"贯穿全文,也造成笼罩全文的阴冷凄凉的氛围,这也是这篇小说的总基调。文中对樱子的刻画是模糊的,但作者通过语言、动作、神态和外貌的描写,樱子美丽清纯的形象让我们无法忘怀。直到作品的结尾处才告诉读者信的内容,这样构思,无疑加重了作品的悲剧色彩,让人哀痛欲绝,肝肠寸断。

第一至第三自然段,交代人物、事件,点染环境,文章一开始寥寥几笔就营造了一种凄清、阴冷的氛围,朗读时语调、语速要中等。

第四至第七自然段,写悲剧瞬间发生,我的心理感受,朗读时注意情感的起伏变化,语调低沉,气息低缓,如泣如诉。

第四自然段,"拔尖"提高音调,强调突如其来的灾难。"一生"重读,"轻轻地"重音轻读。"缓缓地",低沉、缓慢,突出悲伤。"好像一只夜晚的蝴蝶"感情深沉,气息低缓,催人泪下,骤失情侣而悲痛欲绝。

第六自然段,"只是""却"强调两者间的逻辑关系,用诗化的语言突出人物痛苦到极致的心理幻觉:生命在瞬间毁灭的无奈、痛悔。"就是我的,蝴蝶"是发自心灵深处的呼唤与爱恋。"蝴蝶"二字含着千种情意、万种思恋,朗读时气息随着字音轻轻吐出,饱含深情。"只离我五公尺"与"竟是那么遥远"相比较,要读出生死相隔的距离感。"更大的雨点溅在我的眼镜上,溅到我的生命里来"表达一生一世的痛苦和悲伤,语调更加深沉,令人痛彻心扉。

第七自然段,"然而,我又看到樱子穿着白色的风衣,撑着伞,静静地过马路了",小说再次描写这一细节,是为了突出作者对樱子的深切怀念和爱恋,因悲伤过度而产生的幻觉,应读得低沉些。"一生一世"一字一顿,语速慢,增加语气分量。"最大的一场雨",要将深沉的感情蕴含其中。情雨交融,情之深、爱之重,悲剧气氛愈加浓烈,使每位读者都为之动容。

第八自然段,最后交代那封导致樱子失去生命的书信的内容,大大增强了小说的悲剧色彩,使作者痛悔不已,令读者唏嘘不绝。

2. 根据小说朗读训练指导要求,分析并朗读下面的小说。

悬　念
白小易

我正拨着电话号码盘,忽然听到钥匙插进锁孔的声音。哦,他回来了。我没再拨,把话筒放在叉簧上。门也恰好开了。

"你在挂电话——刚才?"刚迈进客厅一只脚,他立刻发问。

"嗯。"我往沙发里一靠,瞅着我的精明强干的丈夫。

"那……你怎么又放下了……"他那份警觉劲儿真可爱,像个大侦探。

"因为你回来了。"我说。

"我回来,你怎么就不打啦?"他认真极了。

"我是打给你的。"

他的脸暮地一红。讪笑着岔开话儿。

可我忽然又拿不准他是不是真信了我的话。

能力拓展

1. 按照朗读的要求分析下面的文章,并运用朗读的技巧进行朗读。

雪花的快乐
徐志摩

假如我是一朵雪花,
翩翩的在半空里潇洒,
我一定认清我的方向——
飞扬,飞扬,飞扬,——
这地面上有我的方向。

不去那冷寞的幽谷,
不去那凄清的山麓,
也不上荒街去惆怅——
飞扬,飞扬,飞扬,——
你看,我有我的方向!

在半空里娟娟的飞舞,
认明了那清幽的住处,
等着她来花园里探望——
飞扬,飞扬,飞扬,——
啊,她身上有朱砂梅的清香!

那时我凭借我的身轻，
盈盈的，沾住了她的衣襟，
贴近她柔波似的心胸——
消溶，消溶，消溶——
溶入了她柔波似的心胸！

2. 朗读作品赏析。

笑

冰心

雨声渐渐的住了，窗帘后隐隐的透进清光来。推开窗户一看，呀！凉云散了，树叶上的残滴，映着月儿，好似荧光千点，闪闪烁烁的动着。——真没想到苦雨孤灯之后，会有这么一幅清美的图画！

凭窗站了一会儿，微微的觉得凉意沁人。转过身来，忽然眼花缭乱，屋子里的别的东西，都隐在光云里；一片幽辉，只浸着墙上画中的安琪儿。——这白衣的安琪儿，抱着花儿，扬着翅儿，向着我微微地笑。

"这笑容仿佛在哪儿看见过似的，什么时候，我曾……"

我不知不觉的便坐在窗口下想——默默地想。

严闭的心幕，慢慢地拉开了，涌出五年前的一个印象。——一条很长的古道。驴脚下的泥，兀自滑滑的。田沟里的水，潺潺的流着。近村的绿树，都笼在湿烟里。弓儿似的新月，挂在树梢。一边走着，似乎道旁有一个孩子，抱着一堆灿白的东西。驴儿过去了，无意中回头一看。——他抱着花儿，赤着脚儿，向着我微微地笑。

"这笑容又仿佛是哪儿看见过似的！"我仍是想——默默地想。

又现出一重心幕来，也慢慢地拉开了，涌出十年前的一个印象。——茅檐下的雨水，一滴一滴地落到衣上来。土阶边的水泡儿，泛来泛去地乱转。门前的麦垄和葡萄架子，都濯得新黄嫩绿的非常鲜丽。——一会儿好容易雨晴了，连忙走下坡儿去。迎头看见月儿从海面上来了，猛然记得有件东西忘下了，站住了，回过头来。这茅屋里的老妇人——她倚着门儿，抱着花儿，向着我微微地笑。

这同样微妙的神情，好似游丝一般，飘飘漾漾的合了拢来，绾在一起。

这时心下光明澄静，如登仙界，如归故乡。眼前浮现的三个笑容，一时融化在爱的调和里看不分明了。

谦虚过度

曲一日

水牛爷爷是森林世界公认的谦虚人，很受大家的尊重。小白兔夸它："水牛爷爷的劲儿最大了！""唉，过奖了，犀牛、野牛劲儿都比我大。"小山羊夸它："水牛爷爷贡献最多了！"它就说："哎，不能这样讲了，奶牛吃下的是草，挤出来的是奶，它的贡献比我多。"

《谦虚过度》
范读

狐狸艾克很羡慕水牛爷爷谦虚的美名。它想："我也来学习一下谦虚吧，这谦虚太好学了。"它想："水牛爷爷的谦虚不就是这两点吗？一是把自己什么都说得小点儿；一是把自己什么都说得少点儿。嗯，对！就是这样。"

一天，艾克遇到一只小老鼠。小老鼠看到艾克有一条火红蓬松的大尾巴，不禁发出了由衷的赞美："哎呀，艾克大叔，您的尾巴真大呀！"艾克学着水牛爷爷的口气，歪歪嘴说："唉，过奖了，你们老鼠的尾巴比我大多了。""啊，什么？"小老鼠大吃一惊，"你长那么长的四条腿，却拖根比我还小的尾巴？"艾克谦虚地说："哎，不能这样讲了，我哪有四条腿，三条了，三条了。"小老鼠以为艾克得了神经病，被吓跑了。

艾克的谦虚没有换来美名，倒换来一大堆谣言。大家说："唉，森林世界出了一条妖怪狐狸，只有三条腿，还拖着一根比老鼠还小的尾巴……"

谦虚也要实事求是，不实事求是是瞎谦虚，那就不知道该叫什么了？

送　花
［美］奥斯勒

生活的真谛并不神秘，幸福的源泉大家也知道，只是常常忘记了，于是这才有点奥妙。

故事是由一个守墓人亲身经历和看到的。一连好几年，这位温和的小个子守墓人每星期都收到一个不相识的妇人的来信，信里附着钞票，要他每周给儿子的墓地放一束鲜花。后来有一天他们照面了。那天，一辆小车驶来，停在公墓大门口，司机匆匆来到守墓人的小屋子里说：

《送花》范读

"夫人在门口车上，她病得走不动，请你去一下。"一位上了年纪而且羸弱的妇人坐在车上，表情有几分高贵，但眼神已哀伤得毫无光彩。她怀抱着一大束鲜花。

"我就是亚当夫人，"她说，"这几年我每礼拜给你寄钱……"

"买花。"守墓人应道。

"对，给我儿子。"

"我一次也没忘了买花，夫人。"

"今天我亲自来，"亚当夫人温存地说，"因为医生说我活不了几个礼拜了。死了倒好，活着也没有意思了。我只想再看一眼我儿子，亲手来放这些花。"

小个子守墓人眨巴着眼睛，没了主意，他苦笑了一下，决定再讲几句。

"我说，夫人，这几年您总寄钱来，我总觉得可惜。"

"可惜？"

"鲜花搁在那儿，几天就干了，没人闻，没人看，太可惜了！"

"你真的这么想？"

"是的，夫人，您别见怪。我是想起来自己常跑医院、孤儿院，那儿的人可爱花了。他们爱看花，爱闻花。那儿都是活人。可这儿墓里哪个活着？"

老妇人没有作答。她只是又小坐一会儿，默默祷告了一阵，没留话便走了。守墓人后悔自己的一番话太直率，太欠考虑，这会使她受不了。

可是几个月后，这位老妇人又忽然来访，把守墓人惊得目瞪口呆；她这回是自己开车来的。

"我把花都送给那儿的人们了，"她友好地向守墓人微笑着，"你说得对，他们看到花可高兴了，这真叫我快活！我的病好转了，医生不明白怎么回事，可我自己明白，我觉得活着还有些用处！"

不错，她发现了我们大家都懂得却又常常忘记的道理：活着要对别人有些用处才能快活。

任务二　态势语训练

案例导入

阅读下面的两段文字，谈一谈态势语在教育教学、日常生活中的作用。

（1）著名教育家斯霞老师在给小学生讲解"颗颗稻粒多饱满"后，要求学生用"饱满"造句。学生只会用植物一类进行练习，如"麦粒长得饱满""豆荚长得饱满"。为了扩大学生的知识视野，斯老师忽然走到教室门口，然后转过身，胸脯略微挺了一挺，头稍微扬了扬，两眼炯炯有神地问道："你们看，老师今天精神怎么样？"学生异口同声地说："老师精神饱满。"

（2）有一次，曾任美国第16届总统的林肯作为被告的辩护律师出庭。原告律师将一个简单的论据翻来覆去地陈述了两个多小时，听众很不耐烦了。好不容易才轮到林肯辩护。只见他走上讲台，一言不发，先把外衣脱下来，放在桌上，然后拿起玻璃杯喝了口水，接着重新穿上外衣，然后又喝水，这样的动作重复了五六次，逗得听众笑得前俯后仰。这时，林肯才在笑声中开始了他的辩护。

提示：有声语言是口语交际中最主要的一种表情达意手段，但当有声语言出现不能言必尽意、辞必尽情的时刻，伴随有声语言同时出现的态势语的重要作用便得以进一步凸显。当斯霞老师的有声语言不能完全启发学生的时候，她便采用了一串动作帮助学生理解了精神饱满的词义，收到了良好的教学效果；林肯与其他听众一样，对原告律师啰啰唆唆、翻来覆去的发言极为不满，却又不便直言指责。于是，他上台之后，进行了一系列体态动作的表演，以此代替有声语言嘲弄原告律师，抒发自己心中的不满。此举胜过千言万语，收到了无声胜有声的表达效果。

一、态势语概说

在各民族产生和形成各自的语言文字之前，人类一直在使用非语言的形式传递和交流信息。有了语言文字之后，人类也一直未停止使用各种非语言

态势语概说

形式，只是长期以来没有引起人们足够的重视而已。1970年，美国学者朱利斯·法斯特写了《人体语言》一书，这才使人们开始意识到以体态语言为主的非语言形式的重要性。但至今为止，尽管我们每天每时都在使用体态语言，大多数人对它的规律和交际功能仍缺乏了解。作为教师口语的重要组成部分，体态语训练应成为师范生提高口语表达水平不可忽视的环节。

美国心理学家艾伯特·梅瑞宾认为：在交际信息传递中，45%通过有声语言传递，而55%则是由体态语言传递的。一个很会说话的人，在讲话时，所用的不仅仅是他的口。有些人一开口，别人就静下来听；而有些人讲话时，听众各行其是，甚至打断他。这种情况之所以会出现，当然有许多复杂的原因，但其中一个重要的原因，就是有的人懂得使用表情，使用眼、胸、肩等身体各个部位来配合语言吸引听众，而有的人却对此一窍不通。试想：如果一个人在

说话时只是嘴在动,而身体的其他部位是静止的,他会对听众有吸引力吗? 其实从你出现到你开口说话的这段时间里,你都在"说话",只是没有用口,而是用身体的其他部位。

(一) 什么是态势语

人们在交际活动中,除了有声语言外,常常以各种姿势、动作、表情来传递信息、表达感情、表示态度,这些用以帮助表情达意的姿势、动作、表情,我们称之为态势语,又称体态语言、人体示意语言、动作语言等。态势语是无声的语言,是口语交际中传递信息的重要手段,它起作用的方式是诉诸听众的视觉感官。

(二) 态势语在教育教学中的作用

在人们日常生活和交往中,体态语言无处不存、无时不在,几乎所有的人都自觉或不自觉地在运用它。在教育教学中,无论涉及什么内容,采用什么样的形式,体态语言作为一种交际媒介,始终具有不可忽视和不可替代的作用。

1. 体态语言是教学内容的有机组成部分,与有声语言构成教学信息的完整性

任何教学内容的传授和人际间的来往交流,都不可能由单一的语言形式进行,它总是以灵活多样的体态语言加以辅助。教学是人类的一种特殊交流沟通方式。在教学过程中,正是通过教师的抑扬顿挫、行云流水般的有声语言和各种体态语言的有机结合,将科学的内容和知识传授于学生。教师讲课时不可能一分一秒都不停歇,这里所说的"顿",正是有声语言在讲授中的暂停与中断,此时有声语言的暂停和中断,并不意味着教学过程和师生间的交流中断与暂停,而此时教师和学生的体态语言,如学生的眼神、表情,教师的动作、手势等仍在继续进行。这里体态语言弥补了有声语言的局限与间隙,甚至部分或全部代替了有声语言的功能。二者互为补充,相辅相成,既保证了教学的顺利进行,又使教学内容得到完整的反映。

2. 体态语言具有释义性和表演性,能通过形体动作把抽象的语言概念形象化、具体化

与有声语言相比,体态语言在教学中更加直观形象,它直接刺激学生的视觉器官,将生动逼真的表情动作呈现在学生面前。而不像有声语言在刺激学生的听觉器官之后,还必须通过学生的一系列心理活动,如思维、理解、想象、推理、判断后才能转换为脑海中的实体意义的形象,而各人形成的形象又因个体差异致使内容信息在多次传递中受到衰减和损失。因此,体态语言在情境教学中更具有传输信息的功能。以"眼见为实"代替"耳听为虚"。正如一位从事篮球教学的体育教师在上课时,他不仅要讲授有关篮球的专业理论知识,还要示范运球、过人、上篮的动作并做到标准、规范、协调、优美,这才是一节完整的课。

3. 体态语言具有传递性和互感性,能沟通教与学的双向情感交流,使教学信息得以顺利传递

我们有这样的体会,如果当一位教师以整洁庄重的服饰,端庄大方、和谐有度的教态,清晰准确、生动风趣的语言,洒脱自如、富有魅力的气质贯穿教学始终时,必然会赢得学生的信任和尊敬,并能激发学生学习(起码是这门课)的动机与兴趣。活跃课堂教学气氛无疑对整个教学活动的顺利开展乃至对学生的品德行为起到潜移默化的作用。反之,只能给学生留下反感和消极的印象,影响教学的顺利进行。

另外，在教学过程中，教师也可以从学生专注期待的目光、聚精会神的表情，以及疑惑沉思、疑惑不解的神情中，随时检验自己的教学效果，调整自己的教学方法和进度。教师与学生正是通过各自的体态语言相互感染，相互影响，达到心灵的契合，从而达到预期的教学目的。

（三）态势语运用的基本要求

体态语的设计旨在协助有声语言更好地表达思想感情，因而必须做到以下四点。

1. 自然真诚

自然是对体态语的第一位要求。动作要自然，自然见真纯。有的人说话时动作生硬、刻板如木偶；有的人则刻意表演，动作和姿态做作，像在背台词。这都使人觉得别扭、不真实、缺乏诚意。孙中山曾这样告诫人们，"处处出于自然"，即使"有时词者严重"，也"不可故作惊人模样"，这样才能赢得人们的信赖。因此有人说，宁要自然的雅拙，不要做作的乖巧。这是有道理的。

2. 简洁明了

动作要大众化，举手投足要符合一般的生活习惯，简洁明了，易于被人们看懂和接受。不要搞得烦琐复杂，拖泥带水，更不要龇牙咧嘴、手舞足蹈，像在表演戏剧。否则，不仅会喧宾夺主，妨碍有声语言的正常表达，也叫观者眼花缭乱，不知所云。要注意克服不良的习惯动作，无意义的多余的手势务必去掉。

3. 适度适宜

所谓适度，即要求动作要适量，以不影响听者对你说话的注意力为度，不要用得过多。有的人做的动作比说的话还多，就会喧宾夺主。所谓适宜，即要求动作必须与说话的内容、情绪、气氛协调一致，不要故作姿态、故弄玄虚甚至手口不一。据说美国前总统尼克松在一次招待会上举起双手招呼记者们站起来，嘴上却说："大家请坐。"使记者们大惑不解。于是，这一说话时动作与内容的不协调成了逸闻。

4. 富有变化

说话时，适当的重复动作是完全必要的，它往往能重现或强调原来的情绪。但不要老重复一种姿势，如果一种表情、一种手势用到底，则单调乏味，呆钝死板。因此，要善于随着内容、情绪的变化适当地变换动作和姿态，以期生动活泼、富有朝气和彰显魅力。

（四）态势语训练的途径

幼儿教师应结合教育教学实际，经常总结、回顾，把成功的态势语记录下来，多练习，多实践，扎扎实实地提高态势语的表达能力。

1. 以口语为训练载体

态势语作为口语交际活动的辅助手段，不可能脱离口语而孤立地进行训练，因此在进行态势语训练时，一定要以口语为载体。

2. 分解和综合训练相结合

态势语要综合运用手势、面部表情、身体姿态等，训练时可以先将精力集中于局部的、个别的动作,练好每一个分解动作。在掌握了局部动作后,可以逐步使之熟练并向综合运用阶段过渡。经过一段时间的练习,各个动作联合成一个有机体而巩固下来,并且相互协调,与语言密切配合,共同发挥作用。

3. 运用多种训练方法

态势语的训练可以先由观察、分析入手,进而模仿训练,模仿成功的态势语。结合不同的口语材料,设想多种教育教学情境,反复练习。还可以使用对镜练习法,边练习,边观察,随时纠正。有条件的还可以使用录像法,对于成功的动作要连续运用、不断完善,剔除不正确、不规范的态势语。

二、态势语的技巧训练

案例导入

认真阅读下面文字,关注并模仿案例中人物的态势语。

1775 年 3 月 23 日,美国独立战争时期的自由主义者帕特里克·亨利,在弗吉尼亚州议会上以传神的体态,表达了要为自由奋战到底、"不自由,毋宁死"的决心。当他说到"难道生命这么珍贵,和平如此可爱,甚至不惜付出戴着镣铐当奴隶的代价来换取"时,语调低沉而痛苦,声音微弱而嘶哑,他佝偻着身躯,双手捧着胸口,缓慢地走向讲台前沿,似乎被沉重的镣铐压得直不起腰来。他的动作和声音感染了听众,他们似乎也被奴役和屈辱压迫得透不过气来,整个会场鸦雀无声。忽然,帕特里克抬起头,挺起胸膛,站直身子,双手高举向上,仿佛拽下了镣铐,他高喊:"万能的上帝啊! 制止这种妥协吧!"接着,他扫视四周,放大音量,让自己的声音笼罩全场:"我不知道别人将如何做,但对我自己来说,不自由,毋宁死!"

他那发人深思的设问以及极富感情色彩的态势语控制了全场。民众们被唤醒了,要求拿起武器的人们很快站到了他这一边。这种感召力与帕特里克·亨利那撼人心魄的态势语密不可分。

(一)表情语训练

案例导入

表情语训练

阅读下面的名人名言,说一说对于表情语的认识。

激情和表情就是美。一张不带激情不善表情的脸就是缺陷;任它涂脂抹粉,你吹我捧,只有傻瓜才会爱慕。

——美国女演员 布莱克

我觉得最需要的是可爱。这种可爱不是装可爱,而是你的表情,你的眼神,观众会觉得舒服。可爱的你一定有一颗孩子般的心,这样的综艺才会让人开心,而不是你在玩弄人家,或是自己扮丑,那都不是综艺。我觉得只有真诚的人,才可以做优秀的主持人。

——演员、主播 柳岩

有的人的眼睛像橘子一样毫无表情,有的人的眼睛像一口可以使你掉进去的井。

——美国作家　爱默生

有一种东西,比我们的面貌更像我们,那便是我们的表情;还有另外一种东西,比表情更像我们,那便是我们的微笑。

——法国作家　雨果

要使别人喜欢你,首先你得改变对人的态度,把精神放得轻松一点,表情自然,笑容可掬,这样别人就会对你产生喜爱的感觉了。

——美国人际关系学大师　戴尔·卡耐基

1. 面部表情的训练

每个人都有面部表情,脸上的每个细胞、每条皱纹、每根神经都表达某种意愿、某种感情、某种倾向。面部表情是最准确的、最微妙的人的"晴雨表"。面部是思想的"荧光屏",人的面部表情贵在四个字:自然,真挚。

作为口语表达的辅助手段,表情要随表述的需要机动地调整,比自然状态更明显一些,更夸张一些。

（1）基本表情

平静大方,整个面部肌肉相对松弛,眉头不皱,嘴角微展,上唇稍启。

（2）喜悦的表情

眉头上扬,笑肌提起,眼睑微拢,嘴角展开向上,口开齿露。表现喜悦心理的表情由于喜悦的程度不同,表情的变化幅度也不同。肌肉调动的总趋势是喜悦的程度越大,相应部位肌肉的收缩程度就越大。

（3）悲苦的表情

眉头皱起,双唇闭拢,嘴角向下,以鼻梁为中心,周围部位内收。表现悲苦心理的表情,要随悲苦程度的不同而变化幅度的大小。肌肉调动的总趋势是悲苦的程度越深,相应部位肌肉的收缩程度越大。

（4）愤怒的表情

眼睑睁开,双目瞪圆,眉头锁起,双唇收紧并适度前呶,腮部肌肉下沉。体现愤怒心理的表情也有的随心理程度的变化而变化。其道理与喜悲相同。

（5）鄙夷的表情

嘴角向斜上方旁抽,腮部肌肉一侧绷紧,一侧松弛,眼睛斜视。

（6）惊愕的表情

下巴松开,以双目水平线分界,面部肌肉向上下反向展开。

2. 眼神的训练

"眼睛是心灵之窗。"人们内心世界的活动,只要不是刻意掩饰,大都可以通过眼神表露出来。这固然是因为眼在人体中所处的位置明显突出,更重要的是眼睛拥有丰富的表现力。

（1）眼神的种类及情绪表现

① 瞪

双目大睁,眼球突出,神光爆射。这种眼神多用来表现恼怒的情态。

② 瞠

双目虽然睁大,但神光内敛、呆滞,眼球不突。这种眼神多用于表现惊恐。

③ 轮

眼球在眼眶中大幅度旋转。轮又分快、慢两种,快转多表现人正在动心眼,处于思想激烈斗争的情态。慢转多表现人正在苦思冥想处于犹豫不决的情态。

④ 瞟

目光斜视目标,稍看即收。多表现爱恋的感情。

⑤ 睨

目光斜向一边,有较长时间的停留。多表现看不起和不以为然的心情。

⑥ 嗡

眼睑渐拢,神光内敛,有泪水从眼角涌出,眼光被泪水遮蔽。多表现悲伤的情态。

⑦ 飘

视线左右摇摆晃动,神光跳跃闪烁。多表现内心狡诈,狐疑不定。

(2) 眼睛注视的方式

① 凝视

集中目光看对方,如果是公事,目光限制于前额到双眼,使人感觉你很诚恳认真;如果是社交,就看双眼到嘴三角区;如果是关系非常亲密的朋友,就看双眼到胸。

② 环视

眼睛向前然后有目的地扫一下,好处是使所有听众都得以注意,不觉得交流与他无关,能较全面地了解听众的心理反应。而且可根据环视随时调整说话的节奏、内容、语调,把握说话的主动权。

③ 虚视

就是似视非视,演讲就需要这种虚与实的目光交替,"实"看某一部分人,"虚"看大家,演讲要做到"目中无人,心中有人"。

课堂训练

1. 对镜自视,观察自己在不同的心理状态下面部表情的变化,如:大笑、苦笑、忧愁、惊讶、悲伤、平静、兴奋、愤怒等。

2. 朗读下列诗句,用眼神表现出括号中提示的表情。

我,常常望着天真的儿童,(微笑)

素不相识,我也抚抚红润的小脸。(亲切)

他们陌生地瞅着我,歪着头。(陌生)

像一群小鸟打量着一个恐龙蛋。(惊奇)

他们走了,走远了……(失望)

(杨牧《我是青年》)

3. 做下面的眼神训练。

(1) 定穿眼:立正姿势站好,两手握拳于腰间,双眼圆瞪,盯住正前方一个目标不动,好似要看穿目标一样。(以下开始,步法都为立正式)

(2) 左右晃眼:头部不动,双眼圆瞪,眼球平行左转,看左侧的极限角度。定一会儿后,迅速平行右转。左右反复练习数次。

（3）上下晃眼：头部不动，双眼圆瞪，眼球平行看上方的极限角度。定一会儿再下移，下移到最低角度。上下反复练习数次。

（4）旋眼：头部不动，沿双眼边缘所能看到的极限角度，按顺时针或逆时针方向做圆形旋眼动作。

注意事项：环境要安静、清洁，避免阳光直射；头要正，身要直，舌抵上腭，下颌内收；每个动作练完后，可休息一会儿，也可配合按摩。

（二）手势语训练

✎ 案例导入

手势语训练

根据提示给儿歌加上手势语，进行表演练习。

1.
爸爸瞧　妈妈看

爸爸瞧，（左手从背后伸出，张开手指挥动）

妈妈看。（右手从背后伸出，张开手指挥动）

宝宝的小手真好看！（双手一齐摇动）

爸爸瞧，（闭合左手，往背后收）

妈妈看。（闭合右手，往背后收）

宝宝的小手看不见！（双手都放在背后了）

爸爸妈妈都来看，宝宝的小手又出现。（双手从背后再拿出来）

（百度文库，http://wenku.baidu.com）

2.
我们的小手真灵巧

一只小狗汪汪叫（竖起大拇指，做小狗的耳朵）

两只小兔跳跳跳（竖起食指和中指，做小兔的耳朵）

三只孔雀真骄傲（大拇指和食指做孔雀的嘴）

四只小鸟飞得高（四指做小鸟的翅膀）

五只小猫喵喵喵（五指张开做猫爪）

六只大象在洗澡（手指变成六做大象鼻子）

七只乌鸦吃面包（手指变成七做乌鸦的嘴）

八只小鸡啄樱桃（手指变成八做鸡嘴）

九只小虫在吃草（手指变成九做小虫爬）

十个小孩哈哈笑（十指张开做小花）

（小精灵，http://new.060s.com）

3.
三　条　鱼

一条鱼，水里游，（双手伸出食指，双手胸前手心向下叠放做波浪状）

孤孤单单在发愁。（双手拇指与食指对碰，左右手互套两次）

两条鱼，水里游，（双手伸出食指与中指，双手放在胸前手心向下叠放做波浪状）

摇摇尾巴点点头。（双手竖起小指和拇指，先弯曲两手小指，再弯曲两手拇指）

三条鱼,水里游,(双手竖起中指、无名指、小指,双手放在胸前手心向下叠放做波浪状)快快活活做朋友。(双手指尖互碰两次,互握两次)

(百度文库,http://wenku.baidu.com)

手的动作是态势语的重要组成部分。有人说,手是第二张脸,表达的含义相当丰富。

1. 手势的分类

(1)情意手势,主要用于表达说话者的情感。

比如,1946年,闻一多在昆明作著名的《最后一次演讲》,当讲到"反动派暗杀李先生的消息传出后,大家听了都万分痛恨。这些无耻的东西!他们的心是怎么长的?"时"砰"地拍打讲台的手势,把混在台下的特务吓得紧缩着脑袋不敢吱声。拍桌子的手势表达了闻一多悲愤交加的心情。

(2)指示手势,用于指明要说的人、事物、方向、数量等。

比如,"今天我们讲三个内容",出示三个手指。

(3)象形手势,用于摹形状物,给听众以形象化的感觉。

比如,你的同学走上台演讲,为了鼓励他,伸出两个手指,摆出"V"的造型,他一定心领神会,因为"V"是英语"victory"的第一个字母,代表"胜利"的意思。

(4)象征手势,用来表达抽象概念。

刘伯承有一次讲述"个人利益服从整体利益"这个抽象的道理时,就形象地描画:"有人刚参加革命时,脑子里有两个一般大的圈圈,一个是个人主义,一个是整体利益。"一边说一边用两只手的拇指和食指做成两个大小相同的圆,并排对在一起,然后向大家讲这两个圆圈的摆法。他用左手的大圆把右手的小圆套住说:"还要用整体利益大圈把个人主义的小圈套进去,这就叫个人利益服从整体利益。"刘伯承这一形象的比喻把抽象的概念"个人利益服从整体利益"具体化、形象化了,他运用的是象征手势。

课堂训练

按手势语提示进行练习。

(1)表示召唤:手臂前伸,五指微弯。

例句:小朋友们,请跟我来!

(2)表示强烈感情:上举拳头,稍作振动。

例句:战士们齐声高呼:誓与大堤共存亡!

(3)表示请求、商讨:手心向上,两臂稍屈前伸。

例句:对于我的建议,希望您考虑一下。

(4)表示拒绝、为难:两臂前伸,微屈,手掌向前。

例句:不不不,您的做法违反规定,无论如何我不能接受。

(5)表示提醒、控制:手心向下,两臂稍屈前伸。

例句:小朋友们,走路轻点儿,说话小声点儿,别打扰小花小草的美梦。

(6)表示威胁:伸直食指,握紧四指,并摆动食指。

例句:你迟早会为你的冲动付出代价。

2. 手势的分区

根据手的动作范围，一般将手势大体分为以下三个区域。

（1）上区手势

手势超过肩部的动作，称为上区手势。手势在这一区域活动，一般表示理想、希望、喜悦、激动、祝贺等；手势向内、向上，手心也向上，其动作幅度较大，大多用来表示积极向上的、慷慨激昂的内容和感情。上区手势在演讲与大会上运用得比较多，在平时交流与沟通中一般很少运用。

（2）中区手势

说话时手势在肩部至腰部之间活动的动作，称为中区手势。手势在这一区域活动，多表示叙述事物、说明事理和较为平静的情绪，一般不带有浓厚的感情色彩。其动作要领是单手或双手自然地向前或两侧平伸，手心可以向上、向下，也可以和地面垂直，动作幅度适中。中区手势是日常生活与工作中运用最多的一种。

（3）下区手势

手势在腰部及以下活动的动作，称为下区手势。手势在这一区域活动，一般表示憎恶、鄙视、反对、批判、失望等。其基本动作是手心向下，手势向前或向两侧往下压，动作幅度较小，一般传递出消极否定的信息。

教学中要"以手势助说话"，手势要目的鲜明，克服随意性，要针对不同教学对象、教学内容正确选用不同含义、不同区域、不同指向的手势；手势要适度，包括速度、频度、幅度、角度等。要注意克服教学中常见的不良手势，例如：抓耳挠腮、抠鼻子、摸胡子、手沾唾液翻书或讲稿、用手指敲击讲台或对着学生指指点点等；手持教本或教具讲课，不要挡住面部。

课堂训练

1. 用上区手势演示下面的内容。

如果说，中国是头沉睡的雄狮，就需要我们每一个人用热情去唤醒，让他咆哮，让他呐喊！

如果说，中国是条俯卧的巨龙，就更需要我们做主人的用双手去托起，让他腾飞，让他振兴，让他永远屹立于世界强国之林！

2. 用下区手势演示下面的内容。

人要成功，必须勇于接受挑战。没有挑战的人生，看起来很舒服，实际上却是平庸的。不想成为平庸者，却又不敢挑战的人生，是一种悲哀。

3. 用中区手势演示下面的内容。

在世界民族之林中，我们中华民族是最伟大的民族之一。世界上没有一个国家像我们中国一样，有着上下五千年悠久的历史；没有一个国家像我们中国一样，从古至今就有着一脉相传的血统。

3. 手势语单、双手分类的训练

用单手做的手势叫单式手势；用双手做的手势叫复式手势。在运用单、双手势时要注意以下三点。

（1）感情的强弱。一般来说，讲到批评或表扬，肯定或否定，赞同或反对时，其情感特别强烈时可用复式手势。在一般情况下,用单式手势较为合适。

（2）听众的多少。一般来说,会场较大,听众较多的场面,为了强化手势的辅助作用,激发听众的情感,可以用复式手势。反之,用单式手势较为合适。

（3）内容的需要。形式是为内容服务的,这是决定用单式手势或复式手势的最根本的依据。如果离开了内容的需要,即使会场再大,听众再多,也不宜用复式手势。同样,根据内容的需要,应该用复式手势时,如果使用单式手势,则显得单薄无力。

课堂训练

为下面的台词设计手势。

（1）演讲改变命运,口才助你成功!

（2）那么,来吧!同志们:学习吧,奋斗吧,我们的明天一定会更加美好!

（3）选择奋斗就选择了成功,选择舒适就选择了平庸。

训练要求:以上每一句话的手势设计,都可以分别用单手或双手表达。先设计单式手势作,再设计复式手势,最后单、复式手势配合使用,从中感受一下单、复式手势对语言内容、情感程度表达的不同之处。

4. 手指手势的训练

在说话中手指的动作是十分常见的,运用起来人人都会,简单明了。手指的运用主要能表示的情况是:①表示数目;②表示态度;③指点事物或方向;④凝聚注意力;⑤表示微小或精确。

手指可以指天、指地、指侧面,但切记不要用手指直接指听众、指他人,这是一种缺乏礼仪常识和不礼貌的举动。因此,在演讲中、生活中每一个人都要避免用手指直指他人。

课堂训练

为下面的内容设计手指动作。

（1）爱迪生为了找到一种最适合做灯丝的材料,先后试验了近万种材料。

（2）我骄傲,我是中国人!

（3）在零下三十多度的酷寒中,一支红军的队伍正艰难地行进着。

（4）请问,是什么力量让小小的蚂蚁家族逃过了如此的灭顶之灾呢?

训练要求:手指手势的运用一定要自然、简洁,切忌做作与拖泥带水。

5. 手掌手势的训练

不管是在演讲中,还是在现实生活与工作的交流沟通中,手掌的运用是最普及、最常见、最频繁的,它是手势语的主角和态势语的重头戏。所以,我们必须重点练习与熟练运用。

手掌手势的基本要领:拇指张开,其余四指自然并拢微曲,手臂(手臂分为三段:上臂、前臂与手)根据手掌的位置而灵活变化。

常用的手掌动作有以下几种。

（1）伸手(手心向上,前臂略直,手掌向前平伸)——表示请求、交流、许诺、谦逊、承认、赞美、希望、欢迎、诚实等意思。

① 人活在世上，谁不希望自己的一生过得有意义、有价值一些呢？

② 自己活着，就是为了使别人生活得更美好！

（2）抬手（手心向上，手臂微曲，手掌与肩齐高）——表示号召、唤起、祈求、激动、愤怒、强调等。

① 尊敬的各位领导、各位来宾，亲爱的同学们，大家早上好！

② 给人民当牛做马的人，人民把他抬得很高很高！

（3）举手（五指朝天，前臂垂直，手掌举过头顶）——表示行动、肯定、激昂、动情、歌颂等。

① 人生的价值在于奉献，生命的真谛在于创造！

② 经验证明，能使大多数人得到幸福的人，他本身也是幸福的。

（4）挥手（手臂向前，手掌向上挥动）——表示激励、鼓动、号召、呼吁、前进、致意等。

① 努力吧！奋斗吧！我们的明天一定会更加美好！

② 同志们，朋友们：让我们在爱国主义的旗帜指引下奋勇前进吧！

（5）推手（手心向前，前臂直伸）——表示坚决、制止，果断、拒绝、排斥、势不可当等意。

① 不！不能这样！这不是我们的逻辑！

② 谁不属于自己的祖国，那么他也就不属于人类。

（6）压手（手心向下，前臂下压至下区）——表示要安静、停止、反对、压抑、悲观或气愤等。

① 时间就是生命，无端地浪费别人的时间，无异于谋财害命。

② 谁若把金钱看得比荣誉还尊贵，谁就会从高贵降到低贱。

（7）摆手（手心对外，前臂上举至中区上部）——表示反感、蔑视、否认、失望、不屑一顾等。

① 一个人的价值，应该看他贡献什么，而不应当看他取得什么。

② 凡在小事上对真理持轻率态度的人，在大事上也是不可信任的。

（8）抚胸（五指并拢、弯曲，自然放在胸前）——表示自己、祝愿、愿望、希望、心情、心态等。

① 爱国魂是最纯洁的灵魂，爱国心是最美好的心灵。

② 任长霞永远是我们每一个公安干警心中的英雄。

（9）侧手（手掌放在身体一侧，手心朝前）——表示憎恨、鄙视、神秘、气愤，指示人物和事物等。

① 知识决定命运，学习成就未来！

② 你要想获得幸福，你就得给世界创造价值！

（10）合手（两手在胸前由分而合，双手合一）——表示亲密、团结、联合、欢迎、好感、接洽、积极、同意等。

① 警察的责任就是舍小家为大家，维护社会的安宁。

② 爱国主义就是千百年来巩固起来的对自己祖国的一种深厚的感情。

（11）分手（两手在胸前由合而分，双手打开，做另一手势状）——根据打开后手势的区域不同分别表示空虚、沉思、消极（下区），赞同、乐观、积极（中区），兴奋、赞美、向上（上区）等。

① 山重水复疑无路,柳暗花明又一村。

② 世界上最美好的东西,都是由劳动、由人的聪明的手创造出来的。

6. 拳头手势的训练

拳头的动作一般表示力量、决心、奋斗、警告、斗争、愤怒、仇恨、无比激动、坚定信心、充满自豪等。做拳头手势时拳头只能对上,不可将拳头对人;根据说话内容的感情强度可以单手握拳,也可双手握拳。

在与人交流沟通中拳头手势用得比较少,在演讲中也要注意控制拳头的使用频率。拳头动作有较大的排他性,在日常生活中要尽量少用。

① 团结就是力量!

② 我自豪,我是中国人! 我骄傲,我是中国人!

③ 人格魅力是无穷的,道德的力量是巨大的!

(三)身姿语训练

案例导入

身姿语训练

1. 从教室门口走上讲台,站定,模仿给幼儿上课时的情景,鞠躬行礼。请其他同学纠正不当站姿与行姿。

2. 从讲台走回自己的座位,然后落座,请同学评议行姿和坐姿。根据同学的意见和建议进行改进。

身姿语包括行姿、站姿、坐姿等,是构成口语交际中说话者和听话者整体形象的重要因素。

行姿,是讲话的前奏,给听众第一印象。行走时要步履稳健而轻捷;不要慌慌张张,摇摇晃晃,拖拖沓沓。

站姿,是讲话的基本身姿之一,一般分为两种形式。一是自然式,两脚基本平行,男士两脚相距与肩同宽,女士双腿并拢;二是前进式,两脚一前一后,脚尖呈 V 字形。无论是哪种站姿,都应肩平、腰直、身正、立稳,身体重心均衡分布在两脚之间,或根据表达需要落在前脚,上身可以略微前倾;给人以亲切、进取、伟岸的形象。不要上身后仰、重心落在后脚,不要左右摇摆,不要两腿打战或轮流抖动,以免给人轻率、傲慢或慌张的感觉。

坐姿,是双向性会话式语境中听、说双方的基本身姿。任何一种坐姿都毫不掩饰地反映了人的心理状态。如抬头仰身靠在座位上,反映了倨傲不恭的心理;上身略微前倾,头部侧向说话者,是洗耳恭听的态势;上身后仰并把脚放在前面的茶几或桌子上,是放纵失礼的表现;欠身或侧身坐在椅子的一角是谦恭或拘谨的反映;翘起二郎腿不时晃动的坐姿表现了听话人的心不在焉;听话人变换坐姿流露了疲倦不耐烦或想发表意见的心态。在口语交际过程中,说话时要注意通过观察听者的身姿变换来推测对方的心理状态变化,及时调整自己的口语表达;作为听者,也可通过有意识的身姿变换,实现与对方心理沟通或调控口语交际过程。

教师的身姿语给学生以第一印象,能产生磁铁般的吸引力。教师的站姿要端正、稳健、挺直、精神饱满;弯腰驼背会让学生感到别扭压抑,精神不振。教师讲课时站累了,可将身体

重心轮换放在一条腿上，做稍息的站姿；但身体不要后仰、歪斜或左右摇摆，不要把另一条腿伸得太远或下意识地抖动；不要长时间用双手撑着讲台或将上身俯在讲台上。

课堂训练

1. 站姿训练

（1）靠墙站立法：身体背靠着墙，让头、肩、臀、脚跟都与墙面接触，这样就能体会到正确站立时身体各部位的感觉了。

（2）收腹立腰站立法：这个方法训练时要感觉头顶上有一根绳子从上面拉着你，双手叉腰，感觉身体随着绳子的拉高，努力地往上长，直到身体有绷紧的感觉。这个练习对身姿的挺拔非常有效。

（3）俯卧支撑法：先让身体面朝下俯卧，然后用手肘和脚前掌支撑起身体，使身体除小臂、手肘部和脚前掌与地面接触外，身体的其他部位都离开地面并与地面平行。这种方法可以纠正习惯性含胸、驼背、弯腰等问题，还对我们练习腹肌力量很有帮助。

2. 行姿训练

（1）平衡法：把一本书或者一个小垫子放在头顶上，视线落在前方四米左右的地方，手可以叉腰也可以自然下垂前后摆动，坚持走一段距离。反复练习，可以纠正走路时弯腰驼背或者左右摇晃的习惯。

（2）直线法：行走时两脚的距离最好相隔五厘米，可以在地上画两条平行直线，间距5厘米，然后双脚在这两条直线外侧行走。如果脚跟内侧一直踩到直线就成了外八字，如果脚尖内侧一直踩到直线就成了内八字。通过这个练习可以纠正内外八字的习惯，也可以让走姿变得更加优美。

3. 情境训练

与邻座的同学轮流扮演年长、年轻或同龄的不同身份的人，找一个话题交谈，注意对方的坐姿、站姿是否得体，对不良习惯要互相指出并予以纠正。

能力拓展

1. 按手势语提示练习下面演讲片段。

历史上真正成就伟大事业的人都是把祖国的命运（右手伸出，肘部略弯曲，头部随右手微转，眼睛注视右手指向的方向）与自己的命运（将左手伸出）紧密联系在一起（两手掌心向内合拢在一起），在他们的胸怀里（将合拢的双手分开，掌心向上），始终跳动着一颗追求至真、至善、至美的爱国之心（两手收回，右手抚胸）。

2. 给下面的句子设计相应的手势，然后表演出来。

（1）看！太阳升起来了，它光芒四射，普照人间。

（2）什么是爱？爱不是索取，而是奉献！

（3）小赵，真是好样的！

（4）中国人民是无所畏惧的，就是天塌下来，我们也顶得起。

（5）同志们，千万注意，这次实验是非常关键的一次。

（6）这种损人利己的行为，我们是坚决反对的。

（7）嫖娼、吸毒，这些旧社会遗留下来的腐朽事物，必须彻底清除！

（8）她轻轻地躺在草地上，仰望着蓝蓝的天空。

（9）高大的建筑物突然陷入地下。

（10）伸出我们的双手吧，拿出我们的智慧吧，献出我们青春的热血吧，我们是中华儿女，我们要做中华的脊梁！

3. 给《沁园春·雪》设计手势语。

沁园春·雪

毛泽东

北国风光，

千里冰封，

万里雪飘。

望长城内外，

惟余莽莽；

大河上下，

顿失滔滔。

山舞银蛇，

原驰蜡象，

欲与天公试比高。

须晴日，

看红装素裹，

分外妖娆。

江山如此多娇，

引无数英雄竞折腰。

惜秦皇汉武，

略输文采；

唐宗宋祖，

稍逊风骚。

一代天骄，

成吉思汗，

只识弯弓射大雕。

俱往矣，

数风流人物，

还看今朝。

4. 态势语综合训练。请参考态势语提示表演下面的儿歌和故事。

（1）

小 小 猪

小小猪（右手食指点鼻子成猪鼻子状），

胖乎乎（两只手拍肚子），

耳朵大来腿儿粗（两只手放头上做耳朵状），

走起路来摇尾巴（掐腰左右摇摆），

唱起歌来呼噜噜（两只手握拳转圈）。

（百度文库，http://wenku.baidu.com）

（2）
手 儿 搓 搓

手儿搓搓（双手搓动），

手指点点（一只手食指点另一只手手掌），

眼睛眨眨（双手放在眼睛旁边做眨眼动作），

头儿摇摇（双手扶头左右晃动），

我的小手多么灵巧，

我用小手玩玩玩；

变魔术喽，

一只小猪（双手手指做一的动作）鼻孔朝天（右手食指点鼻子），

两只小兔（双手手指做二的动作）蹦蹦跳跳（手放头上似兔子耳朵模仿小兔），

三只小猫（双手手指做三的动作）捋捋胡子（手放脸旁边做捋胡子动作），

四只小鸭（双手手指做四的动作）嘎嘎嘎，嘎嘎嘎，嘎嘎嘎（右手手心盖上左手手背，上下扇）。

（宝宝吧，http://www.baobao88.com/babybook/wenxue/geyao/10/0897610.html）

（3）
走路要学小花猫

走路要学小花猫（举起左手、右手，五指张开朝两侧打开），

脚步轻轻静悄悄（脚尖踮起轻轻走并且保持一定的距离）。

不要学那小螃蟹（两手侧平，手指向下摇动），

横冲直撞真糟糕（两脚向外弯步走）。

坐着要学小白鹅（昂起头，挺起胸膛），

挺起胸膛精神好（双手放好，坐姿端正）。

不要学那小青虾（两手伸高躬起），

驼着背来弯着腰（弯着腰驼着背）。

唱歌要学百灵鸟（双手张开放在嘴边），

迎着春风多美妙（头部左右摆动）。

不要学那小乌鸦（双手两侧飞舞），

张开嘴巴哇哇叫（双脚走碎步）。

（豆丁网，http://www.docin.com/p-1166284329.html）

（4）
高朋友和矮朋友

从前有一个人长得好高、好高（踮起脚尖，身体和两手尽量往上伸），他有一个朋友长得好矮、好矮（蹲下，身体缩成一团）。

矮个子叫高个子（两手合拢嘴前，呈喇叭状，抬头向上叫）："喂！上面的高个子，你好吗？"

高个子也叫矮个子（两手合拢嘴前，呈喇叭状，低头往下叫）："喂！下面的矮个子，你好吗？"

矮个子摘下帽子（蹲下身体缩成一团，假装摘帽子）说："再见，我的好朋友！"

高个子也摘下帽子（踮起脚尖，也假装摘下帽子）说："再见，我的矮朋友！"

（百度文库，http://wenku.baidu.com）

任务三 讲故事训练

案例导入

你会讲故事吗？在你讲述一个故事的时候,听众会被吸引吗？幼儿天生喜欢听故事,假如你为幼儿讲下面的童话故事,怎样才能讲得好呢？

蜗牛城的故事
冰波

有一座蜗牛城,城里住着的都是蜗牛。

蜗牛城里很安静,很干净,环境也很美。可就是有一样不好,这里的时间好像过得太快了。

城南的荷花开了,蜗牛小伙子写信请城北的蜗牛姑娘来看荷花,蜗牛姑娘立刻赶到了那里,可是没有看到荷花,而是看到梅花,因为那里已是冬天了。

城北的蜗牛姑娘请城南的蜗牛小伙子来吃葡萄。等小伙子赶到,葡萄早就没了,吃到的是冬天的青菜。

为了这些事,蜗牛们常常会吵架。后来,一个聪明的蜗牛姑娘终于明白了,不是时间过得太快,而是蜗牛爬得太慢了,联系起来很不方便。

于是,这个蜗牛姑娘就到远方爸爸那里,要了一颗花籽,这是一颗神秘的花籽。

蜗牛姑娘一回到家,就把它种了下去。种子发芽了,藤长了出来。藤很快地生长,沿着一户户人家攀爬着。

到了夏天,藤上开出许多喇叭花。每一户蜗牛家的窗户都开了一朵花。

蜗牛姑娘对着一朵花叫一声:"喂——"每一朵花里都响起了这个声音:"喂——"

蜗牛姑娘对自己说:"太棒了!"她爬到牵牛藤花的根部,开始忙起来。她忙什么呢？她在装电话,把藤的根部,改装成一部电话总机。

忙了三天,电话总机装好了,全蜗牛城的电话都可以接通。

蜗牛城里到处是牵牛花电话。有了电话,什么事都不会耽误了。

就是因为有了电话联系,城南的那个小伙子,后来和城北的那个蜗牛姑娘结婚了。

那个发明牵牛花电话的蜗牛姑娘,还是每天忙着在总机接电话。

(冰波.识字童话.长沙:湖南少年儿童出版社,2013.)

幼儿天生喜欢听故事,故事能带给幼儿丰富精彩的精神世界,在熏陶和感染中获得各方面的发展;有"故事爷爷"之称的儿童教育家孙敬修曾说:"一个生动故事的教育作用,要比单纯地要求、命令、说教效果好得多。"

讲故事是幼儿教育的重要内容,也是幼儿园教育活动中最基本的教育手段。幼儿教师一定要学会选择适合幼儿的优秀故事,学会讲故事的基本技巧。因此,会讲故事是幼儿教师必须掌握的一项基本技能,也是幼儿教育职业的基本要求。

一、 讲故事概说

（一）讲故事的内涵

故事是深受人们喜爱的一种文学样式。它情节环环相扣、循序发展,强调情节的生动性和连贯性,侧重于对事件过程的描述,较适于口头讲述。讲故事,就是把读到的、听到的或自己创编的故事,通过有声语言讲述给听众。讲故事是人们喜闻乐见的一种口语表达形式,是言语活动中最富有艺术色彩的口语形式。在幼儿园实际教育教学实践中,幼儿教师把故事中的情节用有声语言和态势语言进行戏剧化再现,讲述者通常脱稿,注重讲述者和听众的互动。简而言之,就是幼儿教师把故事讲演给幼儿听,具有表演性。

幼儿有独特的生理和心理特征,其掌握语言较少、理解力有限、注意力难以集中和持久,加上故事展现形式主要是听觉,有转瞬即逝的特点,所以,为幼儿所讲的故事即"幼儿故事"具有以下特点:主题鲜明,内容单纯;结构紧凑,篇幅短小;情节生动,富有童趣;语言生动,符合幼儿口语。幼儿故事作为一种文学形式,在幼儿园的语言教育活动中有着举足轻重的作用。

（二）讲故事对于幼儿成长的意义

幼儿在听教师讲故事的过程中学习知识、发展语言技能、陶冶情操、培养创造力和想象力等。幼儿教师讲故事技能的程度直接关系幼儿的成长和发展,甚至影响其终身。讲故事对幼儿具有教育、审美、认识、娱乐四方面的功能,具体体现在以下方面。

1. 有利于引导幼儿从自然人向社会人发展

幼儿故事对幼儿社会化(从自然人向社会人发展)起到一定作用。

首先,故事为幼儿传达出基本的社会道德规范。幼儿故事所传达的社会规范内容广泛而丰富,常用动物或物体代替人的言行,这种方式所传达的思想品德、言行规范对幼儿有潜移默化的影响。例如:《小猪请客》的故事教幼儿正确使用礼貌用语"请""谢谢""再见"等,并且学会与人交往的基本礼仪;《萝卜回来了》主要反映同伴间的相互帮助和关心。其次,幼儿可从故事中获得日常的生活知识。如《不肯洗澡的小猪》就以拟人化的方式告诉孩子要讲卫生的道理;《没有牙齿的大老虎》让幼儿明白,天天吃糖而不刷牙,牙齿会坏掉。

幼儿故事所具有的教育性,不是简单说教,而是寓于故事角色中,对幼儿进行潜移默化的教育。

2. 有利于加强幼儿的语言积累

幼儿期是语言发展的关键期和最佳期,幼儿的语言模仿能力强,词汇量增加迅速。幼儿教师的语言是幼儿直接学习的榜样,讲故事在丰富幼儿语言方面比其他形式更有优势。

幼儿教师的语言范例应为:讲普通话,语音标准;用词准确,词汇丰富;口语通顺清晰,有一定文学性,富有表现力;应适应幼儿的接受水平;语气语调生动形象,有亲切感;语言表达时应辅以儿童化的态势语。幼儿教师讲故事从内容到形式都符合以上的语言范例,成为幼儿学习语言的有效途径。所以,讲故事是实现幼儿园语言教育目标的最有效的教学形式之一。

3. 有利于丰富幼儿的知识和情感

幼儿对世界充满好奇,求知欲强,但由于其生活圈狭窄,获得的直接经验有限,而讲故事给幼儿打开了一扇窗户,可以获得知识,开阔眼界。故事所反映的各种知识以生动的形象展示给幼儿,易于幼儿接受和理解。如故事《小蝌蚪找妈妈》通过小蝌蚪一次次地找错妈妈的故事情节,为幼儿介绍了关于青蛙的知识。为幼儿讲故事不仅可以让幼儿丰富知识,开阔眼界,还可以让幼儿从不同角度认识世界,获得不同的情感体验:在《卖火柴的小女孩》中体验到同情,在《三只蝴蝶》中体验到友情。幼儿故事大多善恶、美丑鲜明,大多有圆满的结局,以让幼儿保持愉悦。

4. 有利于提高幼儿思维和想象能力

语言是思维的工具,幼儿在讲故事的语言体验中,思维能力水平也在不断发展和提高。除了形象思维外,听故事还能促进幼儿判断、分析、推理等综合能力的发展。幼儿故事《送给蛤蟆的礼物》讲的是青蛙想给蛤蟆送一件自己亲手做的生日礼物,可它却心有余而力不足,每次都剪坏,礼物不断缩小(衣服—背心—帽子—手绢),最后只送出手绢,但还是换来了蛤蟆的赞赏。在这个有趣的故事里,能让幼儿发挥想象能力和推测能力,还能感受到考虑问题要有不拘泥于一端的求变思维。

想象是幼儿的乐趣。讲故事能把幼儿带入一个个奇妙的空间,接触不同的动物、人物,为幼儿提供无限的想象空间,是培养幼儿想象力的宝贵土壤:《月亮出奔》带幼儿遨游太空,《小金鱼泡泡》带幼儿来到海底世界,《绿色的伞》把幼儿引入遥远的森林。

5. 有利于愉悦幼儿的身心

故事有助于疏导幼儿的情绪。幼儿在听故事中体验着作品中角色的自由和快乐。幼儿故事大多传达的是快乐,很多故事是纯娱乐性的,归纳不出所谓的教育功能,比如《冰淇淋宫》,讲了孩子们从各处赶来,争相吃冰淇淋的快乐场景。孩子在听这则故事时,像自己也吃了冰淇淋一样快乐。《鸭妈妈找蛋》中粗心的鸭妈妈慌张地找了一大圈蛋后才发现"今天,今天,人家还没生过蛋呢!"孩子听后多会开怀大笑。很多经典故事《谦虚过度》《小手套》《猴吃西瓜》等都能激发幼儿的快乐情绪,对幼儿的人格健全、身心健康都有积极的作用。

总之,在幼儿园讲故事是寓教于乐的有效手段。幼儿故事不仅富含丰富的知识,语言标准,而且充满童趣,幼儿易于接受,能有效促进幼儿成长。讲故事是深受孩子喜爱的一种教育形式,幼儿从中受到潜移默化的教育和启发,对于幼儿语言、思维、情感发展等,都有不可忽视的积极作用。因此,会讲故事是幼儿教育职业的基本要求,是幼儿教师的基本功。

(三)讲故事的基本要求

1. 精心选材

适宜的故事素材是讲故事成功的前提。幼儿故事的种类,按来源可分为民间故事和创作故事;按表现形式可分为文字故事、图画故事、动画故事等;按内容可分为幼儿生活故事、历史故事、人物故事、动物故事、童话故事等。不同类型的故事各具特色,需要根据不同目的、听众有针对性地选择合适的

讲故事的基本要求

故事素材。

（1）幼儿故事必须是"幼儿的"。幼儿对故事有天然的亲近感,能从中体验到快乐。在幼儿教育活动中,为幼儿讲故事,需要根据幼儿的生理和心理特征选择情感积极、主题突出、情节生动、适合幼儿接受和理解的故事。例如,《猜猜我有多爱你》《猴吃西瓜》等故事,情节简单又有波折,人物性格鲜明,线索清晰,内容连贯完整,适宜对幼儿讲述。

（2）幼儿故事必须是"文学的"。"幼儿生活有文学的需要。"幼儿故事属于儿童文学,所选择的故事要具有儿童文学的美学特质。1921年,郭沫若在《儿童文学之管见》一文中就曾指出,"儿童文学其重感情与想象二者,大抵与诗的性质相同""儿童文学当具有秋空霁月一样的澄明,然而绝不像一张白纸。儿童文学当具有晶球宝玉一样的莹澈,然而绝不像一片玻璃"。讲故事所选择的幼儿故事,也应有这些文学特质:纯真质朴,有文学趣味。幼儿在具有文学特质的故事中不仅探知世界,体验情感,还能感受到文学的魅力。例如《蜗牛城的故事》,用拟人的手法,勾勒了一座蜗牛城的唯美情境,塑造了蜗牛姑娘的形象,故事弥漫着文学味儿;李其美的生活故事《鸟树》,写幼儿园的几个小朋友把一只死了的小鸟埋进土里,并在上面插上了一株葡萄枝。在孩子们的想象中:"这棵树长大了,会开出很多很多的鸟花,鸟花结成很多很多鸟果,鸟果熟了,裂开了就会跳出很多很多的小鸟……"稚拙纯真的儿童心理自然流露,这也构成了幼儿故事纯真质朴的文学之美。优秀的幼儿故事语言规范优美、生动形象,给幼儿以文学的滋养。

（3）幼儿故事必须是"童趣的"。儿童不喜欢枯燥乏味的故事,他们需要有趣的东西。幼儿故事如果充满童趣,洋溢着趣味和欢愉之美,幼儿更愿意接受并产生共鸣。优秀的幼儿故事往往也具有游戏性,幼儿在童趣美的欣赏中达到手、脑、口并用,在快乐的童趣美中得到熏陶。例如阿·托尔斯泰的《大萝卜》,幼儿会对"拔萝卜,拔萝卜,哎呀,哎呀,拔不动"这种充满趣味的情境、富有节奏感的语言、终于拔出萝卜的快乐中获得愉悦;优秀的幼儿故事应该是快乐的,基调欢快明朗,幽默叙述,结局圆满。即使带有悲伤色彩的作品,情调也不是消沉的,而是美好和令人回味的。例如宫西达也的《我是霸王龙》,结局有些悲伤,霸王龙美好的感情未被小翼龙感知,好吃的东西也未得以分享,但仍会让孩子泪中带笑。

幼儿的发展与年龄的关系非常紧密,不同年龄段的幼儿思维和接受水平有较大差异。选择讲故事的素材时,不仅要考虑到"幼儿的""文学的""童趣的",还应考虑幼儿的年龄和心理特征。一般而言,小班幼儿（3～4岁）,思维和认知水平较低,应选择情节简单、内容单纯、形象生动带有重复内容的故事,如《三只小猪》《鸭妈妈找蛋》《月亮的味道》等;中班幼儿（4～5岁）,思维和理解水平有所发展,宜选择与幼儿生活联系紧密、情节稍曲折的故事,如《会打喷嚏的帽子》《珍珍唱歌》等。大班幼儿（5～6岁）,理解水平提高,虽以具体形象思维为主,但已经开始出现抽象的逻辑思维,所以可以选择篇幅较长、情节稍复杂的故事,如《不一样的卡梅拉》系列故事、《长发公主》等。

2. 加工再创作

讲故事不是照本宣科机械背稿,讲述者可以对选定故事的素材进行措辞上的改动,也可以根据需要对内容结构进行调整,因此讲故事相对于"原作"来说是一种加工再创作。

幼儿故事的加工再创作是把旧的材料"蜕变"成新的故事,可以说是脱胎换骨,甚至是化腐朽为神奇的再创作行为。这个再创作的过程犹如从矿藏中找到璞玉,进行一番打磨。

对选定故事素材进行加工再创作,一定要先熟悉故事内容结构并进行分析:明确它的主题思想,人物性格,人物之间的关系,人物和事件、环境的关系;掌握作品的情节结构,明确其开端、发展、高潮、结局;分析人物性格和情感随情节变化的脉络;对故事重点和难点领会和消化。

在熟悉内容的基础上根据讲述目的、场合和听众特点,对故事素材加工再创作。对故事进行再创作,并不是将故事改得面目全非,而是在尊重故事素材基本情节的前提下,根据情况调整内容结构,润色故事细节,使情节丰满富有趣味;美化故事语言,以适合幼儿欣赏。对故事的加工可以从内容和语言两方面进行。

1)幼儿故事内容的加工

(1)修枝剪叶,使其清晰完整。

有些故事内容精彩,情节富有趣味性,但故事内容太长,情节枝蔓太多,幼儿接受比较困难。对于这些故事,可以通过"修枝剪叶"的方法,保留故事的主要情节,将故事的次要情节删除或一带而过。这样可以使故事脉络清晰、主要情节不枝不蔓、故事情节的逻辑关系简单明了,内容更简短、精练、紧凑。

一些绘本故事采用双线结构,如《爷爷一定有办法》《爸爸烤的苹果派》《妹妹的大南瓜》等使故事变得立体而富有层次。但若通过语言讲给幼儿听,则容易造成混乱,需要简化或删除故事的暗线,使故事清晰明了。如《爷爷一定有办法》是图画故事中的经典,故事奇思妙想地用人类和老鼠上下双层空间,打造了两条线索。明线:爷爷为孙子做毯子——毯子小了改做外套——外套小了改做背心——背心小了改做领带——领带小了改做手帕——手帕小了改做纽扣——纽扣丢了,布料没了,孙子把这个故事写下来和大家分享。布料一天天缩小,孩子却一天天长大;暗线:爷爷剪裁剩下的布料,不断地丰富了小老鼠一家的家庭装饰、服装,小老鼠都穿上了小布头做成的衣服,那颗纽扣甚至成了老鼠家族的餐桌。若把这个故事讲给幼儿听,可以采取"修枝剪叶"的方法,将老鼠家族的情节删除或一带而过。

在对内容进行加工时应注意:幼儿在听故事时,总希望了解到事件发展的全过程,幼儿的好奇心驱使其对听到的故事刨根问底,故事情节的进展必须有头有尾,具有完整性,以满足幼儿的心理需求。

(2)添枝加叶,使其生动有趣。

生动性和趣味性是幼儿故事的情节特征。由丁幼儿的注意力容易分散和转移,平淡无奇的情节难以吸引他们,所以需要用"添枝加叶"的方法丰富故事情节,使其生动形象、新奇有趣,从而形成故事的亮点、高潮和悬念,吸引幼儿注意。

如经典图画故事《猜猜我有多爱你》,讲的是一大一小两只栗色兔子在睡觉前的一段对话,引人深思,回味无穷。原文开头如下:

栗色的小兔子想要去睡觉了,它紧紧地抓住栗色的大兔子的长耳朵,它要栗色的大兔子好好地听。它说:"猜猜我有多爱你?""噢,我大概猜不出来。"栗色的大兔子说。"有这么多。"它伸开双臂,拼命往两边张。栗色的大兔子的手臂更长,它说:"可,我爱你有这么多。""嗯,是很多。"栗色的小兔子想。

如果只讲述这则故事从"栗色的小兔子想要去睡觉了，它紧紧地抓住栗色的大兔子的长耳朵，它要栗色的大兔子好好地听"开始，情感比较突兀，孩子的注意力很难被吸引。可以把扉页中富有动感的故事情节加进去，我们注意到扉页中：小兔子骑在大兔子的后背上，大兔子像马一样迅速奔跑，小兔子则紧紧抓着大兔子的耳朵，像坐过山车一样刺激有趣。有这样一个不遗余力陪孩子游戏的大兔子，小兔子自然忍不住会问"猜猜我有多爱你?"加入此情节，使故事生动有趣，从平面走向立体，情感发展更加顺畅。

如伊索寓言中的《化妆的乌鸦》：

从前有一只乌鸦，它自以为十分美丽。不管遇到谁，它都要炫耀自己。一天，乌鸦们看到一只雏鸡，它们以前从没有见过。后来，乌鸦们又看到一只珍珠鸡，它们开始议论纷纷。当它们看到孔雀时，更是发傻了。它们觉得那只乌鸦并不是最美丽的。这时，一只狐狸出现了，它想抓住孔雀。一阵撕打后，孔雀终于逃脱了，不过羽毛都掉了一地。这时，那只乌鸦想出了一个主意。它拿起孔雀掉下的羽毛，插在自己的身上。其他乌鸦们都觉得，这是它们看到过的最漂亮的乌鸦。但那只乌鸦觉得自己已经是真正的孔雀，不屑和其他乌鸦在一起了。于是它去找其他孔雀。不过，真正的孔雀很快就识破了这只插着孔雀羽毛的乌鸦。它们拔下乌鸦身上的羽毛，乌鸦只能落荒而逃。而当乌鸦回到原来的伙伴身边时，它们也不屑和它为伍了。

这则寓言故事的故事性很强，但情节上缺少生动性和趣味性，对这只"化妆的乌鸦"的形象、行为、情感变化等描述比较简单。幼儿听起来比较枯燥，可以在故事情节上添枝加叶，增加亮点，使形象更丰富，故事更生动。

2）语言加工

语言加工是对故事加工再创作的关键一环。讲述故事之前，对语言可以从以下两个方面加工。

（1）书面语言转化为口头语言。

给幼儿讲故事，需要把过于书面化、成人化的语言转化成通俗、浅显、适合幼儿欣赏的口头语言。

故事的文本是用眼"看"的，讲故事是用"口"说的，而说出来的话是让幼儿用耳朵"听"的。这需要讲故事者做由"字"变成"话"的转化。文字故事中的书面语要准确形象地转化成口头语言，这类似于"淘米拣沙子"，把不适宜幼儿听的字、词、句挑拣出来，进行加工转化。做到"讲者顺口，听者顺耳"。如可以通过"化长为短"把难以理解的长句子化为言简意赅的短句；通过"化深为浅"把不易理解的单音节词化为响亮上口的双音节词，把晦涩的语言化为浅显的语句等。

需要注意的是，浅显不等于词汇贫乏干瘪，适合幼儿不等于"娃娃腔"。讲幼儿故事的语言应有丰富内蕴，浅而不薄、浅而有味，深入浅出。达到浅显和丰富的完美统一。

课堂训练

根据提示要求，把下面故事的书面语言改成口头语言。

野　牛

张天翼

一群野牛过境，遇见了老虎。它们立刻排成一个圆形，脸冲外，把小牛们护在圈圈中间。

它们看见一头牛带着两头小牛在旁边徘徊,就向它叫:"快来参加呀,这是大家的事!"

那头牛自言自语着:"我还自顾不暇呢,不管大家的事!"带着两头小牛就往山谷里躲。

老虎无法攻破那个圆圈阵,就扑上了山谷里的几头牛。那头牛越想越想不通,怎么别人都没事,只有它一家子要遭殃呢?后来忽然记起了一层道理,它只是长叹了一声:"命也夫,命也夫!"

老虎笑眯眯地说:"我非常赞赏你的这种人生态度。"

(张天翼.野牛.农友,2002(5).)

提示:这是一篇现代寓言故事。这则寓言的侧重点集中在离群的野牛身上。作品的针对性很强,对那些面对危难而自保的人,是讽刺揭露,也是劝说告诫。故事告诉人们:面临灾难企图侥幸自保,最终只能自取灭亡;而至死不悟又是最可悲可叹的事。但故事中的书面语言难以让幼儿接受。如"徘徊""自顾不暇""命也夫,命也夫"这些难以理解的词汇可以用浅显易懂的词汇替换;把"我非常赞赏你的这种人生态度"这样深奥的句子浅显化。

(2)静态化语言转化为动态化语言。

儿童故事作家创作时常常着重故事内容的完整性、故事情节的生动性,语言多采用静态化语言。但幼儿思维方式以具体形象思维为主,对于一些静态化的词汇和描写,理解和反应相对迟缓。这就需要把静态化语言转化为动态化语言,尽可能地把幼儿故事语言形象化、动态化,把人物形象、故事情节鲜明具体地展现在幼儿面前。

可以用"摹状"描摹事物的情状和声音,如"老山羊叫着"改为"老山羊捋着长胡子,咩——咩——咩叫着"。用具体语言描摹动物外形特征,用象声词描摹动物叫声,让幼儿有"如见其物""如闻其声"之感;用"拟人"把故事中的"物"人格化,增加趣味性;把描述性语言转化为"动作性"语言。

课堂训练

根据提示,把下面故事的静态化语言改成动态化语言。

好饿的毛毛虫

[美]艾瑞克·卡尔 郑明进 译

月光下,一颗小小的卵,躺在树叶上。一个星期天的早晨,暖暖的太阳升起来了——啪!——从卵壳里钻出一条又瘦又饿的毛毛虫。它四下寻找着可以吃的东西。

星期一,它啃穿了一个苹果,可它还是觉得饿。

星期二,它啃穿了两个梨子,可它还是觉得饿。

星期三,它啃穿了三个李子,可它还是饿。

星期四,它啃穿了四个草莓,可它还是饿得受不了。

星期五,它啃穿了五个橘子,可它还是饿呀。

星期六,他啃穿了一块巧克力蛋糕,一个冰淇淋蛋筒,一条酸黄瓜,一片瑞士奶酪,一截萨拉米香肠,一根棒棒糖,一角樱桃馅饼,一段红肠,一只杯形蛋糕,还有一块甜西瓜。到了晚上,它就胃痛起来!

第二天,又是星期天。毛毛虫啃穿了一片可爱的绿树叶,这一回它感觉好多了。

现在它一点儿也不饿了——它也不再是一条小毛虫了。它是一条胖嘟嘟的大毛虫了。

它绕着自己的身子,造了一座叫作"茧"的小房子。它在那里面待了两个多星期。

然后,它就在茧壳上啃出一个洞洞,钻了出来……

它已经是一只美丽的蝴蝶了!

（艾瑞·卡尔. 好饿的毛毛虫.郑明进,译.北京:明天出版社,2008.）

提示:这是一个充满了诗情与创意的图画故事,生动地给孩子讲述了蝴蝶是怎么演变而来的,不仅传达了知识,还传达了诗意和美。在讲述故事时,尽可能让语言和情节形象化、动态化。例如可以用"摹状"把"它啃穿了一个苹果"改为:"它啊呜,啊呜啃穿了一个苹果。"对"它已经是一只美丽的蝴蝶了!"进行动态化描述。

二、讲故事的技巧

案例导入

讲故事的技巧

根据提示,生动地讲述这则幼儿故事,谈一谈讲述故事时都用到了哪些技巧。

送给蛤蟆的礼物

（1）再过几天就是蛤蟆的生日了,青蛙想做一件衣服|作为生日礼物送给他。

这天下午,青蛙一看见蛤蟆就忍不住地说了出来:"我要送给你一件衣服,不是买的,是我自己做的。"↗(2)蛤蟆听了非常高兴。

晚上,青蛙准备好剪刀、针和线,开始做衣服。(3)可是青蛙还从来没有做过衣服呢！刚剪了几下,青蛙就叫了起来:"哎呀！坏了,坏了,(4)剪坏了！唉,看来衣服是做不成了,只能做一件背心了。"↘(5)

第二天,青蛙碰到蛤蟆的时候有点不好意思,说:"嗯,做衣服太慢了,我想还是做件背心送给你吧!"

(6)"呀,太好了!"蛤蟆高兴地叫了起来。

晚饭后,青蛙就做起了背心。(7)这次,青蛙就小心多了。可是,不知怎么的,又剪坏了。(8)现在背心也做不成了,只能做一顶帽子了。青蛙真生自己的气。"唉,算了,明天再做吧!"↘(9)青蛙气呼呼地上床睡觉去了。(10)

第二天,青蛙又碰见了蛤蟆,说:"嗯,我觉得那块布更适合做一顶帽子！我就做顶帽子送给你吧。"(11)

"听起来真不错,我喜欢帽子!"蛤蟆高兴地说。(12)

这天晚上,青蛙在动手做帽子以前,对自己说:

（1）叙述语气,语速适中。目光与听众交流。可伸一个食指示意。

（2）先摆手表示否定,再十分肯定地用手轻抚胸口,语气充满自信。

（3）伸出食指和中指,做剪刀状。两指一上一下作剪衣服状。

（4）先吃惊,后沮丧。语速稍快。

（5）两手一摊,掌心向上,无奈的表情。

（6）语速慢。表情带有歉疚。

（7）同（3）

（8）右手指背击左掌心。

（9）叹气,摇头。似在懊恼。

（10）两掌相对,放在脸的一侧。

（11）同（6）

（12）愉快的表情和语气。

"这次,你要是再剪坏了,你就是一个大笨蛋!"(13)唉,看来青蛙的运气真是糟透了,(14)因为他又剪坏了,这下连帽子也做不成了。"唉,我是世界上头号大笨蛋!"(15)青蛙自言自语地说。

第二天是蛤蟆的生日,当青蛙把一块手绢送给蛤蟆的时候,他难过得差点掉下了眼泪。(16)"哇,真漂亮! 这是我收到的最好的、最特别的生日礼物了。谢谢你!"(17)看到蛤蟆这么高兴,青蛙一点也不觉得难过了。(18)

(13) 警告的语气,用一食指指点自己的脑袋。

（14） 轻轻叹气,摇头。同(5),同情的语调。

（15） 语速快,语势强。表情自责,可用一手拍头。

（16） 低头,以显示其懊恼。

（17） 惊喜的表情和语气。两手掌心向上,似捧着手绢,两眼目光惊喜而又专注。

（18） 表情、语速带着一种欣慰。

（幼儿师范学校语文教科书．听话与说话(第二册)．北京:人民教育出版社,2004.）

注:

"．"重音号,表示重读。

"。"轻音号,表示轻读。

"↗"上滑号,表示音调上扬。

"↙"下滑号,表示音调下降。

"｜"停顿号,表示停顿。

"＿"慢读号,表示慢速。

"—"速读号表示快速。

"▲"重音轻读号,表示重音轻读。

"△"顿音号,表示一字一顿。

"⌒"连接号。只用于有标点符号的地方,表示缩短停顿时间,连起来读。

提示:这是一篇赞美友谊的童话故事——青蛙想送给蛤蟆一件亲手做的礼物,但心有余而力不足,几次失败,但最后蛤蟆收到小小的手绢时却很高兴。"礼轻情意重",真挚的友谊胜过了一切,它才是最珍贵的礼物。故事的情感基调是赞美性的,所以,讲述语言要亲切柔和,保持赞美基调,语气语调上要舒缓有致;人物形象鲜明,青蛙热情、坦诚,有时又沮丧、懊恼。蛤蟆和善、宽厚,体谅朋友。讲述时青蛙的语言要用饱满、天真的语调。蛤蟆的语言要用爽朗、真挚的语调来体现。

给幼儿讲故事如果照本宣科,平铺直叙,幼儿肯定会兴味索然。因此,在讲故事时要掌握一定的技能技巧。一个好的故事讲述者能立体地呈现故事情境,使人如闻其声、如见其形、如临其境,受到感染。能否讲好故事,关键还在于能否掌握一定的技巧。

(一)"讲演结合"技巧

讲故事即"讲演故事"。指的是幼儿教师通过讲述技巧、表演技巧把故事中的情节进行戏剧化再现,讲述者通常脱稿,注重讲述者和听众的互动。具有口语性、表演性、创造性。

“讲”和“演”是讲故事的主要手段。“讲”就是讲述，包括叙述语言和角色语言；“演”指表演，是指故事讲演者运用富有感情色彩的动作、语言、表情等把故事中的情节变化、人物形象、思想感情、环境气氛等形象地表达（表演）出来，使听者如闻其声、如见其形、如临其境。

1.“讲”的技巧

（1）叙述语言和角色语言的区分

讲述故事时，语言要清晰准确、生动形象，符合故事情境。要注意叙述语言和角色语言的区分。

“叙述语言”指人物语言之外的叙述性语言，主要交代故事的基本要素。在讲述时，既要保持讲故事者作为旁观者的客观性，声音自然平稳，又要随情节起伏变化，体现对故事中人物和事件的褒贬态度。

“角色语言”指故事中人物的语言。讲述时应有故事人物的“角色”感，做到声如其人。抓住人物个性，把握角色语言行为、心理活动、思想变化等，运用不同的音色、音调、语气和语速等各种语音技巧来表现人物，努力做到“语不传神誓不休”。

（2）叙述语言和角色语言的转换

讲好故事，在处理好叙述语言和角色语言区别的同时，还要注意叙述语言和角色语言的自然转换：第一，能自如地在角色之间互相转换；第二，能自如地“进入角色”表现人物，自如地“退出角色”叙述故事。

如故事《一头学问渊博的猪》，其中有一头愚昧无知的猪，一只有主见的八哥。猪、八哥、叙述者，三者要不断进行转换。

猪：在故事里好吃懒做、愚昧无知。可模仿猪的声音，适当放慢语速，以表现其反应迟钝；噘嘴说话，把发声的位置后移到舌根，让声音粗重含糊，达到近似于猪的声音效果。

八哥：在故事里善于质疑、有主见。声音尖细、灵活轻快一些，语速快且稳重。

叙述者：要平实自然，根据相应内容调整语气语调。避免从上一个角色里退步出来有“跟风”现象。

猪、八哥、叙述者这三者在相互转换时要“进得去，出得来”，不能“拖泥带水”，更不能相互混淆。

总体而言，叙述语言的语气语调要客观，自然平稳；角色语言要有“角色感”，生动传神。两者既要形成对比，又要相互映衬，转换自然。

课堂训练

根据提示要求，运用“讲”的技巧，讲述下面的幼儿故事。

会打喷嚏的帽子

蔺力

魔术团里，有一位老爷爷，老爷爷有一顶奇怪的帽子。他朝帽子吹一口气，里面就会变出许多好吃的东西来，有糖果、蛋糕，还有苹果……

“嗨！把这顶帽子偷来，该有多好！”

这话谁说的？嗯，是几只耗子说的。晚上，它们就悄悄地溜到老爷爷家里去了。

老爷爷正睡着呢,那顶奇怪的帽子,没放在柜子里,也没放在箱子里。在哪里呢? 就盖在老爷爷的脸上。

"好啦,我看还是叫小耗子去偷最合适,它个子小,脚步又轻。"大耗子挤挤小眼睛说。

"吱……"小耗子害怕地尖叫起来,"我不去! 我怕'呼噜',你们没听见,奇怪的帽子里藏着一个呼噜,它叫起来,地板窗户都会动的,吓人!"

可不是,老爷爷在打呼噜,呼噜呼噜,像打雷似的。大耗子叫黑耗子去偷,黑耗子不敢,叫灰耗子偷,灰耗子也不敢;反正叫谁去偷,谁都说"不敢"。

大耗子生气了,摸摸长胡子说:"好啦! 好啦! 都是胆小鬼,你们不去,我去。等会儿,我偷来了帽子变出许多好吃的东西来,你们可别流口水。"

话是这么说,其实,大耗子心里也挺害怕,它一步一抬头,防着帽子里的那个呼噜突然钻出来咬它。也真巧,它刚走到老爷爷床跟前的时候,呼噜不响了。这下,大耗子可得意啦,原来呼噜怕我呀! 它轻轻一跳,跳上了床,爬到老爷爷的枕头旁边,用尖鼻子闻了闻那顶帽子,喷喷,好香哟,有糖果的味儿、蛋糕的味儿……快! 快! 它把尾巴伸到帽子底下去,想用尾巴把帽子顶起来……咦,这是怎么啦? 尾巴伸到一个小窟窿里去了……哎呀,什么小窟窿,是老爷爷的鼻孔啊!

"阿嚏——"老爷爷觉得鼻孔痒痒的,打了个大大的喷嚏,吓得大耗子连滚带爬,一口气跑到门口,对它的伙伴说:"快跑,快跑!"

耗子们闹不清是怎么回事,跟着它跑啊,跑出好远,才停下来。它们问大耗子:"这是怎么回事啦? 你偷来的帽子呢?"

大耗子说:"帽子里藏着一个阿嚏,这个阿嚏可比呼噜厉害多了。你们一碰它,它就轰你一炮,要不是我跑得快,差点儿给炸死啦。"

(幼儿师范学校语文教科书. 幼儿文学. 北京:人民教育出版社,2005.)

提示:《会打喷嚏的帽子》是一个会逗得孩子们哈哈大笑的童话故事,一群馋嘴的小耗子想偷会变出各种好吃东西的神奇帽子,结果被老爷爷的一个喷嚏吓得四处逃窜。语言风趣幽默,又含有讽刺意味,令人发笑。在处理叙述语言时,基本语调是风趣、幽默。声音既要自然平稳,又要表现讲故事者的感情态度;故事中的角色滑稽可爱,大耗子地位较高并且狡猾奸诈,角色语言应是:表面威严,装腔作势,蛮横奸诈,语音较粗,语速稍快。小耗子天真可爱,角色语言设计时,注意把握其天真稚嫩,声音尖细;叙述语言和角色语言转换要自然。

2."演"的技巧

"演"主要通过语音造型、态势语来表现。

(1)通过语音造型进行"演"

在故事讲演中,需要对声音进行造型设计即语音造型。语音造型要求清晰准确、生动鲜活、富有趣味。故事的角色有不同年龄、性别、身份和性格特点,在故事发展中性格、心理和情感不断发生变化,要用不同音色、语气、语调塑造不同语音造型。语音造型贵在神似,可以夸张变形。

典型的语音造型对于揭示角色性格、心理活动有不可替代的作用。如故事《一只小手套》很有趣,讲的是小耗子、青蛙、兔子、狐狸、野猪等动物一个接一个地钻进一只小手套中,故事用重复的对话刻画了不同的角色。

"谁呀，谁在手套里？"

"我呀，我是……你是谁啊？"

可以根据不同角色的生理（外形、性情等）特征进行语音造型设计：小耗子（尖细）、青蛙（跳字，可咧开嘴说话）、兔子（温和娇嫩）、狐狸（华丽高音，尖细，带甩调）、野猪（粗重含糊，噘嘴说话，发声位置后移至舌根部），同时可以加入各种动物的叫声或笑声。

课堂训练

根据提示要求，设计下列故事中角色的语音造型并讲述这个幼儿故事。

鸭妈妈找蛋

鸭妈妈，生鸭蛋，那鸭蛋像大姑娘的脸蛋。谁见了都说："啊，多么可爱的鸭蛋！"鸭妈妈听了，乐得"呷，呷，呷"地叫："嗯，这是我生的蛋啊！"

《鸭妈妈找蛋》范读

可是，鸭妈妈有个毛病：不在窝里生蛋，它走到哪里，要生蛋了，就生在哪里，所以它常常找不到自己生的蛋。

有一天傍晚，鸭妈妈又忘了在哪儿生的蛋了，它在院子里跑来跑去，怎么也找不到，就问母鸡："鸡大姐，您看见我的蛋吗？您拾过我的蛋吗？"

母鸡说："我没看见呀！"

鸭妈妈赶紧跑出院子，正碰上老山羊带着小山羊回来了。鸭妈妈忙问老山羊："羊大叔，您看见我的蛋吗？您拾过我的蛋吗？"

老山羊说："我没拾过你的蛋呀！你到池塘边去找找看。"鸭妈妈奔到池塘边，找了好一阵子，还是没找着，只好回到院子里。它看见黄牛回来了，就问黄牛："牛大伯，您看见我的蛋吗？您拾过我的蛋吗？"

黄牛说："我可没见过你的蛋，也没拾过你的蛋。你老是丢三落四的，这可不好啊！"

鸭妈妈叹了一口气说："唉！我忙得很呢，要游泳，要捉小鱼小虾，还要下蛋……一忙，就记不清蛋生在哪儿了。"

黄牛说："你说你忙，我呢？耕地，拉车，磨面粉，可不像你那样丢三落四的。"

母鸡说："我也生蛋呀，可我都生在窝里，可不像你天天要找蛋。"

山羊说："你呀，做事不用脑子！"

鸭妈妈拍了拍脑袋，说："啊，啊，不是我不用脑子，一定是我的脑子有毛病。"

山羊、黄牛和母鸡一起劝鸭妈妈："你别着急，好好儿想想：你今天到过哪些地方？到底在哪里生了蛋？"

鸭妈妈低下头，从大清早出窝想起——池塘边吗？没生过蛋；草地上吗？也没生过蛋；小树林里吗？根本没去玩儿过。

"啊，啊！"鸭妈妈想起来了，她很难为情地说，"今天，今天，我还没生过蛋呢！"

（幼儿师范学校语文教科书·听话与说话（第二册）.北京：人民教育出版社，2004.）

提示：这篇童话塑造了鸭妈妈、母鸡、老山羊、黄牛的形象。在设计语音造型时，应把握角色的生理特征、年龄特征、性格特征，以及在故事中情绪心理的变化。通过独特的语音造型赋予角色以活力，使故事栩栩如生，富有感染力。

鸭妈妈语音造型设计，根据其生理特征，可用鼻音加沙哑的特征来表现；根据其粗心大意、丢三落四，同时爱高声谈论的形象，声音应该高而扁，有一些"嗲"；在处理几个重复的对

话时,要根据情节仔细体会它在不同阶段的内心活动,通过音色、语气、语调、音量、速度等的明显变化,表现出鸭妈妈的心理状态。母鸡的声音柔和细腻,平和真诚。老山羊的声音直率坦诚,语速较快,可以加上咳嗽;黄牛要粗拙低沉,缓慢有力。

（2）通过态势语进行"演"

要把故事讲好,还需要通过态势语来演。态势语是有声语言的辅助手段。讲故事时恰当地运用动作、表情、姿态,特别是面部表情、眼神和手势,既能展现故事情境,增加感染性和生动性,又能引起听众注意。在讲演故事中,态势语要生动形象,符合故事表达的情感、与故事中人物(年龄、性格、心理、情绪等)相协调;随着故事的发展而变化,能与有声语言整体和谐,做到话到、眼到、手势动作到,不可提前或滞后于语言,才能达到良好的表现效果。同时要注意,态势语的运用要自然得体,切不可生硬做作。

态势语分两种:角色态势语、叙述性态势语。角色态势语要求夸张、生动形象。叙述性态势语要求恰当自然,有感染力和说明性。

例如,根据黄瑞云寓言改编的一篇儿童故事《一头学问渊博的猪》。故事通过一只自认为学问渊博的猪,与一只来访的八哥的对话,由八哥之口讽刺了那只自鸣得意的猪。从侧面揭露了那些不懂装懂的人,也说明拥有书本并不意味着掌握知识的道理。讲好这个故事,必须把握好态势语。叙述性态势语要能说明故事情境,有感染力,体现出对猪的批判和嘲讽;八哥处处表现出对猪的鄙夷和蔑视,而猪却时时表现它的无知和傲气。所以设计这两个角色的态势语时,注意将两个形象进行对比,反映二者的差异。具体态势语设计如下。

一头"学问渊博"的猪

黄瑞云

一头绝顶聪明的猪,①住在一个非常出名的图书馆的院子里。②它深信自己由于多年图书馆的生涯,③已经成了渊博的学者。④

有一天,一只八哥来访。这头猪立即按照惯例,对客人进行自我介绍。

"朋友,相信我吧!"它说,"我在这个图书馆里待的时间很长了,我对这儿的沟渠、粪坑、垃圾堆,都有着深刻的了解,甚至屋后山坡上的墓穴都拱翻了好几个。谁要是想在这个图书馆得到知识而不找我,那他是白跑了一趟。"⑤

八哥说:"你所说的都是图书馆外面的事,那里面的东西也了解吗?"⑥

"里面?"这头学问渊博的猪说,"那我最清楚不过了。里面无非是一些木架子,上面堆满了各色各样的书。"⑦

"你对那些书也了解吗?"八哥问。

"怎么不了解呢?"这位渊博的学者说,"那是最没意思的了。它们既没有什么香气,也没有什么臭气,我咀嚼过好几本,也谈不上有什么味道,干巴巴的,连一点儿水分也没有。"⑧

"可是人们老在里面待着,据说他们在里面探求知识的宝藏呢!"八哥又说。⑨

"人们? 你说他们干什么!"这位猪学者说,"他们确实是那样想的,想在书里找点什么东西。我常常看到许多人把那些书翻来翻去,结果什么也没有得到,仍然把书丢在架子上又走了。我保证他们在里面连糠渣菜叶都没有得到一点,还谈什么宝藏! 我从不做那种蠢事。与其花时间去啃书本,还不如到垃圾堆翻几个烂萝卜啃啃。"⑩

"算了吧，我的学者！"八哥说，"一个从垃圾堆里啃烂萝卜的嘴巴，来谈论书本上的事，是不大相宜的。还是去啃你的烂萝卜吧！"⑪

（黄瑞云.一头"学问渊博"的猪.全国优秀作文选.小学综合阅读.2010（4）.）

态势语设计：

① 右手伸出一只手指，在身体一侧。

② 手指指向身前，眼往远处看。

③ 右手掌放胸前。

④ 右手大拇指指向自己。

⑤ 讲述这段角色语言时，重点是面部表情和眼神表现出傲气。

说"朋友，相信我吧"时右手掌放胸前。

说"甚至屋后山坡上的墓穴都拱翻了好几个"时右手握拳，大拇指指向右肩上方。

说"谁要是想在这个图书馆得到知识而不找我"时右手大拇指指向自己。

⑥ 面部表情和眼神表现出质疑。

⑦ 面部表情和眼神表现出不容置疑。右手握拳，食指指向右前方。

⑧ 嘴做咀嚼状，并且发出品味声。面部表情和眼神表现出无所不知的傲慢表情。

⑨ 面部表情和眼神表现出质疑。

⑩ 面部表情和眼神表现出嘲笑、自鸣得意。仰头、下巴上扬，眼睛斜视，每说一句话都发出轻蔑的嘲笑声。

⑪ 面部表情和眼神表现出鄙视、鄙夷和嘲笑。最后右手迅速向右甩。

课堂训练

根据提示要求，运用态势语"演"的技巧，讲述下面的幼儿故事。

鹅大哥出门

鹅大哥一摇一摆地走出门去，走到池塘边，看见自己的倒影，心里乐滋滋地说："瞧，我多漂亮啊，红红的帽子，雪白的羽毛，谁也比不上！"

鹅大哥真神气，大步大步往前走。看见一群小鸡，它大声嚷嚷："让开，让开！你们这些小东西。"看见一群小鸭，又大声嚷嚷："走开，走开！你们这些小不点儿。"

鹅大哥越来越神气，它把胸脯挺得高高的，脑袋抬得高高的，眼睛望着天，连前面有个大泥坑也没看见，"扑通"一声，掉进了泥坑里。

大白鹅变成了大黑鹅，这一下，它可就不神气了！

（幼儿自主探究课程.长春：东北师范大学出版社.）

提示： 这个故事讲述了一只大白鹅骄傲不懂礼貌的故事。设计态势语时应把握大白鹅的骄傲个性，动作可适度夸张，昂首挺胸，下巴上扬，眼神傲慢。讲这个故事面部表情和眼神最为重要。在讲演时注意动作、表情、语调融为一体。

（二）创设情境的技巧

讲故事需要创设一定情境，才能加强故事的感染效果。创设情境可以采取以下方式。

1. 运用多媒体技术创设情境

幼儿对声音比较敏感，如果故事配上相应音乐，如动物摔倒的特殊音响，老虎叫声等会增加故事趣味;讲故事同时配上图画或动画会加强故事的直观性。

例如,图画故事《母鸡萝丝去散步》用不动声色的文字和妙趣横生的图画讲述了一只母鸡的散步过程:"母鸡萝丝出门去散步/它走过院子/绕过池塘/越过干草堆/经过磨坊/穿过篱笆/钻过蜜蜂房/按时回到家吃晚饭。"整个故事只有 44 个汉字,全文连一个标点符号都没有。讲述这个故事若配上图片和相应的声音效果会更有趣。如"绕过池塘"情节,配上原图,狐狸向母鸡扑去掉进了池塘里,这时可以配上"扑通"落水的音响效果。

2. 用教具创设情境

讲故事前可设计相应教具、手偶、头饰等辅助材料,创设虚拟的情境,让幼儿体验故事中的快乐。如讲《鳄鱼怕怕 牙医怕怕》时,可以拿鳄鱼手偶,展现鳄鱼和牙医相互害怕,妙趣横生的情境。

3. 与听众互动

讲述故事切忌"独角戏",应该把听众带到故事情境中。讲述过程中注意通过目光、语言等与听众进行交流,或者通过简单提问的方式让幼儿成为故事的旁观者或参与者,而不是局外人。

课堂训练

如果你讲述下面这则故事,可以用什么方法增加与幼儿的互动呢?

小狐狸送被子

佚名

西北风呼呼地吼着。小狐狸住在温暖的家里,看到窗外飘着鹅毛似的雪片,小狐狸想到了它那些好朋友,怕它们会挨冻。于是,它就抱着一条新被子出了门。

小狐狸冒着雪花,跑到小青蛙家门前:"小青蛙!小青蛙!天冷了,我给你们送被子来了。"小青蛙听到喊声,探出小脑袋:"小狐狸,谢谢你。我们住在地下室,冬天暖,夏天凉,西北风吹不进来。"

小狐狸放心了,又抱着被子来到池塘边:"小鲤鱼!小鲤鱼!结冰了,我给你送被子来了!"小鲤鱼抬起了小脑袋,感激地说:"小狐狸,谢谢你!池塘里结冰了,太阳照得进来,冷风吹不进来,我们一点也不冷!"

小狐狸放心了,又抱着被子来到麦地里:"小麦苗!小麦苗!你们睡在露天里,实在太可怜!可惜我的被子小,遮不住,盖不严,这可怎么办呢?"

小麦苗笑弯了腰,感谢小狐狸说:"雪花盖在身上,像条大厚被。"

小狐狸放心了,夹着被子回去了。

(小狐狸送被子.成都:电子科技大学出版社,1994.)

提示:这篇童话故事描述了一个关心朋友、乐于助人的小狐狸形象,也从侧面讲述了动物如何过冬的知识。讲述时可以通过提问方式让幼儿参与,也可以让幼儿直接参与到故事讲述中:讲到小狐狸冒着雪花,跑到小青蛙家门前时,讲述者可以发动幼儿一起站着,身体前倾,手放到嘴边,做喇叭状,喊:"小青蛙!小青蛙!天冷了,我给你们送被子来了。"这样互动增强了故事的游戏性和趣味性。

4. 用口技模仿创设情境

讲故事中适当运用口技模仿自然界的风声、雨声、流水声等；模仿动物的叫声、人类的哭声、笑声、喷嚏声、哈欠声、叹息声等。通过惟妙惟肖的口技模仿渲染气氛，增强真实感和形象性。

课堂训练

请讲述下面故事，注意通过口技模仿创设故事情境。

唱 歌 比 赛

张成新

有一天，小鸡、小鸭、小狗、小羊和小猫举行唱歌比赛，它们请小白兔做评判员。小鸡第一个唱，它轻轻地走上台："叽叽 叽，叽叽 叽。"小白兔说："小鸡唱得太轻了。"小鸭子接着唱歌，它摇摇摆摆地走上台，大声地唱："嘎嘎嘎，嘎嘎嘎。"小白兔说："小鸭唱得太响了。"小狗说："我来唱。"它急急忙忙地跑上台："汪汪汪，汪汪汪。"小白兔说："小狗唱得太快了。"小羊说："我来唱。"它慢吞吞地走上台："咩—咩—"小白兔说："小羊唱得太慢了。"最后轮到小猫唱，小猫不慌不忙地走到台中间："喵，喵，喵。"小白兔说："小猫唱得不快也不慢，声音不大也不小，好听极了，小猫应该得第一名。"

（张成新.唱歌比赛.中文自修，2013(3).）

提示：唱歌比赛中小动物们唱歌的音色、音量、语调、语速各不相同。讲述这个故事可以用口技模仿创设故事情境，模仿小鸡轻轻地"叽叽叽，叽叽叽"、小鸭子大声地"嘎嘎嘎，嘎嘎嘎"、小狗急急地"汪汪汪，汪汪汪"、小羊慢慢地"咩—咩—"、小猫不紧不慢地"喵，喵，喵"。这样既增强故事生动性和感染力，又能增强真实感。

三、讲故事的指导与训练

案例导入

综合运用讲故事技巧，讲演下面这个幼儿故事，谈一谈讲故事还需要注意哪些问题？

灰 狼 照 相

刘喜成

一天，灰狼在路旁捡到一本很厚的书，它翻开书，正好看到一句关于"灰狼"的话，上面写道：灰狼长着又凶又丑的嘴脸，难看极了……

灰狼不服气，送了许多钱给特级摄影师——黑熊，请黑熊给它拍一张看上去非常美丽非常善良的照片。它要拿这张照片登在《动物天地》报上。

黑熊皱着眉毛摇摇头说："亲爱的灰狼先生，您别生气，您实在是非常难看，怕拍不好。瞧您那双眼睛，太凶了！"

灰狼赶紧把眼睛眯成一条缝说："这样，不就行了吗？"

"您那副牙齿，又尖又长，太吓人了。"

灰狼赶紧把嘴巴闭上，从鼻子里哼哼地说："这样就看不见牙齿了。"它摆了个姿势，催黑熊："快拍照，快拍照——"

黑熊叹口气说："好吧！不过您得微微一笑。当然，不能睁开眼睛，也不能露出牙齿。"

"这，这太难了，我从小就没笑过。"

"您试试，心里想着一件您觉得顶高兴的事，脸上就会露出笑容来。"

灰狼点点头说："这倒好办，准备，我在想顶高兴的事了，一、二、……"

咔嚓，黑熊立刻拍出一张彩色照片来。

"天哪，我说灰狼啊，刚才您在想什么顶高兴的事？看，您的样子多可怕！"

"我在想昨天捉了一只兔子，又嫩又肥真好吃，这是顶高兴的事。"

嘿，灰狼在想吃兔子的事，那表情还不可怕吗？黑熊说："得了，钱全退给你，你走吧！"说完话，憋一肚子气回屋里去了。是嘛，它从开照相馆以来，从来没有拍过这么难看的照片。

（刘喜成.灰狼照相.幼儿文学报.）

讲故事是一个综合的口语表达过程。需要选择故事文本、加工文本，最后通过"讲""演"技巧表演出来。除了这些，还需要抓住几个必要环节。

（一）熟记故事，做到脱稿

讲故事是运用口语把故事情节完整地讲述出来。讲故事重在"讲"，假如对着书本或稿子念，就不是"讲故事"而是"朗读故事"，自然也达不到相应的艺术效果。实际上，朗读故事不便运用态势语技巧，会影响与听众的交流，妨碍故事讲述者的艺术发挥。所以应该熟记故事情节，做到脱稿讲故事：记住故事的题目、角色、环境、基本情节等，还要熟悉角色语言及特点等，做到熟能生巧，应对自如。

熟记一个故事，先要分析它的结构，根据结构特点，顺着故事线索去记忆会达到事半功倍的效果。结构是文学作品内容的组织构造，了解故事的基本结构有利于熟记故事。优秀的幼儿故事条理清晰，有固定的结构模式。

一是纵式结构：按事件发展的自然进程和时间先后顺序安排内容。一般围绕一个中心人物，沿着一条线索讲述。如《鸭妈妈找蛋》是典型的纵式结构，故事以鸭妈妈为中心人物，沿着"找鸭蛋"这一线索发展：鸭妈妈又找不到自己生的蛋了—询问母鸡—询问山羊—询问黄牛—发现今天还没生蛋。

二是横式结构：把前后没有直接联系的情节或者生活场景平列安排，从不同侧面和角度共同表现主题。这种模式一般是围绕同一个主题，叙述几个小故事。如任溶溶创作的生活故事《我是哥哥》，故事用哥哥叠被扫地、打针吃药、做错事后认错这几个事例，说明年龄小的孩子爱模仿年龄大的孩子，作为哥哥，应为弟弟妹妹树立好榜样。这个故事中，几件事情没有太大联系性，却可以从几个角度来共同表现主题。

三是串联式结构：以事件或人物为线索，把几个相对独立但又有内在联系的事件连缀成一个有机的故事整体。这种串联式结构中一个个事件或小故事像一颗颗珍珠，通过一个线索把颗颗珍珠串联在一起，从几个方面表现一个主题。如《三只小猪》，讲三只小猪盖房子，老大盖草房子，老二盖木头房子，老三盖石头房子。最后面对大灰狼的入侵，分别有不同的结果。

课堂训练

阅读并分析这则童话故事的结构，梳理情节发展线索，试着以最快的速度记忆。

大 皮 鞋 船

胡木仁

吱吱！吱吱！几只小老鼠在河边玩耍。一只小老鼠说："要是有只小船，我坐着划划，多好玩呀！"小老鼠一听，都说主意不错，大家围在一起，商量起来。

"啊，有了！我们去偷只大皮鞋。"一只小老鼠说。"太妙了！"小老鼠悄悄地溜进一间屋子。嗨哟！嗨哟！它们抬来了一只大皮鞋。

大皮鞋放进小河里，小老鼠你挤我，我挤你，把大皮鞋挤得满满的。大皮鞋像一只小船，随着河水，向前漂去。小老鼠高兴得大喊大叫："真好玩儿！真好玩儿！"大皮鞋漂呀漂呀，漂了很远很远。

小老鼠很久没有吃东西了，肚子饿得咕咕直叫。有只小老鼠忍不住了，偷偷地啃了一口皮鞋："好吃！好吃！"小老鼠一听，全都乐了，想不到大皮鞋又好玩又好吃。你啃一口，它啃一口。一下子，皮鞋被啃了一个大洞！哗！哗！大皮鞋进水啦！

白花花的水直往里涌。小老鼠慌了，东窜西窜。大皮鞋翻了，底儿朝天。小老鼠都被大皮鞋扣在水里。咕隆隆！咕隆隆！水面上，冒出一个个水泡泡。

（胡木仁.大皮鞋船.小学生导刊,2012(12)）

提示：童话刻画了一群贪玩又贪吃的小老鼠形象，幽默生动，让人忍俊不禁。小老鼠们抬来一只大皮鞋，放进小河里就成了小船，小老鼠们坐在"船"里玩得很开心。肚子饿了，就啃起了大皮鞋，皮鞋被啃了一个大洞，不一会儿皮鞋船就翻了，小老鼠们都掉进了水里。这是一个典型的横式结构，可以抓住情节线索进行记忆。

（二）处理好开头和结尾

故事的开头一定要有吸引力，能引起听众的兴趣和欲望。如果是开头平淡的故事，可以适当设计一个好的开头。故事开头应根据故事内容进行设计，可以用介绍式、议论式、提问式、开门见山式、悬念式等，如《猴吃西瓜》的开头可以设计为"大家都知道西瓜是吃瓤而不是吃皮儿的。可是猴子王国的猴子们是不是知道呢？下面啊，我就给你们讲一个《猴吃西瓜》的故事"。

每个故事都有个结尾，讲故事的人有时可以使用原有结尾，有时需要根据故事内容和听众的情况对结尾进行加工处理，使故事有结束感，使听众有所思索，富有意味。故事结尾的方法，可以视故事内容和目的而定，可以在高潮处结尾，言尽而意不绝；也可以提问式结尾、总结式结尾、尾声式结尾等。

课堂训练

阅读下面的故事，为其设计开头和结尾。

冰 淇 淋 宫

贾尼·罗大里

从前，在波伦亚的一个广场上，有一座冰淇淋宫，孩子们都打老远来舔它一口。

宫顶是奶皮贴成的,烟囱是果脯做成的,烟囱里冒出来的烟是棉花糖。剩下的都是冰淇淋做的:冰淇淋的门,冰淇淋的墙,冰淇淋的家具。

一个很小的孩子坐在一张桌子跟前,一口一口地舔着桌腿,直到桌子塌下来,桌上的盘子都扣到他身上。那些盘子是巧克力冰淇淋做的,是最好吃的。没过多久,一个警卫发现一扇窗户开始化了。草莓冰淇淋做的玻璃眼看就要化成粉红色的糨糊了。

"快点吃啊!"警卫喊了起来,"还得再快点!"下面所有的人都使劲儿地舔着,好让整个杰作一滴都不糟蹋。"来一把椅子!"一个小老太太被裹在人群里挤不动,"给我一把椅子吧!最好是带扶手的!"一位热心的消防队员拿来一把开心果奶油冰淇淋椅子。老太太美滋滋的,开始一口一口地从扶手舔了起来。

那天是一个热闹非凡的日子,由于大夫们照顾得好,没有一个人闹肚子。直到现在,每当孩子们吃完冰淇淋还要的时候,家长们都会感叹地说:"唉,为了你,得买一整座冰淇淋宫——就像波伦亚当年那座一样大的冰淇淋宫。"

(贾尼·罗大里. 罗大里经典作品. 北京:接力出版社,2006.)

提示:这个充满童趣的故事,用夸张的手法,表现了人们快乐地吃冰淇淋的场景。开头设计要有一定吸引力,抓住幼儿注意力。可以用提问式直截了当问"你喜欢吃冰淇淋吗?你都吃过什么样的冰淇淋……"结尾设计要舒缓,让幼儿在冰淇淋宫欢乐场景中回味。

(三) 设计讲故事说明

初学讲故事需要对故事反复锤炼、练习讲演。一则故事,每次试讲都会有一些新的体验和想法,如何才能把这些体验和想法集中为讲故事服务呢?设计讲故事说明是一个不错的方法。讲故事说明包括朗诵说明和态势语说明。

为便于把握语气语调,需要为故事设计故事朗诵符号或说明,称为朗诵说明。在前面的朗读基础知识学习中已介绍一些常规的朗读符号。但由于故事讲演的特殊性,常规的朗读符号难以满足故事朗读的需要。还要根据讲故事的需要自己设计相应符号。如:在《没有牙齿的大老虎》中狐狸去给老虎送糖时说"啊,尊敬的大王,我给您带来了世界上最好吃的东西——糖。"为体现狐狸的特征,表现出其献媚讨好的语气,对感叹词"啊"的处理很关键,需要处理得语调拉长、曲折变化并进行变声,可以用一个"≈"表示,姑且称其为曲折号。

根据故事揣摩态势语,并通过说明或符号记录下来,称为态势语说明。

课堂训练

仔细揣摩《河马治病》一文中标注的讲故事说明,为童话《小猪的幸运一天》设计讲故事说明,并进行标注。

《河马治病》是一篇有趣的童话故事。故事中的小猪看不到自己的缺点,当看到别人的缺点时才反省到自己的问题,所谓"见贤而思齐焉,见不贤而自省焉"就是这个道理。这则故事叙述语言较多,要注意平缓准确。个别词语体现出轻重、快慢、高低的变化即可。在语音造型上,河马爷爷的声音要苍老、缓慢、有力;小猪的声音要憨粗、稚嫩。

河马治病

小猪最爱哭，一哭起来|就没完没了。

小羊，小狗，小兔都很关心小猪。它们替它请过很多很多医生，可是↗|请来的医生都治不好小猪爱哭的毛病。↘

这天，小猪在雪地里摔了一跤，又哭开了。

(1) 小羊，⌒小狗，⌒小兔跑上前去劝小猪，可是小猪理也不理，还是捂着眼睛不停地"呜|呜|呜"。

小羊，⌒小狗，⌒小兔真着急呀。↘

(1) 两手握拳在眼前，一前一后转动，作哭状。

(2) 这事|让河马爷爷知道了。它说："好，让我给小猪|治治病吧。"

(2) 河马爷爷的声音要苍老缓慢。

(3) 河马爷爷先在小羊，⌒小狗，⌒小兔耳边悄悄讲了几句话，然后来到小猪身旁。

(3) 单手放嘴边，身子转向一侧，作说悄悄话之态。

(4) 河马爷爷张开嘴巴，"哇哇哇"放声大哭起来。河马爷爷的嘴巴那么大，整个山林|都听到了它的哭声。

(4) 哭声要渐强，嘴巴要张大。

(5) 小猪从来没听过这种哭声，吓得一把抓住河马爷爷问："河马爷爷，这是什么声音？↗怎么这么难听？"

河马爷爷说："这是我的哭声。"↘

(5) 两手作抓住状，小猪的声音要低弱、颤抖，表现内心的紧张害怕。

(6) 小猪说："哭声这么难听，那我以后再也不哭了。"

(6) 表情严肃认真。

(7) 河马爷爷和小羊、小狗、小兔听了小猪的话，都会心地笑了。

(7) 面带微笑，语调欣慰。

(http://www.doc88.com/p-052288863649.html，有改动)

我的幸运一天

[日]庆子·凯萨兹

一只饥饿的狐狸正准备出门找午餐，突然，外面传来一阵敲门声。狐狸打开门，门口竟站着一只小肥猪。

"哎呀，我找错门了，我以为是兔子的家呢！"

"没错，你来得正是时候！"

狐狸把小猪狠狠地拖进屋里，大声叫道："这真是我幸运的一天！我要吃一顿香喷喷的烤猪肉，现在，你乖乖地躺到烤锅里去吧！"

挣扎是没有用的，于是，小猪说："听你的安排吧。不过，我很脏哦，在你吃掉我之前，就不想把我洗得干净一点吗？"于是，狐狸忙起来了，它抬来了树枝、生起了火，再到河边去提水，然后，给小猪洗了一个痛痛快快的热水澡。狐狸说："好啦，现在你是全村最干净的小猪了，快给我躺到烤锅里去吧！"

挣扎是没有用的，于是，小猪说："听你的安排吧。不过，我太小了，在你吃掉我之前，就不想喂饱我，让我长得胖一点吗？"于是，狐狸忙起来了。它摘来西红柿，做了通心粉，还烤了一炉金黄色的小甜饼。小猪大大咧咧地吃了一顿丰盛的午餐。狐狸说:"好啦,现在你是全村最肥的小猪了,快给我躺到烤锅里去吧!"

挣扎是没有用的,于是,小猪说:"听你的安排吧。不过,我是一只勤劳的小猪,我的肉一定特别硬。在你吃掉我之前,就不想先给我按摩一下,让自己吃上更嫩一点的烤肉吗?"于是,狐狸忙起来了。它让小猪坐在木椅子上,为小猪捏捏头、松松肩、拉拉腿,小猪舒服得直哼哼。狐狸说:"好啦,现在你是全村最柔软的小猪了,快给我躺到烤锅里去吧!"

"那好吧,不过,这些日子我的确太累了。你看,我的背还有点僵硬,你能再用力替我按摩一下吗? 对,就这样,再用点力气!"过了一会,身后传来狐狸的呼噜声,小猪轻声问:"狐狸先生,你在哪儿啊?"

狐狸没有听见小猪的喊声,它累极了,沉沉地睡去了。

村子里最干净、最肥、最柔软的小猪,拿着剩下的甜饼,飞快地跑回家去了。

(庆子·凯萨兹.我的幸运一天.吴小红,译.南京:江苏凤凰电子音像出版社,2011.)

提示:这个故事讲述的是一只小猪误闯了狐狸家,小猪在危险时刻沉着冷静,用自己的智慧逃离险境,化危险为幸运,使贪婪的狐狸幸运的一天竟变成了小猪幸运的一天。故事风趣诙谐,结局出人意料。叙述语言要自然平稳,基调风趣幽默,同时也要有感情态度倾向。在角色语言的处理上,小猪是个憨厚、可爱又勇敢机智的孩子,声音要憨直稚嫩,语速要放慢,语气要温和。贪婪凶狠的狐狸,声音要阴险凶狠,粗重尖锐。态势语设计可以适当夸张,符合故事情境。

能力拓展

1. 讲文字故事

讲文字故事前,应该理清情节线索,把握故事内涵,揣摩故事细节,然后根据讲故事技巧进行细腻充分地表达。

请试着讲一讲文字故事《鸭妈妈找蛋》。

达标要求:讲述时注意叙述语言和角色语言的区分和转换,设计鸭妈妈等四个角色的语音造型。表情、眼神、手势等态势语与讲述者和故事角色的感情起伏状态相符。

2. 讲图画故事

图画故事大部分是由文字和图画构成的,甚至有些是无字书。近年来图画故事深受儿童喜爱,对图画故事的讲述可以通过三个步骤完成:第一步欣赏图画故事。把图画和文字结合起来仔细品味,把握其主旨;第二步朗读图画故事。讲述时以朗诵为主,忠实于原著,不影响幼儿对图画和文字的理解;第三步复述图画故事。看图以讲演故事的形式复述故事。

请以图画书为素材讲述故事。

达标要求:五六个同学一组,阅读一本图画书,并进行声情并茂地讲述。

3. 讲动画故事

讲动画故事主要是讲述动画片中的旁白、独白、角色语言。或者复述动画片中的故事。

达标要求:请以一段动画视频为素材,为其配旁白、独白、角色语言。或生动形象地复述故事。

4. 讲即兴创编故事

讲即兴创编故事是指幼儿教师根据特定教学情境即兴创编并进行即兴讲演故事,注重针对性、实用性。

达标要求：请同学两人一组，相互提出教学情境，即兴创编并进行讲演故事。

5. 设计讲故事语言综合教育活动方案

讲故事语言综合教育活动是幼儿教师以故事为载体，进行综合的教育活动，要求弱化教师的讲演，强化幼儿的参与。

达标要求：请同学选取一个故事素材，为幼儿园孩子设计一个故事教育活动方案。

任务四　演讲训练

案例导入

阅读古希腊演说家德摩斯蒂尼的故事，结合阅读体会谈一谈你对演讲的理解。

古希腊演说家德摩斯蒂尼的故事

古希腊最伟大的演说家德摩斯蒂尼在年轻的时候就非常热爱演讲艺术，他虚心地学习，梦想有一天自己也能成为一个非常成功的演说家。然而，当他第一次登台演讲的时候，演说还没有结束，他就被听众轰下了讲台，耳边回荡着铺天盖地的嘲笑和讥讽之声。他无比羞愤地离开人群，并暗暗地发誓今后再也不去碰演讲这"玩意儿"。

就在这时，一个人走到德摩斯蒂尼的跟前对他说："我是你刚才的一名听众，我知道大家没有公平地对待你的演说。其实，你在演讲方面很有天分和潜质，你的眼界很开阔，思想的底蕴也非常丰厚。不要害怕听众的嘲讽，只要你继续努力、不断地开拓自己，终有一天他们会重新评定你的。"原来对他说话的是一个叫塞特洛斯的演员。从此以后他们就成了一对非常好的朋友。在塞特洛斯的鼓励下，德摩斯蒂尼不但没有放弃演讲这"玩意儿"，而且针对自己的不足，更加着意地挖掘自己的潜质和潜能。许多年以后，他终于把自己训练成了一名伟大的演说家。每每提到这一经历，他都一再告诫年轻人说："只要还有一个人在为你喝彩，那么，你追求的那'玩意儿'就存在值得你去为之奋斗的价值！一个人的喝彩，往往就是吹开你失败坚冰的春风！"

一、演讲概说

（一）演讲的定义和作用

1. 演讲的定义

演讲又叫讲演或演说，是指在特定的场合下，面对听众就某个问题发表见解，阐明事理，抒发感情的一种口语形式。"演"指态势语，"讲"指演讲者的口语。演讲是态势语和口语的结合，它不仅诉诸听众的听觉，还诉诸听众的视觉，使听众通过听觉和视觉的共同活动接受信息，产生共鸣，受到启迪和教育。演讲是口语表达的高级形式。

当今社会，各种各样的演讲活动层出不穷，面试中的即兴演讲、法庭上的论辩式演讲、教师课堂上的演讲、学术研讨时的演讲、大型活动中的礼仪性演讲,等等,演讲活动已经成为我们生活中最普及、最广泛的社会活动之一。对未来的幼儿教师来说,演讲是从事教育教学工作的重要手段和方法,因此,幼儿教师要掌握演讲的基本知识和基本技能。

2. 演讲的作用

(1) 宣传作用

演讲作为一种社会活动,是宣传和动员群众的一种手段。如果只把演讲看成一种信息传递活动,那就低估了它的价值。演讲除了传递信息以外,还能引发听众的共鸣,唤起人们行动的愿望,从而产生积极的社会效果。

(2) 启迪作用

把自己掌握的学识、道理、经验、方法传导给他人,并与他人共享,这就是启迪。古往今来,许多著名的思想家、政治家、外交家、社会活动家、革命家利用演讲的机会赢得了广大听众的认可,激发出强大的革命力量。当今社会,学术演讲中学者的学术成就,可以让听众了解学术动向,产生研究兴趣,使学术研究达到新的领域,产生新的科研成果。教师的授课活动也是演讲的一种,它更是启迪着学生思考,引领着学生探索。科学技术日新月异的今天,传播手段的现代化,使得演讲的启迪作用更加强大了。演讲正伴随着社会进步,发挥着前所未有的作用。

(3) 训练口才,提高素质的作用

演讲作为一门语言艺术,可以培养人们的语言能力,锻炼人们的思维。演讲需要广博的知识,缜密的思维,口若悬河、妙语连珠的表达。所以,演讲的过程也是知识运用和扩展的过程,锻炼思维的过程。另外,演讲要在大庭广众之下阐述自己的观点、想法,这就需要良好的心理素质。由此可见,演讲训练对一个人各方面素质的提高都有帮助。素质高的教师也必须是一位演讲能手,教师要靠自己的演讲能力吸引学生全神贯注地听讲,能得到学生尊敬与拥护的教师,很大程度上来源于教师演讲的能力。

(二) 演讲的特点

1. 针对性

哲学家黑格尔指出:"一般来说,演说家在演讲里的最高终极旨趣并不在于艺术的描述和完美的刻画,它还有一个越出艺术范围的目的……即用来使听众获得某一种信念,做出某一种决定,或采取某一种行动。"可见,演讲的最终目的是要提出并解决人们在政治、思想、生活和工作实际中所遇到的各种问题,使人们受到启发,明辨是非,找到解决问题的方法并采取积极的行动。

因此,演讲作为一种社会活动形式,具有很强的针对性。演讲者的观点来源于现实社会生活的归纳和提炼,演讲者只有深入生活实际,不断学习,与时俱进,才能真正做到"有的放矢"。

2. 鼓动性

一次成功的演讲,绝对离不开鼓动性。鼓动性是演讲的主要特征,是演讲取得成功的关键。人们通过演讲宣传真理、统一思想、赢得支持,从而引导他人的行为。"感人心者莫先乎情"当演讲者用自己的真情去拨动听众心弦的时候,就会引起听众的共鸣,激励和鼓舞听众,另外,演讲词严谨的结构、动人的情节,演讲者丰富的表情、形象的手势,演讲时富有色彩的语言,变化的语调,都可以增加演讲的鼓动性。

3. 论辩性

演讲重在论事说理,它以严密的逻辑征服听众。演讲能否有令人信服的力量,取决于演讲者是否有鲜明的立场,提出的主张是否有充分的科学根据和确凿的证据,听众关注的问题能否得到创造性地解决,演讲所揭示的思想是否合乎逻辑。演讲时的语言稍纵即逝,如果内容逻辑性不强,观点模糊不清,则很难达到应有的效果。因此,为了证明观点的正确,演讲者必须紧紧围绕中心论点,用符合逻辑的论述加以论证,并以充分的科学依据和确凿的证据加以说明,使人信服。

4. 综合性

演讲是一门综合性的艺术。著名演讲家李燕杰教授说过:"在演讲开始几分钟内,就要有相声般的幽默;演讲过程中,要有小说般的形象;演讲高潮时,必须有戏剧般的冲突;演讲结束前,要有诗歌般的激情。"有才能有经验的演讲家总是将思想、知识、文采、情感融为一体,用生动形象的口语表达自己鲜明的观点和深邃的思想,用恰到好处的面部表情、手势、身势等形体动作来辅助表情达意。演讲如果能达到这种境界,就可以使听众受到德的熏陶、智的启迪、美的洗礼。

（三）演讲的类型

演讲的类型多种多样,按照演讲的方式,可以分为命题演讲和即兴演讲两种。

1. 命题演讲

✎ **案例导入**

任选下面的一到两个题目在班内做命题演讲练习(可先在课上做列纲演讲练习,课后准备讲稿做脱稿演讲练习),体会命题演讲的特点。

1.《选择幼师我无悔》　　　　2.《绿水青山就是金山银山》

3.《说普通话从我做起》　　　4.《把握生命》

5.《勤能补拙》　　　　　　　6.《为女性喝彩》

命题演讲,是指演讲者事先根据命题写好讲稿,经过充分准备而进行的演讲。它的特点是主题鲜明,针对性强,内容稳定,结构完整。它的表达形式主要有以下几种。

（1）读稿演讲

读稿演讲多见于重大的政治、外交、学术等重要会议上。这种演讲的特点是演讲时逐字逐句地读稿,具有严密性和准确性。但由于演讲者只是一味地照本宣科,就显得呆板、缺乏感染力,因此读稿演讲时,必须注意与听众之间的交流。语调尽量要自然、流畅,同时还应该时时抬头,用眼神、面部表情和轻重音与听众交流感情。

（2）脱稿演讲

脱稿演讲是演讲时不看讲稿而进行的自如演讲。这种演讲要求在演讲前事先写好演讲稿,并反复熟记,在有声语言与体态语方面做好周密详尽的准备。演讲者在演讲时必须注意不要背演讲稿,要善于临场发挥,根据听众的信息反馈及时适当地增删内容,调整语调和体态。

（3）列纲演讲

列纲演讲是演讲前根据命题编列出或详细或简单的提纲，以保证演讲顺利进行的演讲方式。提纲可以把演讲的观点、内容、结构、层次、论据材料等用简洁的语句排列出来。演讲时基本不看提纲，必要时看一下，使演讲者迅速、准确地回想起所要讲的内容，以保证演讲的连贯性和完整性。

2. 即兴演讲

即兴演讲

✐ **案例导入**

1. 请以"假如让我当班长"为题，迅速构思做即兴职位竞选演讲练习，体会即兴演讲的特点。

2. 假如你是某幼儿园的新任主班教师，请以"家长会上的即席发言"为题，做即兴演讲练习。说一说自己构思即兴演讲的方法。

1）即兴演讲的定义、特点

即兴演讲是在事先没有准备的情况下，临时针对某一问题或情境进行的演讲。它是一种不凭借文字材料所进行的口语交际活动。在当今社会应用广泛，是幼儿教师使用较多的一种演讲方式。"即兴"是指没有准备临时接受任务即时完成。包括即兴定题、即兴取材、即兴生情等过程。一般分为生活场景式即兴演讲和命题测试式即兴演讲。生活场景式即兴演讲主要应用在日常生活中的宴会祝酒、婚丧嫁娶、欢送致辞、家长会上的即席发言、就职演说等活动中。命题测试式即兴演讲主要应用在职位竞选中的即兴演讲、教师招考面试中的即兴演讲等。

即兴演讲要求演讲者能够在演讲时紧扣主题、抓住重点、迅速组合、言简意赅。既要具有敏捷的思维和快速构思的能力，同时还要能够运用流畅的语言表达自己的思想。由于对演讲者提出了很高的要求，所以被人们称为口语表达的最高形式。

即兴演讲的特点是即兴发挥、篇幅短小、切合时境。

2）即兴演讲的方法

即兴演讲要做到出口成章，就需要培养即兴意识，掌握一定的方法和技巧。

（1）审题要准确

审题是即兴演讲十分重要的一环，决定着演讲内容能否围绕主题展开，以防止内容不着边际或大而空。如以《环境与成才》作为即兴演讲的题目，首先应该考虑"环境"这一概念在具体语境中的含义，成才的环境可分为大环境和小环境，演讲者审题时应该将重点落在小环境上，否则内容容易"虚"，没有亲和力和说服力。

（2）选材是关键

即兴演讲能否获得成功，选材是关键。一般情况下，演讲时应选取最具说服力的、自己感受最深的、鲜为人知但易于理解的材料。

例如：

在萧红墓前的五分钟讲话

郭沫若

年轻人之所以为年轻人，并不是单靠年纪轻，假如单靠年纪轻，我们倒看见有好些年纪轻轻的人，却已经成了老腐朽，老顽固，甚至活的木乃伊——虽然还活着，但早已死了，而且死了几千年。反过来，我们在历史上也看见有好些年纪老的人，精神并不老，甚至有的人死了几千年，而一直都还像活着的年轻人一样。所以一个人的年轻不年轻，并不是专靠着生理上的年龄，而主要的还是精神上的年龄。便是"年轻精神"充分的，虽老而不死；"年轻精神"丧失的，年虽轻而人已死了。

萧红是当时文坛一位才华横溢的女作家，她去世时年仅 31 岁，非常年轻，她的创作也处于高峰期，所以她的离去是文坛的一大损失。郭沫若的演讲从萧红"年轻"生命的消逝着手，饱含深情地评价了她短暂一生的辉煌，具有情感的煽动力。

（3）演讲技巧反复练

虽然即兴演讲是一种高难度的口语表达，但是只要我们掌握一定的技巧，并进行反复训练，就能培养自己"出口成章"的演讲能力。具体在即兴演讲中，可以采用以下方法来练习。

① 散点连缀

演讲之前，头脑中会显现很多凌乱、散碎的思维点，演讲者把这些思维点用词语记录下来，然后围绕演讲的主题对它们进行合理布局，连贯成文。将散乱的思维点联到一起表达主题，中间需要合理的过度和衔接。请看下面的散点连缀举例。

a."目标、计划、决心"，主题——成功

提示：一个人要想成功，首先要有明确的目标，因为没有目标就没有方向；其次，还要有缜密的计划，有计划才能有效地实现目标；最后，还要有持之以恒的决心，锲而不舍终有成，好高骛远皆是空……

b."心理准备、强化竞争、正视现实"，主题——大学生择业

提示：大学生在择业中存在的主要问题是就业心理准备不足，踏上岗位之前，最重要的就是能够迅速完成自我角色转换，全面了解自己，正确进行自我评价，做好就业心理准备；其次要强化自身的竞争意识，充分相信自己的实力，敢于通过竞争去达到理想的目标；最后，要自觉地正视社会现实，转变观念，做到顺境中宠辱不惊，逆境中迎难而上……

课堂训练

按照散点连缀的方法，将下面的散点连缀成一席即兴演讲（散点顺序不论），并能够表达出一个主题，如果能够引出一段有回味的故事更好。每题时间控制在 3 分钟以内。

1. 失败、成功、教师　　2. 计算机、外星人、女孩　　3. 校园、小说、我

4. 沙滩、钢笔、水晶鞋　　5. 演讲、青春、闻一多　　6. 黄河、小鸟、希望

② 扩句成篇

这种方法的核心是"立片言以居要"。演讲时，开门见山地提出自己的见解或主张，然后从正面、反面进行阐释，或者从"为什么""怎么做"发表议论，并举适当的事例、名言做论据，这样就能扩句成篇，进行演讲了。

下面是在一次教师招考面试中的即兴演讲题。

请结合"最美女教师张丽莉"的事迹，谈一谈你对"教师职业道德"的认识。

提示：

a. 开门见山　提出见解

张丽莉是黑龙江省佳木斯市第十九中学的语文教师。2012 年 5 月 8 日晚,当佳木斯市第 19 中学初三的孩子们相拥着走出胜利路北侧第四中学的校园时,突如其来的车祸从天而降,危急时刻语文教师张丽莉奋力一推,用无私的大爱救了孩子,自己却被车轮碾轧,双腿高位截肢……张丽莉老师用自己的壮举谱写了一首教师的赞歌,用自己对学生爱的奉献演绎出什么是教师职业道德。"最美女教师"的赞誉,给我们上了人生最美的一课,那瞬间绽放的美丽感动了全中国。

b. 为什么

作为一名人民教师,应当是教师职业道德的示范和楷模。而教师职业道德的核心就是敬业、爱生。爱岗敬业是做好教育教学的前提,作为教师,我们要热爱教师岗位,珍惜教师这份工作,忠诚于人民的教育事业,抱定为教育事业奉献毕生精力的思想,恪守教师职业道德规范,追求教育至善至极的境界。爱生如子是教师职业道德素质的核心,作为一名教师,我们所面对的是一群天真无邪,渴求知识,有着五彩斑斓梦想的孩子,对他们应该给予无私的爱。唯有爱的雨露才能催开最美的花朵;唯有爱的交流,才能搭起师生之间心灵的彩桥……

c. 怎么做

可结合自身实际谈体会。

课堂训练

20 世纪 30 年代,在英国一个名不见经传的小镇里,有一个叫玛格丽特的小姑娘,从小受到严格的家庭教育。父亲经常向她灌输这样的观点:无论做什么事情都要力争一流,永远走在别人前头,而不能落后于人,"即使坐公共汽车,你也要永远坐在前排"。父亲从来不允许她说"我不能"或"太难了"之类的话。

"永远要坐在前排"是一种积极向上的人生态度,是一种一往无前的勇气和争创一流的精神。在这个世界上,想坐在前排的人不少,真正能够坐在前排的却总是不多。许多人之所以不能坐到前排,是因为他们把"坐在前排"仅仅当成人生的理想,而没有采取具体的行动。

一位哲人说过:无论做什么事情,你的态度决定你的高度。撒切尔夫人的父亲对孩子的教育让我们明白这样一个道理:教育我们的孩子永远都要坐在前排是当父母的责任。

请用扩句成篇的方法谈谈你对这种教育观点的见解。

③ 借题发挥

这是一种借助联想而由此及彼的方法,是指借现场的"题",如会议或活动的特定时间、空间背景、话题焦点、会场布置、某人的言论等,作为即兴演讲媒介,以此展开联想突出主题。例如:作家李准"三句话说哭常香玉"的故事。

在庆祝表演艺术家常香玉"舞台生涯五十周年庆祝会"上,著名演员谢添对在场的作家李准突然袭击,要这位被誉为语言大师的作家当场用几句话把喜气洋洋的常香玉说哭。李准拗不过,款款站起来说了下面一段话:

"香玉呀,今天多好的日子——咱们能有今天也真不容易!论起来,您还是我的救命恩人呢!记得我 10 岁那年,跟父母逃荒到西安,没吃没喝,眼看成群的难民快要饿死了,忽然听有人喊：'大唱家常香玉放饭啦！河南人都去吃吧！'哗——人们一下子都涌去了。我捧一大碗粥，眼泪吧嗒吧嗒流不停，想：日后若能见着恩人，我得给她磕头。哪想到，'文化大革命'您也挨整，那天您押在大卡车上戴高帽挂牌子游街，我站在街头看了，心在滴血啊！我真想喊：让我来换换她吧！她可是大好人啊……"

李准还没说完，常香玉已捂着脸、转过身，泪水滚滚而下了。在这高难度的即兴演讲中，李准借题发挥，选择了自己熟悉的话题，侃侃而谈。既袒露了自我，又赞许了常香玉的人品，真实的事例与情感不但打动了常香玉，也感染了在场观众，收到了很好的演讲效果。

课堂训练

请根据你的想象和理解，采用借题发挥的方法补充下面这段话。

著名作家魏巍先生说得好："教师这份职业，——据我想——并不仅仅依靠丰富的学识，也不仅仅依靠这种或那种的教学法，这只不过是一方面，更重要的是他有没有一颗热爱儿童的心！也许正是因为这样，教师——才被称为高尚的职业。"要做好教师这份工作并不是一件容易的事情……

（《我为什么要做教师》）

即兴演讲有一定的技巧可以学习，但要想具备良好的即兴演讲能力，最重要的还是知识的积累与不懈的训练。这就要求我们平时要多积累，广泛地阅读，悉心收集材料，还要勤于实践，多开阔视野，多深入思考，并且有意识地加强思维和语言表达能力的训练。

二、 演讲稿的设计

演讲稿也叫演讲词，它以书面语言的形式存在，是进行口头演讲的文字依据。演讲稿的质量直接影响和决定了演讲的质量。因此，写好演讲稿是每一个演讲者首先要做的工作。

（一）标题醒目，主题深刻，材料典型

人们常把标题比作文章的眼睛。这种比喻形象地说明了标题在文章中的重要作用。当代著名演讲家李燕杰根据自己演讲的体验，给标题的选择定了四条原则，这亦可以作为我们拟制演讲标题的原则。"一是文题相符，二是大小适度，三是遣词得体，四是合乎身份"。李燕杰认为必须经过深思熟虑、反复推敲，才能为自己的演讲找到一个恰当而颇具吸引力的题目。好的标题还应符合新奇醒目、贴切自然、富于启发的特点，能够增加演讲的色彩。如《恶语伤人六月寒》比喻贴切自然，不仅揭示了演讲稿的主题，而且饱含诗意，很吸引人；《青春因奉献而绽放异彩》紧扣演讲内容，很有震撼人的气势；《自扫门前雪与公民意识》新颖别致，启迪人思考。演讲中切忌用又大又空泛的标题，比如《青春》《信念》《责任》等，泛泛而谈，会给人不着边际之感，但同时也要注意避免为了制造非同寻常的效果，而用十分怪僻的标题。

演讲稿的主题犹如人的灵魂，一个人如果没有了灵魂，剩下的是行尸走肉的躯体；一个演讲如果没有主题，即使讲得天花乱坠，也会让人不知所云，如坠云里雾里般迷惑。新颖深刻的主题总是能引起听众的兴趣。选择主题时，首先要搞清楚演讲的目的，会产生什么效果，然后对演讲的情境（包括听众、环境、演讲者自己）做出仔细的分析，再恰当地确定演讲的主题。

确立了主题之后，还得选用典型、新颖的材料加以佐证，使听众能接受你的观点。材料

是演讲稿的血肉,用以支撑演讲中的观点。只有大量地占有材料,才能够保证立论的正确性,写起来才会左右逢源,得心应手。

(二)结构合理、层次清晰

确立了标题与主题,手头掌握了一定的材料之后,还必须清晰地组织好材料,合理地安排好结构与层次。拟稿时要努力做到"响"开头,"曲"主体,"蓄"结尾。

1. "响"开头

案例导入

欣赏下面几篇演讲稿的开场白,体会"响"开头的作用。

1. 青春是什么呢?青春是轻盈欢快的小溪,青春是健康跳动的脉搏,青春是美好生活的依托,青春是事业成功的希望。如果你是一滴水,你是否滋润了一方寸土?如果你是一缕阳光,你是否照亮了一份黑暗?如果你是一粒粮食,你是否哺育了有用的生命?不要轻看这一滴、一缕、一粒,正是这点点滴滴、丝丝缕缕、颗颗粒粒,灌溉的是良田万顷,照亮的是锦绣中华,哺育的是新的生命,而绽放的正是青春中最美丽的花朵!

(《青春因奉献而绽放异彩》)

2. 今天,我们为我们的好朋友、美国女作家安娜·路易斯·斯特朗女士庆贺 40"公岁"诞辰(参加宴会的祝寿者对"40 公岁"这个新名词感到不解)。在中国,"公"字是紧跟它的量词的两倍。40 公斤等于 80 斤,40 公岁就等于 80 岁。(周总理巧妙的解释在几百位祝寿者中激起了一阵欢笑,斯特朗女士也高兴得流下了眼泪)

(周恩来总理《在美国友人安娜·路易斯·斯特朗女士 80 寿辰宴会上的发言》开场白)

3. 今天,我讲一个问题,一个女人能干什么?一个女人能干什么呢?我的回答是:能干,什么也能干;不干,什么也不能干。能干又不能干,不能干又能干。为什么这样说呢?要确定女人能干不能干,有两个条件。一个是要看环境,另一个是要看个人的努力。如果环境好,自己不去努力,只靠人家那就什么也不能干。如果自己努力干下去,就可以得到好的结果。如果努力干,就是从那些小的具体工作到管理国家大事都能够干,如果不干,就会变成社会的寄生虫。

(蔡畅《一个女人能干什么》)

4. 世上有很多东西,给予他人的同时,自己往往是越来越少,而唯有一样东西却是越给越多。您也许会惊奇地问我:"那是什么呢?"我将毫不迟疑地回答您:"那就是爱!"爱,不是索取,不是等价交换,爱是付出,是自我牺牲。只有在爱的基础上,教师才会投入他的全部力量,才会把他的青春、智慧无怨无悔地献给学生,献给教育事业。

(师德演讲《爱与责任》)

5. "不选贵的,只选对的",这曾是一句广告词,而今是当今大学生择业的一种新的观念。"不选贵的"就是不要盲目追求眼下经济收入高,社会地位高,很热门但发展前景不一定乐观或者不明朗的职业,不要鼠目寸光。"只选对的",就是要选择适合自己的职业,这种职业暂时可能并不热门,但有上升的趋势和发展前景,要有长远眼光。

(《大学生求职——不选贵的,只选对的》)

6. 亲爱的同学们,我原来想祝福大家一帆风顺,但仔细一想,这样说不恰当。说人生一帆风顺就如同祝某人万寿无疆一样,是一个美丽而又空洞的谎言。人生漫漫,必然会遇到许多艰难困苦,一帆风不顺的人生才是真实的人生,在逆风险浪中拼搏的人生才是最辉煌的人生。祝大家奋力拼搏,在坎坷的征程中,用坚实有力的步伐走向美好的未来。

（毕业欢送会上班主任的讲话）

开场白即开头,是讲演稿非常重要的部分。"好的开头,是成功的一半。"开头要"响"。所谓的"响",就是简明、真挚,不说官话和套话。一开头就用最简洁的语言、最经济的时间,把听众的注意力和兴奋点吸引过来,达到出奇制胜的效果,是一种特殊的用来调动听众听取演讲下文兴趣的有效方式。

开场白的方法很多,一般采用"开门见山、反弹琵琶、提问开篇、引用名言、幽默开篇、借物开篇"等方法。

（1）开门见山,单刀直入

当球王贝利踢进一千个球时,有位记者问他,"哪一个最精彩"。贝利回答说:"下一个!"努力追求"下一个",是优秀运动员和各行各业先进人物的共同品格。

（钱继军《下一个》）

开门见山,直接切入主题,不拖泥带水,从而给观众留下深刻的印象。

（2）反弹琵琶,出奇制胜

世界上很多非常聪明并且受过高等教育的人,无法成功。就是因为他们从小就受到了错误的教育,他们养成了勤劳的"恶习"。很多人都记得爱迪生说的那句话吧:天才就是99%的汗水加上1%的灵感。并且被这句话误导了一生。勤勤恳恳地奋斗,最终却碌碌无为。其实,爱迪生是因为懒得去想他成功的真正原因,所以就编了这句话来误导我们。

（马云《爱迪生欺骗了世界》）

这段演讲出奇制胜,令人震惊。可以说,很多人不但记得爱迪生说的那句名言,而且是奉为"真理",演讲者"反弹琵琶",其实是"醉翁之意不在酒",只是想从一个全新的角度来谈论成功,成功需要多用心去思考,而不是一味地傻干、蛮干。

（3）提问开篇,吸引注意

抗战时期,有一次,柳亚子在桂林讲学。开场时他突然提了个问题:"中国当前谁最伟大?"人们争先恐后地道出一些名字。柳亚子说:"非也,当前最伟大的人物只有三个。第一个是毛泽东,第二个是李济深,第三个是我柳亚子。"听众哗然,想听个究竟,自然平心静气地听下去。

用问题开端,能使听众变被动为主动,迫使听众陷入深思,而无法游离在演讲内容之外。

（4）引用名言,揭示主题

"桂林的山来漓江的水,祖国的笑容这样美",这是当代诗人贺敬之写的山水诗。我以前读这首诗的时候,心中就充满了对桂林山水的无限向往之情。今天,当我有幸饱览了美如仙境的桂林山水后,心中又涌出了陈老总(陈毅元帅)的诗句:"不愿做神仙,愿做桂林人!"因为桂林人不仅生活在仙境之中,而且桂林人的心灵,尤其是青年学生们的心灵亦如仙人一般纯洁善良,如漓江水一样清亮照人。

（谢冕教授的桂林演讲）

"言之无文,行而不远",和写文章一样,倘若能用一些诗词歌赋为自己的演讲开场,将更富哲理,表达效果更佳。

（5）幽默开篇,引发兴趣

……女士们,先生们,学生们:

你们为什么在这儿呢? 不上课? 功课都做完了吗? 校长刚才说了,我会说流利的汉语,他说的是客气话,我的汉语是越来越差了。众所周知,中国有个传统的说法:"天不怕,地不怕,只怕老外说中国话。"

（2008 年澳大利亚总理陆克文在北京大学的演讲）

运用幽默开篇,在谈笑风生中阐述自己的观点与主张,既能活跃会场气氛,又能解除与会者的听觉疲劳,增添演讲的趣味性。

（6）借物开篇,引出话题

卡耐基在一次演讲中别出心裁,他拿出几根头发展示给听众,问听众这是什么? 听众不知其意,皆答"头发",卡耐基话题一转,问听众:"你们都知道头发是长在头上的,这几根头发为什么掉下来了呢?"一句问话引起了听众的注意力,开始专心致志地等待卡耐基演讲,卡耐基接着说:"这就是烦恼的副作用。如此乌黑的头发长在头上多么漂亮,可是它却无可奈何地离开了养育它的'土地'。我们为什么要烦恼呢? 我们来讨论'烦恼的副作用'。"

（卡耐基《烦恼的副作用》）

借物开篇,巧设悬念,可以迅速抓住听众的心,激发听众的强烈兴趣,推动演讲的顺利展开。

文有文法,文无定法,演讲的开头要根据主题的需要、演讲内容、演讲环境和听众对象来采用恰当的开头,可以将上述方法结合起来用,但总的来说开场白要简明扼要,避免冗长,不要得罪或冒犯听众,不要文不对题,更不要自我表现。

课堂训练

请为下面的演讲题设计不同类型的开场白。

1.《人生处处是考场》   2.《敢于说真话》   3.《人才在那里》

4.《走自己的路》   5.《珍惜拥有》   6.《文明古国的悲哀》

2."曲"主体

案例导入

欣赏演讲稿《构建和谐社会的基石》,分析主体部分的结构层次安排。

构建和谐社会的基石

曹培培

你心中的和谐社会可能是一部风情万种的小说,也可能是一幅瑰丽多姿的画卷,而在我心中的和谐社会是一座宏伟的摩天大厦。它的建立,需要无数坚不可摧的基石。构建和谐社会大厦需要的第一种基石,是取自黄河之滨的鹅卵石。它们颗颗簇拥,相映生辉,代表着亿万颗炎黄子孙的赤诚之心,大家人人献力量,共同创繁荣,相互支撑、相互补充、相互关爱。这是构建大厦的坚实根基。构建和谐社会大厦需要的第二种基石,是取自泰山之巅的花岗石。它们是中华民族坚强不屈、正义和平的化身,代表着和谐社会需要我们手握正义的利剑,心中有杆公平的秤,迈步走向民主法治、民富国强的崇高理想。这是构建大厦的深厚根基。构建和谐社会大厦需要的第三种基石,是取自东海之滨的红礁石。它观沧海、眺宇宙、搏风浪,具有最广博的胸怀,最坚毅的性格,代表着和谐社会需要我们有海纳百川的宽容,有与时俱进的远见卓识,才能实现人际和睦、国际和平、人类与自然和谐相处的远景。这是构建大厦的宽广根基。朋友们,构建和谐社会的基石就在你手中! 其实构建和谐社会的大厦,你我他都是最好的基石,让我们从东海之滨采来红礁石,从泰山之巅采来花岗石,让我们自己成为一颗颗色彩斑斓的鹅卵石吧! 把我们和谐社会大厦的根基打得更加坚实、更加深厚、更加宽广,不光为了你我他今天的安宁与幸福,更是为了子子孙孙千秋万代的安宁与幸福!

提示:作者采用并列式的结构方法,把和谐社会比作宏伟的摩天大厦,通过鹅卵石、花岗石、红礁石,来象征炎黄子孙的赤诚之心;中华民族的坚强不屈、正义和平;海纳百川的宽容、与时俱进的远见卓识。从几方面并列地展开论证,条理清晰。如涓涓细流,让听众感同身受,仿佛接受了一次精神的洗礼。犹如进军的号角,催人奋进,给人以巨大的鼓舞。

演讲稿主体部分写作是拟稿的重点,篇幅要占全文的85%。主体部分的写作要求是"曲"。"曲"指的是在层次安排上要波澜起伏,使高潮迭出,各部分浑然一体。

主体部分常用的结构方法有以下几类:并列式、递进式、对比式、串联式。并列式是将用以证明论点的材料并列在一起,一个个论述,排比成篇。这种方法简单易学,非常实用。递进式演讲是由大到小、由浅到深一层层分析论述。

例如:湖南师范大学党委副书记戴海同志在一次大学生晚会上的即兴讲话《矮子的风采》:……矮个儿怎样才能具有风采呢? 我有几点心得可供参考:第一,要有自信……第二,不要犯忌讳…… 第三,把胸脯挺起来,但也用不着踮脚尖……第四,最重要的还是本人的德学才识,有修养,有风度,对社会有贡献,自然受人爱戴。

对比式演讲是先对错误的观点进行批驳,然后亮出自己的观点并分析其正确性。如新东方创始人俞敏洪的一次励志演讲《人要像树一样活着》,即通过"树"与"小草"的对比来揭示"我们该怎样活着,怎样让自己活得有意义"这样一个主题。

串联式演讲是将演讲内容紧扣主题,按照事情发展的时间顺序将材料组织起来。例如徐良的《血染的风采》,以自己的成长经历为线索,按时间先后顺序来排列:1982年考入西安音乐学院(编织着一个艺术家的梦),1985年年底申请入伍(说明为什么投笔从戎),最初的军旅生活(找到了大学生与战士的差距),血与火的考验(认识到军人的天职在于无私的奉献),负伤之后(感激党、人民和战友的关怀),军人亲属们的伟大贡献。

课堂训练

请选择不同的结构方式拟写演讲稿《我们的老师》《友谊万岁》主体部分的小标题,小组合作,全班交流。

3."蓄"结尾

案例导入

欣赏下面演讲稿不同形式的结束语,体会"蓄"结尾的作用。

1. 毅力是攀登智慧高峰的手杖;毅力是漂越苦海的舟楫,毅力是理想的春雨催出的鲜花。朋友,或许你正在向成功努力,那么,运用你的毅力吧。这法宝可以推动你不断地前进,可以扶持你渡过一切苦难。记住:顽强的毅力可以征服世界上任何一座高峰!

（《谈毅力》）

2. 雄伟啊长城,伟大啊中华! 我登上崇山峻岭的高峰之巅,我站在万里长城耸入云端的城楼之上,我昂首挺立在世界的东方,在祖国的山川大地,向世界的大洲、大洋,向天外的星球宇宙,纵声呼喊:"我爱长城! 我爱中华!"

（《我爱长城,我爱中华》）

3. 以上是我近年来对于美术界观察所得的几点意见。今天我带来一幅中国五千年文化的结晶。请大家欣赏欣赏。(说时一手伸进长袍,把一卷纸徐徐从衣襟上方伸出,打开看时,原来是一幅病态十足的月份牌,引得听众哄堂大笑。在笑声和掌声结束了他的演讲。)

（鲁迅《在上海中华艺术大学的演讲》）

4. 我们的雷锋,在他短暂平凡的人生中,创造出了巨大的人生价值,给我们留下了无与伦比的精神财富,那么,亲爱的朋友们,在漫长而又短暂的人生之路上,我们将做些什么? 创造些什么? 留下些什么呢?

（《人生的价值何在》）

5. 朋友们,让我们沿着太阳的光线,走到孩子们的心上,去耕耘我们的青春、人生、年华,去播种我们的智慧、希望、理想!

（赵建芸《"老师妈妈"的爱》）

"蓄"结尾就是指含蓄、耐人寻味的结尾。它直接关系到听众对演讲的最后印象。"编筐编篓,难在收口。"听众久坐凝神,这时的演讲只有更精彩、更耐人寻味,才能提起听众的精神。演讲者必须熟练掌握结尾的艺术,才能使演讲取得成功。

结束语的种类较多,可以用画龙点睛的概括小结;可以用号召、鼓动性的话语收束;可以引用诗词佳句作结;可以用哲理式的话语启发人思考;也可以向听众提出某些问题,留有余韵。

（1）画龙点睛式结尾——悟出深意,主题升华

白岩松在耶鲁大学的演讲《我的故事以及背后的中国梦》结尾:"四十年前,当马丁·路德·金先生倒下的时候,他的那句话'我有一个梦想'传遍了全世界。但是,一定要知道,不仅仅有一个英文版的'我有一个梦想'。在遥远的东方,在一个几千年延续下来的中国,也有一个梦想。它不是宏大的口号,并不是在政府那里存在,它是属于每一个非常普通的中国人。而它用中文写成'我有一个梦想'。"

在演讲的结尾画龙点睛收束全篇,就如乐曲结束时的强音,让听众印象深刻,升华主题。

（2）鼓舞号召式结尾——展望未来,鼓舞斗志

马丁·路德·金的《我有一个梦想》结尾:"当我们让自由之声响起来,让自由之声从每一个大小村庄、每一个州和每一个城市响起来时,我们将能够加速这一天的到来,那时,上帝的所有儿女,黑人和白人,犹太教徒和非犹太教徒,耶稣教徒和天主教徒,都将手携手,合唱一首古老的黑人灵歌:'终于自由啦! 终于自由啦! 感谢全能的上帝,我们终于自由啦!'"

满怀激情,发出号召收拢全篇,这种结尾有利于号召听众愤然而起,具有强烈的鼓动色彩。

（3）引用诗词佳句式结尾——抒发感情,寓意深远

王锦萍《焦裕禄告诉我》结尾:"在纪念党的70周年时银幕上传来这样一首歌,现在我用

它来结束我的演讲：老百姓的嘴，是那无形的碑，白是白，黑是黑，评说千秋功罪。老百姓的心，是那无情的水，能载舟，能覆舟，沉浮多少权贵。天不可怕，地不可怕，只怕老百姓戳脊梁背。'得人心得天下'，一句老话讲到今，令人常品味！"

引用诗词佳句结尾可以深化主题，润色全篇，并能给听众新鲜之感。

（4）哲理式结尾——给人力量，催人奋进

演讲家李燕杰《启迪青年的灵魂》结尾："有人为了等机会，往往一心想摘取远方的蔷薇，却反而把身边的玫瑰踏在脚底，他们忘记了一切大事都必须从小事做起。一个人没有强烈的希求成功的愿望而能取得成功，天下绝无此事，人间也绝无此理。"

以富有哲理性的语言作为演讲的结尾，内涵丰富，给人启迪。

（5）提问式结尾——启发思考，留有余韵

房晨生《从师与尊严》结尾："青年朋友，我们正值大学时期，能理解老师的心情吗？ 知道老师付出了多少艰苦劳动吗？ 当走上社会做出一定贡献，受到人们赞扬的时候，你能想起培养过自己的老师吗？"

提出一个或几个与演讲内容直接相关的问题来结尾，可以加深听众对演讲主题的理解，并引发他们进一步的思考。

演讲的结束语要求言简意赅，新颖自然，切忌冗长啰唆，画蛇添足。成功的演讲结尾应该起到结束全篇、深化主题、给人启迪、催人奋进的作用。给听众留下余音绕梁的美好。

课堂训练

采用你喜欢的结尾方式，为《欲速则不达》设计结尾。小组合作，全班交流。

（三）语言准确、生动，通俗易懂

演讲意在通过有声语言达到吸引人、说服人的目的。演讲语言运用得好与坏，将直接影响演讲的效果。

首先，演讲的语言一定要准确、生动。演讲语言的准确性主要表现在：思想明确、遣词造句恰当、表情达意准确等方面。演讲语言的生动性主要表现在：恰当地运用各种修辞手法、广征博引古今中外名人的哲言或恰当地运用风趣、幽默的语言等。

其次，演讲的语言还应该注意通俗易懂、口语化。"上口""入耳"是对演讲语言的基本要求。写作时要以句子短小、修饰语少、容易上口为原则，同时，还可适当运用俗语、谚语、歇后语等，使演讲通俗易懂、生动活泼，给听众留下深刻的印象。例如：著名作家王蒙为暨南大学师生所作的演讲《语言的功能与陷阱》，演讲题目学术味很浓，但演讲却被王蒙处理得很像朋友间的闲聊，语言口语化，而且风趣幽默。下面是其中的一段："他（阿Q）怎么求爱呢？他突然一天晚上就给吴妈跪下了，然后他说：'吴妈吴妈，我要和你困觉！'哎呀，然后呢吴妈就哭，要抹脖子上吊，然后大家就都认为阿Q干出了毫无人性、违反道德、不守规矩、伤天害理、不齿于人类的这种事情。阿Q没有写检讨，因为他不识字，但是他表示了检讨之意而且赔了钱，把一年的工钱都给了吴妈，而吴妈却一直在那里哭、哭、哭。如果阿Q在语言文字的修辞上能够到咱们中文系上两节课，能来这儿听讲座，他就绝对不会用这种话了！如果他读过徐志摩的诗呢？那么他见到吴妈就会说：'我是天空里一片云，偶尔投影在你的波心，你不必讶异，更无须欢喜,在转瞬间消灭了踪影。你我相逢在黑夜的海上,你有你的,我有我的,方向……'嘿,他可能就成功了!"

三、 演讲技巧的综合训练

英国梅尔斯在《公众演讲技巧》中提到:"好的演讲是50％的主题内容＋20％的开场和结尾＋20％的有效表达＋10％的个性表现。"由此可见,演讲时常常要受到各种因素不同程度的影响,演讲技巧在演讲活动中所起的作用非常重要。

演讲技巧综合训练

(一)声情并茂的声音技巧

📝 案例导入

选用合适的语调,有感情地朗读下列演讲片段,谈一谈你对演讲"声情并茂"的理解。

1. 蓝天因为有了白云的依偎才不会寂寞;碧海因为有了鱼儿的嬉戏才不会孤单;高山因为有了山花的依恋,才会这样生机盎然。而我,因为有了你们,可爱的孩子们,我的人生才会更加美丽、灿烂。

2. 作为一名幼儿教师,我是真正在祖国的苗圃里育苗。每天,当晨曦亲吻着大地,我就会轻拥着带露的花朵,让爱开始满园地流淌。

3. 当我第一次站在孩子们面前的时候,一切都让我新鲜、好奇。看看这张脸、摸摸那个头,多像一朵朵花蕾仰着小脸,渴求着阳光雨露。

4. 儿时的选择,我从事了幼教事业。不经意间,几年的时光在平凡和平静中悄然逝去,没有留下什么骄人的成绩,没有做出什么惊人的壮举,但我依然坚守在这里。我不敢说十分热爱这份工作,更不敢说为之付出了许多,但正是在这平凡和朴实中,我用教师的职业道德,诠释着一个普通幼儿教师存在的价值!

演讲是"声"与"情"的有机结合,成功的演讲都是声情并茂,极具感染力的。

声情并茂的声音技巧主要体现在以下两方面。

1. 语音准确、清晰、流畅

演讲时必须使用规范的普通话。应该按照普通话的语音规律标准,切实把握好发音部位和发音方法,力求发音准确,口齿清晰,流畅有节奏感。还要学会口腔的控制和气息的运用,尽量使音色纯美清亮,发音悦耳动听。演讲中还要避免出现"嗯""啊""这个""那个"等口头禅。

2. 语调自然、贴切、富有变化

语调的选择和运用必须根据对演讲内容的理解,还要考虑语言环境和现场效果。只有情动于衷,才能声形于外。演讲者诚挚、深切的感情要用贴切、自然的语调表现出来。切忌故弄玄虚、装腔作势。

语调贵在变化,富有美感的变化才能使听众保持注意。因此,演讲的语调必须有抑扬顿挫、轻重缓急的变化。平直的语调多用于客观叙述;上扬的语调表达心有疑惑,或者用在号召鼓动时;下降的语调一般用于命令、祈求、自信、感叹等情感的抒发;曲折的语调一般表示讽刺、厌恶、夸张等情绪。

（二）克服怯场的技巧

案例导入

阅读下面的几段文字，谈谈你对演讲时怯场的理解。

（1）古罗马的雄辩家西塞罗曾在一次演讲后说："演讲一开始我就感到面色苍白，四肢和整个心灵都在颤抖。"

（2）美国总统罗斯福曾在自传里说："我曾是病歪歪而又蠢拙的孩子，演讲时，紧张且对自己的能力无信心。"

（3）上海著名电视节目主持人叶惠贤，在介绍自己即席讲话时的经验时说："即兴来自于松弛，松弛来自于自信，自信来自于充实，充实来自于积累。"

在演讲的过程中，人们往往会遇到怯场的问题，尤其是初学演讲的人更加不可避免。演讲者在众目睽睽之下，往往会由于心理的紧张而导致呼吸急促，手脚发抖，表情麻木，声音发颤，甚至言不由衷的现象。这种怯场的心理在很大程度上将给演讲的成功带来一定的障碍。因此，演讲者必须进行自我心理调节，设法控制、削弱这种怯场的心理，调整自己的情绪。

1. 心理暗示法

心理学的研究告诉我们，适度的恐惧与紧张可以提升人的反应能力，加快思维的运作。对初学演讲或初次登台的演讲者来说，最大的"敌人"就是紧张。据调查，99％的人，包括著名的演说家，在登台时都会有一定程度的恐惧和紧张。演讲者很难控制这种情绪的产生，进而影响演讲效果。因此，在演讲时首先要视"紧张"为演讲过程的一部分，告知自己在这种状况下，紧张是正常的，而不紧张才是不对的。其次，演讲者可用自我心理暗示，要适度运用紧张感，积极乐观地鼓励自己，演讲前充分发掘自己的优势，肯定自己的长处，演讲时，脑子里不断地浮现曾经获得成功的场景，让胜利的喜悦鼓舞自己，把自己调整到巅峰状态，从容自如地讲下去。

2. 分散注意法

演讲者上场之前，应有意识地把注意力分散在其他具体事物上，看看会场的布置、观众的状态等。总之，演讲者不要心里总想着自己，想着演讲的效果怎样，可以说，演讲时的最佳状态是"忘我"。

3. 积极宣泄法

演讲者可为自己紧张的心理积极寻找一些宣泄的方法，如提早到达并巡视讲台、在听众进场时向他们致意。还可做些准备活动放松紧张的神经，如做深呼吸、调整话筒位置、沉默片刻等，都可以从精神上放松自己。

胸有成竹才能镇定自若，演讲之前做好最充分的准备，这是克服紧张心理最有效的方法。解决"怯场"心理还要从根本上提高自身的心理素质，锻炼自己在大庭广众面前发言的自信心，锻炼自己的胆量和提高口语表达能力。

课堂训练

运用克服怯场的技巧,以下面的话题做即兴演讲练习。

1.《我的优点》 2.《我是这样一个人》 3.《我最得意的一件事》

4.《我最喜欢的一本书》 5.《我的一次旅行》 6.《我的朋友》

要求:教师请三人上台,抽题后准备三分钟,当场演讲,三人讲述完成后,谈一谈自己是如何克服怯场的。

(三)应对意外的技巧

✏ 案例导入

当演讲者讲到学生就应该遵守学校纪律时,有个调皮的学生脱口而出:"胡说!"其他同学都笑起来了,会场一阵骚乱。如果你是演讲者,你会采用下面哪种应对方法,为什么?

1. 看他一眼,但不说什么。

2. "怎么是胡说? 国有国法,校有校规,作为学生,就应该遵守学校的纪律。"

3. "亲爱的同学,你错了! 我姓'刘',不姓'胡',所以我是'刘说',不是'胡说'。"

演讲者尽管准备充分,但是由于许多不确定的因素,在演讲中可能会出现一些意外的情况。应对意外的技巧是指演讲者对意外情况及时做出应对及处理的一种能力。演讲者要善于灵活应变,遇到问题巧妙应对,沉稳地控制整个场面,确保演讲能够顺利进行。

1. 演讲者自身失误的应对

俗话说:"智者千虑,必有一失。"演讲者在演讲中出现失误是在所难免的,诸如忘记演讲词,或念错词,或讲漏词,或上台时不小心摔了一跤,或碰倒了东西等,这些都是常有的事。出现以上失误,演讲者千万不要惊慌失措,因为慌乱会使你一错再错,局面会更难收拾。重要的是,演讲者要镇定自若、急中生智、灵活应对。

(1)中途卡壳的应对

演讲中如果忘了演讲词,演讲者千万别让自己"卡壳"时间太久,要争取在两三秒之内回忆忘掉的词语。实在想不起来,可根据原来的意思另换词语,或者干脆另起一行,将下一段内容提上来讲。或者"随方就圆"想到哪儿,说到哪儿,要鼓励自己接着讲下去,并放慢语速考虑如何把话绕回去。

(2)演讲出错的应对

演讲出错后,演讲者最好能够不露痕迹地悄悄改过。万一听众发现了你的错误,也不要紧,演讲者不妨将错就错、自圆其说。没有必要跟听众声明自己的错误,如果这句话无关紧要,则可以置之不理,面不改色地讲下去。如果这句话很重要,继续讲下去会使前后观点自相矛盾,则可以在讲错后自圆其说:"刚才的说法对吗? 很显然是错误的。"这些救场的技巧需要在实践中积累经验,锻炼应变能力。

2. 听众开小差或会场不安静的应对

在演讲中,由于时间、环境、内容、方法等原因,使得演讲引不起听众的兴趣,甚至使会场躁动起来,这时演讲者不宜一意孤行地讲下去。要通过增加设问、压缩不感兴趣的内容等方法来应对。

（1）听众开小差的应对

许多演讲会上，听众开小差是常见的事，如看报纸杂志、聊天、打瞌睡等。这些情形会直接影响听众的听讲效果，同时也会影响演讲者自身的演讲情绪。遇到会议时间过长，以致听众疲倦或出现不耐烦情绪时，演讲者不妨精简演讲内容，尽量缩短演讲时间。听众受到外界干扰时，演讲者不妨借景发挥，将意外发生之景与演讲内容有机地结合起来。这个方法可以有效地把听众的注意力重新吸引到演讲上。

（2）会场气氛的调节

当听众对演讲不感兴趣，进而导致会场喧闹、躁动，使演讲无法进行的时候，就需要演讲者随机应变，根据现场情况及时调节。比如：即兴插入一段小故事，讲一两句幽默的话，哼几句歌词，或者出其不意地提几个与演讲相关的问题，请听众回答等。

课堂训练

1. 想一想该如何纠正下面的口误。

有一次，一个演讲者讲到"我国古代的四大发明是造纸术、印刷术、火药、青铜器"时，听众立即笑出声来。

2. 曾有一位演讲者上台时，不慎被话筒线绊倒了，当时台下的听众发出一片唏嘘声和倒掌声。你认为这位演讲者该怎样处理自己的失误。

（四）态势语技巧

案例导入

阅读下面的文字，说一说态势语在演讲中的重要作用。

名人的"动作"演讲

有的演讲者，上台后并不立即开口。而是先做一些动作，以引起听众的注意与好奇心。等听众聚精会神之际，再配以精彩的言辞，这样，一下子就能抓住听众的心。而一些名人的演讲"动作"更是出人意料，令人拍案，现撷取三则，以飨读者。

冯玉祥"搭鸟窝"

1938年秋，冯玉祥将军到湖南益阳县城，向几万人发表演讲，鼓励他们抗日。冯玉祥将军出场时，只见他左手握着一株小树，将一个草编的鸟窝放在树枝的丫间，鸟窝里有几个鸟蛋。下边人都愣了，不知他这是要干什么。这时，冯玉祥将军开口说话了，他说："大家知道，先有国家，然后才有小家，才有个人的生命的保障。""我们的祖国遭到了日本帝国主义的侵略，我们都要用自己的双手保卫她，那就是起来抗日。如果不抗日——"说到这里，他手一松，树倒了，窝摔了，蛋破了……

在这里，冯玉祥将军用小树比作国家，用鸟窝比作家庭，用鸟蛋比作个人，用握着小树的那只手比作捍卫国家的人，以实物展示，真实生动，增强了说服力。

冯骥才"脱衣服"

1985年下半年，冯骥才应邀到美国访问。一天，旧金山中国现代文化中心邀请他去演讲。美国人参加这类活动是极其严肃认真的,必定是西装革履,穿着整整齐齐;对演讲者要求很高,必须是口若悬河,机智敏锐,而且要幽默诙谐,否则就不买你的账,甚至会纷纷退场,让你下不了台。演讲会即将开始,大厅里座无虚席,鸦雀无声。文化中心负责人葛浩文先生向听众介绍说:"冯先生不仅是作家,而且是画家,以前还是职业运动员。"简短介绍完毕,大厅里一片寂静,只等这位来自中国的作家开讲了。这时,冯骥才心情也很紧张,这台戏不好唱啊!

只见冯骥才沉默了片刻,当着大家的面,把西服上衣脱了下来,又把领带解下来,最后竟然把毛背心也脱了下来。听众都愣了,不知他葫芦里卖的什么药。大厅里静得掉根针也听得见。略停了一会儿,冯骥才才开口慢慢说道:"刚才葛先生向诸位介绍了我是职业运动员出身,这倒勾起了我的职业病。运动员临上场前都要脱衣服的,我今天要把会场当作篮球场,给诸位卖卖力气。"全场听众大笑,掌声雷动。

陶行知"喂鸡"

有一次,陶行知先生在武汉大学演讲,走上讲台,他不慌不忙地从箱子中拿出一只大公鸡,台下的听众全愣住了,不知陶先生要干什么。陶先生从容不迫地又掏出一把米放在桌上,然后按住公鸡的头,强迫它吃米,可是大公鸡只叫不吃。怎么才能让鸡吃米呢?他扳开鸡的嘴,把米硬往鸡的嘴里塞,大公鸡拼命挣扎,还是不肯吃。陶先生轻轻地松开手,把鸡放在桌子上,自己向后退了几步,大公鸡自己就吃起米来。这时陶先生开始演讲:"我认为,教育就跟喂鸡一样,先生强迫学生去学习,把知识硬灌给他,他是不情愿学的,即使学也是食而不化,过不了多久,他还是会把知识还给先生的。但是如果让他自由地学习,充分地发挥他的主观能动性,那效果将一定会好得多!"台下一时间欢声雷动,为陶先生形象的演讲开场白叫好。

陶行知不愧为平民教育家,他采用了人所共知的"喂鸡"这一动作,非常形象地说明了一个很重要的道理:要发挥学生学习的主动性。

(马莉. 名人的"动作"演讲. 语文月刊,2005(9).)

态势语是用来帮助表情达意的"无声语言",协调、得体的态势语,不仅能使演讲更有吸引力,而且能给人以美的享受。态势语训练总的原则是自然和谐、优美得体、规范标准。

1. 面部表情要自然

演讲者的面部表情应随着演讲内容和情感的变化而变化,时而激昂、时而愤怒、时而喜悦、时而失落。使面部表情准确、自然、恰当地表现自己丰富的情感,便于听众领会和交流。

演讲者要特别重视眼神的运用。要善于将富于变幻的眼神与演讲的内容密切配合,充分发挥其表情达意的作用。演讲者登上讲台后,首先要面带自信的微笑,用目光环视全场,吸引听众的注意。演讲时目光要平视,要和大多数听众的目光进行交流,有时也可用点视的眼神,跟一部分听众进行交流。忌左顾右盼,目光游移不定。

2. 手势运用要适度

手势是指演讲中手臂、手掌、手指的动作。演讲中的手势可以对内容的表达进行辅助和补充。罗丹说:"没有灵敏的手,最强烈的感情也是瘫痪的。"

手势不可流于形式或用于装潢门面。同时,手势的含义不能模棱两可,跟演讲的内容相脱节。演讲时手势不在多,而在于简练,在于有表现力。手势要符合演讲者的身份和性格特征,要与演讲者的表情配合,与有声语言同步,幅度不能太大,要做到自然协调。

3. 身体姿态要稳重

身势就是指身体的动作。演讲时身体站立要平稳、自然、舒适。站立时要平稳,可以用前进式,即左脚在前,右脚在后。也可用直立式,即两脚分开与肩同宽。这两种站姿都要求上身正直,轻松自如。避免出现踮着脚尖或频繁更换脚的位置的情况,演讲中无特殊需要,不要随便走动,也不要摇晃身体。

4. 仪表风度要大方

仪表是演讲者的容貌、姿态,包括体形、服饰等,主要指演讲者的外部特征。良好的仪表和风度可以吸引听众,为演讲创造一个良好的环境。演讲者的仪表要端庄大方,得体入时,因地制宜。演讲不是演戏,服饰、发型既要简朴、得体、自然,又要体现出时代的特征,给人以美感,不要油头粉面、奇装异服。

风度是指通过个人的言谈、举止、仪表所表现出来的个人风格和气度。一个人的举止风度是其思想境界、文化素质、气质性格等的综合体现。作为一个演讲者所具有的风度应该是自然、大方、从容、潇洒而富有魅力。每个人由于生活环境和经历不同,所具有的气质风度也都各有特点。不要一味地模仿别人,应尽量发挥自己的长处,显示出自己应有的独特的风姿。

课堂训练

请给下面的演讲片段加上合适的态势语,在班内展示。

1. 美好的童年生活,像滚滚长江之水,一去不复返了。

2. 青春不只是壮实的身体、年轻的容貌;青春,应该放热,应该闪光!

3. 走向讲台,走向人间最温暖的春风和雨露;走向讲台,走向世上最珍贵的情谊和友爱;走向讲台,走向我熊熊燃烧的事业,不灭的精神之光!

4. 伸手不见五指,死一般的寂静笼罩着大地,只要有一点响动,心里就一阵收缩。

能力拓展

1. 即兴演讲训练。

(1) 任意选取生活中的四件物品,做即兴连缀成段练习。

(2) 模拟召开"新闻发布会",选四位同学上台,面对全体同学,针对某一主题,提各种问题,可以指名回答或自由回答。最后评选出"最佳新闻发言人"。

(3) 细心品味下面这段话,然后自定主题,做即兴演讲练习。

"你不可以左右天气,但你可以改变心情;你不可以事事顺利,但你可以事事尽力;你不可以改变不公,但你可以展现笑容;你不可以预知明天,但你可以把握今天。"

(4) "不凡是瞬间的风景,平凡是永恒的罗兰。"若要你选择,你会选择瞬间的风景还是永恒的罗兰?请结合你对这句话的理解,做即兴演讲练习。

2. 下面是某幼儿园"幼儿教师师德师风"演讲稿。请同学们综合运用演讲技巧,进行演讲练习。

爱心是水　创新是船

从孩提时我就向往成为一名光荣的幼儿教师,在我的心目中教师是一杯水,纯洁;教师是一颗星,带来光明;它更是一幅风景画,桃李满天下! 而今,我已是一名光荣的幼儿教师了,如果有人问我:"你爱自己的职业吗?"我会毫不犹豫地回答:"是的,我非常热爱幼儿教师这一职业。"因为在我的心目中早已装满了天真无邪的孩子,我爱他们,我要用爱心之水滋润每一个孩子的心田,我要用我的创新之船载送孩子们到达成功的彼岸。

陶行知先生说得好:"捧着一颗心来,不带半根草去。"这正是教师无私奉献的写照。爱心是水,滋润着你我的心田;爱心是金钥匙,能够打开孩子们的心灵之窗;爱心更是成功教育的原动力,在平时的活动中我努力实践着。对天资聪颖的孩子,我有意识地培养他们的品格意志;对性格内向的孩子,我用爱心、耐心帮助他们寻找自信,打开他们心灵的窗户;对生病的孩子,我更是少不了关怀、探望⋯⋯记得我们班有个性格非常内向的孩子秋秋,刚来幼儿园时,什么都不会,什么都没兴趣,跟她说话,她永远都是点头、摇头。一年来我对她倾注了所有的爱,为了培养她的自信,我手把手地教她独立做事,看着她慢吞吞的样子,我始终坚持"静待花开"。时间一天天过去了,现在的秋秋已经能够常常举手发言了,看到她天真可爱的笑脸,我的心里就有说不出的甜蜜。"润物细无声",孩子们一天天地进步,一天天地长大了。

爱心是水,滋润着你我的心田;创新是船,载送着他们到达成功的彼岸。21世纪的教育是素质教育,21世纪的人才应当是创造型的人才。现在的幼儿园教育要培养孩子的创造意识。教育的改革,时代的发展,呼唤着创新型的教师。要想做一名创新型的教师,我们必须心怀一颗进取心,下苦功学习,向孩子学习,向书本学习,向同事学习。要以研究者的心态去对待教育活动,学习幼儿教育的先进理念和先进方法,并把它运用到工作中。为了组织好一次活动我常常要广泛查阅书籍资料,为了及时记录幼儿的表现我会乐此不疲地加班加点。我愿和我的孩子们一起创造,一起进步。一分耕耘,一分收获! 听! 那是孩子们多么富有创造性话语。瞧! 那是孩子们自己制作的创意画。

如果孩子是蜜蜂,我甘当采蜜的花朵;如果孩子是花朵呢? 我一定做好护花的绿叶;如果孩子是卫星,我一定当好把他们送上万里征程的火箭;如果孩子是火箭呢? 我一定当好一名火箭兵,用我瘦弱的肩膀,顶着他们踏上辉煌的前程。我们的工作是辛苦的,我们的工作又是快乐的,让我们用爱心迎来孩子们对我们的信任,用创新培养新一代的创造性人才,护送他们到达成功的彼岸。

(百度文库,http://wenku.baidu.com/view/538597cf58f5f61fb7366672.html.有改动)

任务五　表演性口语表达训练

一、中华经典诗文诵读

案例导入

对照诵读下面描写春天的诗、词、曲和散文,体会四种不同文体在诵读时的差异。

早春呈水部张十八员外

（唐）韩愈

天街小雨润如酥，草色遥看近却无。

最是一年春好处，绝胜烟柳满皇都。

木 兰 花

（宋）宋祁

东城渐觉风光好，縠皱波纹迎客棹。绿杨烟外晓寒轻，红杏枝头春意闹。浮生长恨欢娱少，肯爱千金轻一笑？为君持酒劝斜阳，且向花间留晚照。

阳春曲·春景

（元）胡祗遹

残花酝酿蜂儿蜜，细雨调和燕子泥。绿窗春睡觉来迟。谁唤起？窗外晓莺啼。

岳 阳 楼 记

（宋）范仲淹

至若春和景明，波澜不惊，上下天光，一碧万顷；沙鸥翔集，锦鳞游泳；岸芷汀兰，郁郁青青。而或长烟一空，皓月千里，浮光跃金，静影沉璧，渔歌互答，此乐何极！登斯楼也，则有心旷神怡，宠辱偕忘，把酒临风，其喜洋洋者矣。

（一）基础知识

1. 诵读概说

诵读是我国传统的语文教学方法，有着悠久的历史与丰富的内涵。从周代开始，诵读诗歌就成为学校里的主要功课，"以乐语教国子，兴、道、讽、诵、言、语"。孔子、孟子、荀子等都重视对文本的诵读，如孔子就要求弟子"诵诗三百"。

诵读既不是简单机械的朗读，也不仅仅是熟读。而是通过吟咏之声将丰富的情感表现出来。诵读除了放声朗读，还有一个上下寻觅、左右求索的过程，读者借助这一阅读形式，找到最合适的语言声音形态，把静态的文字符号转化成饱含个人思想情感的有声语言，实现与文本的融合。

诵读对古代语言学习有巨大的作用，直到今天，诵读依然是学习传统诗文的重要方法。

2. 中华经典诗文基本常识

在诵读中华经典诗文时，要想达到好的效果，就先要做一些基础性的功课，这些基础常识主要包括汉语语音的变化、声调和音韵、对仗和平仄、古文的文体及特点等。

（1）汉语语音的发展变化

汉语语音发展变化有阶段性，在漫长的历史时期中，我们的语音发生了不少变化，在诵读诗文时，字词的准确发音就成为一个问题。在诗词中，字的今音和古音往往会涉及押韵、通假、词性和字义的改变等，如杜牧《山行》"远上寒山石径斜"一句中的"斜"，古音读作"siá"（s读浊音，和现代上海"斜"字的读音相同），今音读作"xié"。再如《鸿门宴》"沛公欲王关中"一句中的"王"读作"wàng"，动词，统治的意思。这些字词在古文中的词性和词义，今天基本不用了，但这样的例子在古文中比比皆是。所以，要想读好古诗文，首先就要认真考察其字词的发音，慎重考虑其古音和今音的不同。

中华经典诗文
诵读基础知识

课堂训练

诵读北朝民歌《木兰诗》，注意读准加点字的字音。

木 兰 诗

唧唧复唧唧，木兰当户织。不闻机杼(zhù)声，惟闻女叹息。问女何所思，问女何所忆。女亦无所思，女亦无所忆。昨夜见军帖(tiě)，可汗(kèhán)大点兵。军书十二卷，卷卷有爷名。阿爷无大儿，木兰无长兄。愿为市鞍马，从此替爷征。

东市买骏马，西市买鞍鞯(ānjiān)，南市买辔(pèi)头，北市买长鞭。旦辞爷娘去，暮宿黄河边。不闻爷娘唤女声，但闻黄河流水鸣溅溅(jiān)。旦辞黄河去，暮至黑山头。不闻爷娘唤女声，但闻燕山胡骑(jì)鸣啾啾。

万里赴戎机，关山度若飞。朔气传金柝(tuò)，寒光照铁衣。将军百战死，壮士十年归。

归来见天子，天子坐明堂。策勋十二转(zhuǎn)，赏赐百千强。可汗问所欲，木兰不用尚书郎，愿驰千里足，送儿还故乡。

爷娘闻女来，出郭相扶将；阿姊(zǐ)闻妹来，当户理红妆；小弟闻姊来，磨刀霍霍向猪羊。开我东阁门，坐我西阁床。脱我战时袍，著(zhuó)我旧时裳(cháng)。当窗理云鬓，对镜帖花黄。出门看伙伴，伙伴皆惊忙：同行十二年，不知木兰是女郎。

雄兔脚扑朔，雌兔眼迷离；双兔傍地走，安能辨我是雄雌？

(2) 汉语的声调和音韵

声调是汉语的特点，传统音韵学将汉语的声调分为四类——平、上、去、入，前人又根据这四种声调读法的不同把它们划分为两大类，平声为一类，仍称平声；上、去、入为一类，合称为仄声。我国的古代诗词优美动人，读起来朗朗上口，除了诗词本身的内容感人，就在于创作诗词时利用了汉语声调平、上、去、入四声的规律变化，使平仄协调。

韵是诗词格律的基本要素之一，韵一般用在句尾，所以也叫韵脚。押韵是我国诗歌一个很重要的特点，凡是同韵的字都可以押韵，押韵的目的是为了声音和谐。押韵使同类的乐音在同一位置上不断重复，这样就构成了声音的回环往复之美。

课堂训练

1. 反复诵读下面这首诗，重点体会重叠词带来的诵读效果。

迢迢牵牛星

迢迢牵牛星，皎皎河汉女。

纤纤擢素手，札札弄机杼。

终日不成章，泣涕零如雨。

河汉清且浅，相去复几许？

盈盈一水间，脉脉不得语。

2. 诵读下面的词，注意词的韵律，感受词与诗不同的韵味。

清平乐·村居

(宋)辛弃疾

茅檐低小，溪上青青草。醉里吴音相媚好，白发谁家翁媪？

大儿锄豆溪东，中儿正织鸡笼。最喜小儿无赖，溪头卧剥莲蓬。

（3）格律

格律是指一系列中国古代诗歌创作时关于平仄、押韵、字数、句数、对偶等方面的格式和规则。中国古代近体诗、词在格律上有严格要求。

根据有无格律，诗歌可分为古体诗和近体诗两大类，唐代以前的诗歌，主要包括汉魏乐府古辞、南北朝乐府民歌以及这一时期的文人创作，通常被称为"古体诗"或"古诗""古风"。唐以后的诗歌，大致分为"近体诗"和"古体诗"两类。

古体诗形式自由，不受格律的束缚，诗句中还有不少口语词汇，如乐府歌辞《有所思》"何用问遗君，双珠玳瑁簪"中"何用"就是口语；字数也没有严格限定，偶字句的四言和六言，奇字句的五言和七言同时存在。因为句式自由，所以断句和停顿时要注意到不同句式的特点，如四言诗一般是二二，五言诗一般句式是二三，七言诗的一般句式是四三。

近体诗则要受到格律的限制，讲究平仄是律诗最本质的特点。此外，近体诗字句有定，用韵严格。律诗还讲求对仗，这不仅在形式上显得整齐匀称，而且表意凝练集中，概括力强，在诵读时音调铿锵，节奏感强，易于记忆，对仗和平仄共同作用，凸显出诗歌的音乐美。如杜甫名句"无边落木萧萧下，不尽长江滚滚来"，王维名句"竹喧归浣女，莲动下渔舟"，等等。

词的句子基本上都是律句，和诗的平仄相类，只不过对仗更加自由、宽泛。在句式上有长句也有短句，词句的字数从一个字到十一个字不等，所以在诵读时，一定要注意句子的句读和停顿。此外，还要注意一些特殊的用法，如一字豆就是词的句法特点之一，一字豆多数是虚词，读到这个字时要稍作停顿，以引起下文。懂得一字豆，才不致误解词句的平仄。一字豆可以出现在三字句前构成四字句，如"对长亭晚"，也可以出现在七字句前面构成八字句，如"正江涵秋影雁初飞"。一字豆最常出现在四字句前构成五字句，读时在第一个字后面要稍作停顿，语气拉长。如下面三例：

念/武陵人远。——李清照《凤凰台上忆吹箫》

叹/寄予路遥。——姜夔《暗香》

渐/霜风凄紧。——柳永《八声甘州》

曲的韵部虽然和诗韵、词韵不同，但同样讲求押韵、对仗、平仄。曲律与诗律、词律最大的不同是可以用衬字。衬字是曲牌所规定的格式之外另加的字，它使曲文在遵守格律的前提下，有更大的灵活性，行文造字更为自由，不受格律的束缚。衬字一般不占用乐曲的节拍和音调，往往是唱时快速而有节奏地一口带过。衬字的运用，使元曲更加口语化，在诵读时要注意到这样的特点，在语速、语气上加以配合，如睢景臣《高祖还乡》中的一煞（加点字为衬字）：

春采了桑，冬借了俺粟，零支了米麦无重数。换田契强秤了麻三秆，还酒债偷量了豆几斛，有甚糊突处。明标着册历，见放着文书。

课堂训练

比较诵读下面的绝句、律诗、词和元曲，感受其格律和艺术魅力。

绝　句

（唐）杜甫

迟日江山丽，春风花草香。

泥融飞燕子,沙暖睡鸳鸯。

过 故 人 庄

（唐）孟浩然

故人具鸡黍,邀我至田家。

绿树村边合,青山郭外斜。

开轩面场圃,把酒话桑麻。

待到重阳日,还来就菊花。

西江月·夜行黄沙道中

（宋）辛弃疾

明月别枝惊鹊,清风半夜鸣蝉。稻花香里说丰年,听取蛙声一片。

七八个星天外,两三点雨山前。旧时茅店社林边,路转溪桥忽见。

南吕·干荷叶

（元）刘秉忠

干荷叶,色苍苍,老柄风摇荡。减清香,越添黄。都因昨夜一场霜,寂寞在秋江上。

（4）古文的文体及特点

古文类别丰富,文体不同,特点各异。姚鼐《古文辞类纂》分古文为十三类:论辩、序跋、奏议、书说、赠序、诏令、传状、碑志、杂记、箴铭、颂赞、辞赋和哀祭。这十三类文体有的界限并不是十分清楚,因此不能机械地看待。

不同文体的古文,在是否用韵、抒情方式、写作形式等方面有很多不同之处,在诵读时就要考虑到这些差异,在情感色彩,朗读的语调、语速等方面加以区分,以达到最佳诵读效果。比如传状类多是记述个人生平事迹的文章,一般不用韵,诵读时以陈述语气为主,此类文章著名的有《淮阴侯列传》《段太尉逸事状》等;箴铭类是用于规诫的文章,大多用来诫勉自己,此类文章都是用韵的,因此诵读时态度应有严肃恭谨之意,节奏上注意语气的顿挫,刘禹锡的《陋室铭》可为一例。

课堂训练

诵读下面的两篇古文,体会不同文体的特点。

陋 室 铭

（唐）刘禹锡

山不在高,有仙则名。水不在深,有龙则灵。斯是陋室,惟吾德馨。苔痕上阶绿,草色入帘青。谈笑有鸿儒,往来无白丁。可以调素琴,阅金经。无丝竹之乱耳,无案牍之劳形。南阳诸葛庐,西蜀子云亭,孔子云:何陋之有?

爱 莲 说

（宋）周敦颐

水陆草木之花,可爱者甚蕃。晋陶渊明独爱菊;自李唐来,世人盛爱牡丹;予独爱莲之出淤泥而不染,濯清涟而不妖,中通外直,不蔓不枝,香远益清,亭亭净植,可远观而不可亵玩焉。

予谓菊，花之隐逸者也；牡丹，花之富贵者也；莲，花之君子者也。噫！菊之爱，陶后鲜有闻；莲之爱，同予者何人？牡丹之爱，宜乎众矣。

（二）中华经典诗文诵读技巧

中华经典诗文
诵读技巧

📝 案例导入

比较诵读下面两段选文，在诵读中体味：同样是描写秋天，现代文和古文在诵读时语言表达和节奏把握有何差异。

故都的秋（节选）
郁达夫

不逢北国之秋，已将近十余年了。在南方每年到了秋天，总要想起陶然亭的芦花，钓鱼台的柳影，西山的虫唱，玉泉的夜月，潭柘寺的钟声。在北平即使不出门去罢，就是在皇城人海之中，租人家一椽破屋来住着，早晨起来，泡一碗浓茶，向院子一坐，你也能看得到很高很高的碧绿的天色，听得到青天下驯鸽的飞声。从槐树叶底，朝东细数着一丝一丝漏下来的日光，或在破壁腰中，静对着像喇叭似的牵牛花（朝荣）的蓝朵，自然而然地也能够感觉到十分的秋意。说到了牵牛花，我以为以蓝色或白色者为佳，紫黑色次之，淡红色最下。最好，还要在牵牛花底，长着几根疏疏落落的尖细且长的秋草，使作陪衬。

滕王阁序（节选）
王勃

时维九月，序属三秋。潦（lǎo）水尽而寒潭清，烟光凝而暮山紫。俨（yǎn）骖（cān）騑（fēi）于上路，访风景于崇阿（ē）。临帝子之长洲，得天人之旧馆。层峦耸翠，上出重霄；飞阁流丹，下临无地。鹤汀（tīng）凫（fú）渚（zhǔ），穷岛屿之萦回；桂殿兰宫，即冈峦之体势。

披绣闼（tà），俯雕甍（méng），山原旷其盈视，川泽纡其骇瞩。闾阎（lǘyán）扑地，钟鸣鼎食之家；舸（gě）舰弥津，青雀黄龙之轴（zhú）。云销雨霁，彩彻区明。落霞与孤鹜齐飞，秋水共长天一色。渔舟唱晚，响穷彭蠡（lǐ）之滨，雁阵惊寒，声断衡阳之浦。

中华经典诗文有自身的独特性，音韵优美、节奏和谐、句式整齐，虽然篇幅短小，但含义深远，在诵读时需要有一定的方法和技巧，明代著名思想家王守仁对诵读诗歌的要求是，"凡歌诗，须要整容定气，清朗其声音，均审其节调；毋躁而急，毋荡而嚣，毋馁而慑。久则精神宣畅，心气和平矣"。从仪容到精神都提出了要求，一方面要"审其节调"，一方面要"心气和平"，在不急躁、不放荡、不胆怯中认真学习诗歌，领会其内容，依照其韵律，体会其感情，"久则精神宣畅，心气和平矣。""整容、定气、朗声、节调"成为诵读诗歌时应把握的态度、心理、气志和声调等要领。下面结合古人的创见谈一谈中华经典诗文的诵读技巧。

1. 读准字音

📝 案例导入

诵读下面的汉乐府民歌和古诗，为加点字注音，思考这些字音与现代汉语中读音的差别。

上　邪

上邪！我欲与君相知，长命无绝衰。山无棱，江水为竭，冬雷震震，夏雨雪，天地合，乃敢与君绝！

望　岳

（唐）杜甫

岱宗夫如何？齐鲁青未了。造化钟神秀，阴阳割昏晓。

荡胸生层云，决眦入归鸟。会当凌绝顶，一览众山小。

读准字音是正确流利诵读中华经典诗文的基础。古诗文中有不少今天不常用的生僻字词，如《石钟山记》中就有"桴、镗鞳、硿硿、磔磔、窾坎镗鞳、噌吰"等多个生僻字词造成我们诵读的障碍和困难。不过这些字音没有异读现象，因此，只要借助工具书来确定正确读音即可。诵读古诗文时更需要注意的是有异读现象的字音，主要有三种：通假字异读，专有名词异读，词义、词性的改变引起的异读。

通假字的异读，凡是通假字，借做什么字，就读成什么音。如："有朋自远方来，不亦说乎"中"说"同"悦"，读作"yuè"。

专有名词的异读，古诗文中有些专有名词，如人名、地名、姓氏、族名、官名、器物等有特殊读音，如"可汗"，读作"kèhán"而不读成"kěhàn"，"逢丑父"读作"pángchǒufù"而不是"féngchǒufù"，"龟兹"读作"qiūcí"而不是"guīzī"。

词义、词性的改变引起的异读。词义不同，如"臭"，古汉语中是中性词，气味的意思，既可以指香气，也可以指不好的气味，读作"xiù"，如《周易》中说："同心之言，其臭如兰。"现代文中一般读作"chòu"，专指不好闻的气味。词性不同，如"衣"，做名词时读作"yī"，做动词时读作"yì"。

课堂训练

请正确流利地诵读下面的诗，注意加点字的读音。

蒹（jiān）葭（jiā）

蒹葭苍苍，白露为霜。所谓伊人，在水一方。

溯洄（huí）从之，道阻且长。溯游从之，宛在水中央。

蒹葭萋萋（qī），白露未晞（xī）。所谓伊人，在水之湄（méi）。

溯洄从之，道阻且跻（jī）。溯游从之，宛在水中坻（chí）。

蒹葭采采，白露未已。所谓伊人，在水之涘（sì）。

溯洄从之，道阻且右。溯游从之，宛在水中沚（zhǐ）。

2. 反复朗读

案例导入

反复诵读下面两首《菩萨蛮》，第一遍初读，读准字音；第二遍细读，体味词句节奏；第三遍慢读，体味词句中的情感，诵读三遍以上，体味词句之美和词句之外的深意。

菩萨蛮（其一）

平林漠漠烟如织，寒山一带伤心碧。暝色入高楼，有人楼上愁。

玉阶空伫立，宿鸟归飞急。何处是归程？长亭更短亭。

菩萨蛮（其二）

人人尽说江南好，游人只合江南老。春水碧于天，画船听雨眠。

垆边人似月，皓腕凝霜雪。未老莫还乡，还乡须断肠。

宋代大儒朱熹就十分重视反复朗读，他的学生将其读书法概括为六条纲领，其中重要的一条便是"熟读精思"。他主张"凡人若读十遍不会，则读二十遍；又不会则读三十遍到五十遍，必有见到处"。反复朗读还可以帮助对诗文的记忆："凡读书……须要读得字字响亮，不可误一字，不可少一字，不可多一字，不可倒一字，不可牵强暗记；只要是多诵数遍，自然上口，久远不忘。"

由古人的治学和教学可以看到，反复朗读是诵读诗文的基本方式。反复朗读的过程是一个慢慢咀嚼、细细品味、渐渐消化的过程，所谓"书读百遍，其义自见"。反复朗读不是有口无心，而是大声朗读和小声吟诵相结合，边诵读边消化。诵读不仅要声音洪亮，疾徐有致，还要全身心地投入，从诵读中体会节奏感，品味作品的情趣和神韵。

课堂训练

反复诵读下面两首诗，体会不同类型诗歌在诗句形式和节奏上的不同，感受诗句中的情感。

客 至

（唐）杜甫

舍南舍北皆春水，但见群鸥日日来。

花径不曾缘客扫，蓬门今始为君开。

盘飧市远无兼味，樽酒家贫只旧醅。

肯与邻翁相对饮，隔篱呼取尽余杯。

将 进 酒

（唐）李白

君不见，黄河之水天上来，奔流到海不复回！

君不见，高堂明镜悲白发，朝如青丝暮成雪！

人生得意须尽欢，莫使金樽空对月。

天生我材必有用，千金散尽还复来。

烹羊宰牛且为乐，会须一饮三百杯。

岑夫子，丹丘生，将进酒，杯莫停。

与君歌一曲，请君为我倾耳听。

钟鼓馔玉不足贵，但愿长醉不复醒。

古来圣贤皆寂寞，惟有饮者留其名。

陈王昔时宴平乐，斗酒十千恣欢谑。

主人何为言少钱，径须沽取对君酌。

五花马，千金裘，呼儿将出换美酒，与尔同销万古愁。

3. 运用联想和想象

案例导入

对比诵读下面两首诗词，发挥联想和想象，用自己的话描述这两首诗词的意境。

山居秋暝

（唐）王维

空山新雨后，天气晚来秋。明月松间照，清泉石上流。

竹喧归浣女，莲动下渔舟。随意春芳歇，王孙自可留。

渔家傲

（宋）范仲淹

塞下秋来风景异，衡阳雁去无留意。四面边声连角起。千嶂里，长烟落日孤城闭。

浊酒一杯家万里，燕然未勒归无计。羌管悠悠霜满地。人不寐，将军白发征夫泪。

中华经典诗词是极其精练的艺术，都以少量的字词包孕着丰富的含义，讲求字句的推敲和意境的表达，浸润着作者的审美意趣，要想深入体会其意韵情怀，一定要善于联想和想象。

联想的方式有多种，有接近联想，即通过关系相近的事物和情感进行联想，如读《送孟浩然之广陵》，就可以联想自己和亲朋好友离别的情境；类比联想，如读孟浩然的《临洞庭湖赠张丞相》，可以联想到杜甫的《登岳阳楼》，"气蒸云梦泽，波撼岳阳城"与"吴楚东南坼，乾坤日月浮"所写景象是类似的；对比联想，如读"大江东去，浪淘尽，千古风流人物"时可以联想到"执手相看泪眼，竟无语凝噎"，豪放与婉约，在对比中不言自明；延伸联想，如苏轼的《定风波》，我们在诵读中联想到诗人的处境，就能读出自然之风雨完全是诗人仕途人生之风雨的写照，会更好地理解诗人豁达乐观的情怀。

诵读中的想象也十分重要。想象主要有再现想象和创造想象。再现想象是根据诗文中字句的描绘，在头脑中出现相应的画面；创造想象是根据诗文中已有的情境进行的拓展性想象，这是对诗文的补充，也是深入理解的过程。在诵读诗文时往往再现想象在前，创造想象在后，最后糅合在一起，使读者完全进入诗文的境界之中。如诵读马致远的《天净沙·秋思》时，头脑中会浮现出晚归的寒鸦，枯藤缠绕的老树，静默的小桥，炊烟袅袅的庄户人家，空旷的古道、疲累的瘦马、凄寒的暮色，孤独的旅人等景象，这是对此曲情境再现的想象。"一切景语皆情语"，在这样凄清衰颓的气氛中，蕴含了诗人怎样的情绪？这样一个天涯游子是什么样的形象？他究竟为何困窘潦倒？他又是如何在羁旅途中写下这样的诗句？写完诗句的诗人又去往何方？所有这些问题的答案背后都是对此曲的创造想象。

课堂训练

诵读下面的词，请说出至少三句描写愁绪的名句，如"问君能有几多愁，恰似一江春水向东流""才下眉头，却上心头"等。

青玉案

（宋）贺铸

凌波不过横塘路，但目送、芳尘去。锦瑟华年谁与度？月台花榭，琐窗朱户，只有春知处。

碧云冉冉蘅皋暮，彩笔新题断肠句。试问闲愁都几许？一川烟草，满城风絮，梅子黄时雨。

4. 结合文体特点诵读

案例导入

比较诵读下面几首诗，感受不同时代、不同类型诗歌在韵律、节奏和遣词用语上的不同。

九歌·山鬼（节选）

若有人兮山之阿，被薜荔兮带女萝。既含睇兮又宜笑，子慕予兮善窈窕。

乘赤豹兮从文狸，辛夷车兮结桂旗。被石兰兮带杜衡，折芳馨兮遗所思。

古诗十九首·行行重行行

行行重行行，与君生别离。相去万余里，各在天一涯。

道路阻且长，会面安可知？胡马依北风，越鸟巢南枝。

相去日已远，衣带日已缓。浮云蔽白日，游子不顾反。

思君令人老，岁月忽已晚。弃捐勿复道，努力加餐饭。

岁　暮

（东晋）谢灵运

殷忧不能寐，苦此夜难颓。

明月照积雪，朔风劲且哀。

运往无淹物，年逝觉已催。

送杜少府之任蜀州

（唐）王勃

城阙辅三秦，风烟望五津。与君离别意，同是宦游人。

海内存知己，天涯若比邻。无为在歧路，儿女共沾巾。

中国的诗词曲赋都有其自身的特点，诵读时一定要结合文体特点，才能读出更好的效果。

对诗词来说，平仄、对仗和押韵都很关键，能使诗词读来朗朗上口，独具节奏之美、音乐之美。

诗歌抑扬顿挫的音乐美，主要是由平仄形成的。古汉语有所谓"平声柔而长，上声厉而举，去声清而远，入声短而促"的说法。由于平仄的限制，在诵读诗歌时就要在停顿、重音、语气、语调上加以配合。如王之涣《登鹳雀楼》：白日依山尽，黄河入海流。欲穷千里目，更上一层楼。其平仄为：仄仄平平仄，平平仄仄平。平平平仄仄，仄仄仄平平。诵读此诗时，平仄交替，语气、语调随之自然高低变化。

诗歌形式整齐的节奏美，主要是由对仗形成的。汉语特点特别适合用对仗，在诵读时，要注意对仗句的轻重音、语气、语调也要形成对仗。如"举头望明月，低头思故乡"，节奏同为"二一二"，"举头"和"低头"都要次重读，语气稍微拉长，"望"和"思"后都要稍作停顿，"明月"和"故乡"都要重读。

诗歌回环往复的音乐美，主要是由押韵形成的。韵的重要作用就是充分利用汉语语音的审美特质,通过韵脚的关联,把跳跃式的单独的诗行构成一个审美整体,使诗作读来回环流畅,顺口动听。中国古典诗歌从《诗经》开始就是讲究押韵的。绝句和律诗一般都是双句押韵,用平声韵,隔行押韵。如杜甫的《绝句》:"两个黄鹂鸣翠柳,一行白鹭上青天。窗含西岭千秋雪,门泊东吴万里船。"

对于古文,最主要的是读准句读。读准句读就是要注意句中的停顿,千万不可读破句。读音停顿,要和语意语言结构一致,不可凭主观臆断。如"其一/犬坐于前",不能误读为"其一犬/坐于前"。又如"今王之地/方五千里",不能误读为"今王之地方/五千里"。如果句读不准,对文意的理解可能差之毫厘,谬误千里,因此不能不重视。

另外,还要注意虚词所表达的语气。对于句首的发语词"夫""嗟夫""若夫""至若"等,要稍微拉长声调;附于句尾或实词之后的"矣""焉""而""乎""耶""耳"等语气助词,音节短促,诵读时,音长要缩短。但也不能一概而论,要视具体情况而定,如《醉翁亭记》中共用到 21 个"也",使全文成了一种反复回环、高低起伏的吟咏语调,在诵读时要注意不同的"也"语调和语气不同,要表现出作者饮酒微醺、欣然沉醉的情感。

课堂训练

1. 根据诗词的平仄和对仗朗读下面的诗,注意语气的轻重和语调的抑扬顿挫。

春　望
(唐)杜甫

国破山河在,城春草木深。感时花溅泪,恨别鸟惊心。

(仄仄/平仄仄,平平/仄仄平。平平/平仄仄,仄仄/仄平平。)

烽火连三月,家书抵万金。白头搔更短,浑欲不胜簪。

(仄仄/平平仄,平平/仄仄平。平平/平仄仄,仄仄/仄平平。)

2. 诵读下面的古文,读准句读,注意"也"这个虚词表达的语气和情感。

醉 翁 亭 记
(宋)欧阳修

环滁皆山也。其西南诸峰,林壑尤美。望之蔚然而深秀者,琅琊也。山行六七里,渐闻水声潺潺而泻出于两峰之间者,酿泉也。峰回路转,有亭翼然临于泉上者,醉翁亭也。作亭者谁?山之僧智仙也。名之者谁?太守自谓也。太守与客来饮于此,饮少辄醉,而年又最高,故自号曰醉翁也。醉翁之意不在酒,在乎山水之间也。山水之乐,得之心而寓之酒也。

若夫日出而林霏开,云归而岩穴暝,晦明变化者,山间之朝暮也。野芳发而幽香,佳木秀而繁阴,风霜高洁,水落而石出者,山间之四时也。朝而往,暮而归,四时之景不同,而乐亦无穷也。

至于负者歌于途,行者休于树,前者呼,后者应,伛偻提携,往来而不绝者,滁人游也。临溪而渔,溪深而鱼肥。酿泉为酒,泉香而酒洌;山肴野蔌,杂然而前陈者,太守宴也。宴酣之乐,非丝非竹,射者中,弈者胜,觥筹交错,起坐而喧哗者,众宾欢也。苍颜白发,颓然乎其间者,太守醉也。

已而夕阳在山,人影散乱,太守归而宾客从也。树林阴翳,鸣声上下,游人去而禽鸟乐也。然而禽鸟知山林之乐,而不知人之乐;人知从太守游而乐,而不知太守之乐其乐也。醉能同其乐,醒能述以文者,太守也。太守谓谁?庐陵欧阳修也。

5. 带情感诵读

案例导入

诵读下面这首词，先用较慢的语速读一遍，再用中速读一遍，最后快速读一遍，感受哪种语速更符合这首词的情感。

一 剪 梅

（宋）李清照

红藕香残玉簟秋，轻解罗裳，独上兰舟。云中谁寄锦书来？雁字回时，月满西楼。

花自飘零水自流。一种相思，两处闲愁。此情无计可消除。才下眉头，却上心头。

情感的酝酿和表现是诗文诵读的核心，单纯依靠技巧会产生苍白和虚假的效果。古诗文本就是缘情而作，体会到作者的感情，才能进入古诗词的特有境界。诵读古诗文，还要注意不同作者的风格，在情感上加以体现：读李白的诗歌就要浪漫而热烈，读王维的禅意诗就要宁静而悠远，读李清照的后期词就要惨恻而凄伤。

诵读既是对文学文本的再创作，更是内心情感的又一次燃烧。情感只能从诵读者对于作品的真切感受中酝酿出来，但在古文中，有些情感的抒发和表达要受到句式和字词用法的限制，在诵读时要注意。如下面四句：

圣人之所以为圣，愚人之所以为愚，其皆出于此乎？（《师说》）

国无主，其能久乎？（《左传·襄公二十九年》）

攻之不克，围之不继，吾其还也。（《左传·僖公三十三年》）

路漫漫其修远兮，吾将上下而求索。（《离骚》）

这四句古文中，由于"其"的用法不同，读出来的语气就完全不同。第一句表示推断和估计，第二句表示反问，第三句表示请求和劝告，第四句用于修饰语与修饰语之间，语气读来要舒缓悠长。

课堂训练

对比诵读下面三首词，同样是描写恋爱中的女子，但情感不同，诵读时找准感情基调，读出不同的情感。

望 江 南

（唐）温庭筠

梳洗罢，独倚望江楼。过尽千帆皆不是，斜晖脉脉水悠悠。肠断白蘋洲。

思 帝 乡

（唐）韦庄

春日游，杏花吹满头。陌上谁家年少，足风流。妾拟将身嫁与，一生休。纵被无情弃，不能羞。

卜 算 子

（宋）李之仪

我住长江头，君住长江尾。日日思君不见君，共饮长江水。

此水几时休，此恨何时已。只愿君心似我心，定不负相思意。

6. 其他补充技巧

案例导入

诵读《关雎》，先由一位同学领读，之后齐读。想一想，如何加入音乐、服饰、态势语和诵读形式变化等元素进行诵读表演。

关　　雎

关关雎鸠，在河之洲。窈窕淑女，君子好逑。

参差荇菜，左右流之。窈窕淑女，寤寐求之。

求之不得，寤寐思服。悠哉游哉，辗转反侧。

参差荇菜，左右采之。窈窕淑女，琴瑟友之。

参差荇菜，左右芼之。窈窕淑女，钟鼓乐之。

（1）态势语

诗文诵读在重视有声语言的同时，也要注意运用好态势语和无声语言，在身姿、表情、眼神、手势乃至服饰上都需要精心准备和配合。

诵读古诗文时应讲究身姿之美，站有站相。首先要站直，要挺胸收腹，双肩处于同一水平线上，手自然下垂，双脚并拢，头部与身体垂直，目光平视。身体各部位协调配合，传达出整个形体的形象和内在气质。这样的站姿给人以精神和力量感，绝对不能松腰驼背。行走是站姿的延续，诵读中的行走也要配合诗文内容，如诵读情绪轻松，表现作者闲情逸致的作品时，步履可放慢些，以显示优雅的情态。坐有坐相。古人坐时，要求膝盖、脚面、脚尖朝地，身体微曲，类似今天的跪。我们今天不一定非要模仿古人，但一定要追求诵读时的精气神，坐在位置上时，要身体挺直，不弯腰，不弓背，双腿自然下垂，给人精神饱满的感觉。

表情和眼神的配合是最容易调动读者情感体验的方式，诵读到高兴时可以眉飞色舞，悲痛时可以神情凄然，愤怒时可以目眦尽裂，忧伤时可以双眉紧锁，读者的表情和诗文内容水乳交融，更能增强诵读的感染力。

手势语是最方便的辅助表达手段，在所有的体态语中，手势是最重要、最活跃的交际语。在诵读中，好的手势能使语言表达生动、清楚并得到强调。如读"举头望明月"时，可以头部上抬，似乎遥望月亮，同时手心向上，斜向天空；当读到"低头思故乡"时，头部向下，同时手缓缓滑向胸前，以手抚胸，做沉思状。

合适的服饰可以起到营造气氛的作用。如果在诵读诗文时，身着汉服，心中自然会生出敬重、端庄之感，再配合以手势和身段，更容易身临其境，进入诗文的氛围。

（2）诵读方式

诵读方式不同，可以带给诵读者不同的心理感受，对诗文诵读保持持续的新鲜感。如果采用单一的诵读方式，很容易产生厌倦心理，因此诵读方式要丰富多样，不拘一格。考虑到古诗文的体裁、题材、风格、意境、语言等方面的具体特点，可以采用范读、领读、轮读、接龙读、分组读、配乐读、分角色读、男女生读等多种方式。范读是古诗文诵读最常用的方式。据蔡元培回忆，"那时候塾中以读书为主要功课，先生坐着，学生立在先生之旁，（先生）先读，学生循声仿读，然后学生回自己座位，高声读起来"。其他如婉约词特别适合女生个别读，豪放词自然适合男生个别读或齐读。多种诵读方式穿插交错，可以保持诵读者的专注力，促进诵读者与文本的深度对话。

课堂训练

1. 诵读下面这首小令，并设计态势语。

相 见 欢

（南唐）李煜

无言独上西楼，月如钩。寂寞梧桐深院锁清秋。

剪不断，理还乱，是离愁。别是一般滋味在心头。

2. 分角色朗读长篇叙事诗《孔雀东南飞》。

3. 反复诵读《大学》选文，并挑选合适的背景音乐，尝试诵读表演。

大学（选文）

大学之道，在明明德，在亲民，在止于至善。知止而后有定，定而后能静，静而后能安，安而后能虑，虑而后能得。物有本末，事有终始。知所先后，则近道矣。

古之欲明明德于天下者先治其国。欲治其国者先齐其家。欲齐其家者先修其身。欲修其身者先正其心。欲正其心者先诚其意。欲诚其意者先致其知。致知在格物。

物格而后知至，知至而后意诚，意诚而后心正，心正而后身修，身修而后家齐，家齐而后国治，国治而后天下平。

自天子以至于庶人，壹是皆以修身为本。其本乱而末治者，否矣。其所厚者薄而其所薄者厚，未之有也。

（三）中华经典诗文诵读在幼儿园的教学技巧

幼儿时期是口语表达能力发展的关键期，诵读中华经典诗文，能增强幼儿倾听能力，激发幼儿对书面语言的敏感性；有利于幼儿文字表达能力和语言表达能力的提高；有利于幼儿记忆力加强、注意力集中；有利于培养幼儿人格、提升幼儿素质、奠定人文底蕴。因此，从幼儿时期就诵读中华经典诗文意义深远。

1. 选好诵读资料

案例导入

你认为下面这首诗适合在幼儿园进行诵读教学吗？为什么？

赋得古原草送别

（唐）白居易

离离原上草，一岁一枯荣。野火烧不尽，春风吹又生。

远芳侵古道，晴翠接荒城。又送王孙去，萋萋满别情。

提示：这首诗五字一句，短小明快，节奏感强，能很好地培养幼儿的韵律感，增强幼儿对文字美感的体验。在字面意义上，前四句简单明了，容易为幼儿理解和接受，后四句则相对困难一些，会加大幼儿诵读的难度。因此，如果在幼儿园进行教学，可以裁去后四句，只选前四句。

选好诵读资料是做好诵读教学的基础。中华经典诗文浩如烟海，从中选出适合幼儿诵读的作品非常重要，要把握一定的标准。除旧时的儿童启蒙读物《三字经》《百家姓》《弟子规》《龙文鞭影》等可资参考外,在筛选诗文时,还要注重诗文程度是否能被幼儿接受、内容是否有童趣、格调是否健康、表达是否简洁生动、读来是否朗朗上口等。

课堂训练

请反复诵读下面几首诗,挑出你认为适合幼儿诵读的,并说说理由。

望 月 怀 远

(唐)张九龄

海上生明月,天涯共此时。情人怨遥夜,竟夕起相思。

灭烛怜光满,披衣觉露滋。不堪盈手赠,还寝梦佳期。

静 夜 思

(唐)李白

床前明月光,疑是地上霜。

举头望明月,低头思故乡。

玉 阶 怨

(唐)李白

玉阶生白露,夜久侵罗袜。

却下水晶帘,玲珑望秋月。

鸟 鸣 涧

(唐)王维

人闲桂花落,夜静春山空。

月出惊山鸟,时鸣春涧中。

江 楼 有 感

(唐)赵嘏

独上江楼思悄然,月光如水水如天。

同来玩月人何在,风景依稀似去年。

一去二三里

(宋)邵康节

一去二三里,烟村四五家。

亭台六七座,八九十枝花。

2. 利用图片、音乐、多媒体等多种方式创造诗文诵读氛围

案例导入

如果你是幼儿教师,你打算如何教读《咏柳》这首诗。

咏 柳

(唐)贺知章

碧玉妆成一树高,万条垂下绿丝绦。

不知细叶谁裁出,二月春风似剪刀。

3～6岁幼儿以具体形象思维为主,进行诵读教学时就要考虑到这一特点,在诵读之前先营造诵读氛围,在教学环境布置上下功夫:悬挂古诗词的教学挂图、张贴相关图片、播放与古诗文内容相关的背景音乐或儿歌、视频等,比如诵读孟浩然《春晓》之前可以播放儿童歌曲《春天在哪里》。如果条件允许,还可以让幼儿身着汉服诵读。通过多种手段和方式,打造出立体教学氛围,让幼儿身临其境,引起诵读兴趣。

课堂训练

结合《小池》思考:如何在幼儿园课堂教学时营造出良好的诵读氛围?

小　池
（宋）杨万里

泉眼无声惜细流,树阴照水爱晴柔。

小荷才露尖尖角,早有蜻蜓立上头。

3. 课堂诵读教学技巧

案例导入

结合《笠翁对韵》,说一说在幼儿园指导幼儿进行中华经典诗文诵读时,都有哪些技巧?

笠翁对韵（选文）

天对地,雨对风。大陆对长空。山花对海树,赤日对苍穹。

雷隐隐,雾蒙蒙。日下对天中。风高秋月白,雨霁晚霞红。

牛女二星河左右,参商两曜斗西东。

十月塞边,飒飒寒霜惊戍旅;三冬江上,漫漫朔雪冷渔翁。

3～6岁阶段的幼儿语言能力发展较快,但基本还不识字,主要以听为主,注意力集中时间短,喜爱游戏,学习就是游戏,游戏就是学习,有丰富想象力,喜爱模仿,在进行中华经典诗文诵读教学时要充分考虑到幼儿这一阶段的特点,根据其年龄特点和心理特点进行教学。

（1）跟读

教师念一句,幼儿跟一句,这是基本的诵读方式,尤其在教授新内容时,主要以跟读方式进行。在幼儿熟悉诗文内容之后,也可以挑选程度较好的幼儿领读,其他小朋友跟读,以此激发幼儿诵读的积极性。

课堂训练

结合唐诗《咏鹅》和《悯农》,5人为一小组,以跟读方式模拟幼儿园诵读教学。

咏　鹅
（唐）骆宾王

鹅,鹅,鹅,曲项向天歌。白毛浮绿水,红掌拨清波。

悯农·其二
（唐）李绅

锄禾日当午,汗滴禾下土。

谁知盘中餐,粒粒皆辛苦。

（2）接读

接读有多种方式:教师念上一句,幼儿念下一句;幼儿两人或者幼儿每人一句,轮流诵读,每人念一句,看谁接得快、念得准。这种方式要在幼儿已经非常熟悉诗文内容的基础上进行。

课堂训练

结合汉乐府民歌《江南》,两人为一组,以接读方式进行诵读。

江 南
（汉乐府民歌）

江南可采莲,莲叶何田田。鱼戏莲叶间,鱼戏莲叶东,鱼戏莲叶西,鱼戏莲叶南,鱼戏莲叶北。

长歌行（汉）

青青园中葵,朝露待日晞。阳春布德泽,万物生光辉。常恐秋节至,焜黄华叶衰。
百川东到海,何时复西归? 少壮不努力,老大徒伤悲!

（3）模仿读

利用幼儿爱模仿的特点,在教学诗文诵读时,模仿古人,手捧书本,一边读,一边摇头晃脑,这种方法不仅增加了诵读的趣味性,而且能帮助幼儿体会古诗抑扬顿挫的韵味,想象古诗意境。

课堂训练

以古人吟诵的方式诵读下面两首诗词。

渔 歌 子
（唐）张志和

西塞山前白鹭飞,桃花流水鳜鱼肥。
青箬笠,绿蓑衣,斜风细雨不须归。

七 步 诗
（魏）曹植

煮豆燃豆萁,豆在釜中泣。
本是同根生,相煎何太急?

（4）拍手读

在诵读时让幼儿拍手打节奏,边拍手边诵读,身体随之左右摇摆。同模仿读一样,拍手读可以帮助幼儿体会古诗的节奏和抑扬顿挫的韵味。还可以让小朋友两人一组,如同玩"你拍一,我拍一"的游戏一样,拍一次手,读一句,增加诵读的游戏性,极大地激发幼儿的诵读热情。如《三字经》就可以用这种方式来诵读。

课堂训练

结合《百家姓》《弟子规》选文,用拍手读的方式进行诵读教学。

百家姓（选文）

赵钱孙李　周吴郑王　冯陈褚卫　蒋沈韩杨　朱秦尤许　何吕施张
孔曹严华　金魏陶姜　戚谢邹喻　柏水窦章　云苏潘葛　奚范彭郎
鲁韦昌马　苗凤花方　俞任袁柳　酆鲍史唐　费廉岑薛　雷贺倪汤

弟子规（选文）

弟子规，圣人训，首孝悌，次谨信。泛爱众，而亲仁，有余力，则学文。

父母呼，应勿缓，父母命，行勿懒。父母教，须敬听，父母责，须顺承。

冬则温，夏则凊，晨则省，昏则定。出必告，返必面，居有常，业无变。

事虽小，勿擅为，苟擅为，子道亏。物虽小，勿私藏，苟私藏，亲心伤。

亲所好，力为具，亲所恶，谨为去。身有伤，贻亲忧，德有伤，贻亲羞。

亲爱我，孝何难，亲憎我，孝方贤。亲有过，谏使更，怡吾色，柔吾声，

谏不入，悦复谏，号泣随，挞无怨。亲有疾，药先尝，昼夜侍，不离床。

丧三年，常悲咽，居处变，酒肉绝。丧尽礼，祭尽诚，事死者，如事生。

（5）配乐读

根据诗文内容，为之选配合适的背景音乐，伴随音乐节奏诵读，让幼儿感受古诗文的优美意境，受到美的熏陶。如范成大《儿时拾趣》可以配舒曼《童年情景》选段。

课堂训练

为下面这首北朝民歌选配一首合适的背景音乐。

敕勒歌

（北朝民歌）

敕勒川，阴山下，天似穹庐，笼盖四野。

天苍苍，野茫茫，风吹草低见牛羊。

（6）吟唱读

有不少适合幼儿诵读的古诗已经被谱曲，录制成儿童歌曲，如《咏鹅》《静夜思》《悯农》等。在诵读教学时，也可以适当引入歌曲，在吟唱中学习古诗。

课堂训练

请自行查找资料，学唱几首古诗，如《咏鹅》《凉州词》《游子吟》《春晓》《登鹳雀楼》等。

（7）在游戏中诵读

游戏是幼儿进行学习的重要方式，在诵读教学时，也可以设计一些游戏，在游戏中诵读，提高幼儿的诵读兴趣。如角色扮演游戏，幼儿模仿诗文中的角色诵读相关诗句。

课堂训练

1. 为下面这首诗设计一个诵读游戏。

九溪十八涧

（清）俞樾

重重叠叠山，曲曲环环路。

叮叮咚咚泉，高高下下树。

提示：教师可以准备若干手鼓、摇铃，在诵读时请小朋友根据诗歌节奏摇铃或拍鼓，用音乐配合诗歌，增添诵读趣味。

2. 诵读《宿新市徐公店》,仿照第一首诗的提示设计诵读游戏。

宿新市徐公店

（宋）杨万里

篱落疏疏一径深,树头花落未成阴。

儿童急走追黄蝶,飞入菜花无处寻。

（8）在故事中诵读

故事也是幼儿喜闻乐见的教学形式,在诵读中可以加入相关故事,也可以把诵读的内容由教师或幼儿编成一个故事,增加诵读内容的吸引力。如教学范成大《儿时拾趣》:黄发垂髫儿,握枝向泥沙。似解世人意,信手乱涂鸦。桥畔流水淌,树梢日影斜。口中呢喃语,兴尽忘归家。教师可以用《王冕学画》的故事引入,也可以根据诗歌内容创编一个故事,如《爱画画的小朋友》,随着故事的讲解逐句引出诗句,增加诵读趣味。

课堂训练

五人为一组分别根据诗的内容编幼儿故事,尝试将故事运用到诗歌诵读中。

小 儿 垂 钓

（唐）胡令能

蓬头稚子学垂纶,侧坐莓苔草映身。

路人借问遥招手,怕得鱼惊不应人。

池 上

（唐）白居易

小娃撑小艇,偷采白莲回。

不解藏踪迹,浮萍一道开。

4. 其他注意事项

除了课堂教学的诵读技巧外,还有一些诵读之外有助于增加诵读效果的注意事项。

（1）只读不讲

在幼儿园的诗文诵读中,以读为主,反复多念,只要能熟读乃至背诵,不考虑是否懂得诗文内容。幼儿有了对古诗文初步的印象和感知之后,可以在之后的成长过程中逐渐感受经典的深厚底蕴,慢慢地涵泳体味。

（2）与家庭诵读相结合

孩子的教育并不是家庭或幼儿园单方面进行的工作,需要幼儿园和家庭共同合作,形成教育的合力。在中华诗文经典诵读中也是如此。教师应本着尊重、平等、合作的原则,争取家长理解、支持和主动参与古诗文诵读。教师要与家长达成教育共识,并积极支持、帮助家长提高教育能力。家长和孩子一起诵读,一起学习,会营造良好的家庭氛围,既提高孩子的诵读能力,又增进亲子间的感情。

（3）结合各类主题进行诵读

教师可以灵活调节诵读内容,如结合季节、节日或幼儿园主题活动进行诵读。如春天可以诵读《咏柳》《春晓》《绝句》(杜甫),夏天可以诵读《小池》《池上》等。

（4）借助多种艺术手段诵读

在诵读中可以加入音乐、舞蹈、绘画、武术等多种元素调动幼儿的多种感官参与学习，提高幼儿的学习兴趣，提高对古诗文经典的感受力。

（5）注重个体差异，以多种方式鼓励幼儿

要尊重幼儿的个体差异，切忌用一把"尺子"衡量所有幼儿。在诵读时，可以按照能力对幼儿分批、分层，能力强的幼儿单独背诵表演，能力稍弱的幼儿几个人一起诵读。教师要及时表扬每一位幼儿，教师的一个微笑、一句赞扬的话、一个肯定的眼神和一个充满热爱的动作都会给幼儿莫大的鼓励。我们一定要去肯定孩子的进步，表扬和鼓励最重要的作用是让幼儿感到成功和快乐，增加幼儿的自信心，也是孩子智力发展的动力。也只有不断鼓励和肯定幼儿，古诗文的诵读教学才能收到良好的效果。

课堂训练

1. 以"清明"为主题，5人为一小组，选择合适的古诗进行诵读练习。
2. 以《千字文》选文为基础，设计一段健身操。

千字文（选文）

天地玄黄，宇宙洪荒。日月盈昃，辰宿列张。

寒来暑往，秋收冬藏。闰余成岁，律吕调阳。

云腾致雨，露结为霜。金生丽水，玉出昆冈。

剑号巨阙，珠称夜光。果珍李柰，菜重芥姜。

3. 以小组为单位诵读下面两首唐诗，诵读后每人想一种夸赞小组成员的方法。

寻隐者不遇

（唐）贾岛

松下问童子，言师采药去。

只在此山中，云深不知处。

登鹳雀楼

（唐）王之涣

白日依山尽，黄河入海流。

欲穷千里目，更上一层楼。

能力拓展

1. 古诗文的诵读与今天所说的朗读和朗诵有何异同？
2. 在日常的诗文诵读中，你还有哪些独有的方式和技巧？请结合实例和大家探讨分享你的诵读经验与体会。
3. 结合《三字经》选文，尝试运用多种诵读技巧进行教学。

三字经（选文）

人之初，性本善。性相近，习相远。苟不教，性乃迁。教之道，贵以专。

昔孟母，择邻处。子不学，断机杼。窦燕山，有义方。教五子，名俱扬。

养不教，父之过。教不严，师之惰。子不学，非所宜。幼不学，老何为。

玉不琢，不成器。人不学，不知义。为人子，方少时。亲师友，习礼仪。

香九龄，能温席。孝于亲，所当执。融四岁，能让梨。弟于长，宜先知。

4. 在班级组织一次古诗文诵读比赛,评选出班级"诵读之星"。

二、幼儿文学作品朗诵、表演

(一)儿歌表演

儿歌表演基本
要求

案例导入

(1) 欣赏儿歌表演《爱我你就抱抱我》,观察儿歌表演中幼儿运用的肢体语言。

(2) 结合前面所学的态势语知识,按照自己的理解进行儿歌表演《小熊过桥》。

小熊过桥

蒋应武

小竹桥,摇摇摇,有只小熊要过桥。

立不稳,站不牢,走到桥上心乱跳。

头上乌鸦哇哇叫,桥下流水哗哗笑,

妈妈妈妈快来呀,快把小熊抱过桥。

河里鲤鱼跳出水,对着小熊高声叫,

小熊小熊不要怕,眼睛向着前面瞧,

一二一,小熊过桥回头笑,

鲤鱼乐得尾巴摇。

1. 儿歌概说

儿歌是指适合幼儿欣赏的简短歌谣。它表现内容丰富,贴近幼儿生活,有助于幼儿认识自然、认识社会和认识自己,富有幼儿情趣,短小精悍,节奏感鲜明,读来朗朗上口,极富韵律感。儿歌是幼儿最早接触、最易接受的儿童文学样式,也是儿童文学中最古老、最成熟的一种文体。今天所说的儿歌既包括民间流传的儿歌,也包括作家创作的儿歌。

儿歌的主要接收对象是幼儿,这就决定了儿歌的特点,儿歌一定是符合幼儿的认知水平和审美特征的。

首先,篇幅简短,内容浅显,语言通俗易懂。比如经典儿歌《小白兔白又白》:"小白兔白又白,两只耳朵竖起来,爱吃萝卜爱吃菜,蹦蹦跳跳真可爱。"结构简单,语言活泼,虽然短小,但却抓住了兔子的基本特征。小兔子是白色的,两只耳朵竖立着,爱吃青菜,走路一蹦一跳,活脱脱的兔子形象跃然纸上。圣野的儿歌《布娃娃》:"布娃娃,不听话。喂她吃东西,不肯张嘴巴。"以幼儿的视角表现对生活的思考,虽然只是一个生活片断,却能引起小读者的共鸣。

其次,节奏鲜明,韵律和谐,音乐感强。比如《桃花娃娃》:"小雨沙沙,喊着桃花。桃花娃娃,张开嘴巴。你听你听,她在说话:春天来啦,我要开花!"这首儿歌属于整齐的四言句式,节奏上两字一拍,全篇押 a 韵,韵脚响亮,勾勒出了春天桃花娃娃的可爱形象。还有的儿歌注重使用叠词叠韵,通过词语、语句的回环往复或者直接模拟声响形成儿歌的音乐美。比如金波的《雨铃铛》:"沙沙响,沙沙响,春雨洒在房檐上,房檐上,挂水珠,好像串串小铃铛!丁零当啷,丁零当啷,它在招呼小燕子,快快回来盖新房!"这首儿歌运用了模拟声响的叠词,沙沙,丁零当

嘟，直接唤起幼儿的听觉体验，音响感觉非常明显，仿佛这幅画面就在眼前。金波曾说："音乐美，可以说是引导孩子进入诗的花园的一位向导……读者的年龄越小，越要注意音乐性。"

最后，儿歌富有趣味性和娱乐性。比如传统儿歌《拉大锯扯大锯》："拉大锯，扯大锯，姥姥家里唱大戏。接姑娘，请女婿，就是不让宝宝去。不让去，也得去，骑着小车赶上去。"这首儿歌一般伴随在幼儿和大人手拉手的牵扯游戏中进行，"母与儿戏，歌以侑之"这是儿歌最早产生并流传的原因。不是所有的儿歌都是游戏歌，但是对幼儿而言，只有好听的、好玩的、有趣的儿歌，才是他们喜欢的。比如传统儿歌《小板凳歪歪》："小板凳歪歪，上面坐个乖乖。乖乖出去买菜，上面坐个奶奶。奶奶出来烧汤，上面坐个姑娘。姑娘出来梳头，上面坐个小猴。小猴出来作揖，上面坐个公鸡。公鸡出来捉虫，上面坐个小熊。小熊出来打鼓，咚咚咚咚咚咚。"作品内容并无直接联系，但是幼儿读来觉得有趣，幼儿首先体会到了朗读节奏的愉悦，之后才是思维的锻炼发展，正如周作人所说："儿歌重在音节，多随韵接合，义不相贯……儿童闻之，但就一二名物，涉想成趣，自感愉悦，不求会通。"

儿歌表现内容丰富，形式活泼多样。除了一般形式，儿歌在流传过程中还形成了一些固定的格式，这些传统的艺术形式主要包括摇篮歌、游戏歌、数数歌、问答歌、连锁调、绕口令、颠倒歌、字头歌和谜语歌。

2. 儿歌表演

案例导入

1. 根据提示，尝试表演儿歌《我是一个大苹果》，注意面部表情及态势语的运用。

我是一个大苹果

我（右手指着自己的胸，表情夸张）是一个大苹果，（双手张开表示"大"）

小朋友们都爱我。（双手食指点着前面的人）

请你先去洗洗手，（双手做洗手的动作）

要是手脏（用右手食指点着左手手掌）别碰我！（挥动右手表示"不"）

2. 表演幼儿园游戏歌《手指变变变》，注意儿歌的节奏并加上合适的态势语。

手指变变变

一根手指头呀，变呀变呀变呀，
变成毛毛虫呀，爬呀爬呀爬呀！
两根手指头呀，变呀变呀变呀，
变成小白兔呀，跳呀跳呀跳呀！
三根手指头呀，变呀变呀变呀，
变成小花猫呀，喵喵喵喵叫呀！
四根手指头呀，变呀变呀变呀，
变成小乌龟呀，慢慢慢慢爬呀！
五根手指头呀，变呀变呀变呀，
变成小鸟飞呀，飞到幼儿园啦！

（http://www.docin.com/p-101663727.html. 有改动）

儿歌表演就是通过声音、动作、表情、角色、歌舞、情景等形式对儿歌加以再现。表演具有虚拟性、当众性和综合性的特点,这就要求儿歌表演者要身临其境,把自己置身于表现的角色和情境中。表演者要运用语气语调塑造声音,配合夸张且符合角色、情节要求的动作,再辅助以音乐、舞蹈、道具等多种形式综合呈现儿歌内容。儿歌表演既符合幼儿活泼好动的特点,又为幼儿创造了一个自由宽松的语言环境。

在儿歌表演中表演者要注意以下基本要求。

(1) 运用普通话,吐字清晰,发音准确,突出韵脚。

儿歌是儿童最早接触的文学样式,这一阶段也是幼儿语言发展的黄金时期,成人有必要、有义务给幼儿树立良好的语言学习范式,只有使用规范标准的普通话才能正确表达儿歌内容,突出儿歌的音乐美。比如"四是四,十是十;十四是十四,四十是四十",如果发音不准确就会极大影响表达效果。

要强化儿歌的音韵美,就一定要使用普通话,吐字清晰,发音准确,把韵脚读得准确、突出、舒展,强调"显韵"。押韵是形成儿歌音乐美的重要因素,所谓押韵是指儿歌相关句子最后一个字的韵母相同或相近,这些句末押韵的字就是韵脚。有的儿歌句句押韵,有的儿歌隔行押韵,有的儿歌几行一转韵,强调"显韵"就是要把韵脚读得准确响亮。比如传统儿歌《新年来到》:"新年来到,人人欢笑,姑娘要花,小子要炮,老太太要块大年糕,老头儿要顶新毡帽。"这首儿歌句句押韵,押 ao 韵,里面"到、笑、花、炮、糕、帽"就是韵脚,朗读时不要弱化韵脚,更不能读错,否则就会"跑韵",影响儿歌的音韵美。

课堂训练

请运用普通话准确朗读儿歌,划出朗读节奏,突出音韵美。

小河和白鹅

程逸汝

一条弯弯小河,
一群大大白鹅。

小河哗哗鼓掌,
白鹅憨憨唱歌。

小河欢迎白鹅,
白鹅跳进小河。

小河笑了笑了,
一笑一个酒窝。

白鹅乐了乐了,
一乐一首欢歌。

(人民教育出版社中学语文室.幼儿文学作品选读.北京:人民教育出版社,2005.)

花鸭和彩霞

水中映着彩霞,
水面游着花鸭。

霞是五彩霞,

鸭是麻花鸭。

麻花鸭游进五彩霞，

五彩霞网住麻花鸭。

乐坏了鸭，拍碎了霞，

分不清是鸭还是霞。

（陶月华.语文.一年级（下册）.石家庄：河北教育出版社，2013.）

提示：《小河和白鹅》这个作品韵脚是 e，朗读时注意"鹅"是零声母，不要读成 ne，全篇句式六言，节奏统一，两字一顿，句式节奏如"一条/弯弯/小河"。《花鸭和彩霞》注意读准 ya 和 xia，当儿歌里哪一句字数不一样的时候，儿歌的节奏也会有所变，比如："水中/映着/彩霞""霞/是/五彩霞""五彩霞/网住/麻花鸭"等，表现儿歌的音乐美除了读准韵脚，还要把握好节奏。

《花鸭和彩霞》是绕口令，绕口令是儿歌的一个常见种类，是传统的语言游戏。它将发音相近的词语组成诙谐幽默的儿歌，韵脚整齐，节奏感强。绕口令的朗读要求以较快速度念出，快速朗读中发音吐字的失误往往使人感到妙趣横生。绕口令的表演要注意两点。①注意发音吐字清晰，强化节奏，可以在这里配合一定的乐器，比如边打快板边说，配合摇铃节奏来说，如果手里拿着乐器，动作不好呈现，就要注意运用丰富的面部表情语言，用恰当的表情语引导幼儿捕捉作品的情感基调。比如："一位爷爷他姓顾，上街打醋又买布。买了布，打了醋，回头看见鹰抓兔。放下布，搁下醋，上前去追鹰和兔，飞了鹰，跑了兔。打翻醋，醋湿布。"作品中的叙述、惊奇、失望都应该加以表现。②一定要展现说话的速度，又快又准是它的标准；一定要多说多练，只有这样才能展现语言的魅力。

（2）把握儿歌节奏，强调重音、停连、语气语调，力求生动自然。

除了音韵和谐，节奏鲜明是儿歌的另一个重要特征。儿歌的节奏表现在有规律地出现一定数量的音节，这些音节形成一定数量的节拍，朗读中自然停顿形成节奏。有规律的句式是儿歌节奏感强的重要原因，儿歌常见句式有整齐的三言、四言、五言、六言、七言、三七言以及杂言，不同句式有不同的节奏。三言的一般是一字一顿，《懒猪》："小/白/猪，圆/又/胖，吃/饱/了，地/上/躺，呼/噜/噜，睡/得/香，眼/一/睁，大/天/亮。"四言的两字一拍，《小狗看门》："小狗/汪汪，守在/门旁，主人/外出，叫它/站岗。一根/骨头，扔在/路上，馋嘴/汪汪，急忙/去抢，啃完/骨头，回来/站岗，呦！主人/家里，已被/偷光！"五言的儿歌一般是二二一或者是二一二节奏，《手脑相长歌》："人生/两个/宝，双手/与/大脑。用脑/不用/手，快要/被/打倒。用手/不用/脑，饭也/吃/不饱。手脑/都/会用，才算/开天辟地的/大好佬。"六言的儿歌同四言类似，两字一顿即可，《秋风吹》："秋风/秋风/吹吹，树叶/树叶/飞飞。就像/一群/蝴蝶，张开/翅膀/追追。"七言儿歌一般是二二三节奏，《搬米》："一只/蚂蚁/来搬米，搬来/搬去/搬不起。两只/蚂蚁/来搬米，身体/晃来/又晃去。三只/蚂蚁/来搬米，轻轻/抬着/进洞里。"三七言儿歌参照前面三言和七言的节奏划分，《摇篮》："藤/摇/篮，竹/摇/篮，宝宝/坐的/一条船。妈/的/手，是/船/桨，把船/摇到/梦里边。"

把握好儿歌的节奏，还要注意运用前面学到的朗读的基本技巧，处理好作品的重音、停连、语气语调等，通过朗读的快、慢、断、连，通过情感的紧、急、舒、缓，强调儿歌的节奏美、旋律美。在儿歌表演中注意不要拖腔，不要平均用力，要抑扬顿挫，注意轻声和儿化音的使用，使儿歌读起来生动自然、朗朗上口。

课堂训练

1. 尝试用不同的节奏朗读下面的儿歌。

白鹅烧茶

徐焕云

白鹅鹅，

烧茶喝。

进灶门，

先点火。

要舀水，

缸空着。

要挑水，

桶漏啰。

要借水，

门锁着。

火烧大，

锅烧破，

鹅，鹅，

怪哪个？

（人民教育出版社中学语文室.幼儿文学作品选读.北京:人民教育出版社,2005.）

提示:同一首儿歌可以用不同的节奏说,不同节奏不同风格,可以增强儿歌的趣味性,培养幼儿的节奏感和音乐感。这首儿歌可以有三种划分节奏,"白/鹅/鹅""白/鹅鹅""白鹅/鹅",前一种是正常节奏,后两种可以增强儿歌的趣味性。掌握一定的节奏,再配合一定的动作,有助于幼儿在边朗诵边活动的过程中感知语言的魅力。

2. 朗读下面的儿歌,体会不同类型儿歌的朗读技巧。

摇　篮

黄庆云

蓝天是摇篮,花园是摇篮,

摇着星宝宝,摇着花宝宝,

白云轻轻飘,风儿轻轻吹,

星宝宝睡着了。花宝宝睡着了。

大海是摇篮,妈妈的手是摇篮,

摇着鱼宝宝,摇着小宝宝,

浪花轻轻飘,歌儿轻轻唱,

鱼宝宝睡着了。宝宝睡着了。

稀奇稀奇真稀奇

稀奇稀奇真稀奇,

麻雀踩死老母鸡,

蚂蚁身长三尺六,

八十岁老头坐在摇篮里。

（人民教育出版社中学语文室.幼儿文学.北京:人民教育出版社,2005.）

提示：《摇篮》属于摇篮曲，是母亲或长辈哄幼儿睡觉时哼唱、吟诵的歌谣。摇篮曲主要作用在于催眠，形式简单，节奏柔和，曲调舒缓。摇篮曲生活中常见，如果需要表演，肢体语言展现不必过多，重在声音的塑造，更多的是注意舒缓温柔的语气变化，注意优美和谐的节奏表现，注意塑造静谧温馨的欣赏环境。温柔悠扬的声音再加以节奏舒缓的摇晃，能带给孩子满足感和安全感，使其很快进入梦乡。在这首儿歌中首先要注意一韵到底，朗读时读准韵脚，语气舒缓轻柔。其次注意节奏的把握，以第一段为例，"蓝天/是/摇篮，摇着/星宝宝，白云/轻轻/飘，星宝宝/睡/着了"。节奏舒缓悠扬，伴随着缓慢的节奏还可以有轻轻地拍打或者抚摸，利于营造甜美宁静的感觉。很多摇篮曲还可以哼唱。

北京儿歌《稀奇稀奇真稀奇》属于颠倒歌，别有意趣，它的特点是运用"故错"手法，有意颠倒事物真相，偏把事物往反了说。这类儿歌幽默诙谐，营造了荒唐可笑的氛围。颠倒歌的表演关键在于反常处语气和表情的强化，比如这首儿歌可以这样处理：稀奇稀奇/真稀奇，麻雀踩死老母鸡，（一直保持疑惑的表情）蚂蚁身长三尺六，（夸大的动作展示）八十岁老头/坐在摇篮里。（表情放缓，微笑）

（3）配合以适当的态势语，身姿语恰当、表情语丰富，生动再现儿歌。

儿歌表演必须配有适当的态势语，才能生动再现儿歌，加深幼儿对儿歌的理解和印象，激发幼儿的学习兴趣。儿歌表演中的态势语主要是以手势语为主的体态语和表情语，在辅助态势语时，要注意以下两点：第一，设计态势语不必过多，基本每句设计一个动作即可。一般这个动作落在动词身上，还要充分考虑幼儿的年龄特点和接受能力，注意表达的连贯、一致、流畅，动作大方自然，表情语要符合作品内容，和作品基调保持一致，千万避免内容悲伤表情愉悦这类的错误。第二，儿歌表演时可以把体态语适当放大，夸张的效果既可增强表演的趣味性，又可加深幼儿对儿歌的直观理解。比如儿歌《小动物的叫声》，通过模仿小动物的动作及叫声，加深幼儿对动物的认识。

小动物的叫声

小鸽子飞呀飞，（做展翅状，身体两侧上下晃动双手）

唱起歌来咕咕咕。（模拟声音，可以双手向上微微托举）

小鸭子摇呀摇，（手臂下垂，微展，手心向下平放，左右晃动身体）

唱起歌来嘎嘎嘎。（左手手心向下，大拇指和其他手指做咬合状）

小青蛙跳呀跳，（原地跳跃）

唱起歌来呱呱呱。（拍手）

小花猫走呀走，（轻轻向前挪步，注意步伐不要大）

唱起歌来喵喵喵。（五指张开，放在嘴前学猫叫）

课堂训练

1. 尝试表演儿歌《孙悟空打妖怪》，可以按照书上提示，也可以自己设计态势语。

孙悟空打妖怪
樊家信

唐僧骑马咚那个咚，（双手握拳前身，上下起伏，做骑马状）

后面跟着个孙悟空。（右手翻转伸到脸左侧，模仿孙悟空做眺望状）

孙悟空跑得快，（握拳，双手在两侧前后摆动）

后面跟着个猪八戒。(大拇指向后指)

猪八戒鼻子长,(右手做抚摸长鼻子状)

后面跟着个沙和尚。(大拇指向后指)

沙和尚挑着箩,(做挑箩状)

后面跟着个老妖婆。(弯腰,做拐杖点地状)

老妖婆,心最毒,(双手做心形状)

骗过唐僧和老猪。(食指、中指做剪刀状,从眼前滑过)

唐僧老猪真糊涂,(摊手,做无奈状)

是人是妖分不出。(摆手)

分不出,上了当,多亏孙悟空眼睛亮。(手搭眼前方)

眼睛亮,冒金光,高高举起金箍棒。(做举起金箍棒,狠狠落下状)

金箍棒,有力量,妖魔鬼怪消灭光。(竖起大拇指称赞)

提示:这首连锁调儿歌两句一换韵,转韵自然紧凑,在朗朗上口的节奏中描绘了孙悟空打妖怪的场景,故事角色幼儿都熟悉,在表演中要强调人物角色特点,比如孙悟空的猴样,猪八戒的呆样,还要抓住每一句的主要内容设计动作语言,比如骑马、挑箩、举起金箍棒等。

2. 根据提示进行儿歌表演。

黄老先生有块地

黄老先生有块地,咿呀咿呀哦。

他在田边养小鸡,(两手拇指食指相对,其他手指握拳,上下做啄状)

咿呀咿呀哦。

唧唧唧,唧唧唧,唧唧唧唧唧唧,唧唧唧唧。

黄老先生有块地,咿呀咿呀哦。

他在田边养小鸭,(右手手心盖上左手手背,上下扇)

咿呀咿呀哦。

嘎嘎嘎,嘎嘎嘎,嘎嘎嘎嘎嘎嘎,嘎嘎嘎嘎。

黄老先生有块地,咿呀咿呀哦。

他在田边养小羊,(两手放头顶,伸出拇指、食指,其他手指捏拳)

咿呀咿呀哦。

咩咩咩,咩咩咩,咩咩咩咩咩咩,咩咩咩咩。

黄老先生有块地,咿呀咿呀哦。

他在田边养小狗,(拇指顶住太阳穴,其余四手指做扇状上下扇)

咿呀咿呀哦。

汪汪汪,汪汪汪,汪汪汪汪汪汪,汪汪汪汪。

提示:这首模仿歌属于游戏歌,游戏歌是指配合幼儿进行游戏活动的儿歌。幼儿在愉悦诵读的同时,又能跟随儿歌内容和节拍做出相应的动作。游戏歌的表演根据儿歌内容进行,配合相应的游戏动作,注意说和做保持协调,抓住儿歌的主要游戏指令。比如《小花猫》。

小花猫,喵喵喵,(五指张开做小花猫捋胡子的动作)

每天早上伸伸腰,(两臂上举交叉一次做伸懒腰的动作)

左伸伸,(两臂上举向左弯腰)

右伸伸,(两臂上举向右弯腰)

最后还要扭扭腰。(双手叉腰左右晃动)

另外要通过节奏的变化和动作的夸张突出儿歌的趣味性。比如《点点虫》的简单版本,"点点,点虫虫,虫虫咬,飞!"在"飞"之前放一个较长时间的停顿,通过节奏的变化给幼儿一种暗示和强化,成人或者自己和幼儿碰食指玩,或者握着幼儿的手点击两个食指玩,但最后"飞"这个动作,一定要把两手分得远远的。游戏儿歌增加了幼儿游戏的乐趣,动作让幼儿熟记儿歌,儿歌为幼儿提供游戏规则。在说和做的协调配合中,既发展了幼儿的能力,又带给幼儿身心的愉悦。

（4）根据不同的场合采用恰当的编排形式。

儿歌表演可以简单分为说、唱、演三种基本形式,再辅助以音乐、舞蹈、服装、道具等,既可以单个人完成,也可以团队合作完成。儿歌表演者应该根据不同的场合采用恰当的编排形式,儿歌表演可以是前面不同形式的各种叠加,最简单的方式就是单个人的说加演,最复杂的方式就是团队合作,说加唱加演,再配以音乐、舞蹈、服装、道具等,一般最复杂的方式适合舞台演出,日常使用更多的是前者。

在儿歌表演中,如果儿歌内容是有角色有情节的可以采用角色扮演法。比如这首《猴子抬馒头》:"两只猴,抬竹篓,竹篓里,装馒头。瘦猴儿,抬前边,胖猴儿,抬后头。抬过坡,抬过沟,抬回洞,变空篓。瘦猴儿,找馒头,找不着,问胖猴,胖猴拍拍大胖肚:'都装在这里面,一个也没丢!'"可以找两个小朋友进行角色扮演,一胖一瘦,一前一后,模仿抬竹篓,模仿过坡过沟,模仿胖猴头吃馒头,最后得意地拍拍大胖肚。在演的过程中注意抓住人物语言、动作、表情塑造人物性格。如果舞台上角色众多,要注意彼此间的位置以及队形的变换。另外,儿歌表演还可以借助手偶、木偶等表现形式。

课堂训练

1. 尝试设计下面这首儿歌的表演形式,并在课堂展示。

小蚱蜢学跳高

小蚱蜢,学跳高,

一跳跳上狗尾草。

腿一弹,脚一翘,

哪个有我跳得高,

草一溜,摔一跤,

头上跌个大青包。

提示:这首儿歌表演主要用在课堂教学上,应该易于幼儿掌握,可参照前面的训练要求,采用说加演的方法。让幼儿角色扮演,"我就是小蚱蜢",读准韵脚,把握好节奏,表现出小蚱蜢的动作,跳高、弹腿、跷脚、摔跤等,还要注意表现小蚱蜢的情态,"哪个有我跳得高"(得意),"头上跌个大青包"(悲伤)。可以先采用教师示范法,接着鼓励幼儿群体跟着教师做,小

组互相做,最后幼儿单独表演。如果条件允许,可以辅助相应的道具,比如制造小蚱蜢的头饰,还可以采用手偶加以表现。

2. 请为下面这首儿歌《数鸭子》设计儿歌表演形式,并进行舞台演出。

数 鸭 子

门前大桥下,游过一群鸭,

快来快来数一数,二四六七八。

咕嘎咕嘎,真呀真多呀,

数不清到底多少鸭,

数不清到底多少鸭。

赶鸭老爷爷,胡子白花花,

唱呀唱着家乡戏,还会说笑话,

小孩,小孩,快快上学校,

别考个鸭蛋抱回家,

别考个鸭蛋抱回家。

提示:这首儿歌表演用于舞台演出,表现形式应该多元化,建议采用说加唱加演的方法,同时配合背景音乐,分角色扮演,有服装有肢体语言展示。这首儿歌的演唱大家都比较熟悉,注意刚开始说儿歌部分,把握好节奏,角色塑造上可以模拟小孩和老爷爷的声音,加大区分度。

能力拓展

1. 以组为单位进行儿歌表演。可以选择同一主题下(如母爱、大自然等)儿歌表演展示,可以以一个故事为框架,在故事讲述中穿插各类儿歌展示。比如下面是一组四季歌。

春 天 到

春天到,春天到,

花儿朵朵开口笑。

草儿绿,鸟儿叫,

蝴蝶蜜蜂齐舞蹈。

夏天到,怎知道

夏天到,怎知道?

轰隆轰隆雷公闹。

夏天到,怎知道?

咕呱咕呱青蛙叫。

夏天到,怎知道?

蜻蜓跳舞荷花笑。

夏天到,怎知道?

头上汗珠往下掉。

秋 天 吹

秋风秋风吹吹,

树叶树叶飞飞。

就像一群蝴蝶，

张开翅膀追追。

冬 天 到

冬天到，冬天到，

小手小脚都冷了。

穿棉袄，戴手套，

蹦蹦跳跳上学校。

(http://www.234.cn/news-6224.html)

2. 采用角色扮演的方法表演下面两首儿歌。

老 虎 拜 师

一棵大树两丈高，

树下老猫把虎教。

先学扑，再学跳，

扑扑跳跳都学会。

老虎翻脸要吃猫，

老猫一蹿上树梢。

老虎跪下来求饶，

师傅师傅下来吧，

再教老虎上树梢。

老猫树上摇摇头，

眼泪汪汪往下掉：

我想下来再教你，

怕只怕，

你再翻脸我哪里逃，

哪里逃。

动物好朋友

小山羊，去种树，路上遇见小白兔，

小白兔，去插花，路上遇见小青蛙，

小青蛙，跳下河，唤来一只大白鹅，

大白鹅，游呀游，碰到一只老水牛，

老水牛，当领队，叫唤大伙来排队，

排好队，向前走，大伙都是好朋友。

3. 下面是一首传统儿歌绕口令，试着读一读，如果舞台表演，你想采用何种形式。

六十六岁的陆老头，盖了六十六间楼，买了六十六篓油，养了六十六头牛，栽了六十六棵垂杨柳。六十六篓油，堆在六十六间楼；六十六头牛，拴在六十六棵垂杨柳。忽然一阵狂风起，吹倒了六十六间楼，翻倒了六十六篓油，折断了六十六棵垂杨柳，砸死了六十六头牛，急煞了六十六岁的陆老头。

4. 幼儿园童谣游戏设计与应用。

童谣游戏设计案例

（二）幼儿诗、幼儿散文朗诵

案例导入

朗读下面的儿歌、幼儿诗和幼儿散文，谈谈它们的不同。

星

小星星，亮晶晶，

好像猫儿眨眼睛。

东一个，西一个，

东西南北数不清。

星　星

张学义

晚上，

我看星星的时候

星星也在眨着眼睛，

看我。

我想，

如果星星看我，

一定会把我的眼睛，

当作两颗

闪烁的小星星……

丛林里的星星

白　冰

天上有一颗一颗的星星，丛林里也有一颗颗的星星。

天上的星星，一动不动，闪闪放光。

地上的星星，动来动去，也闪闪放光。

天上的星星，是一颗颗星球：水星、火星、冥王星……挂在黑黑的天幕上，像是一只只明亮的大眼睛……

地上的星星，是一只只动物的眼睛：猎豹的眼睛、老虎的眼睛、猫头鹰的眼睛……山在树丛中，像是一颗颗闪亮的星星……

闪闪的星星，明亮的眼睛，让丛林显得那么美丽，那么安静！

提示：儿歌简短，结构简单整齐，儿歌的朗诵重在节奏处理，幼儿诗和幼儿散文篇幅更长，内在感情更加充沛，表达更为含蓄，它们的朗诵重在情感表达。

1. 幼儿诗、幼儿散文概说

幼儿诗是适合幼儿欣赏、诵读的诗。金波说"诗是儿童感情上的营养品"，幼儿诗表达含蓄、细腻，语言精练、雅致，意境优美单纯，重在抒发心灵的感受，一般格式自由，篇幅短小，浅易单纯，格调明快，活泼有趣，适合幼儿园大班及以上的孩子。幼儿诗和儿歌的最大区别在于，儿歌注重语言形式的表达和声律的和谐，幼儿诗注重思想内涵的锤炼和意境的显现。幼儿诗包括写人记事的叙事诗、直抒感受的抒情诗、有完整故事情节的童话诗、为画面题写的题画诗、诗与散文结合的散文诗。无论哪种形式，都要注意幼儿诗是用幼儿的眼睛观察世界，抒发的是幼儿的情感，语言形象直观，富有童真童趣。朗诵抒情诗重在情感的表达再现，叙事诗重在人物的塑造，读出情节的童趣。

幼儿散文是传达幼儿生活情趣和心灵感受，适合幼儿审美需求和欣赏水平，提升幼儿文学素养的文学样式。幼儿散文的语言既有生活化的口语，又有生动优美的书面语，适合幼小衔接，有助于幼儿从口语学习过渡到书面语的学习，是幼儿语言教育中不可或缺的部分。幼儿散文明丽清纯，贴近幼儿生活，富有想象，充满情趣，情感细腻，善于在孩子熟悉的平凡生活中发现美的真谛。幼儿散文包括幼儿叙事散文、幼儿抒情散文、幼儿写景散文、幼儿游记散文、幼儿童话散文和幼儿知识散文，它们除了具备散文的一般特点，还有其独特性，那就是专为幼儿创作，符合幼儿的生理心理知识水平需求。幼儿散文既没有儿歌突出的韵律节奏，也没有诗歌的浓郁抒情，朗诵幼儿散文重点引导幼儿感受作品的语言美和意境美。通过有声语言带给幼儿愉悦的听赏体验，进入散文的意境感受和领悟。

总体来说，幼儿诗和幼儿散文摆脱了儿歌的娱乐性和实用性，追求意境的塑造，语言逐步从口语语体走向书面语体，富有雅趣。

2. 幼儿诗、幼儿散文朗诵的基本要求

朗诵重在"诵"，所谓诵是指用高低抑扬的腔调念，声音要有起伏，有明显的节奏感和音乐感，是语气语调节奏更强烈的朗读，适合当众表演，有一定的舞台感和表演性。幼儿诗和幼儿散文的朗诵应该注意以下几方面。

幼儿诗、幼儿散文朗诵的要求

（1）把握好幼儿诗、幼儿散文的内在节奏，塑造好作品角色。

冰心说："小孩子！他细小的身躯里，含着伟大的灵魂。"幼儿诗也好，幼儿散文也好，表现的是幼儿纯真独特的心灵感受，表现他们的思考，表现他们的热爱，表现他们的疑惑，表现他们的欢乐。在朗诵过程中要把握这条原则，以幼儿的视角去感受生活、表现生活，这是幼儿诗、幼儿散文的内在节奏。比如作品《我要当个好妈妈》（江南）："妈妈问，你长大想当什么？我说：当个好妈妈，不打娃娃，也不骂娃娃。"这个作品表现了孩子的理想，做一个不打骂娃娃的好妈妈。这是典型的幼儿视角，读完很容易引起读者共鸣，似乎这是所有孩子的共同梦想。还有作品《树》（金子美铃）："花谢了，果熟了，果子落下来，叶子掉光了，然后又发芽，开花。就这样，要重复多少次，这棵树才可以歇息呢？"表现了孩子对树的观察和思考。总之幼儿诗、幼儿散文一定是符合幼儿审美情趣的，往往潜藏着一个作品的讲述者，那就是幼儿。

有的作品中会出现角色，朗诵中要把握好角色的塑造，朗诵的语气符合作品角色的定位，身临其境，表现角色的情感。

我 是 草 莓

[美]卡拉·库斯金　王世跃　译

我喜欢生长，

生长真叫人喜欢。

叶子软软的，

太阳暖暖的。

我熟了红了圆了，

就有人把我扔到篓子里边。

做草莓不是总那么好玩。

今天早晨，

他们把我放进冰淇淋，

我冷得直打战。

这首作品是以草莓的口吻讲述的，朗诵中要注意前面的"喜欢、软软的、暖暖的、好玩"和后面的"冷得直打战"形成反差。如果有两个以上的角色，可以抓住不同角色的特点适当夸大，通过角色的对比反差引导幼儿更好地理解和把握作品。比如《江南的春天》(圣野)："'燕子妈妈，你嘴里衔的什么？是小虫子，是小树枝，还是一口湿漉漉、香喷喷的筑巢的泥土？'燕子妈妈说：'不，我衔回来一个万紫千红的江南的春天……'"强调孩子的疑惑，突出母亲的深奥，是这首幼儿诗要重点塑造的部分。

课堂训练

1. 朗诵幼儿诗和幼儿散文《阳光》，体会朗诵节奏。

阳　光

林武宪

阳光，在床上爬着，

阳光，在花上笑着，

阳光，在溪上流着，

阳光，在妈妈的眼里亮着。

(人民教育出版社中学语文室.幼儿文学.北京：人民教育出版社，2005.)

阳　光

阳光像金子，洒遍田野、高山和小河。

田里的禾苗，因为有了阳光，更绿了。山上的小树，因为有了阳光，更高了。河面闪着阳光，小河就像长长的锦缎了。

早晨，我拉开了窗帘，阳光就跳进了我的家。

谁也捉不住阳光，阳光是大家的。

阳光像金子，阳光比金子更宝贵。

(课程教材研究所，小学语文课程教材开发研究中心.语文.一年级(上册)北京：人民教育出版社，2015.)

提示：二者都是描写阳光的作品，对于阳光，幼儿不能给出明确的物理解释，但是他们看到过阳光，感受过阳光。前一首幼儿诗采用了排比句式，整齐略有变化，朗诵时要注意重音突出阳光的灵动、多样，"爬着""笑着""流着""亮着"，语气温柔，语速稍慢，尤其最后一句一定要有结束感，除了感受太阳的温暖，还要强调妈妈对孩子爱的温暖。后一首幼儿散文采用了比喻手法，排比句式，借禾苗、小树、小河等事物反复带领幼儿感受阳光带来的勃勃生机，赋予阳光生命，强调阳光的灵动，"跳进"我家，还要突出阳光的宝贵，"阳光像金子，阳光比金子更宝贵"。重音缓读，提醒幼儿领会其中的深意。

2. 朗诵幼儿诗《小雪花》，体会朗诵中角色的塑造。

小 雪 花

任大霖

是谁，

敲着窗，

叮叮叮！

是我，

是我小雪花！

小雪花，

你从天上来，

你看见了什么？

我看见

冬天老人

张着冰冻的翅膀

驾着北风

飞到了这儿。

（人民教育出版社中学语文室. 幼儿文学作品选读. 北京：人民教育出版社，2005.）

提示：这首幼儿诗赋予了小雪花生命，给幼儿介绍了小雪花的自然属性，冬季来临，驾着北风从天而降。作品开始时朗诵者可以模拟敲窗声音，通过疑问表情和语气创设作品情境，激发幼儿的好奇心。接下来出现两个角色，一个是小雪花，一个是向小雪花打听事情的人，注意突出两个角色的区别，小雪花的声音可以细小温柔，强调"我是小雪花"，问话的人要突出自己的疑问，手指天，做疑惑状（"你看见了什么？"）。最后一节小雪花可以模拟冬天老人的动作，挥动双手作飞舞状，语速逐渐放缓。这个作品也可以采用分角色朗诵的方式进行，两个学生进行或者一个对多个进行，一个扮演小雪花即可，无论哪种形式，要想生动形象地展现这个作品，全篇要注意语气的变化和角色的塑造。

（2）塑造声音的魅力，根据作品内容确定朗读基调，表达作品丰富的情感。

相比儿歌来说，幼儿诗、幼儿散文抒情性更强，内在的情感更为丰富；同时朗诵有别于表演，朗诵更多地还在有声语言的塑造，要重点塑造声音的魅力，更侧重用饱含情感的声音来传递作品的内容。比如这首散文诗。

尖尖的草帽

金波

下过一阵雨以后，太阳又出来了。

我看见一只蜻蜓在阳光里飞翔,它的翅膀亮得像镀上了一层金子。

我眯着眼睛看着它飞来飞去。

它一点儿也不怕我。它追着我。我好像还听到了它扇动翅膀的声音。

我猜想:它一定是要落在我的草帽上;它一定是把我的草帽当成了一间小草房尖尖的屋顶吧!

我停住脚步。我在草帽下微笑着。我等待着它落在我尖尖的草帽上。

唉,可惜它飞走了。

我又想:它一定是没有看见我的微笑,要不然,它准会又飞回来,落在我尖尖的小草帽上。

(人民教育出版社中学语文室.幼儿文学作品选读.北京:人民教育出版社,2005.)

从第一次猜想到满怀希望地等待,从希望的落空到又一次希望的点燃,在有限的篇幅里作品展现了很细腻的情感变化,朗诵中要把握这条情感主线,从平静叙述到殷殷期待,从失望落寞到希望点燃,配合相应的面部表情,微笑—失落—微笑,使用恰当的语气语调,"我猜想:它一定是要落在我的草帽上;它一定是把我的草帽当成了一间小草房尖尖的屋顶吧!"前一个"一定"用肯定语气,后一个"一定"用推测的口吻;"唉,可惜它飞走了。"整句做降调处理烘托情感,长叹,停顿,突出"我"的失望,最后一句峰回路转,"它准会又飞回来,落在我尖尖的小草帽上。"再次用肯定的口吻。

幼儿诗、幼儿散文比较儿歌来说文学性更强,它们往往采用比喻、拟人、反复、设疑、拟声等手法,在朗诵过程中,要注意这些修辞手法,对于比喻拟人,要抓住比拟对象的特征展现,对于拟声要加以模仿,对于设疑和反复,要把握疑问语气和情感的反复渲染。比如《瀑布》。

瀑　布

水珠娃娃

嘻嘻哈哈

从山上滑下来

哗啦——哗啦——

溪流妈妈

开开心心

在山下唱着歌

回家——回家——

这首作品朗诵时要突出水珠娃娃的俏皮淘气和溪流妈妈的温柔慈爱,模仿它们的声音动作,赋予它们人的情感,获得情趣相生的艺术效果。

课堂训练

1. 朗诵幼儿诗《声音》,注意拟声和内在节奏。

声　音

汤素兰

你听,风儿在吹动树叶,

沙沙,沙沙;

你听,鸟儿在高声鸣叫,

啾啾,啾啾;

你听，泉水在欢快跳跃，

叮咚，叮咚；

你听，海浪在轻拍沙滩，

哗啦，哗啦……

世界上有千万种声音，

最美妙的

还是妈妈的叮咛。

提示：这首幼儿诗结构整齐，把妈妈的叮咛和风声、鸟声、泉水、海浪的声音并列比较，突出母爱的伟大。朗诵时注意模拟各种声音，同时把握好内在节奏，"你听"用升调，提醒读者注意，强调再动听的声音也比不过妈妈的叮咛。

2. 朗诵幼儿散文《春雨的色彩》，把握好朗诵基调，塑造好人物角色。

春雨的色彩
楼飞甫

春雨，像春姑娘纺出的线，没完没了地下到地上，沙沙沙，沙沙沙……

一群小鸟在屋檐下躲雨，它们在争论一个有趣的问题：春雨到底是什么颜色的？

小白鸽说："春雨是无色的。你们伸手接几滴瞧瞧吧。"

小燕子说："不对，春雨是绿色的。你们瞧！春雨落到草地上，草地绿了！春雨淋在柳树上，柳枝儿绿了……"

麻雀说："不不！春雨是红色的，你们瞧！春雨洒在桃树上，桃花红了。春雨滴在杏树上，杏花儿红了……"

小黄莺说："不对，不对，春雨是黄色的。不是吗？它落在油菜地里，油菜花黄了；它落在蒲公英上，蒲公英的花儿也黄了……"

春雨听了大家的争论，下得更欢了，沙沙沙，沙沙沙……它好像在说：亲爱的小鸟们，你们的话都对，但都没说全面。我本身是无色的，但能给春天的大地带来万紫千红……

（人民教育出版社中学语文室.幼儿文学.北京：人民教育出版社，2005.）

提示："春雨到底是什么颜色的？"这个问题的答案本身并不重要，重要的是通过小鸟们的讨论带领幼儿展开想象，通过模拟声音创设情境，感受春雨给大地带来的变化。本作品的朗诵应该欢快轻松，引导幼儿学会想象，学会欣赏，理解作品蕴含的道理和情趣。这个作品适合分角色朗诵，因为角色偏多，区分度不是特别明显，一个人完成比较困难。

（3）配合恰当的肢体语言，动作设计不宜多，动作幅度不宜大。

在幼儿诗和幼儿散文的分类中，都包含故事情节的一种，分别是幼儿童话诗和幼儿童话散文。幼儿童话诗也称诗体童话，是诗歌和童话的结合体，除了富有音乐美的语言，还有拟人化的角色和完整有趣的情节。幼儿童话散文是童话和散文的结合，用散文表现童话，往往也有情节和人物。这类文体就适合辅助以恰当得体的态势语，用语言、动作全方位立体塑造人物形象，表现故事情节。当然辅助态势语不等同于表演，动作设计不宜过多，动作幅度不宜过大，能增强作品形象性、直观性、趣味性即可。比如鲁兵的幼儿童话诗《小猪奴尼》。

有只小猪，叫作奴尼。（叙述语气开场，中速）

妈妈说："奴尼，奴尼，

你多脏呀！快来洗一洗。"（模拟妈妈的语气，做招手状，皱眉头表示不满）

奴尼说:"妈妈,妈妈,

我不洗,我不要洗。"(模拟奴尼语气,稚嫩,任性,强调"不"和"不要")

妈妈挺生气,来追奴尼。

奴尼真顽皮,逃东逃西,(叙述语气)

扑通——掉进泥坑里,(重音拟声,停顿,强调情节的变化)

泥坑里面,尽是烂泥,

奴尼又翻跟头又打滚,(前后挥动双手展示动作)

玩了半天才爬起。

一摇一摆回家去,(强调奴尼的得意,做大摇大摆状)

吓得妈妈打了个大喷嚏。(皱眉,和前一句形成反差)

"啊——欠,你是谁,(拟声,音量提高)

我不认得你。"(强调"不认得")

"妈妈,妈妈,

我是奴尼,我是奴尼。"(奴尼口气,强调"我是奴尼")

"不是,不是,

你不是奴尼。"(妈妈口气,强调"不是")

"是的,是的,

我真的是奴尼。"(奴尼口气,强调"真的是")

"出去,出去!"

妈妈发了脾气。(做生气状)

"你再不出去,

我可不饶你。

扫把扫你,簸箕簸你,

当作垃圾倒了你。"(做扫地倾倒状)

奴尼逃呀,逃呀,

逃出两里地。(原地做逃跑状)

路上碰见羊姐姐,

织的毛衣真美丽。

"走开,走开!(模拟羊姐姐声音,温柔,做驱赶状)

别碰脏我的新毛衣。"(抚摸身上的衣服)

路上碰见猫阿姨,

带着孩子在游戏。

"走开,走开!(模拟猫阿姨声音,尖细,做驱赶状)

别吓坏我的小猫咪。"(两手环抱做保护状)

最后碰见牛婶婶,

在吊井水洗大衣。

"哎呀,哎呀!(模拟牛婶婶声音,粗重,做惊奇状)

哪来这么个脏东西?(强调'脏东西')

快来,快来!(挥手做召唤状)

给你冲一冲，洗一洗。"

冲呀冲，洗呀洗，（叙述语气）

井水用了一百桶，

肥皂泡泡满天飞。

洗掉烂泥，

是个奴尼。

奴尼回家去，

妈妈真欢喜。

"奴尼，奴尼，

你几时学会了自己洗？"（模拟妈妈语气，高兴，欢快）

奴尼，奴尼，

鼻子翘翘，眼睛挤挤。（翘鼻，挤眼，很得意）

"妈妈，妈妈，

明天我要学会自己洗。"（模拟奴尼语气，自信，肯定）

这是一首出色的幼儿童话诗，运用夸张的手法讲述了小猪奴尼不讲卫生的遭遇，妈妈吓得打喷嚏，羊姐姐、猫阿姨、牛婶婶吓得不敢理，最后为给奴尼洗澡，牛婶婶竟然用了"一百桶"水……故事情节紧凑，富有趣味性和戏剧性，语言通俗易懂，句句押韵，生动的故事，和谐的韵律，富有个性的人物，让幼儿印象深刻。在这首幼儿童话诗的朗诵中除了注重语气、语调、朗诵节奏的处理，还要注意使用符合人物性格的动作语言，加深朗诵的生动性和趣味性。

课堂训练

1. 按照提示朗诵幼儿诗《乌龟怪脾气》。

乌龟怪脾气
程逸汝

乌龟怪脾气，（五指伸开，手掌向前，慢吞吞走）

见谁都不理。（摆手）

太阳红艳艳，（右手向斜上方指，眼神同步观看）

乌龟忙爬山。（双手做向上爬状）

蜗牛说："山路陡！"（变换声音，注意和叙述语言、青蛙角色区分开）

乌龟不理蜗牛。（摇头）

青蛙说："山路滑！"（变换声音的轻重快慢，注意和蜗牛角色区分开）

乌龟不理青蛙。（摇头）

乌龟爬到半山腰，（手指向半空）

四脚一滑喊："不好！"（手向下滑动，大声呼叫）

山路好像大滑梯，

一滑滑到山谷底。（手心向上，平展向两侧滑动）

摔得头昏眼又花，（无精打采摸头揉眼）

乌龟还是不说话。（摇头，摆手）

乌龟不说话，

有谁来救他？（手心向上做无奈状）

2. 朗诵幼儿散文《一只迷路的小蚂蚁》,设计合适的态势语塑造角色。

一只迷路的小蚂蚁

胡木仁

一只小蚂蚁,爬呀爬呀,爬上了娃娃的小手。

娃娃举起另一只小手,想揍小蚂蚁。

小蚂蚁说:"别打,别打,我迷路了。"

娃娃举起的小手缩了回来,他望了望,看见不远处有一队小蚂蚁……

娃娃把小蚂蚁,轻轻地送到它们的队伍里。

小蚂蚁摇摇触角:"谢谢! 谢谢!"

娃娃挥挥小手:"再见! 再见!"他拍拍小手上的泥灰,甜甜地笑了……

提示:这个作品的朗诵处理好两点即可,一是抓住每一个小段落的动词加以表现,爬呀爬,举手,别打,缩手,望,送,挥手,拍泥,笑等;二是处理好小蚂蚁和娃娃的对话,注意音色的差别和语气的不同。

(4) 幼儿诗、幼儿散文的朗诵可以采用多种形式。

幼儿诗、幼儿散文的朗诵可以采用独诵、齐诵、分角色朗诵、表演朗诵、配乐朗诵和配画朗诵等多种形式。朗诵侧重通过塑造抑扬顿挫的有声语言展现作品意境,为了烘托气氛,增强作品表现的情感,配乐朗诵往往使用得较多。配上音乐朗诵,声情并茂,不仅有优美的旋律,还有美好的意境,便于幼儿更快地进入情境,收到良好的效果。

需要注意的是,在配乐朗诵中要注意配乐不能喧宾夺主,音乐的声音不宜过大,不能淹没朗诵声;配乐的情感、意境、格调、旋律应该和朗诵作品保持一致,有一个渐变推进的过程,如果一支曲子的节奏不能和朗诵作品的节奏吻合,往往需要几支曲子剪裁整合,或朗诵者与现场演奏者协商配合;配乐可以贯穿朗诵的全过程,也可以断续存在于朗读过程中。开头、高潮、结尾部分应该有音乐,开始部分让观众随音乐缓慢进入朗诵的节奏和意境中,安定观众情绪,集中注意力。高潮部分注意音乐的强化,或者更为高亢或者音乐休止,提醒观众对此处额外关注。结尾部分有意犹未尽之意,烘托作品情感,让观众加深印象,慢慢回味。

能力拓展

1. 朗诵表演幼儿诗《两只老鼠胆子大》,注意语气语调态势语和角色的塑造。

两只老鼠胆子大

佚名

两只小老鼠,个儿一样大,

一只圆耳朵,一只尖尾巴。

它们都说:"我的胆子最最大。"

圆耳朵说:"我敢咬狐狸的脚丫。"

尖尾巴说:"我敢打狗熊的耳刮。"

圆耳朵说:"我敢摸老虎的尾巴。"

尖尾巴说:"我敢拔狮子的门牙。"

圆耳朵说:"我敢打电话。

喂！喂！你是作家吗？请你写个小童话，

写只老鼠圆耳朵，天上打雷也不怕。"

尖尾巴说："我敢开电视，

你就坐好瞧着吧。今天的节目真精彩，

尖尾巴打枪，哒！哒！哒！"

"啪嗒"一声响，电视打开啦，

荧光屏上一只猫，

"喵呜！喵呜！"叫两下。

吓得圆耳朵，头上磕了大疙瘩，

吓得尖尾巴，东爬西爬找不到家。

（陈丹辉.幼儿教师语言训练——幼儿文艺作品吟诵及表演.北京：高等教育出版社，2010.）

2. 配乐朗诵表演幼儿散文《月亮做客》。

月 亮 做 客
李想

晚上，月亮出来了，小河水还在哗哗地流淌。

"小河，你好，我想来做客呢。"月亮说。

"来吧，月亮。"小河说。月亮跳进了小河里，和小河很开心地聊着天。

小河里的鱼儿被吵醒了，它游到月亮身边说："月亮，你真大，假如你小点儿，请到我家去做客。"

月亮笑盈盈地说："我能变小，小房子我也能进。"

"是吗？"小鱼问，它转了转眼珠，调皮地问："你能住进泡泡房吗？"

"能，太能啦！"月亮说。

鱼儿果真吐了个水泡泡。

"咚——"月亮轻轻地跳了进去。小鱼儿往水泡泡里一瞧，呀，真的有一个小小的月亮。

"嘻，真有趣，月亮住进水泡泡里啦。"小鱼和小河快活地叫起来。

岸上的花儿也听到了，也对月亮说："你上我这儿做客吧，我请你住露珠房子。"

"好的，好的。"月亮轻轻地一跳，跳进了花儿的露珠房子里。

"啊，还是这里好，香香的呢。"月亮伸伸腰，躺在露珠房里，睡着了，它忘了自己是来做客的。

（人民教育出版社中学语文室.幼儿文学作品选读.北京：人民教育出版社，2005.）

（三）幼儿戏剧表演

1. 幼儿戏剧概述

戏剧是综合性舞台艺术，以舞台表演为中心，由演员扮演角色演出故事，融合了文学、音乐、美术、舞蹈以及造型、灯光、服饰等多种艺术成分。幼儿戏剧是以幼儿为对象，供幼儿观看或直接由幼儿参与表演，适合幼儿的接受能力和欣赏趣味的戏剧。同戏剧表演形式一样，幼儿戏剧表演形式也是多种多样的，常见的包括幼儿歌舞剧、幼儿话剧、幼儿木偶剧、幼儿故事表演等。

戏剧通过创造舞台形象反映社会生活,幼儿戏剧也是这样,只不过幼儿戏剧的受众是幼儿,因此幼儿戏剧一定是符合幼儿的年龄特征、审美趣味和接受能力的。

(1)幼儿戏剧的独特特征

① 主题鲜明浅显,内容生活化。幼儿戏剧一般都是单线推进,按故事发生的顺序推进,贴近幼儿生活,围绕真假、善恶、美丑的对立展开故事,有类似的情节反复出现的情况,主题简单明确,易于幼儿理解把握。

② 角色个性鲜明,富有典型性和单一性。幼儿戏剧的角色通常是幼儿或拟人化的人物,这些人物往往独具个性,性格单一,便于幼儿把握,比如机灵的猴子、狡猾的狐狸、善良的小熊等。

③ 戏剧表演富有游戏性,戏剧冲突富有趣味性。幼儿戏剧对幼儿而言,应该是好玩有趣的,无论是内容还是形式,往往具备游戏的特点,幼儿戏剧的表演,也可以说是经过组织训练、具有戏剧特点的高级游戏。戏剧冲突是戏剧的重要特征,幼儿戏剧的冲突一般单纯简单,富有幼儿情趣,往往是由戏剧角色的对立和角色认识水平有限引起的,比如《小蝌蚪找妈妈》里面找不到妈妈的小蝌蚪。

④ 戏剧语言口语化、儿童化、动作化。幼儿戏剧注重通过语言和动作表现人物性格,语言一定是符合口语交际环境、符合幼儿理解能力的,同时常用大幅度夸张化的动作表现人物思想和性格,有助于幼儿形成鲜明深刻的印象。

(2)幼儿戏剧的作用

幼儿戏剧在带给幼儿愉悦的审美体验之外,还有助于他们精神世界的成长。幼儿戏剧表演有的是成人表演给幼儿看,有的是幼儿直接参与表演。幼儿参与表演可以促进幼儿思考、想象,锻炼口语能力和交际能力,在幼儿教育中扮演着重要角色,发挥着重要作用。

① 幼儿戏剧表演有助于幼儿社会性的发展。

幼儿戏剧表演是群体性活动,涉及角色分配、道具使用、与他人的协调、配合等。幼儿在布置背景、表现角色中除了完成自己的任务分配,还不可避免地要和其他人互动,比如舞蹈的设计、音乐的选用,这样无形中丰富了幼儿的各种经验,锻炼了幼儿的社会交往能力,促进了幼儿社会性的发展。

② 幼儿戏剧表演有助于幼儿语言能力的发展。

幼儿戏剧给幼儿创造了一个轻松地想说、能说、敢说、会说的环境,简洁明快、富有人物个性特征的角色台词能够丰富幼儿的语言表达,借助行为动作表现文字语言,有助于幼儿深刻理解词语的含义、语言的意义。除了角色语言,幼儿还会在人际交往中锻炼口语交际能力。

③ 幼儿戏剧表演有助于幼儿体验各种情绪情感。

幼儿戏剧表演寓教于乐,把知识渗透在情节里,把情感投注在角色中。幼儿通过表演体会到角色的各种情绪情感,不但有助于丰富幼儿的情感表达,还有助于幼儿正确认识和处理各种情绪。孩子们在激烈的戏剧冲突中,感受着角色的善恶美丑、高尚鄙陋。通过当众表演,还有助于增强幼儿自信勇敢的品质。

④ 幼儿戏剧表演有助于培养幼儿主动探索学习的能力。

戏剧表演创设了丰富的情境,通过多人的合作交流完成一定意义的建构。幼儿戏剧通过跌宕起伏的故事传递给幼儿知识,通过生动的形象和蕴含的思想,引导幼儿明辨是非。幼儿戏剧的表演需要幼儿发挥想象,通过语言和动作加以表现。这里面就存在一个二次创作的过程,需要幼儿展现角色、展现自我,同时和老师、同学、角色产生互动,从理解走向创造,获得促进自身发展的关键经验,有助于创造性思维的培养,有助于培养幼儿主动探索学习的能力。

2. 幼儿戏剧表演的基本要求

（1）童心作原则,童真童趣为基点

幼儿戏剧表演一定是为幼儿服务的,要时刻保持一颗"童心",时刻以儿童或幼儿的视角来关注作品。角色的思想、语言、行动都应该具有儿童特色,挑选合适的剧本,塑造真实可信的人物,表现孩子的童真童趣。

（2）塑造立体丰满的角色

幼儿戏剧表演通过演员的语言、动作、表情、歌舞来塑造形象,传递情感和表达主题。在表演中塑造立体丰满的角色至关重要,塑造好角色首先要深刻理解角色的性格特征,着力塑造角色独具特色的动作和语言,注重细节表现,同时结合生活逻辑的真实表现人物的情感脉络,以"我就是"这个角色的状态去表演,不要为了表演而表演,要做到真实可信、有血有肉。表演具有虚构性和真实性统一的特点,要求演员在虚构的情景中表现生活的真实,这就要求演员身临其境,进入角色真实地表演,不能简单模仿,机械地背台词,或者出现不在状态甚至笑场的情况。

（3）突出舞台表演的特点

幼儿戏剧表演属于舞台表演,表演中要注意考虑观众观赏的需要,找准舞台的中心位置,不要出现"偏台""背台"以及"人挡人"的不良现象。同时为了更好地塑造角色,可以借助夸张的语言表现和形体表现,增强演员的信念感和真实感,传递给观众丰沛的情感。强调舞台动作的美感,大方自然,面向观众,而不是自娱自乐。

（4）多种形式灵活配合

幼儿戏剧为了适应儿童的兴趣爱好,增强观赏性,形式上要活泼多样,可以充分利用其他艺术手段,比如音乐、舞蹈、美术、服装等;还可以充分利用演员的舞台占位,利用灯光、音乐、服装、化妆等舞美手段,突出主要角色和重要剧情。除了演员的舞台表演,节目中间还可以灵活安排穿插演员和观众的音乐、舞蹈互动,愉悦幼儿的审美感观。

（5）强调合作

这里的合作主要指两方面,一方面是指演出团队各部门之间的配合;另一方面是指演员之间的配合。戏剧表演具有综合性,舞台调度丰富多变,需要各部门之间熟练配合;同时演员之间要通过排练熟悉对白、舞台位置的交换,关键时刻还要能够临场应变,积极应对出现的突发状况。

3. 幼儿戏剧表演训练

（1）表演基本训练

表演训练不应只是理解讲解,而是要通过一系列表演练习,引导学生进入创作状态。在练习中学生要敢于解放思想,解放自我,肌肉放松,想象活跃,体会"我就是角色",而不是我在演角色。表演训练的第一步就是要放松,要表演者能够集中注意力,集中于表演题目,身临其境,释放演员的天真、童心,进入假定的情景,按生活逻辑加以表现。

① 放松训练:伸展与收缩

全体学生一起做,双手抱腿闭眼坐好,想象有个巨大的"千斤顶"压在头上,感受自己的呼吸,感受自己的头、腰、腿等部位的感受,可以辅助语言表达,最后"千斤顶"落下,大家睁开眼睛,表达自己的感受。

训练提示:全身肌肉要用力,体会被重物压着的感觉;呼吸困难,喘不过气;语言表达中要体现出气流的困难,面部表情凝重,最后轻松时刻长舒一口气,身体舒展,面部展现笑容。如果学生放不下脸面,不敢做不愿意做,针对这样的学生,要强调引导其冲破自身心理防线,进行针对性训练。有两个训练可以参考,一个是"众目睽睽"训练,当众让某个同学完成一个题目,比如"用家乡话数数";一个是"傻瓜或疯子"训练,强迫学生"破相",通过肢体语言、表情和声音的变化表现不同常人的逻辑,迅速摆脱自己。

课堂训练

(1) 放大练习——两脚分开站立,从脚趾开始使劲,慢慢往上到腿到胸部,到头部甚至脸上的各个部分,最后到手指张开,眼睛睁大,表现非常厉害的状态。

(2) 缩小练习——与放大练习相反,从头到脚逐步放松,最后缩成一团,可以模仿又冷又饿的状态。

② 面部表情训练:自拍变奏曲

学生单独进行,表现丰富的面部表情。至少要求做出五个表情,笑脸、哭脸、怒脸、笑转哭、愁转怒转笑等。

训练提示:面部表情训练主要锻炼演员控制面部肌肉的能力,演员要集中注意力,揣摩角色的心理活动。一般心情紧张害怕时,五官也呈现紧张收缩状态,好像是挤在一起,心情轻松得意时,五官也自然放松,用痛苦的心情体验收缩练习,用得意的心情体验扩大练习。舞台剧需要放大夸张肢体语言,在生活中要注意多观察、多模仿,在练习中可以对着镜子不断自我调整。

课堂训练

两人一组,一人负责说口令,一人负责表演。比如:"当你高兴时,你会……""当你愤怒时,你会……""当你悲痛欲绝时,你会……""当你毫不畏惧时,你会……"

③ 想象力训练:变物品训练

分组进行,学生围成一圈,按一定方向行进,突然叫停,叫停时学生要扮演一种物品,比如钟表、椅子、不倒翁等。

训练提示:这个训练要求学生打开想象力,抓住表现事物的主要特征加以再现。这属于无实物练习,要求表演者注意力高度集中、运用敏锐的观察、展开丰富的想象,从真实入手,从微妙的细节入手再现生活。想象力训练,实际是要表演者凭借感觉记忆在脑海里重现现实生活形象的训练。

课堂训练

准备一条纱巾,请发挥想象把它当成五种不同物品加以表现。纱巾可以变成锯子锯树,可以变成澡巾搓澡,可以变成小姑娘的花裙子……

④ 模拟训练

模拟动物训练:请模拟你最喜欢的动物。

　　幼儿戏剧经常有一些动物做主角,这些主角既保留了动物的习性,又增添了人的思想和灵性,塑造时要注意人性和动物习性的结合,不能全盘人化,要表现出动物的主要特征,符合儿童文学作品的真实。比如突出狐狸的狡猾,走路轻快,眼神活泛,似乎时刻都在打坏主意;猴子抓耳挠腮,走路连蹦带跳,敏捷机灵。

　　模拟人物训练:老人、小孩、孕妇、警察、教师,任选其一加以表现。

　　模拟人物训练一定要符合人物的年龄特征、职业特点。

　　模拟情景训练:表现酸甜苦辣。

　　模拟情景训练要求表演者调动多种感官进入情景,表现的细节要真实感人。

课堂训练

小猫照镜子

　　一天早上,小猫起床看见床前有一面镜子,小猫惊讶极了! 于是它对镜子里的小猫说:"你是谁呀?"镜子里的小猫也动了动嘴,好像也在说你是谁呀。小猫抓耳挠腮感到很莫名其妙,它为什么总和我学呢?

　　小猫生气了,只见它把眼睛瞪得大大的,气得尾巴都竖了起来,龇牙咧嘴地向镜子里的小猫嚎叫:"你不许学我!"镜子里的小猫仍不甘示弱地和它做着一样的动作。小猫吓了一跳,急急忙忙地跑掉了。

　　小猫惊慌失措去找妈妈,把事情的经过告诉了妈妈,妈妈哈哈大笑地说:"傻孩子,那镜子里的小猫就是你自己呀! 你对它微笑,它也对你微笑,因为你是在照镜子。"

　　最后,小猫来到镜子面前,冲镜子里的小猫笑眯眯的,镜子里的小猫也冲它笑眯眯。

　　《小猫照镜子》这个训练除了模拟小猫的动作,还要进入照镜子这个规定情景,设想小猫的心理变化加以表现。

　　⑤ 即兴表演训练:连连看

　　照镜子、刷牙、吃面条、打蚊子(要求:先逐个表演,再发挥想象串联成情节)。

　　即兴表演要求表演者在指定时间即兴创作完成构思表现,调动自己的情绪记忆、信念感、感受力、情感与表现力,发挥艺术想象,将生活转化成艺术。即兴表演注重积累,要多实践,要运用眼睛、肢体、声音来表情达意,强调表演的质感和真实性。

课堂训练

双 簧 练 习

　　双簧是中国传统曲艺表演形式,要求一个说一个做,表演者和配音者要协调统一,口型和情绪保持一致。刚开始训练时,配音者语速可以放缓,保证表演者有时间进行二次创作,表演者的动作要和语言内容保持一致。

　　社东有条清水河,河岸有座小山坡。

　　社员坡前挖红薯,闹闹嚷嚷笑呵呵。

　　忽听河里一声响,河水溅起一丈多。

　　吓得我忙大声喊:是谁不小心掉下河?

　　大家一听笑呵呵,一个姑娘回答我:

　　不是有人掉下河,是个红薯滚下坡!

（2）片断表演训练

① 单人表演训练

案例导入

表演《乐趣》这个片段。

炎热的中午，一个顽皮的中学生捉到蛐蛐以后回到家。见妈妈在屋里睡觉，于是在不惊醒妈妈的情况下，兴致勃勃地逗着蛐蛐。当他发现还有五分钟就要上课时，急忙收拾书包。英语课本不见了，他找啊找啊，原来英语课本被当作盖子盖在蛐蛐罐上了。

训练提示：这个片段要表演者根据规定情境，通过积极联想想象，通过动作细节表现环境和内心，重点塑造以下环节，"炎热""不惊醒妈妈""兴致勃勃""急忙""找啊找"和最后的"原来"。

把艺术的虚构创造成令人信服的真实是表演艺术的特性，演员要塑造表演上的真实，一定要模拟情境，在规定的情境内，真听、真看、真感觉，有"我就是那个人"的感觉，"炎热的中午"一定会伴随着扇风、擦汗等动作，要展现出丰富感人的细节。除了模拟情境，表演者还要根据内容表现作品人物的内心节奏和外在动作。比如上面这个作品，要表现中学生的喜悦，"兴致勃勃逗蛐蛐"，要表现中学生的焦急，"还有五分钟就要上课"，偏偏"英语课本不见了"，最后如释重负找到课本，表现发现的惊喜，众里寻"它"千百度，蓦然回首，课本就在蛐蛐罐上。

语言和动作是塑造人物的主要手段，塑造人物语言要符合人物年龄、身份、性格等，通过声音、语气语调、节奏、神态、动作的变化，塑造具有立体感的人物。语言要性格化，突出每个角色的人物特质，闻其声如观其人，比如《小熊请客》中狐狸出场的自我介绍，"我的名字叫狐狸，一肚子的坏主意，人人见我都讨厌，说我好吃懒做没出息"。狐狸要踏着轻快步子出场，眼神四处流转，手捏起放到嘴边，说话的语气尖细，通过重音"坏主意""讨厌""好吃懒做没出息"的处理，强调表达内容，强化情感传递。停顿也是塑造语言的重要手段，停顿一方面让演员换气；另一方面表现角色的内心活动，表现潜台词。比如下面这个例子中官科长最后的"这个……"和前面他刚刚拒绝二车间的同样要求形成对比，刚说没有，现在又让送去，突出了尖锐的戏剧冲突。

课堂训练

塑造作品中官科长的人物形象。

电话中的一出戏

丁零零——电话铃响了。

"喂，找谁？"

"官科长在吗？"

"我就是！"

"官科长，是这么回事，我们二车间急需氧气！"

"不行，库房早就没货了。"

"官科长，您能眼看生产受影响吗？"

"我管不了那么多！"

咣当，电话挂上了。

丁零零、丁零零——电话又响了。

"讨厌，一天不得安宁！"官科长不耐烦地拿起电话筒，"闹什么——什么事？"

"你是老官吗？"

"……你是……唉，哦，啊呀！您是严局长啊，有啥指示，我听着呢！"

"库房有氧气吗？"

"啊，有，有有，要多少——多少？"

"要两瓶，请马上派人送到二车间去！"

"这个——"

"有困难吗？"

"不不不，没有困难！我马上派人送去。"

"好，办事就是要这样迅速！"

"局长过奖了，您亲自过问的事，我坚决照办！"

（隋雯，高昕.幼儿教师口语.北京：高等教育出版社，2012.）

② 多人表演训练

案例导入

以小组为单位表演作品《小猴脸红了》。

小猴脸红了
张继熙

地点：林中草地

人物：小猴、大象、小黑熊、小狗及小兔等。

幕启：小狗、小兔等请求大象讲故事。幕后传来吵闹声，小猴扯着小熊推推搡搡上场。

小猴：(强词夺理地)大象伯伯您管小黑熊不？

大象：什么事呀？

小猴：它把我打伤啦！

小熊：(委屈地)我没打他，是它抢我的蜜糕……

小猴：打得我胳膊都青啦。您瞧！(指给大象看)

小熊：(冲小猴)那是你抢我的蜜糕时，自己在墙上撞的。

小猴：谁说的？疼得我这胳膊都抬不起来了。

众人：(惊叹)啊，打这么重呀！

大象：是真的吗？举胳膊我看看。

小猴：您看！(小猴龇牙咧嘴举胳膊到肩膀)

大象：看来你伤得不轻啊！

小熊：您别信他。它装的！

众人：(疑惑)装的？不会吧？

大象：小猴啊，为了能证明你确实是被小熊打伤的，那请问你：被打之前，你的胳膊能举多高呀?

　　小猴:(忘乎所以地)可高哩!(迅速举胳膊过头顶)您看,被他打之前我能举这么高呢,可是现在……

　　大象:可是现在你不还是能举这么高吗?

　　小猴:这……啊?我……我……(小黑熊和小狗等哈哈大笑。小猴什么话也答不上,脸歪向了一边)

　　　　　　　　　(人民教育出版社中学语文室.幼儿文学作品选读.北京:人民教育出版社,2005.)

　　训练提示:两点提示,一是塑造好每个独特的角色,猴子的机灵,小黑熊的老实,大象的睿智;二是处理好各角色之间的配合。

　　多人表演训练建立在单人表演训练基础上,每个演员除了塑造好自己的角色,还要注意和其他角色的舞台交流问题。舞台交流是指根据剧本的情境,根据剧中人物的关系,表演者以剧中人物的思想,与同台者进行语言交流和动作交流。通过传递语言和动作,把思想、态度、情感传递给对方,通过双方真实的表演打动观众,避免表演流于形式。演员间的交流注意不能自娱自乐、自说自话,一定是展现给观众的,不要偏台,彼此间要有眼神和动作的交流传递。

　　在舞台交流中,除了角色间的交流,表演者还要注意和观众交流,目光敢于和观众交流,甚至可以让剧中人物和观众直接互动,这样做的好处是可以激发幼儿的参与热情,台上台下一台戏。比如孙毅的《一只小黑猫》老爷爷出场部分:

　　哈……小朋友,你们好!(小朋友:"老爷爷好!")今天一大早啊,我抓到了几条大鱼,这些鱼啊,是送给幼儿园小朋友的。(鱼篓里的鱼在跳动着)哎,我再给你们看一条大鱼,(老爷爷放好鱼篓,从中抓出一条大鱼)你呀,出来吧!嗨哟哟哟,你呀进去吧!哎哟,光顾了说话,还没吃早饭呢,我得吃早饭去了!(欲走又回)哟,这鱼篓怎么办?(看看小朋友)哎,小朋友,这鱼篓就请你们帮我看着啊!可别让那猫给偷吃了,要是猫来了,你们就赶快叫我好吗?(小朋友说:"好!")好,谢谢你们,哈……(走下)

课堂训练

　　儿童剧表演《鳄鱼怕怕　牙医怕怕》。

　　一条鳄鱼患了蛀牙,去看牙医,鳄鱼和牙医都不想见到彼此。

　　鳄鱼:我真的不想看到它,但是我非看不可。

　　牙医:我真的不想看到它,但是我非看不可。

　　[鳄鱼和牙医见面了。]

　　鳄鱼:(吓得叫出了声)啊!

　　牙医:(吓得叫出了声)啊!

　　鳄鱼:(看着椅子)我一定得去吗?

　　牙医:(看着鳄鱼)我一定得去吗?

　　鳄鱼:(坐到了椅子上)我好害怕。

　　牙医:(拿起了牙钻)我好害怕。

　　鳄鱼:我一定要勇敢。

　　牙医:我一定要勇敢。

鳄鱼：(张大了嘴巴)我做好最坏的打算了。

牙医：(把手伸进了鳄鱼的嘴巴)我做好最坏的打算了。

鳄鱼：(被牙钻钻痛了)哎哟!

牙医：(手被鳄鱼的嘴咬痛了)哎哟!

鳄鱼：(捂着嘴巴)这是一件多么可怕的事。

牙医：(捂着手腕)这是一件多么可怕的事。

鳄鱼：(又张大了嘴巴)不用太久……

牙医：(又把手伸进了鳄鱼的嘴)不用太久……

鳄鱼：(给牙医行了个礼)多谢您啦! 明年再见。

牙医：(给鳄鱼还了个礼)多谢您啦! 明年再见。

〔鳄鱼走出诊所。〕

鳄鱼：我明年真的不想再见到他……

牙医：(在窗口看着鳄鱼)我明年真的不想再见到它……

鳄鱼：所以我一定不要忘记刷牙。

牙医：所以你一定不要忘记刷牙。

4. 幼儿戏剧的排练与演出

1）选择剧本

选择恰当的作品应该贴近幼儿生活,符合幼儿的认知水平和审美能力;主题积极健康,故事生动活泼;适合在有限的时间、空间表演;人物不宜过多;场景布置不宜太复杂;舞台布置和变换容易实现;人物和故事有一定反复性。

如果选择成品剧本,有影像资料,可以让幼儿观察模仿,教师组织指导。如果是根据童话故事、绘本自己改编创作,要充分考虑表演者、场地、道具等综合因素进行创作。创作时注意忠实原著,保留故事基本情节和主题;根据戏剧冲突设计角色台词、动作和舞台提示,台词整齐押韵,简短易记;为角色设计典型化的戏剧动作,可以适当穿插歌舞游戏。《和甘伯伯去兜风》就是一个根据绘本《和甘伯伯去游河》改编的儿童剧,在改编过程中,创作者为了更好地舞台呈现,把游河改为了兜风,基本情节类似;突出了每个角色的人物特征,穿插了歌舞表演,让故事展现得更加活泼有趣。随着绘本教学的普及深入,绘本表演也成了幼儿园甚至小学越来越重要的教学形式,把绘本故事转变为戏剧表演,需要师生合作,共同完成二次创作。

2）合理分工

剧组成员根据自己的专长选择合适的岗位,比如导演组,负责全剧的组织领导,负责音乐的选定、舞蹈的设计;演员组,负责舞台演出;道具组,负责服饰、舞台背景和道具的准备。剧组的分工要尽量发挥每个成员的最大特色,优势互补。

3）反复排练

一方面排练时要对台词,演员要处理好自己的人物语言,演员间要有良好的互动交流;另一方面找准舞台位置,确定好自己的行动路线。为了达到表演的自然默契,排练要进行多次,在多次排练过程中大家可以积极交流修正。

4）正式演出

为了帮助演员更好地进入角色,为了带给观众更愉悦的审美感受,正式演出的时候演员要化妆,舞台要有背景装饰,上下场保持流畅,设计好演员进场、出场的形式,不要随意变换自己的位置,保持一定的紧张感。

如果幼儿园教师组织幼儿进行童话剧的改编演出,要注意调动幼儿的兴趣,发挥幼儿的主观能动性,台词简短,朗朗上口,富有音乐性,可以适当穿插音乐歌舞,通过音乐歌舞的烘托突出气氛强化人物性格。塑造人物时动作性语言多,不要大段大段的独白,动作不宜过多,要简单明了,通过观看人物动作幼儿就能理解情节发展,动作要夸张化,细微的表情动作容易被幼儿忽视。情节和动作要注意有规律的变化,可以带有重复性,变化节奏不宜过快或过缓。注意增加游戏成分,游戏中的模拟动作和驰骋想象能给幼儿极大的快乐。如果台上、台下,演员、观众打成一片,这时儿童剧的演出就会获得极大的成功。

课堂训练

请在下列童话剧剧本中任选一个进行排练与表演。

小 熊 拔 牙

柯岩

人物:狗熊妈妈、狗熊娃娃、小花猫、小黄狗、大尾巴松鼠、小白兔医生、美丽的小鸟。

妈妈:我是狗熊妈妈。

小熊:我是狗熊娃娃。

妈妈:我长得又胖又大。

小熊:我就像我妈妈。

妈妈:妈妈要去上班。

小熊:小熊在家玩耍。

妈妈:不对,你要先洗洗脸……

小熊:嗯嗯……好吧,洗一下。

妈妈:不对,你还要刷牙……

小熊:嗯嗯……好吧,刷一下。

妈妈:不对,要好好地刷,还有……

小熊:还有,还有……什么也没有啦!

妈妈:不对,想想吧!……不自己拿饼干……不自己拿……

小熊:好啦,好啦,都知道啦!不自己拿饼干,不许抓糖球、不许打架……

(小熊用脑袋把妈妈往门口顶,妈妈疼爱地戳一下它的额头,出去了)

小熊:妈妈上班了,啦啦啦,现在我当家,啦啦啦。

先唱个小熊歌:1234,哇呀呀呀,呀。

再跳个小熊舞:5432,蹦蹦蹦蹦,哒。

哎呀,答应过妈妈洗脸呀。

先洗洗熊眼,再擦擦熊嘴巴;

熊鼻子抹一抹,熊耳朵拉两拉;

熊头发梳三下,嗯,就不爱刷牙。

那——那就不刷吧!

饼干拿一叠……

唉，答应过不吃它。

糖球抓一把……

唉，答应过不吃它。

这罐甜蜂蜜，

哈，没说过不吃它。

这瓶果子酱，

哈，妈妈也忘了提它。

先吃一勺蜜，

呀，真甜！

再来一勺酱，

哈，多鲜哪！

哼，勺子才舀一点点，

不如盛一盘；

越吃越想吃，

干脆添一碗。

一勺、一盘、一大碗，

吃完挨个舔三舔……

小熊吃得真高兴，

小熊吃得肚子圆，

啦啦啦，甜到舌头底，

啦啦啦，甜到牙齿尖。

咦，唑唑唑，

怎么甜变了酸？

酸到舌头底，

酸到了牙齿尖。

哎呀呀！嘶嘶嘶，

怎么酸变成了疼？

疼得没法儿办。

哎哟，哎哟，

疼得小熊直打转，

疼得小熊直叫唤。

（小白兔上）

小兔：身穿白衣裳，手提医药箱，每天给人去看病，小兔大夫真正忙。

小熊：大夫，大夫，快来呀！牙齿疼得像针扎……

小兔：你先别哎哟，别直着嗓子叫。

张开嘴巴来，让我瞧一瞧。

唉，你的牙齿真不好。

唔，这一颗要补一补，

唔，这一颗嘛，要拔掉。

　　　　你坐好,哎,我够不着,

　　　　你怎么长得这么高?!

　　　　搬个板凳当梯子,

　　　　爬上去给你打麻药。

　　　　你坐好,别害怕,

　　　　钳子夹牢才能拔!

　　　　……拔呀、拔呀,拔不动它,

　　　　唉! 你的牙怎么这么大?

小熊:哎哟哟,快拔掉,你怎么长得这样——小?

二人:小狗小狗快快来。

小狗:汪汪汪,我来了。

三人:帮助快把牙拔掉,拔呀,拔呀,拔不动,你这颗牙齿怎么这么重?

小熊:哎哟哟,快拔掉,疼得小熊眼泪冒。

三人:小猫小猫快快来。

小猫:喵喵喵,我来了。

四人:帮助快把牙拔掉,拔呀,拔,哎呀!

(众人差一点儿跌倒)

小兔:呀,夹碎了……你这颗牙齿都烂透了。

小熊:哎哟哟,快拔掉,疼得小熊双脚跳。

四人:松鼠松鼠快快来。

松鼠:吱吱吱,我来了。

五人:帮助快把牙拔掉,拔呀,拔呀,还是拔不动,你这颗牙齿可真要命。小鸟小鸟快快来。

小鸟:唧唧唧,我来了。

六人:帮助快把牙拔掉,拔呀,拔呀,拔不动,

　　　　一二,一二,一二,

　　　　哎哟,哎哟,哎哟!

(咕咚! 大家一齐摔倒在地。)

　　　　总算拔掉了。

小兔:现在还疼吗?

小熊:一点也不疼了。

小兔:好,现在涂一点药,以后要保护好牙齿,要不一颗一颗都要烂,一颗一颗都要这样来拔掉。

小熊:嗯,嗯,我不来。嗯,嗯,我不干。为什么光叫我牙疼,你们牙齿都不烂?

小兔:我们从来不挑食。

小狗:汪汪汪,从来不多吃甜饼干。

小猫:喵喵喵,也不偷把蜂蜜吃。

松鼠:吱吱吱,也从不偷把果酱舔。

小鸟:也吃菜、也吃饭。

小猫：也吃鱼。

小狗：也吃肉。

松鼠：也吃胡萝卜。

小鸟：也吃棒子面。

众人：阿姨给什么，你就吃什么，牙齿每天刷几遍。

小熊：那……以后，我也不挑食，每天也把牙齿刷几遍。

众人：早一遍，晚一遍。

小熊：嗯，早一遍，晚一遍。

众人：（示范）这样刷，这样刷。

小熊：（学样）嗯，里里外外全刷遍。

小兔：说到一定要做到，省得把牙齿全拔完。

小熊：是！说到一定要做到。

众人：省得把牙齿全拔完。

（人民教育出版社中学语文室.幼儿文学.北京：人民教育出版社，2005.）

和甘伯伯去兜风

　　［英］约翰·伯宁罕　林良　译　石家庄幼儿师范高等专科学校冯春红改编

　　人物：甘伯伯、小孩儿、兔子、猫、狗、猪、鸡、小牛、山羊。

　　背景：甘伯伯的农舍旁，停着一辆鲜红的小敞篷汽车，幕后传来孩子们的嬉闹声和小动物们的叫声。

　　［甘伯伯从小屋走出，戴着草帽，穿着工装，提着油桶。］

　　甘伯伯：今天的太阳出来啦，汽车几天不开啦，人不活动要得病，汽车不动也不行啦。（把油桶里的油倒入汽车油箱，上车开车，汽车声。）（唱）太阳高高照，心里乐逍遥，汽油加一加，油门一踩上大道。

　　［孩子们和小动物们上。］

　　男孩儿：我是大力士淘淘！（叉腰）

　　女孩儿：我是苗条妞娇娇！（猫步）

　　猫：我比女孩儿漂亮！有大大的眼睛、华贵的毛！喵！（拿出镜子照）

　　兔子：我比男孩儿健康！有长长的耳朵，白白净净能弹跳！（摸长耳朵，原地弹跳）

　　狗：我动作伶俐，汪汪！（做速度很快的原地跑状）

　　猪：我肌肉发达，呵呵！（胳膊做亮肌肉状）

　　鸡：我有华丽的外衣红冠子，（转圈儿展示）咯咯咯！

　　山羊：我天生一缕美髯须，翘翘，（陶醉地仰头）咩咩！

　　小牛：我的力气仅小于我爸爸，（竖起大拇指）人们都夸我"牛哄哄"！

　　［群笑。］

　　小孩儿：（撒娇地）甘伯伯，我们可以和你一起去吗？

　　小动物们：（满怀期待地）甘伯伯，我们可以和你一起去吗？

　　甘伯伯：都上来吧，（大家一起要拥上，被甘伯伯拦住）只要你们不怕把自己挤扁。

　　大家：我们不怕挤，谢谢甘伯伯！

[大家嬉闹上车。]

合唱：车子好漂亮，赶快把车上，一起兜一遭，心情真欢畅。

甘伯伯：(停车)嗯，前面的大道车多，今天天气好，我们就从这条老旧的土路走，直接穿过前面那一片田野好了。(唱)田野的风光美如画。

合唱：坐上兜风车，视野好开阔。风儿唱着歌，我们多快活。

甘伯伯：嗯，天上那些乌云，看起来怪怪的，像是要下雨了。我还是把车篷架起来吧。

[甘伯伯下车，吃力地架车篷。雷雨声。]

合唱：(高调)雨中风景也不错，我们坐在车上真快活。

甘伯伯：(上车，擦汗，开车，低调唱)路上烂泥可真多，爬坡行进费周折。

甘伯伯：(停车，面露难色)孩子们，看样子你们当中要有几个下去推车才行。

[车上乱作一团。]

山羊：(噘起嘴捋胡须)我不行，我太老啦(咳嗽)。

小牛：(抱着肩向后躲)我不行，我太年轻，会感冒。

鸡：(扇翅膀闪一旁)我不行，我不会飞。

猪：(抬起脚，心疼地)我不行，我的脚上有骨刺。

狗：(为难地)我不行，不过只要你愿意，我倒是可以帮你发动车子。

兔子：(忙弯腰抱肚子)我不行，我的身体不舒服。

猫：(拿出面巾纸擦脸)我不行，会把我的毛弄脏。

女孩儿：我不行，男孩儿比较有力气。(扭动身子)

男孩儿：我不行，女孩儿长得比我高。(故意半蹲下身子)

合：(每个人都指着别人)他行！

甘伯伯：(无奈地)车轮转转转，泥浆到处溅，汽车抛锚了，要走难上难。

[汽车声戛然而止，大家停止争执，互相对望着，一片静寂。]

甘伯伯：(焦急地)人多车重地软，车停下后会越陷越深。大家全部下去，一起推车吧。

合：我们没话说，乖乖齐下车，大家使把劲儿，喊着号子把车挪。

鸡、猪、猫：我们推！

牛、山羊：我们顶！

狗、兔子：我们抬！

小孩儿：我们扛！

鸡、猪、猫、小孩儿：我们喘着大气！

牛、山羊、狗、兔子：我们脚下打滑！

合：(众人一齐用力推车)我们呼哧呼哧地踩着烂泥，再也没话说！一、二——三！一、二——三！

甘伯伯：别放松！再往前推，我们快成功了！

男孩儿、女孩儿：大家齐心来用力，软泥高坡也没脾气。

合：(信心十足)对，没脾气！没——脾——气！

甘伯伯：车子爬上了硬地，我们成功啦！

[众人欢呼。]

合唱：哈哈，(手舞足蹈)我们让软泥高坡没脾气！

甘伯伯:汽车艰难爬上坡,过桥到家有小河。

合唱:河里痛快洗个澡,一身烂泥尽数脱,尽数脱! 哈哈哈,啦啦啦——

［众人舞蹈。］

大家:甘伯伯,下次还让我们坐车吗?

甘伯伯:你们说呢?

［众人点头。］

甘伯伯:(语调缓慢,慈祥地)下次欢迎大家还来坐我的车啊!

［众人欢呼声,幕落］

聪明小鸡笨小狼

人物:小鸡、小狼

场景:夏天的小树林

［一只小鸡在小树林里找小虫吃。它的羽毛是金黄色的,有黑色的条纹。小鸡在一棵小树边找到一只蚯蚓。小鸡把蚯蚓啄成两段,分两次吞下蚯蚓。］

小鸡:叽叽叽,叽叽叽,蚯蚓真好吃,小树林真漂亮。小鸡又低下头找虫。

小狼:(走得很慢,经常摇晃一下,经常使劲眨几下眼睛)哎哟,疼死我了。该死的树,也来欺负我。

［小狼撞到了一棵树上。抬起一只前爪揉揉头。用尾巴抽了几下碰它头的树。］

小狼:两天没吃东西了,看不清路,总碰头。总爱发脾气,再找不到吃的,就要走不动了。(小狼抹了抹眼泪)谁在唱歌?

［小狼的眼睛瞪得圆圆的。四处张望。看到小鸡。］

小狼:一只小鸡(小狼又四处张望)没人看着它,哈哈,我找到吃的喽。

［小狼一步步朝小鸡靠近。］

小狼:小鸡小鸡别唱歌了,哭吧哭吧,因为你遇上我了,我的肚子饿得都瘪了,我要吃了你。

小鸡:(原地没动)哎呀,小狼啊小狼,你可不要吃错了啊。

［小鸡瞪着圆圆的眼睛望着小狼。］

小狼:吃错了? 吃错了是怎么回事?

［小狼瞪着更圆了的眼睛望着小鸡。］

小鸡:我不是小鸡,我是为了吃小鸡才变成小鸡的模样的,你没看出来吗? 我是小老虎,瞧瞧我的金黄色的毛,瞧瞧那羽毛上的黑条条花纹。

［小鸡转了个圈,让小狼看它的羽毛。四处张望。］

小鸡:爸爸妈妈不在,伙伴们不在。只有大灰狼在,真要吓死了啊。

［小鸡瞪着更圆了的眼睛望着小狼。］

小鸡:看清楚了吗? 我的羽毛和老虎的毛一模一样。

小狼:看清楚了,你不是老虎就是老虎的亲戚。我可不敢吃你,我吃了你,老虎爸爸、老虎妈妈、老虎外婆、老虎外公、老虎爷爷、老虎奶奶都不会放过我。

［小狼瞪着不太圆了的眼睛望着小鸡,慢慢地向后退。］

［小狼的屁股撞到一棵树上。停止后退,又瞪圆了眼睛。］

小狼:你怎么那么小?和我的一只耳朵一样小。

小鸡:我是小老虎啊,是老虎孙子,所以小。刚才,我看见一只棕色的小兔子跑到那边去了,你快去吃了它吧。你跑得那么快,一定能追上它。

[小鸡用翅膀指向和自己的家相反的方向。]

[小狼顺着小鸡指的方向飞跑起来。小鸡展开了翅膀,连跑带飞地回了家。]

小狼:哪里有兔子啊?我一定是上当了。小鸡骗子,我一定要吃了它。

[小狼转身往回跑。]

小狼:小鸡,你出来,你出来。

[小狼又气又饿倒在地上……]

(http://www.5068.com/etcv/etwtj/235039.html. 有改动)

绿 野 仙 踪

第一幕:神奇的土地

桃乐丝:(音乐起,上场)我叫桃乐丝。今天的天气真好呀!我要出去玩一玩!

[画外音,龙卷风来啦,龙卷风来啦……风声起。风上场,桃乐丝被吹晕了!]

桃乐丝:这是哪里呀?我要回家,呜呜呜呜……(醒了过来,哭了起来)

仙 女:亲爱的桃乐丝,别害怕,我是仙女!

桃乐丝:我找不到回家的路了,呜呜呜呜。

仙 女:别害怕,只要你沿着这条金色的小路走,你会得到你想要的,也会找到回家的路。我们还会再见,亲爱的!

桃乐丝:(擦干眼泪,向前走去。音乐起)再见,善良的仙女。

第二幕:遇见稻草人

稻草人:(走上场。手臂指左指右)

桃乐丝:(从稻草人面前走过,边走边问)现在该往哪里走?

稻草人:(手臂指向左)请从这儿走!

桃乐丝:(左看右看,找不到)是谁在说话?该从哪里走呀?

稻草人:(手臂指向右)请从这儿走!

桃乐丝:(跑到稻草人身边,问它)你是谁呀?你知道该往哪里走吗?

稻草人:我是谁?哦,我是稻草人。我也不知道你该往哪儿走。(摇手)

桃乐丝:为什么?

稻草人:因为我没有头脑,脑子里全是稻草,我想有一个聪明的头脑。(指着脑袋)

桃乐丝:那你和我一起去找仙女吧!

稻草人:太好了,太好了。(边拍手边跳着说。音乐起,跟着桃乐丝往前走)

桃乐丝:现在该往哪里走?

稻草人:我来试试!(推开小花和小草,找到了路)

花、草:稻草人,真聪明!稻草人,真聪明!(音乐起,跟着桃乐丝往前走)

第三幕:遇见铁皮人

铁皮人:帮帮我,帮帮我!走上场。(手臂伸直不动)

桃乐丝、稻草人:(指着他)你是谁?

铁皮人：(一个字一个字地说)我是铁皮人,我的身体生锈了,快点帮我上点油吧!

桃乐丝、稻草人：好吧!(蹲下来,拿油壶,上油。桃乐丝、稻草人在这儿加一点,在这儿加一点! 在铁皮人的身体关节处点一下)

铁皮人：(拍拍自己的身体)我的身体是空的,没有心。我想要一颗善良的心。

稻草人：我想有一个聪明的头脑。(指着脑袋)

桃乐丝：我想回家。那你和我们一起去找仙女吧! 她会帮助你的。

铁皮人、稻草人：太好了,太好了。(边拍手边跳着说。音乐起,跟着桃乐丝往前走)

桃乐丝：(水流声。指着前面)前面有一条河,该怎么过去呢?

铁皮人：我是铁做的,不会被水冲走,让我来搭一座桥吧!(趴在河里)

桃乐丝：铁皮人你真好! 你有一颗善良的心!(踏着走了过去。音乐起,跟着桃乐丝往前走)

第四幕:遇见胆小狮

狮子：(狮吼声起,走上场。装腔作势向前走一步)我要吃掉你们!

铁皮人：你不要过来!(紧握手中斧头,举到头顶)

狮子：(害怕地)哇哇哇! 你们好凶喔! 求求你们饶了我吧。

[大家听到这句话,表情都非常惊讶。]

铁皮人：哈,你害怕了? 你们看,它居然害怕了,它就是一个外表强大内心懦弱的胆小鬼!

狮子：你说得对,人们都认为我很强大,其实我很胆小,连只小老鼠都害怕! 我想变得勇敢。(说着便哭了起来)

桃乐丝：你可以跟我们一起到黄色小路的尽头,或许你可以找到你的勇敢。

狮子：太好了,太好了。(边拍手边跳着说。音乐起,跟着桃乐丝往前走)

众蝙蝠：(挡住众人的路)此路是我开,此树是我栽,要想从此过,留下性命来!

[狮子大吼一声,冲了出来,与蝙蝠打斗起来。]

桃乐丝、稻草人、铁皮人：加油、加油……

[众蝙蝠逃走了。]

桃乐丝：哇! 想不到狮子你会这么勇敢! 真是太好了! 我们继续上路吧!(音乐起,跟着桃乐丝往前走)

第五幕:实现愿望

仙女：(音乐起,仙女上场)你们需要帮助吗?

稻草人：善良的仙女,我没有脑子,请你给我一个聪明的脑子吧!(跪在女巫脚下)

仙女：亲爱的稻草人,你已经有了聪明的头脑了。(稻草人站起来)

铁皮人：善良的仙女,我没有心,请你给我一颗善良的心吧!(跪在女巫脚下)

仙女：亲爱的铁皮人,你已经有了一颗善良的心。(铁皮人站起来)

狮子：善良的仙女,我很胆小,请你给我勇敢吧!(跪在女巫脚下)

仙女：亲爱的狮子,你已经有了勇敢。(狮子站起来)

桃乐丝:善良的仙女,你能送我回家吗? (跪在女巫脚下)

仙女:你看! 那是你的家吗? (指向前方)

桃乐丝:太好了! 我可以回家了! 欢迎你们到我家来玩! (双手举高,跳起来)

众人:再见!

桃乐丝:再见!!! (音乐起,桃乐丝和朋友们拥抱,走下台)

(http://wenxue.vjbys.com/juben/84141.html. 有改动)

能力拓展

举办幼儿戏剧表演专场,以组为单位进行展演。

项目四
幼儿教师职业口语训练

训练目标

1. 了解幼儿教师职业口语的含义、特点和主要类型。

2. 了解幼儿园教学口语的含义，学习并掌握教学口语的基本技能。

3. 了解幼儿园教育口语的含义和要求，能根据不同情境准确、恰当地运用教育口语。

4. 掌握幼儿教师各种交际口语的应用原则。通过幼儿教师交际口语的训练，提高幼儿教师的口语交际能力。

5. 培养幼儿教师热爱幼儿的良好的职业情感。

任务一　了解幼儿教师职业口语

案例导入

阅读下面几首幼儿教师指导幼儿穿脱衣服的儿歌,初步体会幼儿教师职业口语的特点。

1. 穿衣服

(1) 穿开衫:抓住小领子,盖好小房子,小老鼠来钻洞洞,钻好洞洞扣扣子。

(2) 穿套头衫:钻进大洞洞,钻出小洞洞,两列小火车,一一出洞洞。

2. 脱衣服

(1) 脱开衫:拉链扣子解一解,我把小手藏起来,一手拉着袖拽,再拽一下脱下来。

(2) 脱套头衫:先把衣服往上提,抓住袖口缩胳膊,左胳膊、右胳膊,左右胳膊缩回来。提住领子露出头,宝宝的衣服脱好了。

3. 穿裤子

(1) 左边一列火车钻山洞,右边一列火车钻山洞。呜——两列火车顺利过山洞,裤子穿好了!

(2) 前面朝上,拉紧裤腰;喊着口号,两脚赛跑;两条跑道,别找错了,伸出裤腿,露出小脚;终点到了,提裤站好;养成习惯,做乖宝宝。

提示:在教幼儿穿脱衣服的技能时,幼儿教师充分考虑到了幼儿的年龄特点,边示范边吟诵儿歌,这样可以激发幼儿主动学习的动机和兴趣,调动幼儿的积极性。

一、 幼儿教师职业口语的含义

各行各业都有自己的职业用语,幼儿教师也不例外。幼儿教师职业口语是指幼儿教师在进行教育教学过程中所运用的符合一定规律的工作语言。

幼儿教师职业口语是经过长期的教育教学实践总结出来的,是符合教育教学的一般规律、幼儿年龄特征和认知发展规律的,也是符合现代人际交往的礼仪规范,是幼儿教师实施教育教学工作最基本最常用的手段,是教师和幼儿之间沟通的桥梁。

幼儿教师的职业口语表达能力从一定意义上来说,是衡量教师教育教学能力的一个重要标志,正如教育家苏霍姆林斯基说的:"教师的语言修养决定着学生在课堂上脑力劳动的效率"。

幼儿教师职业口语不仅仅是一个语言表达的问题,它和教师的自身素养密切相关,我们很难想象,一个自身素养不高的人,他的口语会有多高的水准。教师素养具有很强的综合性,它包括职业情感、知识积累、个人心理素养以及把握事物的能力等因素。一个对所从事的职业缺乏感情的人,是不可能从内心深处去爱这个职业的。教师如果不热爱自己的职业,就不会真心爱幼儿,也就不可能用语言去感染幼儿、打动幼儿。法国作家福楼拜曾说过:明确的语言取决于明确的思想。因此,不能单纯地把语言技能训练作为提高口语表达水平的唯一途径,还要注意不断加强幼儿教师的个人修养,这样才能使口语表达自信而富于魅力。

二、幼儿教师职业口语的特点

幼师职业口语
的特点

案例导入

阅读下面幼儿园的教学活动设计,体会幼儿教师职业口语的特点。

科学活动《运动的圆》(中班)节选

……

1. 自由探索,找出两个圆之间有几种不同的位置。

师:小朋友刚才表现得真棒!个个都像小运动员一样!老师还想和小朋友一起做和圆圈有关的一些好玩的游戏。请小朋友开动脑筋摆一摆两个圆圈,看看它们可以摆成几种不同的样子。

幼儿尝试用大小不同的两个圆摆出几种不同的位置。教师小结,点评,引出知识点。

师:小朋友真棒,找到了摆两个圆这么多不同的位置,我们一起来看一看。(教师带领幼儿观察摆放结果)

有的两个圆是紧挨着的;

有的两个圆是分开的;

有的两个圆交叉在一起;

有的是小圆在大圆里面。

师:两个圆摆成这些位置都各有自己的名字。那它们都是些什么有趣的名字呢?让我们一起来看动画片,你们就会明白了。

2. 播放课件。

师:看完这个有趣的动画,有谁知道两个圆碰碰大肚皮的时候叫什么名字?(相切)这个时候的两个圆是轻轻地挨在一起,它们只有一个点靠在一起。

两个圆手挽手的时候叫什么名字?(相交)这时候它们有两个点靠在一起。

大圆抱小圆的时候叫什么名字(同心)

两个圆离开的时候叫什么名字?(相离)这时候它们没有点靠在一起。

师:让我们一起再看一遍,记住它们的名字,等会儿我们要做一个非常有趣的游戏。

3. 幼儿探索用身体变化表现圆的几种常见关系。

引导幼儿集体合作,用身体组成两个圆,在运动中表现两圆相切、相交、同心、相离。

(吴燕. 运动的圆. 全国优秀幼儿科学教育活动课例评析.)

提示:这是一节设计新颖的科学教育活动课,在实施过程中,教师采用各种方法调动幼儿的生活经验,始终让幼儿在玩中学、在做中学。教学语言简洁明了,充满趣味。

幼儿教师职业口语是实施教育教学工作最重要的手段和工具,它和一般教师职业口语有着相同的共性,但又因教育对象的特殊性,使得幼儿教师职业口语呈现出鲜明的个性。《幼儿园教师专业标准(试行)》第55条明确规定:"使用符合幼儿年龄特点的语言进行保教工作。"可以这样说,符合幼儿年龄特点的语言就是幼儿教师职业口语的鲜明个性。

幼儿教师面对的是3~6岁这个特殊的群体,这一时期的幼儿注意力时间短,好奇心强,主要以形象思维为主,对语言的敏感性和模仿力极强,因此针对这一特殊的教学对象,幼儿教师职业口语呈现出以下特点。

(一)示范性强

幼儿语言的获得多由模仿产生,教师是幼儿主要的模仿对象。这种天然的"向师性"使他们往往会把教师的行为视为楷模。教师只有使用规范的语言,才能对幼儿起到示范作用。教师语言的规范性主要表现在日常用语的标准规范和教学内容的严谨规范两个方面。

教师必须使用标准规范的普通话进行教育教学,在语音、词汇、语法等方面都要符合普通话的要求,做到发音清楚、吐字准确、不念错字、不使用方言,拒绝网络流行词和不文明用语;此外幼儿教师所传授的知识必须符合科学的规范,语言准确严密,给幼儿正确的引导。

例1:下雪了,一位教师领着小朋友到窗边边看边说:"大家快看,天北(白)了,地北(白)了,到醋(处)都北(白)了。"

提示:教师是幼儿模仿的对象,幼儿教师的语音不标准,会对幼儿的语言发展产生不良影响,妨碍幼儿学习标准的普通话。

例2:有些年轻教师喜欢使用流行的网络语言和幼儿交流,如称呼小朋友的时候使用"亲们""同学们";夸赞小朋友的时候会说"你今天的打扮真是酷毙了!""你萌萌哒的样子我好喜欢呀!"

提示:幼儿教师如果把这些不规范的网络词汇运用到课堂教学和幼儿的游戏生活中显然是不合适的,它不但影响幼儿语言的学习,也有损教师自身的形象。

例3:有位教师在教学中说"小兔子的眼睛是红红的","大鲸鱼在水里游,当然是鱼了"。

提示:教师上述随意的表述显然是错误的,因为只有小白兔的眼睛才是红色的,而大鲸鱼是生活在水里的哺乳动物,这些错误的信息会对幼儿的认知造成影响。

(二)趣味性强

趣味性强是幼儿教师的口语区别于其他学龄段教师口语的显著特点。富有童趣的语言是一种贴近幼儿生活,符合幼儿年龄、心理特征和接受水平的语言。

趣味性语言应当成为幼儿教师的"常用语",这样不仅能够缩短教师和幼儿的情感距离,还能扣动幼儿的心弦,激发幼儿的联想和想象,充分调动幼儿的兴趣和求知欲,强化教育效果。

怎样才能使自己的语言富有情趣呢?关键在于幼儿教师要有一颗未泯的童心,站在幼儿的立场上了解幼儿,用幼儿的眼睛去看"他的世界",用幼儿的耳朵去听"他的声音",用幼儿的心灵去感受"他的一切",那么幼儿教师的职业口语就会充满童真童趣。

例1:"拿起这个鞋宝宝,找到那个鞋宝宝,小脑袋靠一靠,小脚丫钻进去,鞋儿弯弯往里靠,两边搭扣扣好。""脱下这个鞋宝宝,脱下那个鞋宝宝,小脑袋靠一靠,放在边上摆摆好。"

(曹红燕.鞋子大集合.全国优秀幼儿社会教育活动课例评析.)

提示:幼儿教师在教小班的幼儿学习穿鞋、脱鞋的技能时,选择了简单形象的儿歌教学,采用拟人化的语言,把单调的技能训练赋予了童趣。

例 2: "时针就像一个运动场,时针、分针、秒针就像三个运动员,秒针是猎豹,分针是小白兔,时针是小乌龟。猎豹跑了一圈,小白兔才跑了一小格,小白兔跑了一圈,小乌龟才跑了一大格。"

（黄素琴.小棕兔的一天.全国优秀幼儿科学教育活动课例评析.）

提示: 教师在给幼儿讲解时钟知识的时候,把时针、分针、秒针比喻成三个跑步速度快慢不同的小动物,既易于幼儿理解,又能拓展幼儿认知和思维的空间,培养幼儿的想象力和创造力。

（三）艺术性强

语言是一门具有无穷魅力的艺术,作为一名幼儿教师,语音标准规范非常重要,但是仅讲一口标准流利的普通话还不够,幼儿教师应当在口语表达规范准确的基础上,努力提升语言的表现力和感染力,追求口语表达的艺术性。试想一下,一个口语表达干瘪枯燥,平淡无趣的幼儿教师,怎么会赢得幼儿的喜欢呢?

幼儿教师的口语表达主要以有声语言为主,态势语为辅,相比较其他学龄段的教师,幼儿教师的语气语调甚至态势语都要更夸张一些,在视觉和听觉上给幼儿以强烈的刺激,吸引幼儿的注意力。

例: 教师指导幼儿进行《两只笨狗熊》故事表演时,教师示范精明奸猾的狐狸大婶,声音尖细高亮,动作时快时慢、行动诡异,一手在嘴前做尖嘴,一手在背后做尾,眼珠转、斜看人;示范憨厚愚笨的大黑小黑,声音低沉、说起话来吞吞吐吐、嘴巴噘得高高的,教师惟妙惟肖、活灵活现的表演使得幼儿兴奋欢悦,跃跃欲试,纷纷模仿起狐狸和两只笨狗熊来。

（四）针对性强

作为一个群体,3～6 岁的幼儿具有共同的特点,但是具体到每一个年龄段的幼儿,他们的思维水平、知识水平、对语言的领会和接受水平都有很大差别,即便是相同年龄的幼儿也会有性格、认知水平等方面的不同。针对幼儿的这种差异性,幼儿教师在教育教学过程中应该因人用语,因材施教,使每个幼儿在其原有水平的基础上都得到发展。

例:

我把玩具带回家

有些幼儿非常喜欢将幼儿园的玩具带回家,丁丁和菲菲也是,丁丁是一个非常开朗活泼的小男孩,第一天,他玩完玩具便把一个玩具放进自己的口袋里,老师看到后当即用平和的声音说:"丁丁,你忘了把玩具放到筐里了,如果你喜欢,明天再玩。"第二天,他又选择了那种玩具,收拾玩具时,还特意跑到老师面前说:"老师你看,这次我把玩具放好了。"而同样的事情发生在菲菲身上,菲菲是个胆小羞涩的小女孩,当她拿走玩具的时候,老师当时却当作没看见,而是在离园前单独与她妈妈说了这件事,请她装作无意发现玩具,引导孩子自己还回玩具。果然,第二天菲菲第一个来园,趴在老师耳朵上悄悄说:"老师,我再也不把玩具拿回家了。"妈妈也非常感谢老师的理解。从此以后丁丁和菲菲再也没有把玩具拿回家去过。

（钱亚威.幼儿园教师职业读本.北京:高等教育出版社,2013.）

提示: 案例中的老师在生活中细心观察幼儿,了解了幼儿性格上的差异,面对同样的问题,采用了不同的教育方式,很好地保护了孩子的自尊心,取得了良好的教育效果。

课堂训练

1. 下面两个案例各有两种表达方式,请说一说,哪种表达方式幼儿更容易接受?为什么?

(1)上课的时候,老师提醒小朋友要认真听讲。

①"上课了,小朋友们要注意力集中,不要东张西望、左顾右盼,这样做是不对的!"

②"老师要开始上课了,让我看看,小朋友们的小眼睛有没有看着老师,小耳朵有没有听老师讲课。"

(2)教师要求幼儿给桌上不同形状的插塑分类时的语言。

①"下面先请小朋友送正方形的插塑回家(画有正方形的小篮子),再送三角形的插塑回家。"

②"下面请小朋友按形状给正方形、三角形这些插塑分类。"

2. 阅读故事,然后做下面的练习。

(1)找出故事中书面语色彩较强的词语,并作口语化、趣味化修改。

(2)设计狐狸和山羊的声音造型和动作造型,分角色进行故事表演。

掉进井里的狐狸和山羊

一只狐狸失足掉到了井里,不论如何挣扎都没法爬上去,正在焦急时,口渴的山羊来到井边喝水,看见狐狸在井下,便问它井水好不好喝。狐狸觉得机会来了,心中暗喜,马上镇静下来,极力赞美井水清甜爽口,并劝山羊赶快下来与它痛饮。

一心想喝水的山羊信以为真,便不假思索地跳了下去,当它咕咚咕咚痛饮完后,就不得不与狐狸共商上井的办法。

早有准备的狐狸狡猾地说:"你用前脚扒在井墙上,再把角竖直了,我从你后背跳上井去,再拉你上来,我们就都得救了。"

这只力大的公山羊竟同意了狐狸的提议,依它所说,让自己当梯子送狐狸到了井口。没想到狐狸上去以后,就毁约准备独自逃离。

山羊指责狐狸不信守诺言,没想到狐狸回过头对公山羊说:"喂,朋友,你的头脑如果像你的胡须那样完美,你就不至于在没看清出口之前就盲目地跳下去了。"

(伊索.伊索寓言.北京:北京理工大学出版社,2009.)

3. 阅读关于动物尾巴的科普知识,然后做下面的练习。

(1)假定听众分别是小班、中班、大班的幼儿,将科普知识做趣味化修改。可以适当删减内容,形式力求新颖多样。

(2)设想假定的听众,将修改后的内容讲一讲,注意口语表达技巧的运用。

动物的尾巴形形色色,尽管长短粗细不一样,但几乎所有的动物都有,而且用途也不一样。动物的尾巴主要有以下几种作用。

①平衡作用:猫的尾巴使猫在跑跳时能保持平衡,还能使它在肚皮朝天、四脚朝上、往下落时翻过身来,四脚先着地,不致摔伤。袋鼠,无论是跑还是跳,都靠两条后腿,这样就不容易平衡,是尾巴帮了它的大忙。猴子、松鼠的尾巴使它们在树枝上跳跃时能够保持平衡,从来不会失足。马奔驰时尾巴起到很好的平衡作用。鸟把尾巴当作飞行器。鸟的尾巴上长着又长又宽的羽毛,这些羽毛展开时好像扇子,能够灵活转动,便于掌握飞行方向。在飞行时,鸟尾巴起着舵的作用。

② 保安作用：穿山甲的尾巴缠在树上，像保险带一样。鳄鱼的尾巴非常有力，像铁棍子一般结实，可当作武器来防御和进攻，一般的野兽如狮和豹都经不起它的一击。水里的河狸遇到危险时，会用尾巴拍水，发出"噼啪"的响声，向同伴报警。牛、马、驴、骡的尾巴用来驱赶讨厌的苍蝇、蚊虫和牛虻等。

③ 支撑作用：啄木鸟在竖直的树干上站着啄食害虫时，尾巴支撑在树皮的裂隙中，从而能够站稳，不致跌落，可以说尾巴是它的"第三条腿"。袋鼠的尾巴又粗又长，休息时，尾巴支在地上，成了它的凳子。

④ 保温作用：像松鼠、狐狸等长着毛茸茸粗尾巴的动物，在寒冷的时候，会把身体缩成一团，然后将大尾巴严严实实地围住身体，犹如围了一条大毛围巾，天气再冷也不会受冻。

⑤ 定向和推进作用：鱼类等水生动物的尾巴，不仅可以作为舵来定向，而且可以上下或左右摆动作为推进器使用。

⑥ 逃生作用：兔子的短尾巴可以在紧急情况下帮助兔子逃命。当兔子被猛兽咬住时，兔子立刻使用"脱皮计"，将尾巴的"皮套"脱下，从而赢得逃命的时间。蜥蜴和壁虎的尾巴，当遇到敌害时，会自动将尾巴折断留给敌人。尾巴里面有很多神经，还能蹦跳一段时间，起着转移敌害视线的作用，而自己却可以趁机逃之夭夭。

⑦ 捕食作用：蝙蝠白天栖息在较暗的地方，晚上才出来捕捉昆虫。有些蝙蝠，它们的尾巴可以卷缩起来和它的后脚一起拼成一个吊篮形。这样别的小昆虫就看不出它是蝙蝠了，它依靠这个"隐身秘法"，可以捉到很多昆虫吃。

⑧ 攻击作用：狮、虎、豹的长尾巴是它们的战斗武器之一，在和其他动物搏斗时，只要一摆尾巴，就可以把对方打倒。蝎子的尾巴更厉害，尾端生有钩状而尖锐的毒刺。猎食时，它用脚抓住小动物，然后用尾刺毒杀它们。尾刺的毒性很强，对呼吸中枢有麻醉作用，对心脏和血管起收缩作用。不管什么小动物，如果被它的尾刺刺中，很快就会一命呜呼。

（http://www.docin.com/p-428938829.html. 有改动）

任务二　幼儿教师职业口语分类训练

案例导入

阅读下面幼儿园的教学活动设计，体会幼儿教师教学口语的特点。

小班艺术活动《一起帮助树妈妈》（教学片段）

活动目标：

1. 引导幼儿会正确使用剪刀剪弧线。

2. 引导幼儿喜欢剪纸活动，体验帮助树妈妈的快乐。

……

活动过程：

1. 引入

随着自然轻快的音乐，教师（蝴蝶妈妈）带领幼儿（蝴蝶宝宝）以飞的姿势走入教室，并随

着音乐转一转……坐到座位上,音乐结束。

师:"小朋友们,你们知道现在是什么季节吗?"(春天)

"对! 春天来了。小花小草开始长出来,小动物也出来玩了,空气可新鲜了。今天,有新的客人来到这里和我们一起做游戏,你们猜猜是谁啊?"

教师将盖在大图上的布掀开一半,露出"树宝宝"的模样,问幼儿:"这是谁啊……原来是树宝宝,你们看,它的头上长出了密密的、绿绿的叶子,它笑得多开心啊!"

掀开另一半布,露出"树妈妈"的形象。"这是树妈妈,哦? 我们看看树妈妈怎么了?"(引导幼儿观察它的面部表情)(哭了、伤心了……)

"它为什么伤心?"(因为没长出叶子)

"是啊,树宝宝都有了叶子,树妈妈还光秃秃的,它可难过了,我们能做些什么呢?"(帮帮它,帮它做出叶子)

"真是好主意! 我们就一起来为树妈妈做叶子,让它长出漂亮的头发来。"

2. 攻破重点(弧线)

教师拿出大的叶子图:"我们以前剪过直直的线,'咔嚓'一剪子下去就成功了。今天要剪的叶子还是直直的吗?"(不是)

"叶子是什么样的?(两头尖,中间鼓)叶子两头有尖尖的小尾巴,中间鼓出两个小山坡。我要用剪刀的大嘴巴去捉叶子的小尾巴,看!"

教师用剪刀从尖处开始剪(镜面示范),同时说儿歌:"大嘴巴捉小尾巴,爬上小山坡,啊～呜～啊～呜～山坡转一转(拿着纸的手腕转动)啊～呜～啊～呜～爬下小山坡。我剪下了一半!"

"你们发现了吗? 我一边剪,一边在转手中的小纸。你们转一转试试。"(强调技巧的重点,带幼儿做转手腕动作)

"我们一起来伸手试一试!"教师剪叶子的下部,幼儿空手练习。

"大嘴巴捉小尾巴,爬上小山坡,啊～呜～啊～呜～山坡转一转(拿着纸的手腕转动)啊～呜～啊～呜～爬下小山坡。我成功了! 给我拍拍手吧!"

"你们也来试试吧! 请搬着椅子坐到你们的位置上。"

3. 操作、指导,加以挑战

在和谐、悠扬的音乐声中,幼儿亲手操作,教师先观察幼儿剪纸的情况,及时发现问题,适时对幼儿进行帮助和指导。幼儿由于年龄小,动作控制能力差,有可能出现的问题和难点如下。

(1) 没有沿着黑线剪。(指导策略:"剪刀的大嘴巴要咬住黑线剪,慢慢剪,别着急")

(2) 没有转纸,或转得不灵活。(指导策略:可握住幼儿的手转手腕剪,或让幼儿先捏纸空手练习转)

(3) 用剪直线的方式"削"成一个弧线。(指导策略:"剪刀的嘴巴不能全闭上,要'张大嘴巴——张小嘴巴'地剪,边剪边转")

(4) 剪得太快,不仔细或动手能力差造成叶子边缘不光滑、凹凸不平。(指导策略:"你的小树叶像被虫子咬掉了一块,要慢慢剪,咬住黑线")

(5) 幼儿剪纸有快有慢。(引导剪得快的幼儿观察其他孩子的作品,或者给还没剪完的

幼儿加油）

……

　　教师发给幼儿小花的手工纸："这个小花就是一个圆，比小树叶更难剪，要边转手腕边剪，谁想试试？剪不好没关系。剪完了的可以把叶子贴到树妈妈头上，小花贴到下面的小草上。"

　　4. 结束和延伸

　　教师把树妈妈的"眼泪"拿去，把"嘴巴"正过来变成笑的表情。"你们都过来看，树妈妈和刚才一样吗？（它笑了，它高兴了）我们大家一起帮了树妈妈的忙，你们真棒！给自己一个鼓励吧！""very very good!"

　　音乐再次响起，教师带幼儿走出教室。"我们一起出去看春天喽！看一看哪些小树还需要我们帮忙。"

　　（丁媛媛.一起帮助树妈妈.全国优秀幼儿艺术教育活动课例评析.）

　　提示：教师在引导小班幼儿正确使用剪刀剪弧线的时候，不仅进行了直接、清晰的示范，而且利用有趣的儿歌使幼儿对正确的剪法加深了印象，真正做到了在玩中学。

　　幼儿教师职业口语使用范围很广，形式也丰富多彩，主要的类型有幼儿教师教学口语、幼儿教师教育口语、幼儿教师交际口语。

一、教学口语训练

（一）教学口语的含义

　　教学口语是幼儿教师从事教学活动时所使用的工作用语。幼儿园的教学活动特指幼儿园的集体教学活动，它是幼儿一日活动中非常重要的一个环节，是教师精心设计和准备的有目的、有计划地组织全体幼儿进行有效学习的活动。

　　由于幼儿的年龄特点，幼儿园集体教学活动的实施、开展与完成主要依靠教师的口语。优美生动的教学口语，是吸引幼儿注意力和增强教学感染力极为重要的因素。幼儿教师如果拥有较高的语言修养，会为其教学活动增添无穷的魅力。

　　从教学口语的表达形式上来说，教学口语以有声语言为主，辅之以面部表情、手势动作等，具有口头语的特点，因为是教学用语，受教学内容和教学目标的约束，比起一般口语，随意性和灵活性更小，更显规范和严谨；从教学内容和教学活动设计上来说，教学口语反映的是教师的教学理念，如果不能组织幼儿有效地完成知识和技能的学习，再好的口语表达技巧也是徒劳的。所以高质量的教学口语一定是表达内容和表达形式的完美结合。

（二）教学口语基本技巧训练

　　苏联教育家马卡连柯说："只有在学会用十五至二十种语气来说'到这里来'的时候，只有学会在脸色、姿态和声音的运用上能够做出二十种格调的时候，我就变成了一个真正有本领的人了。"这段话形象地告诉我们口语表达充满魅力的教师，一定是灵活运用口语表达技巧的教师。空洞无物、枯燥无味、呆板无力的语言会使幼儿昏昏欲睡，毫无兴趣。这里重点说一说在课堂教学中容易忽视但又很重要的几

教学口语训练

个技巧。

（1）音量调节训练。教师音量的大小取决于教师与幼儿的距离和幼儿的数量，集体活动时，教师面对的是一个相对固定的群体，这时候的音量大小要以在场的每一个幼儿都听清楚为宜，既不能忽大忽小，也不能忽强忽弱，要给幼儿一种舒适感。和个别幼儿谈话时，如果谈话内容不想让别的幼儿听到，就要注意调小音量，对方能听到即可。此外，教师说话时的音量还要富于变化，使教学口语的声音呈现一种错落有致的层次美，增强语音的表现力和感染力，从而刺激幼儿的好奇心，唤起幼儿的注意力。

（2）语速调控训练。教学口语的速度一般分快速、中速和慢速三种。幼儿教师要根据口语表达的内容，合理地把握快、中、慢三种语速。语速太快，影响幼儿对信息的接听，语速过慢，又会影响信息传达的容量。太快太慢的语速都会让幼儿产生听觉疲劳，进而分散注意力，影响教学效果。如果教师从始至终都用同一速度讲话，幼儿同样会感到疲劳和厌烦。所以教师说话要有快慢急缓的变化，根据教学对象的年龄、教学内容的不同，适时调控语速，比如对小班幼儿讲话时，语速就要适当慢一些；需要教师示范技巧、做法的时候，语速也要相应慢一些。

（3）音色的运用。音色的变化可以达到拟声的效果，这在幼儿教育中运用的频率是很高的。在教育教学中，幼儿教师常常需要模拟各种年龄、性别、性格的人，或其他动物的腔调，这时候熟练地改变共鸣腔的位置、形状，就会产生不同的声音效果，使幼儿听起来有身临其境的感觉。

学会变换音色，用声音塑造人物形象、模拟各种声响是幼儿教师的一项基本功。尤其在给幼儿讲故事时，幼儿教师需要在分析人物形象年龄、性别、性格等要素的基础上，对人物进行声音造型，从而使故事中的角色活灵活现，达到一种如见其人的效果。音色训练要以自己的声音为主体，真实、自然、得体，在此基础上稍加改变，略有夸张即可。

（4）重音、停连、语气语调、节奏的技巧训练见朗读训练章节，这里不再赘述。

（5）表情、眼神、手势等技巧训练见态势语技巧训练章节，这里不再赘述。

（三）主要教学环节的口语表达训练

教学活动要有一定的顺序和过程，这个顺序和过程需要由一个个的教学环节来组成。环节安排得流畅、恰当，教学活动就会顺畅地进行。教学环节展现的是一节教学活动的基本框架结构，是教师对教学活动如何有序开展的思考，其中蕴含了教师基本的教学观和儿童观，体现了教师对教学活动设计的基本认识。教学活动一般是由导入环节、中间环节、结束环节组成。根据教学口语在教学活动中不同环节的运用，教学口语可分为导入语、提问语、过渡语、讲解语、结束语等。

1. 教学导入环节

"好的开始等于成功的一半。"一堂好课，精彩的导入是必不可少的，一个好的导入必能引发幼儿的兴趣，点燃幼儿智慧的火花，开启幼儿思维的闸门。幼儿教师应针对教学活动内容的不同需要，巧妙运用不同的导入方式，从而使教学活动收到事半功倍的效果。教学导入环节的课堂用语称为导入语，导入语的设计贵在新颖活泼有趣，能激发幼儿学习的积极性，为完成新的学习任务做好心理上的准备。

幼儿园常见的教学导入方法有：谜语导入、故事导入、游戏导入、谈话导入、开门见山导入、利用旧知识导入等。

例：

语言活动《设计小汽车》（中班）

师：小朋友们，今天老师带你们去一个特别好玩的地方，但是要想到那里去必须要先回答问题才可以，你们有没有信心？小朋友们听清楚了，看看哪位小朋友先猜出来。一座房子真有趣，有门有窗有座椅。坐在原地不用动，一下跑出两三里。猜一种交通工具。

幼：汽车。

（王薇.设计小汽车.全国优秀幼儿语言教育活动课例评析.）

提示：以谜语导入，激发了幼儿学习的兴趣和愿望。谜语的谜底是汽车，由此引入关于汽车的教学活动，水到渠成。

科学活动《有趣的膨胀》（大班）

师：今天，老师来的时候，有一只小青蛙看到了我，说要来我们这里做客，大家欢迎吗？

幼：欢迎。

师：咦，小青蛙怎么哭了？小青蛙说："我的乒乓球不小心弄瘪了，怎么办呢？我还想和你们一起玩呢，呜……"

师：小青蛙别哭，你看，这儿有那么多聪明的宝宝，他们一定会想出办法的，孩子们，你们谁能让瘪的乒乓球鼓起来呀？

幼：扎个眼儿吹起来！

幼：用热水蒸起来！（教师按幼儿的两种说法做示范，先扎眼发现不行，然后把事先准备好的热水放进电饭锅，再将瘪了的乒乓球放进去，过一会用小勺捞出，让幼儿观察并说出它的变化。）

师：瘪了的乒乓球放进热水里就鼓了起来，我们把这种现象叫膨胀。

今天我们就来研究一下有趣的膨胀现象。

（李久丽.有趣的膨胀.全国优秀幼儿艺术教育活动课例评析.）

提示：导入环节情境的设置，促使幼儿调动已有的生活经验动脑筋想办法，激发了幼儿积极主动探究的兴趣。而后教师带领幼儿尝试不同的方法解决问题，自然而然地引出了活动内容。

体育活动《变魔术的平衡板》（小班）

教师：春天来了，小燕子飞来了（上肢运动——两臂在体侧上下摆动），多开心。飞到树林里，许多小树被春姑娘吹得摆呀摆（体转——身体左右、前后转动），真带劲儿。小燕子飞到公园里，看到许多小朋友在玩跷跷板，一上一下真好玩（下蹲运动），有趣极了。小燕子飞到动物园里，看到许多大象，大象的鼻子长又长（腹背运动——身体前屈，学长鼻子大象走，像老爷爷拄着拐杖前行）。小燕子飞到幼儿园里，看到许多小朋友在玩皮球（跳跃运动），它们也学着跳上跳下。

（刘海英.变魔术的平衡板.幼儿教育教学活动设计案例精选.）

提示：教师紧紧抓住小班幼儿的特点，以故事情境导入，边讲故事，边带领幼儿做热身活动，轻松活泼，富有童趣。

科学活动《找规律》（大班）

（利用游戏、感知规律）

师：我们来玩个游戏，游戏的名字叫"动作接龙"，看谁能按老师的动作接着做。

师：嘣嚓嚓嘣嚓嚓嘣嚓嚓,击掌拍肩拍肩(师做动作)。

师：谁能接?(一幼儿接)他接得对吗?大家一起接一次,好,再来一组动作。

师：上上下下左左右右,在相应的位置击掌两次(师做动作)。

全体幼儿一起接。

师：在刚才的游戏中,你们猜得非常准,谁来说说是怎么想到要这样接老师的动作的?

师：(小结)你们观察得真仔细,在我们的生活中,有很多东西都是像这样按顺序变化、有规律排列的。今天我们就要用数学的眼光来寻找生活中的规律。

(宋叶婷.找规律.全国优秀幼儿艺术教育活动课例评析.)

提示：教师在导入环节设计了一个与教学内容相关的游戏,既帮助幼儿理解了知识,又激发了幼儿学习的兴趣,为幼儿创设了良好的学习环境。

2. 教学中间环节

当幼儿对所学内容产生浓厚的兴趣和强烈的好奇心后,教师应及时组织丰富多彩的活动,教学活动中间环节的设计着重体现的是教师是不是把幼儿放在了主体地位,教师是不是在整个活动过程中扮演着支持者、合作者和引导者的角色。常用的教学中间环节用语包括提问语、讲解语、过渡语等。这些教学口语在实际教学中根据教学内容的不同会有所侧重。

1) 讲解语

讲解语是教师讲述、阐释教学内容的一种教学用语。它是教学活动中最基本的语言表达形式,是教学语言的主体。针对幼儿的年龄特点和认知规律,幼儿教师要用心加工表达内容,给需要讲解的内容注入幼儿喜欢的趣味因素,设计出幼儿听得懂、喜欢听的讲解语,比如选择那些具体形象、富有动态感、色彩感、音乐性强的词汇;选择那些能带给他们新奇感受的比喻、夸张、拟人等修辞手法。

2) 提问语

提问是教学活动的核心,也是教学中的"常规武器"。幼儿园的教学活动常常是由一连串的问题贯穿始终的,提问语运用是否得当,往往决定了教学活动的成败。针对教学内容和幼儿认知特点,教师的提问:①要有启发性。太难或太简单的问题都会降低幼儿的学习兴趣,抑制幼儿的创造力。那些难易适中具有开放性特点的问题,能促进幼儿的想象能力和语言表达能力的提高。②要有层次性。对于一个完整的教学活动来说,教师的提问应当由浅入深,循序渐进,构成一个指向明确、思路清晰、具有内在逻辑关系的"问题链",为幼儿提供适宜的"支架"帮助他们的学习。

3) 过渡语

过渡语是教学环节间起着连接过渡作用的话。它可以提示幼儿从一个环节的学习过渡到另一个环节的学习,恰当运用过渡语可以使讲课内容层次分明,连接紧密。

例1：

中班艺术活动《拾落叶》(节选)

教师引导幼儿探索树叶拓印的方法。

1. 观察教师示范

(1) 出示一片树叶,以树叶的口吻说:"我的身体有两个面,一面是正面,一面是背面,正面比较光滑,颜色比较深,你们可要在我的背面涂上颜料,谁来找一找哪面是背面?"(请幼儿

摸一摸感受背面的叶脉）

（2）现在树叶要选择喜欢的颜色（红色），思考在树叶的正面涂上颜色，还是在树叶的背面涂上颜色呢？（背面）

用拇指扶住树叶的叶柄，这样涂颜色时手就不会脏了，背面朝上，轻轻放在桌上，从上到下排着队一排排地涂颜色（在涂时故意留空白）。涂完了吗？（没有）噢，把树叶全部涂满，不要留空白。

（3）涂好了，把树叶轻轻地放在黑纸上，不能移动，用手按一按，边说"树叶树叶站站好，不要动，一、二、三"，把手移开，哈哈，拾到一片树叶啦，漂亮吗？树叶身上还有颜色，怎么办呢？（幼儿出主意）再换个地方印一印吧！（引导幼儿把树叶朝不同的方向印）

……

（李慰宜.一课一案：幼儿园优质案例汇编.上海：华东师范大学出版社,2011.）

提示：在艺术领域的教学活动中，教师的讲解常和示范结合起来运用，这位教师的讲解语层次清晰、重点突出、简明易懂，形象生动、趣味性强。

例 2：

小班语言活动《小兔子找太阳》（节选）

……

2. 教师讲故事，引导幼儿初步学习故事内容（利用手偶和教具讲第一遍）

提问：

（1）刚才老师讲的这个故事叫什么名字呀？

（2）故事里都有谁呀？

（3）小兔子刚才干什么去啦？

（4）它找到太阳了吗？

过渡：小兔子终于找到太阳了，老师这里还有一个特别好看的动画片，下面我们来看一遍小兔子找太阳的故事。

3. 教师引导幼儿完整地欣赏故事，加深对故事的理解（用带音乐配音的课件讲第二遍）

提问：

（1）刚才小兔子去了很多地方找太阳，它先到哪里找太阳了？把什么当成太阳了？

（2）小兔子又到哪里找太阳了？它又把什么当成太阳了？

（3）妈妈告诉它太阳在天上，那这次它在天上找到太阳了吗？它又把什么当成太阳了？

（4）小朋友们都见过太阳，你们见到的太阳是什么样子的？

（5）在太阳下有什么感觉呢？

引导幼儿一起说"太阳是红红的、圆圆的、亮亮的，照在身上暖洋洋的"。

过渡：小兔子找到的太阳和小朋友们见过的太阳一样，红红的、圆圆的、亮亮的，照在身上暖洋洋的。下面小朋友再和老师一起来欣赏一遍这个好听的故事。

4. 引导幼儿看课件再次欣赏故事，巩固故事中的角色对话

（1）边放课件边提问（引导幼儿说出对话内容）

它是怎么问妈妈的？妈妈是怎么回答的？

（以后用同样的方法逐个提问。）

（2）师幼一起讲故事（没有声音的课件）

过渡：小兔子现在知道太阳公公长什么样子了，它终于可以跟太阳公公做朋友了，现在

老师想和小朋友们一起来讲一遍这个好听的故事。

5. 带领幼儿做游戏"找太阳",让幼儿亲身经历故事情节

过渡:小朋友们讲得特别好,现在老师想请小朋友们和老师一起玩"找太阳"的游戏,老师和小朋友们是小兔子,王老师是兔妈妈。

(1)教师:我们先回家找一找,红红的、圆圆的,(指着灯笼问)这个是红红的、圆圆的,它是太阳吗?(幼儿回答)我们去问问妈妈。

(2)教师:兔妈妈说太阳在哪儿?(屋子外面)那我们到屋子外面去找找。红红的、圆圆的,(指着红萝卜问)这是太阳吗?(幼儿回答)我们问问妈妈。

(3)教师:兔妈妈说太阳在哪儿?(在天上)那我们找找。红红的、圆圆的,(指着气球问)这是太阳吗?(幼儿回答)我们问问妈妈。

(4)教师:真急人,太阳到底在哪儿呀?谁来说说太阳是什么样子的?(幼儿回答后,教师总结:太阳是红红的、圆圆的、亮亮的,照在身上暖洋洋的)

……

(陈树环,陈翠苹.小兔子找太阳.全国优秀幼儿语言教育活动课例评析.)

提示:为了达成引导幼儿理解故事、欣赏故事的教学目标,教师设计了富有启发性而且逐层深入的提问语,教学内容层次分明,尤其是每个环节结束后过渡语的巧妙设计,使得教学活动环环相扣、衔接流畅、自然。

附:

小兔子找太阳

有一只可爱的小兔子,听说太阳是红红的、圆圆的,便要去找太阳。它来到屋子里,提着两盏红红的、圆圆的灯笼问妈妈:"妈妈,这是太阳吗?"妈妈说:"不,这是两盏红灯笼,太阳在屋子外面呢!"小兔子来到菜园里,看见三个红红的、圆圆的萝卜,问:"妈妈,这是太阳吗?"妈妈说:"不,这是三个红萝卜,太阳在天上呢!"小兔子抬起头,看见天上飘着红红的、圆圆的大气球,问:"妈妈,这是太阳吗?"妈妈说:"不,这是红气球……"小兔子焦急地喊:"真急人,太阳到底在哪儿呀?"妈妈说:"瞧,太阳只有一个,还会发光呢!"小兔子顺着妈妈手指的方向,抬起头,大声叫:"妈妈,我找到了,太阳是红红的、圆圆的、亮亮的,照在身上暖洋洋的。"

(http://www.61ertong.com/wenxue/shuiqiangashi/20140418/209103.html)

例3:

大班科学活动《纸的力量》(节选)

……

师:(引导幼儿讨论)为什么同样的纸,我轻轻一撕就能撕开,而拉纸时,用了很大力气也拉不开?

观察纸分子宝宝图片,了解原因。

师:(小结)(出示纸分子宝宝图片)纸是由纸分子宝宝组成的,纸分子宝宝手拉手集合在一起。当我们抓住纸的小部分来撕,只有几个纸分子宝宝手拉手,所以容易撕开;当我们抓住纸的两边拉,所有的纸分子宝宝手拉手,力量就很大了。到底纸能承受多大的重量呢?我们来做个实验。

……

(沈霞君.纸的力量.全国优秀幼儿科学教育活动课例评析.)

提示：作为科学活动的讲解语，教师利用生动形象的纸分子宝宝图，把枯燥的说教变成了富有趣味性又便于理解的科学说明，符合幼儿的年龄特点。

3. 教学结束环节

教学结束环节是一个完整的教育教学活动必不可少的有机组成部分，它是课堂教学将要结束时，教师引导幼儿对所学知识与技能的总结、巩固、扩展、延伸与迁移。教学结束环节的课堂用语称为结束语，成功的结束语应当给幼儿留下深刻的印象。

例1：在科学活动《硬尺与软尺》活动结束后，教师总结。

"硬尺说：啊，原来你的身体软软的，能够随着物体的曲线变换形状，测量起圆的东西比我方便多了。"软尺说："你也很不错呀，要画直线的时候我就不如你了。"它们在实验后，都发现了别人的优点，还成了好朋友，谢谢小朋友的帮助，再见！

（姜莎.硬尺与软尺.幼儿教育教学活动设计案例精选.）

提示：在活动结束环节，教师恰当使用拟人的修辞手法，提炼总结了硬尺和软尺各自的特点，生动活泼，加深了幼儿的印象，科学探究活动变得轻松愉快不枯燥。

例2：中班科学活动《小棕兔的一天》。

结束：游戏"老狼老狼几点钟"

师：小棕兔和小伙伴们吃完果冻在草地上玩游戏，妈妈告诉它：草地后的树林里有大灰狼，一到十点钟，大灰狼就会出来找吃的，你们一定要注意时间啊！

幼儿扮小动物，教师扮大灰狼。教师用手拨时钟，幼儿读时钟上的数，当教师拨到十点钟时，幼儿跑到凳子上坐好，教师就可以变成大灰狼去抓小动物，谁没跑到凳子上就被大灰狼抓了，谁就会被大灰狼"吃掉"，就不能再参加游戏。

（黄素琴.小棕兔的一天.全国优秀幼儿科学教育活动课例评析.）

提示：这位教师以游戏结束了教学活动，非常自然，在游戏中幼儿的知识又得到了巩固，真正做到了"玩中学，学中玩"。

课堂训练

1. 从网上下载优秀的幼儿园教学视频，分析教师的教学基本技能运用情况并观察模仿。
2. 赏析散文诗《欢迎秋爷爷》。

欢迎秋爷爷

"秋爷爷要来了！"

水果娃娃们听了这个好消息，可高兴了！

苹果娃娃们笑呀笑，笑红了圆圆的脸蛋。

石榴娃娃们笑呀笑，咧开嘴巴，露出像珍珠一样的牙齿。

香蕉娃娃们笑呀笑，把腰都笑弯了，像一个弯弯的小月亮。

山楂娃娃想：秋爷爷年纪大了，眼睛花了，走路摔跤怎么办？它们商量了一下，一齐点亮了小红灯，好像一树红色的星星……

柿子娃娃见了，也悄悄挂起一树黄黄的大灯笼。

要求：

（1）有表情地朗诵这首散文诗。

（2）设计帮助幼儿理解并欣赏这首散文诗的提问语。

（3）设计指导大班幼儿有表情地朗诵这首散文诗的教学语言。

（http://wenda.haosou.com/q/1380191188061448）

3. 任选本节内容列举的几则导入语或者结束语，进行仿说训练。

提示：

（1）根据表达内容、表达对象的不同，设计有声语言技巧，做到音量适中，语速快慢有度、语调抑扬顿挫，语言流畅自然。

（2）运用恰当的态势语辅助口语表达，尤其注意表情和眼神的运用。

（3）脱稿讲述。要使人感到不是在"读"或者"背"，而是在"讲"。

（4）同伴之间互相点评，指出其优缺点。

4. 幼儿园教学活动案例的赏析和试讲练习。

（1）阅读下面的教学活动设计，赏析各环节的教学用语。

（2）试讲练习。

要求：

① 任选其中一个教学活动设计，模拟教学环境（有条件的话可以利用微格教室）在小组中扮演教师角色练习讲课，注意灵活运用教学基本技巧。

② 脱稿讲述。要使人感到不是在"背"而是在"讲"。

③ 采取自评或他评的方式，分析自己在教学过程中的优缺点，再次试讲并加以改正。

例1：

语言活动《高老鼠和矮老鼠》（大班）

活动目标：

（1）理解故事内容，产生有意识的变换角度去观察事物的兴趣。

（2）积极参与表演游戏，从中去体验、探索和发现。

（3）发挥想象力，大胆地在集体面前表述。

活动准备：

（1）故事操作图片若干（小鸟、大树、屋顶、大门、小狗、小花、地板、门槛）；

（2）红色或蓝色的代表物若干；

（3）高老鼠、矮老鼠图片各一张；

（4）录音机，游戏音乐一段。

活动过程：

1. 导入

组织幼儿学习"高人走"（踮起脚尖，双手举高），"矮人走"（蹲下来，双手放背后）。

2. 欣赏故事

师：今天我们教室里来了两只老鼠，它们也是一只高，一只矮。小朋友先听听它们的自我介绍。（出示高老鼠）你们好！我今天穿了一件红衣服，我的名字叫高老鼠。（出示矮老鼠）你们好！我今天穿的是蓝衣服，我就是矮老鼠。

（1）教师完整讲述一遍故事。

师：高老鼠和矮老鼠看到的东西一样吗？为什么？高老鼠看到了哪些东西？矮老鼠看到了哪些东西？

（2）教师利用教具分段讲述故事第一、二段。

师：高老鼠和矮老鼠是怎么打招呼的？我们一起来学一学。

幼：你好，高老鼠！你好，矮老鼠！

（3）教师讲述故事第三段至第六段。

师：高老鼠看到了哪些东西？（小鸟、大树、屋顶、大门）也就是说，高老鼠看到的都是什么地方的东西？（高的）

教师边指教具边将教具摆放到教室的四周。

师：矮老鼠看到了哪些东西？（小狗、小花、地板、门槛）也就是说，矮老鼠看到的都是什么地方的东西？（矮的）

教师边指教具边将教具摆放到教室的四周。

3. 游戏表演

（1）幼儿游戏第一遍。

师：好，现在，我手上有一根魔棒，待会儿只要我念起魔咒："魔棒魔棒，变，变，变！"那么，我们穿红颜色衣服的小朋友就要变成高老鼠，而穿蓝颜色衣服的小朋友就要变成矮老鼠。然后我会放一段非常好听的音乐，高老鼠和矮老鼠就可以到这边来走一走，看一看。

（2）幼儿游戏第二遍。

师：好，现在我的魔棒又要开始变了。这一次，魔棒就要把穿红颜色衣服的小朋友变成矮老鼠，穿蓝颜色衣服的小朋友变成高老鼠了，变好了之后，也请你们去看一看，走一走，和你们看到的东西打招呼！

4. 扩展谈话："变矮和变高"

师：小朋友们，你们变高了和变矮了之后，看到的东西一样吗？

幼：（不一样）

师：噢，你们都看到不一样的东西了。

（1）"变矮"。

师：那么，如果你是个矮人，你还能变得更矮吗？谁来变变看？请问你，变这么矮之后，你眼前看到的是什么？还有呢？（以此类推大概提问3~4名幼儿）

（2）"变高"。

师：如果你是高人，你有什么办法能让自己变得更高？请问你，在这么高的地方，你眼前看到的是什么？还有谁能想得比他还要高？（以此类推大概提问5~6名幼儿）

（3）变换角度。

师：其实，刚才故事中的高老鼠和矮老鼠还发生了一件有趣的事情，是什么呢？我们一起来看看吧。

教师讲述故事的第七、八段。

师：咦？为什么最后两只老鼠会一起看到彩虹呢？（噢，原来高老鼠和矮老鼠一起抬起头之后，就看见了美丽的彩虹）

师：你们有什么办法让高老鼠看到矮的东西？（幼儿自由回答）

游戏"变换角度的高矮老鼠"

师：那么我们下面就做一个让高老鼠低下头走路和矮老鼠抬起头走路的游戏，看看会不会有什么新的发现。

师:矮老鼠们,这一次你们看到了什么?高老鼠们呢?(随机采访)

师(小结):其实,就像高老鼠和矮老鼠一样,只要我们变换一下角度、改变一下视线,就不仅仅是看见眼前的东西,还可以看到更多的东西。

5. 延伸活动:观察记录表

师:好的,小朋友们看,我这里有两张照片,请大家看一看它们是同一棵树吗?为什么?(幼儿自由回答)

师:小朋友们,其实这两张照片上的是同一棵树,只是一张是我从下往上拍的,就是这一张,而这一张是我从上往下拍的。

教师分发观察记录表,讲解记录方法。

6. 活动结束

师:好,现在,我的魔棒又要变了,这次请你们自由选择变成高老鼠和矮老鼠,我们带高老鼠和矮老鼠去看看我们的幼儿园吧!

(毛月珍.高老鼠和矮老鼠.全国优秀幼儿语言教育活动课例评析.)

附:

高老鼠和矮老鼠

高老鼠和矮老鼠是一对好朋友。

一天,它俩在小路上碰见了,高老鼠说:"你好,矮老鼠!""你好,高老鼠!"矮老鼠也向它打招呼。于是,两个朋友在一起散步。

天气有点闷热,小鸟停在树上叫着,小狗趴在树下休息。高老鼠说:"你好,小鸟!"矮老鼠说:"你好,小狗!"

它们路过一座美丽的花园。高老鼠说:"你好,大树!"矮老鼠说:"你好,小花!"

它们经过一座房子。高老鼠说:"你好,屋顶!"矮老鼠说:"你好,地板!"

过了一会儿,天变了,下起了大雨。高老鼠说:"你好,雨点!"矮老鼠说:"你好,水洼!"说着,它俩赶紧跑进一间屋子去躲雨。高老鼠说:"你好,大门!"矮老鼠说:"你好,门槛!"

渐渐的,雨停了。它俩跑到外面一看,啊,多美的彩虹!

两个好朋友一起大喊:"你好,彩虹!"

例2:

艺术活动《狮子王》(中班)

活动目标:

(1)幼儿学习用"顺口溜"的方式来画狮子,并能创造性地画出狮子的不同动态。

(2)幼儿学习添画不同的情节背景。

(3)激发幼儿的想象力、创造力。

活动准备:

剪好的狮子头一个、椭圆形一个、狮子脚4只、尾巴1条,动态的狮子画若干;幼儿用纸、记号笔、油画棒;布置好的狮子王国。

活动过程:

1. 引题

师:"小朋友,今天我们一起来做用顺口溜编的手指游戏,好不好?"(好)

"妈妈有个买菜的篮,两个手把在上面;买个萝卜放中间,两个鸡蛋搁两边;两个大饼放下边,点点芝麻香又甜;三根葱,三头蒜,'啊呜',一口味道鲜;篮子四周加花边,一只狮王就出现。"

师:"这么好听的顺口溜,我还可以把它变成一个动物呢,你们猜猜看,会是什么动物?"

幼:"大狮子。""大老虎。""大熊猫。"……

2. 讲解示范

师:"是什么呢? 我来揭示谜底了。(师边念顺口溜,边画)妈妈有个买菜的篮,两个手把在上面;买个萝卜放中间,两个鸡蛋搁两边;两个大饼放下边,点点芝麻香又甜;三根葱,三头蒜,'啊呜',一口味道鲜;篮子四周加花边,一只狮王就出现。"

师:"你们看是什么呀?"

幼:"狮子。"

师:"哦,这顺口溜真有意思,能变出一个大狮子,小朋友们想不想和老师一起来变一变?"

幼:"想!"

幼儿和教师一起念顺口溜,教师再示范一遍,变换花边。

师:"有了狮子头,还差什么?"(身体、脚、尾巴)

师:"狮子的身体像什么?"(椭圆形)

师:"老师这里有狮子的头、身子、脚和尾巴,请小朋友上来放一放,看看狮子会有哪些姿势?"

幼儿摆放,教师课件出示已画完整的图。

在幼儿摆放的过程中,教师播放狮子舞绣球的课件请其他幼儿欣赏。

3. 幼儿作画

师:"今天我们就来画画大狮子。谁能告诉我,你的狮子会在什么地方,发生什么事呢?"

幼:"狮子住在山洞里,狮子王走出山洞做游戏。"

幼:"狮子住在森林里,它在森林里走来走去。"

师:(提绘画要求)"画之前我们的大狮子还有几句话要老师转告你们;我可是森林里的百兽之王,你们可别把我画成了小病猫。我的本领可大了,小朋友们要画出我不同的本领哦。画完后可别忘了给我涂上美丽的背景颜色。"

(幼儿作画,教师指导:提示幼儿尽量把狮子画得大一点,涂色时要注意画面的整洁)

4. 展示幼儿的画

师(戴着狮子头饰):"啊呜,我是狮子王,请小朋友们为我拍好照片后放在狮子王国里。"

5. 欣赏

幼儿互相欣赏作品,互相交流。

6. 结束部分

(苑正平.狮子王.全国优秀幼儿艺术教育活动课例评析.)

例3:

科学活动《不倒的奥秘》(大班)

活动目标:

(1)通过看看、玩玩、做做、说说等多种活动,寻找不倒娃娃不倒的原因,激发幼儿进行科学探索的兴趣。

（2）通过让娃娃不倒的操作活动，培养幼儿的动手能力。

（3）引导幼儿体验不倒玩具给我们带来的乐趣。

活动准备：

各种不倒娃娃和不倒娃娃外壳若干，沙子、棉花、木块、彩泥、圆形金属、胶带、剪刀若干。

活动过程：

1. 发现问题

师：今天老师请小朋友们来玩不倒娃娃。

孩子们饶有兴趣地玩了起来，一会儿向不同的方向把不倒玩具推倒，一会儿把玩具拿在手里摸来摸去，一会儿在手里掂来掂去……

师：谁能告诉老师，你们发现了什么？

小朋友争先恐后地举手，有的说不倒娃娃头小脚大；有的说娃娃没有脚，娃娃下面是圆的；有的说不倒娃娃永远倒不了；还有的小朋友感觉不倒娃娃有点重。

2. 进行比较

（给幼儿发肚子里没有东西的不倒娃娃外壳）

师：小朋友再来玩一玩老师刚才发给你的不倒玩具。（幼儿自由地玩）

师：小朋友们现在发现了什么？

有的小朋友发现两个娃娃一模一样，有的小朋友发现不倒娃娃站不住，有的小朋友发现后发的不倒娃娃很轻。

3. 开动脑筋

师：两个娃娃看起来一样，为什么前面发的不倒娃娃能不倒而后面发的不倒娃娃却站不住呢？

小朋友们再次讨论起来。有的小朋友说不倒娃娃肚子里有东西，有的小朋友说因为先发的不倒娃娃重……教师及时肯定了幼儿的一些想法。

4. 动手尝试

师：那么给娃娃肚子里放什么东西才能让娃娃不倒呢？请用老师给你准备的东西试一试。

活动进行一段时间，引导幼儿互相交流、探讨，并再次尝试。

5. 交流结果

师：现在请你们告诉老师，你们是怎样让娃娃不倒的？

小朋友们争先恐后地告诉老师自己的实验过程。有的小朋友告诉老师，他先用棉花和木块，发现太轻了，娃娃照样倒下去起不来；他又用沙子放在里面，沙子在娃娃肚子里动来动去，娃娃倒了还是站不起来；最后他用厚铁圈放在娃娃底部，娃娃能站起来却是个歪的。

师：谁发现了帮他解决这个问题的方法？（让大家讨论）

6. 看看构造

打开不倒娃娃的肚子，让幼儿观察内部结构。

师：小朋友，不倒娃娃的肚子里到底有什么？

7. 发现秘密

师：小朋友，现在你发现娃娃不倒的秘密了吗？

幼儿总结：应该在娃娃肚子的底部放重一点的东西并固定住。

8. 延伸活动

（1）修一修已经损坏的不倒玩具。

（2）把不同形象的不倒玩具放在科学角，让幼儿继续探索。

（3）准备蛋壳、橡皮泥、胶水、彩笔、彩纸供幼儿自制不倒翁。

（祝新雯.不倒的秘密.全国优秀幼儿科学教育活动课例评析.）

二、教育口语训练

案例导入

教育口语训练

碎饼干的故事

晨间吃点心的时间到了，保育员抱着一箱饼干走进活动室。满脸歉意地说："文老师，刚才不小心把饼干掉到地上，摔碎了不少饼干，你看还能发吗？"望着这箱饼干，我决定留下这箱饼干，利用它对孩子进行一次特殊的教育。

我告诉孩子们："今天的饼干碎了很多，很多人可能会吃上碎饼干。"孩子们顿时七嘴八舌议论开了。接着，我让他们自愿分成两队：一队吃碎饼干，由我分，一队吃整块饼干，由保育员分。结果保育员那里忙得不可开交，我这边却无人问津。正在我失望之时，一只小手伸过来，我赶紧将准备好的碎饼干递给他。回到座位上，这个孩子惊喜地发现，他的碎饼干比别人多半块。顿时，很多孩子向他投去羡慕的眼神。这时，我语重心长地告诉大家："做事不计较多少的人会有意外的收获……"

第二天分发点心，还和昨天一样我让孩子们排成两排，这次，我这边的队伍长长的，保育员那边的队伍只零落地站着几个孩子。我知道，很多孩子是因为吃碎饼干比吃整块饼干可以多吃半块到我这里来的。但这次，吃碎饼干的人比吃整块饼干的人少半块。孩子们满脸疑惑地看着我，我告诉他们："想占便宜的人往往占不到便宜……"

第三天发饼干前，我向他们讲述这些碎饼干的来历，以及"凡事要不怕吃亏，多为别人着想"的道理。最后我告诉大家："今天吃碎饼干和吃整块饼干数量一样多，你们还是像前两次一样自愿两队来拿吧。"不料我的话刚说完，孩子们不约而同地往我这边站。发完饼干后，我又给每位孩子多发了半块饼干，看着孩子们津津有味地吃着饼干，我的心甜甜的，我要让孩子们体会到：把好东西留给别人，别人快乐，自己也快乐。

现在的孩子都是独生子女，家里的东西都先留给他们，缺少谦让精神。只有让孩子们多体验，才能体会到与别人共同分享的快乐。

（梅吉文.碎饼干的故事.幼儿教育（教师版），2006(2).）

提示："吃亏"是一个有相当难度的教育问题。但是案例中的幼儿教师充分展现了自己的教育智慧，没有枯燥的说教，没有大声地训斥，让幼儿通过亲身体验感悟成长，取得了良好的教育效果。

（一）教育口语概说

1. 教育口语的含义

教育口语是指幼儿教师有目的地对幼儿进行思想品德和行为规范教育时使用的工作用

语。幼儿园教师不仅承担着"教书"的职责,更肩负着"育人"的使命,培养幼儿良好的道德品质和行为规范是幼儿教育的工作目标之一。

苏霍姆林斯基说:"教育的基本态度应是选择适合儿童的教育,而不是选择适合教育的儿童。"教育家马卡连柯也曾说过:"忽视人的多样性和硬把教育的任务问题放进对所有的人都适用的一句话里面,那会是不可思议的粗枝大叶。"对待每个孩子都需要一把特殊的钥匙,如果用相同的钥匙去开启每个孩子的心灵之锁,那么不是钥匙会坏,就是打不开锁。幼儿教师在具体的工作中一定要充分理解和尊重幼儿发展进程中的个体差异,支持和引导他们在原有水平上向更高水平发展,切忌用一把"尺子"衡量所有幼儿,不简单地与同伴做横向比较。《幼儿教师专业标准(试行)》提到"掌握不同年龄幼儿身心发展特点、规律和促进幼儿全面发展的策略与方法。了解幼儿在发展水平、速度与优势领域等方面的个体差异,掌握对应的策略与方法。了解有特殊需要幼儿的身心发展特点及教育策略与方法。"从这些描述中可以看到,了解教育对象的差异,进而采取对应的策略和方法是幼儿教师专业化发展的要求,教师应当通过多种渠道,了解幼儿,揣摩幼儿的思维方式、学习方法,站在幼儿的角度去思考教育的适宜性。

2. 运用教育口语的原则

1) 尊重幼儿　平等交流

由于幼儿的年龄特征等方面的因素,使得教师与幼儿的关系存在特殊性。因此,在师幼对话中如何定位教师的角色显得至关重要。《幼儿园教育发展纲要》这样描述幼儿教师的角色:"教师应成为幼儿学习活动的支持者、合作者、引导者。"幼儿教师不再是单纯的知识传授者,幼儿也不再是被动地接受知识的容器,不再是什么都不懂的小不点,他们有独立的人格和意识,他们对事物也有自己的想法和观点。所以幼儿教师要从内心尊重沟通对象,在幼儿园这个特殊的场合,要扮演适宜的角色。试想,如果教师角色定位不当,那么沟通立场就会错误,错误的沟通立场又通过错误的沟通语言表现出来。比如随意在幼儿面前发号施令,摆出一副高高在上、威严的面孔,指挥孩子的一切,或者随意训斥、讽刺挖苦孩子。"你怎么这么笨,都说了多少遍了都记不住。""看见你,我就烦!""你的眼睛是干什么用的?""住嘴!""他那么脏,不要跟他玩。""我教了这么多年,没见过像你这样的。"这些带有挖苦性、讽刺性、训斥性的语言会极大伤害幼儿的心理,影响幼儿的健康成长,是幼儿教师缺乏基本的自律意识和不尊重幼儿的表现。在教育活动中,当幼儿的反应和表现不能达到教师预期的目标和要求时,都可能使教师产生挫折、烦躁、生气等强烈的消极情绪体验,这时候幼儿教师应当学会化解这些消极的情绪体验,千万不要随意训斥幼儿,对幼儿乱发脾气。

牛奶打泼之后

刚给小朋友端好牛奶,才一转身,就听见几个小朋友一起叫起来:"孙老师,杨凡的牛奶打泼了!"孙老师转过头去一瞧,可不是吗,牛奶正顺着桌沿往下滴呢。可还没等孙老师说什么,杨凡和贾谊就用手指着对方,一起说:"是他(她),是他(她)把牛奶打泼的。"

孙老师有些生气地问:"到底是谁打泼的?""是他(她)。"他们异口同声地叫起来。"是吗?"孙老师陷入沉思,杨凡是班里的乖孩子,聪明,漂亮,大家都喜欢她。而贾谊呢?则是个十分调皮捣蛋的孩子,常做一些莫名其妙的事。想到这儿,孙老师立即看着贾谊想批评他,没想到,看到的却是他那清澈的双眼,紧张地看着自己,难道……孙老师心里一动:难道这次不是他？可不能在没有弄清楚事实真相前随便批评人，否则会深深地伤害到孩子。

于是，孙老师又问了他俩几次到底是谁把牛奶打泼的，可他们都说不是自己，是对方，周围的小朋友也说是贾谊。孙老师听了就来气：不但不承认自己的错误，还撒谎，真得批评他。可再一瞧贾谊那双无辜的眼睛，究竟是怎么回事呢？孙老师灵机一动，想出一个好办法，她对全班小朋友说："现在孙老师也分辨不出到底是谁把牛奶打泼了，但是杯子上面肯定留下了他的指纹，我们每个人的指纹都是不一样的，所以我们现在就请医生阿姨用显微镜来帮助我们看看，这只杯子上到底是谁的指纹。这样我们就知道到底是谁把牛奶打泼了。"

没想到孙老师话还没说完，杨凡就低下头开始哭起来，孙老师一下就明白是怎么回事了。孙老师也非常吃惊，自己差一点就错怪了一个无辜的孩子，差一点就对一个孩子造成了无法弥补的伤害。更甚的是，其他孩子因为贾谊常调皮被老师批评，现在发生了和他有关的事情就都认为是他干的。这件事情给孙老师提了醒，不管遇到什么事情，一定要耐心地了解清楚事情的经过以后再下结论。

（线亚威，杨桦．幼儿园教师职业道德读本.北京：高等教育出版社，2013.）

提示：案例中的幼儿教师没有想当然地批评在大家眼里调皮捣蛋的孩子，而是灵机一动，想出了解决问题的最好办法。所以幼儿教师要从内心尊重每一位幼儿，正确、公正、客观地评价每一位幼儿。

2）关爱幼儿　循循善诱

捷克教育家夸美纽斯说过："教育技巧的全部奥秘就在于如何爱孩子。"爱是教育的基础，爱是教育的前提。教师的关爱对幼儿的身心健康和谐发展有很大的推动作用。"凡是教师缺乏爱的地方，学生无论品德还是智慧都得不到充分的发展。"（罗素）教师对孩子的爱不是一个抽象的字，而是一个具体的教育过程，它渗透在幼儿在园一日生活中的每个环节中。幼儿良好行为习惯和优秀品质的养成需要一个漫长的过程，它离不开家庭、幼儿园和社会环境等多方面的影响，幼儿教师要善于抓住日常生活中的教育契机，渗透德育教育，千万不要急于求成。

小铺盖变形记

新小班开学几天了，小男孩豆豆依然哭闹着，紧紧抱着他的小铺盖，不与同伴玩，也不参加活动。豆豆还经常习惯性地将小铺盖放在嘴里咬，当我试图将小铺盖从他那里拿走时，他总会哇哇大哭，一个劲儿喊着："我要我的小铺铺……"直到拿到小铺盖为止。看来，急于求成是不行的。这天，我走到豆豆身边，神秘地告诉豆豆："我发现小铺盖的秘密了！上面好多美羊羊。"豆豆听后，脸上露出了一丝认可的笑容。午睡时，豆豆抱着小铺盖，我麻利地将小铺盖叠成一个长方形的小枕头，垫在豆豆的头下，在我的抚慰和小枕头的陪伴下，豆豆很快进入了甜蜜的梦乡。从那以后，每天午睡时我都会给豆豆玩铺盖变枕头的魔术。渐渐地，小铺盖暂时离开了豆豆的小手，但依然与他的身体紧紧相依。接下来，我与豆豆妈妈联系，提出将小铺盖逐渐裁剪变小的建议，得到了豆豆妈妈的支持。于是每天晚上，豆豆妈妈都将小铺盖剪掉一块，小铺盖在不知不觉中一天比一天小，一周后，变得像毛巾般大。我又开始在豆豆面前变起了魔术，通过对折将变出的小手帕别在了豆豆的衣服上。小铺盖离开了豆豆的手，依然陪伴在他的身边，解放出小手的豆豆开始参加活动了。

后来我利用花蝴蝶找朋友的故事将小手帕折成了一只漂亮的"蝴蝶"，并邀请豆豆一起将"蝴蝶"布置在教室墙上的花丛里。从那以后,豆豆只是偶尔会看看那只小铺盖变成的花蝴蝶。

(张格娜.小铺盖变形记.早期教育(教师版),2012(9).)

提示:幼儿园的每一个孩子都是一个未知数,要想读懂他们不容易,特别是那些"特殊"的孩子,更需要来自教师的关爱。为了缓解幼儿的入园焦虑,这位教师因势利导,不断用小铺盖变魔术的方式帮助孩子成功告别依恋物,愉快地融入集体生活中。

3) 寓教于乐 灵活渗透

教育家陶行知说"生活即教育",幼儿的一日活动处处有教育因素,教师要"合理安排和组织一日生活的各个环节,将教育灵活地渗透到一日生活中"。幼儿教师为了实现幼儿教育的任务,特别要精心安排、组织幼儿的一日生活,做到寓教于乐,保证幼儿的健康发展。

太空里没有厕所

一天中午,到了午睡时间,我请孩子们先去小便。刚一说完,就有几个孩子立刻冲进了午睡室,要是在平时我肯定是板着脸批评他们了,但是今天我尝试着对他们说:"等一下,我要带小朋友们去太空梦游呢,太空里可没有地方上厕所哟。"那几个孩子一听就明白了,自觉地走进盥洗室小便去了。其他的孩子一听说今天要去太空里梦游,也迅速小便完躺到床上去了,速度也比平时快很多呢。从那以后,我经常对小朋友们说:今天,我们还要去太空旅行哟,小朋友们有没有准备好呀?孩子们一听我这么说,都自觉地走进盥洗室,愉快地进行睡前如厕活动。

(张亚军,等.幼儿园活动设计与经典案例.上海:华东师范大学出版社,2013.)

提示:从这个案例中可以发现,教师的幽默教育使幼儿主动接受了教师的建议,调整了自己的行为。

(二)教育口语的基本技巧训练

案例导入

指偶掉在地上后
谭莉花

记得有一次,区域活动时间到了,孩子们都快乐地活动起来。我穿梭在各个区域,观察孩子们的游戏情况。当我走到语言区时,发现书架下散落着几个小指偶。我观察了一会儿,发现没有一个孩子去把它们捡起来,有的孩子看见了还故意绕过去。见此情景,我忍不住说了:"你们看见地上的指偶了吗?怎么没人去捡?这是谁掉的?"没想到,几个孩子异口同声地说:"不是我们掉的,是××掉的,他走了,到别的地方玩去了!""难道别人掉的东西你们就不可以捡吗?"我继续说道。文文看了看地上的指偶,又看了看我,慢悠悠地走过去捡起指偶放回了筐里。其余的幼儿则怯怯地看着我。

过了几天,我发现语言区里又有两个指偶躺在书架下了,这次我先没有吱声,想看看有没有孩子去主动捡起它们。但过了很长时间,指偶依旧静静地躺在那里。于是,我故意指着地上的指偶大声说:"哎呀!这里怎么会有指偶躺在地上啊!真是可怜!会不会被人踩到啊,不知道有哪个好心的小朋友愿意把它们送回家?"说话的时候我有意用眼神扫视语言区的几个小朋友。没想到，我的话音刚落，几位小朋友就站了起来，说："我去！我去！"

（谭莉花.指偶掉在地上后.幼儿教育，2010(7-8).）

提示：两次相同的情景，两番不同的话语，引出了两种截然不同的结果。第一次，幼儿在老师的要求下极不情愿地捡起了地上的指偶，第二次幼儿却积极主动地捡起了地上的指偶，面对同一件事情，幼儿为什么会有不同的表现呢？原因就在于第二次教师用游戏性的语言激发了幼儿的同情心，又以征询意见、请求帮助的口吻，让幼儿感受到了教师对他们的尊重，所以幼儿便争着去捡地上的指偶了。可见幼儿教师的沟通能力在教育教学中是多么重要！

著名的教育家蒙台梭利认为："教育的基本问题不是教什么和学什么的问题，而是建立成人与儿童之间关系的问题。"可见教育对学生发生效能是通过师生之间人际关系的有效程度来决定的。除家长外，幼儿教师是和幼儿接触时间最长的人，如果幼儿喜欢某位老师，那他一定也非常喜欢这个老师提供的教育，接受教师所施加的教育影响，所以幼儿教师的沟通能力在很大程度上决定了教育的有效性。著名的世界管理大师德鲁克说："沟通不是万能的，没有沟通是万万不能的。"本节着重从幼儿教师和幼儿如何建立和谐的人际关系入手，探讨师幼之间的沟通技巧，旨在提高幼儿教师的沟通能力，有效实现教育目标。

沟通常常被比喻为一座桥梁，这座桥的一头连着教师、一头连着幼儿。通过这座桥，传递着教师的拳拳爱心，也让幼儿不断汲取着知识技能、道德营养。幼儿教师应该清楚地认识到只要一和幼儿接触，沟通已经开始，教师的举手投足、装扮气质、语言表情都在向幼儿传递着某些信息，正如德鲁克所说："一个人必须知道该说什么，一个人必须知道什么时候说，一个人必须知道对谁说，一个人必须知道怎么说。"那么幼儿教师应该怎样和幼儿进行有效沟通呢？

1. 学会倾听

有效的沟通始于真正的倾听。从人际沟通的角度看，一定程度上"会听"比"会说"重要，一个好的沟通者，首先必须是一个好的倾听者。戴尔·卡耐基认为：在沟通的各项能力中，最重要的莫过于倾听的能力。幼儿教师只有学会倾听，才能更准确地了解幼儿的真实状态，才能有针对性地对其实施教育。

那么什么是真正的倾听呢？

（1）神情专注。幼儿教师在倾听幼儿谈话的时候，要表现出专注的神情，比如可以采用半蹲或坐下来的姿势，和幼儿保持目光接触，始终以亲切友好的目光注视对方；面带真诚友好的微笑，而且随着幼儿谈话内容的不同，教师的表情也要有相应的变化，专注的神情可以让幼儿感到轻松愉快，让幼儿感到教师对他的谈话很感兴趣。

（2）积极反馈。教师在倾听幼儿讲话的时候，不仅要有专注的神情，促使幼儿与自己建立信任感，而且要进行恰到好处的反馈，强化沟通效果。反馈可以是语言的反馈，也可以是非语言的反馈。语言的反馈包括幼儿教师在听话的过程中可以不时地说"是的""明白了""继续说""对"等话语来表示自己在认真倾听；或者适时地插入"你说得对""是这样的""真有意思"等话语，这样可以极大地鼓舞幼儿，使交谈愉快地进行下去；非语言的反馈是指在倾听的过程中运用眼神、表情等非语言传播手段表示自己正在认真倾听。比如谈话过程中教师始终和幼儿保持目光的接触,并通过点头、微笑等方式及时对幼儿的谈话做出反应。积极的反馈可以让幼儿感到轻松愉快,幼儿会保持良好的谈话兴致,使交流顺利进行下去。不会倾听幼儿说话的教师是永远不会了解幼儿的,也就无法对幼儿实施有效的教育。

2. 善于表达

语言是幼儿教师与幼儿沟通的最好工具,要想取得最佳的教育效果,教师要善于运用有声语言和无声语言的技巧提升自己语言的表现力和感染力。心理学家特瑞赤拉的试验表明:人类的记忆有这样的规律:从听觉获取的信息中,三小时保持70%,三天后保持10%;从视觉获取的信息中,三小时保持72%,三天后保持2%;如果听觉和视觉共同作用,三小时保持85%,三天后保持65%。由此可见,视觉功能和听觉功能的结合强化了两者独自作用的效果。比如在和幼儿沟通的时候如果面带微笑、语气亲切、柔和,那么就能让幼儿感受到教师的关心和爱护,让幼儿更愿意说出内心的真实感受,更愿意接受教师的建议。相比较大声说话,"低声"是比较容易让幼儿接受的沟通方式。摸摸头、抱一抱、拍拍肩等一些充满爱意的小动作,也都会让幼儿更愿意和教师沟通。除此之外,幼儿教师还应选择那些幼儿乐于接受和理解的语言。

例1:活动后,有的小朋友在搬椅子回座位的时候,发出很大的声音,对这种情况,教师可以说:"我听见小椅子喊疼,是哪个小朋友把椅子的腿拉疼了呀?轻点,好吗?"

提示:和幼儿沟通的时候,那些形象易懂的语言幼儿更乐于接受。

例2:

① 一个小班幼儿,当他站在凳子上的时候,老师就说:"你怎么不站桌子上?那样更高!"结果孩子真的爬上桌子,站了上去。

② 老师准备讲故事了,可是有几个幼儿还在大声吵闹。老师对他们说:"你们的声音还是有点儿小,怎么不说大声点儿?"

③ 明明看完图书没有马上放回小书架,这时老师对明明说:"你不要把看过的图书放在桌上。"

提示:教师与幼儿沟通时,一定要使用正面的语言,告诉幼儿应当做什么,而不是指出不应当做什么,而且记住千万不能说反语、讽刺性的语言。

实践证明,表扬或批评幼儿的时候,要多用描述性的语言,少用评价性的语言,这样更容易让幼儿体验到自己的成功或失误之处。

描述性的表扬语言如:"你发现了别人没发现的问题。""你的小耳朵可真灵。"

评价性的表扬语言如:"你真聪明。""你很棒。"

描述性的批评语言如:"你把玩具熊扔在地上,它多疼呀!"

评价性的批评语言如:"这孩子怎么这样!""你怎么这么调皮!"

幼儿教师在教育教学实践中要不断总结和幼儿有效沟通的经验,提升自己教育教学的能力。

三、交际口语训练

案例导入

菁菁为什么没有上台表演

"六一"上午，菁菁妈看完演出，直言不讳地对我说："杨老师，我家菁菁没有参加演出，是不是因为我们没有送礼？"我气愤极了，感到这简直就是侮辱我的人格。确实，社会上有家长给教师送礼的不良风气，但是我园教师从没有被这样的歪风邪气侵蚀。当时，我真想冲撞她几句，但一想，这样做只能激化矛盾，也会影响在场的其他家长。于是，我压住满肚子火，心平气和地说："菁菁妈，你误会了，等会儿我们聊聊。"下午，菁菁妈来接孩子时，我主动跟她解释："舞蹈表演选了几个一样高的女孩，菁菁的个子明显比别人高，所以这次没有参加，请您谅解。至于您说的送礼一事，我认为这是不尊重我的人格。我关心每一个孩子，愿意做小朋友和家长喜欢的老师，我需要的不是家长的礼品，我是要对得起教师这个神圣的职业。我从未收过家长的礼品，今后我更不会。"听了我一番话，菁菁妈也向我解释："上午我看见孩子没参加演出，总觉得很丢面子，心里冒火，才说出这么难听的话，请原谅！"听了她的道歉，我的气也消了，诚恳地说："以后，我会找机会让菁菁多锻炼的。"

事后反思：面对无理的家长，教师不应该退缩，应该捍卫教师的人格与尊严。但不能冲动或采取过激的态度，而应该保持冷静，真诚坦率而又不失礼节地与对方说清道理，并用自身行动感化他们。当然，在选择跳舞的孩子这件事上，我的考虑确实也有欠妥的地方：只考虑所谓的演出整齐，为了成人的视觉享受，而牺牲了孩子对舞蹈的真正感受与兴趣。

（杨卫红.感悟与家长交流的艺术.早期教育,2005(10).）

提示：这则教育笔记，真实记录了教师和家长之间沟通的过程和事后教师深入的反思。可见幼儿教师掌握和家长的沟通技巧是多么重要，成功的沟通会赢得家长的理解和支持，便于教师进一步开展工作。

（一）幼儿教师交际口语的含义

幼儿教师交际口语是指以幼儿教师这一角色参与教育对象（幼儿）之外的其他工作交往和社会活动时所用的语言。如与家长、同事、领导及社会人员之间的口语交流都属于幼儿教师交际口语。

幼儿教师交际口语是教师口语的重要组成部分，良好的口语交际能力可以让幼儿教师顺利开展教育教学工作，可以让幼儿教师创造和谐的人际关系。

幼儿教师应当认识到，在教育教学之外的交际场合中，教师的交际对象虽然不再是幼儿，但仍是一种工作语言，依然扮演的是幼儿教师这个社会角色，因此教师要注意通过得体的语言，体现教师的职业内涵和文化修养，坚持真诚待人、说话不卑不亢、大方得体，维护教师形象。

（二）幼儿教师交际口语训练

1. 与家长的交际口语训练

幼儿家长是幼儿教师主要的口语交际对象，也是幼儿教师教育幼儿过程中的主要合作

者。《幼儿园教育指导纲要(试行)》指出:"家庭是幼儿园重要的合作伙伴。应本着尊重、平等、合作的原则,争取家长的理解、支持和主动参与,并积极支持、帮助家长提高教育能力。"幼儿园家长工作的出发点就在于充分利用家长资源,实现家园互动合作共育。如何赢得家长的信任,获取家长的支持,发挥家园共育的最大功效,都取决于幼儿教师的沟通表达能力。所以幼儿教师一定要掌握和家长沟通的技巧。

和家长沟通交流要注意以下三点。

(1) 沟通方式因人而异。家长来自不同的文化背景、家庭和工作岗位,是一个复杂、多元的群体,在年龄、性别、性格、职业和文化背景等方面存在差异,所以教师和家长沟通的时候,要因人而异,采取不同的沟通方式,以达到最佳的沟通效果。

(2) 沟通渠道多种多样。教师与家长沟通的渠道多种多样,如家访、家长会、家长开放日、书面沟通、网络沟通等。每一种沟通渠道都有它独特的形式与功能,教师可以根据自己的沟通需求,选择适宜家长接受的沟通渠道,最大限度地发挥沟通的积极效果。

例:倪老师班上有几位幼儿家长频繁到外地出差,还有几位幼儿家长常年出国,平时都是爷爷奶奶或者保姆接送孩子,但是孩子的父母还是不放心,非常想了解孩子在幼儿园的生活与学习情况。总是一个接一个地打电话也不现实,后来倪老师就在互联网上创建了班级校友录。这样每天20:00—22:00成为这个班级最活跃的家园沟通时间。那些平时不能亲自接送孩子、想了解孩子但又不便直接与教师联系的家长,就可以通过网络实现与教师的"零距离"沟通。他们说:"远在千里之外能看到孩子和他认识的小朋友,感到很欣慰。"可见,网络延长和拓展了家园沟通的时空。

(晏红.幼儿教师与家长沟通之道.北京:中国轻工业出版社,2012.)

提示:随着网络的迅速发展,网络沟通越来越成为年轻教师和家长的选择,这也反映了信息时代家园沟通的新需求、新特点。

(3) 沟通内容具体明确。作为家长非常渴望了解孩子在幼儿园的各种情况,这就要求教师要做工作上的有心人,平时要细心观察孩子在幼儿园的各种表现、发展特点和水平,对每一孩子的情况做到心中有数,了如指掌,这样在反馈情况时就会使内容更具体更有针对性。

"挺好的"为什么不好

王老师是一位宽容的年轻教师,第一次担任班主任,她带的小班有30多个幼儿。每天放学,王老师总是面带微笑在教室门口欢送孩子。家长们常问起孩子的表现,对这样的问题,王老师把它分成两类,一类是小朋友表现良好的,就回答:"挺好的。"另一类是有些不足的,就说:"还行。"

可没想到期末开家长会时,家长却对王老师提出了意见。一位家长抱怨道:"我的孩子在幼儿园已经很长时间了。说真的,我现在对孩子在园情况很不了解。你看,孩子每天在幼儿园八个小时,晚上接回家和家长也就待上两个小时。孩子回家不太说幼儿园的情况,问老师,老师总说:'挺好的。'真不知道这'挺好的'到底好到什么程度,我们家长该为孩子做哪些准备。"言语之间,充满了对孩子教育的焦虑,对了解孩子在园情况的渴望,对"挺好的"困惑。这位家长的话,立刻引起了其他家长的共鸣。王老师没料到,那句"挺好的"本来是表扬幼儿的,竟然惹来了不满,很想不通。

(陈怡莺.幼师口语沟通技巧.北京:高等教育出版社,2010.)

提示：用"挺好的""一般""还行"等这些词语来评价孩子在幼儿园的表现太笼统含糊，没有为家长提供具体的信息，家长也不知道从哪些方面做出努力来配合幼儿园的教育。所以幼儿教师要尽可能详细地向家长讲述幼儿在园的各种表现和行为，多用描述性语言，力求具体有针对性，少用含混不清或者判断性、绝对化的语言。

2. 与同事的交际口语训练

幼儿教师在幼儿园的工作时间内，和同事之间会有各种交流，如交接工作、教学研讨、课余交谈等，幼儿教师一定要学会和同事建立融洽的关系，互相协作，互相团结，步调一致，形成良好的集体，共同实现教育目的。和同事之间的交流应注意以下问题。

1）平等相处，坚持真诚待人

不管是园长还是普通教师，也不管是经验丰富的老教师，还是刚刚入职的教学新手，都应绝对摈弃不平等的关系，与同事相处既不自傲也不自卑，贵在以诚相待，在工作中相互学习，在生活上相互照顾。同事之间要多补台，少拆台。不要在外人面前对同事品头论足、挑毛病、攻击和指责，更不能为自身的利益而损害同事和集体的利益。

2）知己知彼，进行有效沟通

人与人相处不和谐，原因是缺乏沟通和沟通不畅造成的。孙子曰：知彼知己，百战不殆。因此要与同事和谐相处，不仅要正确认识自己，还要对同事的性格特点、文化水平、脾气秉性等有一个比较充分的了解，并根据掌握的情况选择恰当的交流方式。另外，教师还要掌握一些有效沟通的小技巧，比如如何赞美同事、如何寻求同事的帮助，如何委婉地提出批评，等等，这样才能建立融洽的同事关系，形成和谐的工作环境。

3. 与领导的交际口语训练

在工作中，幼儿教师和各级领导的口语交际一般有请示、汇报、座谈等，要想赢得领导的信任和肯定，和领导相处时，要注意以下问题。

（1）讲究分寸。和领导交流，一定要摆正上下级关系，尊重领导，讲究分寸，态度不卑不亢，谦虚自信。

（2）准备充分。不管是汇报还是请示，都要事先做好充分的准备，说什么，怎么说，考虑清楚，列出提纲。

（3）表达清晰。向领导汇报工作，要注意重点突出，条理清晰，语速适中。

课堂训练

1. 阅读下面的案例，运用恰当的沟通技巧解决问题。

师生对话如下。

文文：老师，小宇不借给我水彩笔！

老师：小宇，你为什么不借给文文水彩笔呢？

小宇：我不愿借给他！我奶奶说不能借给别人。

老师：小朋友要互相帮助，你借给他吧！

小宇：不！

老师：你不借就算了，我们借别人的。

于是，老师另找小朋友借了水彩笔。

如果你是小宇的教师,你会怎样引导小宇的行为呢?

2.熟记幼儿的名字是教师与幼儿成功沟通的第一把钥匙,也是进行沟通的基础。想一想,怎样快速记住幼儿的名字呢?称呼幼儿有几种方法呢?

3.幼儿园有的小朋友挑食特别严重,不吃蛋黄、胡萝卜、洋葱,或者只吃饭不吃菜,作为幼儿教师,你会使用什么样的沟通技巧帮助这样的孩子呢?

4.请你结合首因效应谈谈幼儿教师怎样才能在家长心目中留下优异的"初次印象分"。

首因效应也叫首次效应、优先效应或第一印象效应。简单地说首因效应是指人际交往中给人留下的第一印象至关重要,对印象的形成影响很大。

5.作为新手,当领导和同事把你安排在"不重要的岗位"上时,你该怎么办?

6."六一"儿童节临近,可是你设计的活动方案却无法受到搭班教师的认同,你会怎么办?

能力拓展

以《有趣的动物尾巴》为主题,设计一节活动课。(具体内容见本章节)

要求:

1.自主选择不同的年龄班;

2.尝试不同的活动领域。

项目五
幼儿教师资格证考试面试
环节口语表达训练

✗ 训练目标

1. 了解幼儿教师资格证考试面试概念、流程、测评要素以及面试命题的基本原则和要求。

2. 熟悉幼儿教师资格证考试面试的礼仪和仪表要求,掌握语言沟通技巧并能灵活运用。

3. 理解幼儿教师资格证考试面试答辩的语言要求和禁忌,掌握答辩技巧并能灵活运用。

4. 熟悉技能展示中与口语表达密切联系方面的内容,能自如地进行语言展示。

5. 熟悉说课的基本内容、原则和说课艺术,能高质量地完成一次说课。

任务一　了解幼儿教师资格证考试面试

案例导入

参考下面内容模拟面试过程,感受口语表达在幼儿教师资格证面试中的重要性。

幼师资格证
考试面试概述

1. 结构化面试环节(5分钟)

问题一:谈一谈你对"家园共育"的看法。

问题二:在幼儿园如何避免幼儿各类安全问题的出现?

2. 展示环节(10分钟)

请以"植物的叶子"为主题设计课堂展示图片并试讲。

3. 非结构化面试(答辩)(5分钟)

问题一:你在试讲中运用了一首儿歌导入,你如何看待课堂教学中导入和主要教学内容之间的关系?

问题二:你所学专业与幼教并没有直接联系,今后如何做好幼教工作?

新课程改革中,教师的角色被赋予了新的含义,同时也对教师的专业化发展提出了更高要求。国家教师资格考试制度的实施有利于多渠道选拔教师,有利于教师素质的整体提高,是我国新时期教师教育发展的必然,标志着我国的教师专业化进程迈向新的起点。

国家幼儿教师资格证考试包括笔试和面试两部分。笔试的重点是从标准化的、客观的角度评价考生对教师必备知识的理解、掌握和运用,评价考生提出问题、分析问题和解决问题的能力,考核基础性和理论性的知识。面试注重考官和考生互动过程,这一部分内容的考查重点是看考生是否能够较为灵活地把教育教学的理论付诸实践,是否在实践上具备基本的教育教学能力。这些实践能力包括教师基本专业素质、口头表达能力和临场应变能力等。笔试和面试是有机整体,相辅相成,互为补充,从理论常识到实践应用等科学、全面地考查幼儿教师的综合素质和能力,共同成为幼儿教师准入资格的衡量标准。

2011年7月,教育部师范教育司、教育部考试中心联合发布了《中小学和幼儿园教师资格考试大纲(试行)》,其中专门列出了幼儿园教师的面试大纲,主要包括测试性质、测试目标、测试内容与要求、测试方法、评分标准和试题示例六部分。下面具体解读。

一、测试性质

面试是中小学教师资格考试的有机组成部分,属于标准参照性考试。笔试合格者,参加面试。

面试是在笔试合格的基础上进行的,笔试不合格的考生没有资格参加面试。

面试是标准参照性考试。所谓标准参照性考试是以某种既定的标准为参照系进行解释的考试。这种考试是将每个人的成绩与所选定的标准作比较,达到标准即为合格,不是选拔

性的,与考生总人数多少无关。如驾驶执照考试、计算机等级水平考试等都属此类考试。

二、 测试目标

面试主要考查申请幼儿园教师资格人员应具备的基本素养、职业发展潜质和保教实践能力,主要包括以下三点。

(1) 良好的职业道德、心理素质和思维品质。

(2) 仪表仪态得体,有一定的表达、交流、沟通能力。

(3) 有一定的技能技巧,能够恰当地达成保教目标。

良好的职业道德、心理素质和思维品质是教师必须具备的三个基本前提条件,在笔试部分很难考查,在面试中则比较容易,一般通过考官的即兴发问来观察和了解考生这三方面的表现。

教师是一个特殊的职业,在仪表仪态上有特殊要求。所谓"为人师表",除了在品德修养、学识的积累上要高人一等外,日常工作和生活中的仪表仪态也要符合教师的职业特点。作为教师,必须做到仪表端庄,仪态大方,干净整洁,文雅美观,在穿着打扮和举手投足中彰显作为教师的品位和修养。这也是面试重点考查的部分。

教育教学知识更是作为教师必备的基本素质。拥有丰富的教育教学知识,不一定能成为优秀教师。还必须善于运用,善于与学生交流和沟通,才能达到理想的教育效果。从这个意义上讲,面试就是要淘汰那些笔试成绩很高,但不具备作为教师应有的基本的表达、沟通和交流能力的考生。

技能技巧是幼儿教师必备的能力。学前教育是一个综合性和实用性很强的专业,在幼儿园教育活动中,教师的口语表达、美术、音乐等基本技巧和能力,始终是决定教育活动成败的重要因素。这部分的考查重点是看考生是否能够较为灵活地把教育教学的理论付诸实践,是否具备基本的教育教学能力。

三、 测试内容、要求及评分标准

这是面试的主体部分,主要包括八个方面:职业道德、心理素质、仪表仪态、交流沟通、思维品质、了解幼儿、技能技巧、评价与反思,共100分。

1. 职业道德(10分)

职业道德包括两方面内容:爱幼儿,尊重幼儿(5分);对幼教工作有热情,有责任心(5分)。

职业道德是做一名合格幼儿教师的基础。一名教师,首先要是一个充满爱心的人,应当把追求理想、塑造心灵、传授知识当成人生的最大追求。关爱幼儿、尊重幼儿、公平对待每一位幼儿是对幼儿教师的基本要求。遵守教师职业道德规范,对教育事业和教师职业有正确的认识和态度,热爱教育是教育工作者的灵魂,是教育永恒的主题。这类考查主要在情景提问中体现,如:"幼儿教师责任重,工作琐碎,你为什么还要选择这个职业?"

2. 心理素质(10分)

心理素质包括两方面内容:具有一定的情绪调控能力(5分);乐观开朗、有自信心(5分)。

教育教学具有复杂性,良好的心理素质是成为一名优秀教师的必备条件。教师的心理素质将直接影响教师的行为方式,进而影响到学生未来的身心发展。教师积极向上的心理素质有利于达到理想的教育效果,反之亦然。这一部分内容的考查,主要通过回答问题以及试讲或说课过程中对考生的语言和肢体表现进行考查。

3. 仪表仪态(10分)

仪表仪态包括两方面内容:五官端正,行为举止自然大方,有礼貌(6分);服饰得体,符合幼儿教师职业特点(4分)。

幼儿教师必须了解教育行业的职场要求,规范自己的仪表,通过得体的装束和肢体语言展现幼儿教师的魅力。这一部分,主要通过考官的印象进行考查。

4. 交流沟通(15分)

交流沟通包括两方面内容:有较好的言语表达能力,口齿清楚,普通话标准,语速适宜,表达比较准确、简洁、流畅、有条理,有一定的感染力(8分);善于倾听、交流,有亲和力(7分)。

交流沟通是教师必备的语言表达能力,是教师顺利完成教育教学任务的必要条件。幼儿教师要使用规范的普通话,吐字清晰,语速适当,表达明确,流畅贯通,符合幼儿的年龄特点。教师的交流沟通能力是能否通过面试资格考核的重要决定因素。

5. 思维品质(15分)

思维品质包括两方面内容:能正确地理解问题,条理清晰地分析思考问题(8分);有一定的应变能力,在活动设计与实施、环境创设上表现出一定新意(7分)。

教师的思维品质决定着课堂教学质量的优劣,是教师专业发展的标志。教学是实施智育的过程,现代教育应培养更多"具有创新精神和实践能力"的人,这就需要教师本身能够将知识转化为智慧,去开启现代教育之门,无论是"快乐思维""创新思维"还是"反思型"教师,都以提高教师自身的思维品质为目的。这部分内容主要通过综合考查考生对问题的思考、试讲或说课的表现给出分数。

6. 了解幼儿(10分)

了解幼儿包括两方面内容:具有了解幼儿兴趣、需要、已有经验和个体差异的意识(5分);能通过观察来了解幼儿(5分)。

教育孩子的前提是了解孩子,了解孩子的前提是尊重孩子。了解幼儿包含多个层面,包括了解幼儿心理、生理发展特点、个体差异、学习方式特点、情感认知特点等,了解幼儿是做好幼儿教育工作的前提。这部分考查主要在提问、试讲或说课中体现出来。

7. 技能技巧(20分)

技能技巧包括两方面内容:熟悉一些幼儿喜欢的游戏和故事(10分);具有弹、唱、画、跳、手工制作等基本技能(10分)。

这是整个面试的重点内容,直接决定考官对考生教学素质的打分。这部分主要考查考生在讲故事、音乐、美术等方面的教学技能掌握情况以及设计、运用和实施的能力。通过这一部分内容的考查,大体可以看出考生是否具备教师应具备的基本的教学素质。

8. 评价与反思(10分)

评价与反思包括两方面内容:能对录像或资料中的教育活动、教育行为进行较客观的评价,或能对自己的面试表现进行评价(5分);能根据评价结果提出进一步改善的意见(5分)。

教学评价与反思也是教师必须具备的能力之一。教学评价是整个教学过程中的重要一环,也是对教学情况全面测评的手段。课堂教学评价的目的就是对课堂教学行为进行分析,发现教师的优势与不足,不断改进教师的教学行为,提高教学质量。教学反思是指教师对教育教学实践的再认识、再思考,并以此来总结经验教训,进一步提高教育教学水平。面试中主要通过考生对提问的设计、活动的设计、内容学习情况的反馈进行相关考查。

从以上考查内容和分值比例上可以感受到,对幼儿园教师资格的考核,以师德为前提,以学生为根本,以能力为核心,注重对教师职业能力、教育教学机制、教育教学过程、教学技能和考生与考官的交流沟通,凸显幼儿园教师必须具备的综合素质。

四、 测试方法

采取结构化面试、非结构化面试和展示相结合的方法,通过展示、回答问题、试讲等方式进行。

所谓结构化面试,是指面试的内容、形式、程序、评分标准及结果的合成与分析等构成要素按统一制定的标准和要求进行的面试。不同的评价者使用相同的评价尺度,以保证判断的公平合理性。具体到幼儿教师资格证的面试,在幼儿教师资格证考试面试中,有标准化的流程,候考、抽题、准备、展示和回答问题,回答的题目相同,给定的时间相同,考核标准一致,体现出考核的科学性和公平性。所谓非结构化面试,就是没有既定的模式和程序,提问和回答没有固定的标准,这种方式给考官和考生,尤其是给考生充分的自由。非机构化面试一般被称为答辩。

面试具体环节如下:考生按照有关规定进行准备,时间20分钟;接受面试,时间20分钟。具体时间分配如下:考生持备课纸、试题清单进入备课室,撰写试讲教案或演示活动方案,时间20分钟;正式面试开始,考官首先提问至少2道结构化面试试题,时间5分钟;之后是展示环节,主要由考生根据题目要求进行讲故事、试讲等方面的展示,时间10分钟;之后是答辩环节,由考官随机提出至少一个问题,考生作答,时间5分钟。最后,考官根据考生面试过程中的表现,进行综合性评分。

五、 评分标准

具体评分标准已经在上述环节中表明,兹不赘述。

六、 试题示例

例1:请你根据"中国的节日"这一主题设计一面展示墙。
例2:请你给中班的小朋友讲一个以"友谊"为主题的幼儿故事。
故事自选,如果考生没有故事,可提供。

课堂训练
以5位同学为一个小组,轮流扮演考官和考生,结合下面的模拟题进行面试训练。

1. 结构化面试

问题一：你应聘的是教养员，但幼儿园给你安排的却是保育员工作，你如何面对？

问题二：你所在的班要召开一次家长会，作为主班教师，你要做哪些准备？

2. 展示环节

请自弹自唱，给大班幼儿试讲"洋娃娃和小熊跳舞"这一课。

3. 答辩

（1）刚才在试讲过程中，你的弹唱功底明显比较薄弱，你能做好幼儿教师这份工作吗？

（2）如果这次面试没有通过，你怎么办？

任务二　幼儿教师资格证考试面试口语表达技巧综合训练

案例导入

结合下面的面试模拟题，思考如何训练自己的口语表达技巧。

1. 陶行知说"千教万教教人学真，千学万学学做真人"，谈谈你对这句话的看法。

2. 家长过于溺爱孩子，什么事都包办代替，你如何与家长沟通？

3. 某小班有些新入园的幼儿哭闹不止，不停地哭喊着："我要妈妈！我要妈妈！"作为一名新入职幼儿教师，你如何面对这种情况？

4. 介绍一下你自己。

通过对幼儿教师资格证考试面试环节主要内容的分析可以看到，口语表达能力是面试能否顺利通过的重要保证，除了在交流沟通部分特别注明对口语的要求外，其他各个环节都离不开口语表达技巧：技能技巧环节有讲故事（讲故事的技能技巧请参考本书第三章第三节，兹不赘述）；在展示弹、唱、画、跳、手工制作时，也需要一定的讲解能力；其他测试项目中主要以提问形式考核，回答问题时除了知识的掌握和运用外，要想得到满意的结果，还需要一定的口语技巧。下面就幼儿教师资格证面试中几个主要口语表达类型进行学习和训练。

一、格式化面试和答辩的口语技巧

格式化面试和
答辩的口语
技巧

案例导入

结合下面三个回答问题的实例，思考自己如何把握格式化面试和答辩技巧，顺利通过这一关。

问题：说说对你影响深刻的一次失败经历。

回答一：我没有深刻的失败经历。从小学到现在，我在学业上一帆风顺，期末考试、升学考试这些重要考试都很顺利，每学年都会得到奖状和奖学金，老师和家长从来没有在学业上对我有过批评和不满。在其他方面我也很自信，幼儿教师所需要的各项技能都已经过关，而且在音乐和美术方面还有特长，完全能胜任幼儿教师的工作。所以，我对这个问题没有什么可谈的。

回答二：我失败的次数太多了，印象深刻的也不少，基本上没什么成功的经历。我平时学习成绩很好，可是一到重要考试就"掉链子"，成绩和平时相比总是出人意料的差，这给我造成很沉重的打击，几乎让我失去自信，所以这一次我进行了长时间的准备，希望能顺利过关，要不然就太倒霉了。

回答三：我最深刻的一次失败经历是参加市级校园歌手大赛。我的嗓音条件很好，在校级歌手大赛中得了一等奖，但阶段性的胜利冲昏了我的头脑，认为到市级比赛得奖是轻而易举的事，所以没有好好准备，结果在市级比赛中没有展示出自己应有的实力，最后名落孙山。这次教训让我深刻认识到，骄傲是失败的根源，要想做好一件事情，就必须踏踏实实，一直保持努力的姿态。我感谢这次失败，正是这次失败给了我当头棒喝，我才从骄傲自大中清醒过来，找到了正确的方向。

幼儿教师资格证考试面试中的格式化面试和答辩是两个非常重要的环节，在这两个环节中，可以考查考生的教育思想、工作观念、人生态度、应变智慧、语言表达、知识积累、思维品质等多方面能力和技巧。回答格式化面试和答辩的问题，主要技巧有以下几点。

1. 听清问题

格式化面试和答辩环节本身就是以提问、回答的形式呈现，所以只有在听清问题的基础上才能正确分析问题，并紧扣题目，围绕题目作答。所谓听清问题，一是明确问题的核心指向；二是对问题的内容要听完整，尤其一题多问的题目。在听清问题的基础上才能分析问题，准确作答。如果确实没有听清问题，可以请考官重复问题。

另外，在答辩环节尤其要注意考官提出的问题是否与展示环节相关，如果相关，一定要结合自己展示的例子进行具体分析。

例如：请说出空饮料瓶的三种玩法。你能用空饮料瓶制作什么样的玩具？请说出至少一种制作方法。

分析：这个问题包含了三个小问题，第一个问题回答出三种玩法即可，第二个问题应该至少回答出两种。第三个问题应该集中介绍一种自己最擅长的制作方法。综合分析这三个小问题，前两个问题要简短作答，最后一问要重点作答。

2. 观点正确

在格式化面试和答辩环节中，观点是回答的基础和灵魂。如果观点不正确，回答得如何详细、如何有条理都是徒劳的。要想保持观点正确，就必须加强对教育路线、方针、政策和基本教育原理的学习，在平时多积累相关知识，不能依靠临时投机取巧。

例如：某幼儿园，小李老师对小王老师说："教学时留的一些家庭作业，很多孩子根本没有做，真不知道孩子在家时，家长都干什么了。"小王老师很有同感地说："是啊，如果家长都能按照咱们的要求去教育孩子，孩子们的进步肯定更加明显。可是这些家长不仅不按照咱们说的去做，还经常给咱们提意见，好像老师还不如家长懂得多，真是无奈呀。"

请运用家园共育的理论分析和评价小李老师和小王老师的教育观点，并具体谈谈家园共育对幼儿发展的重要意义与目前存在的误区。

一位考生是这样作答的：我赞同小王老师和小李老师的观点，因为我有过类似的教学经验。家园共育不仅仅是幼儿园教师的职责，《幼儿园教育指导纲要》就指出：家庭是幼儿园重要的合作伙伴，所以家长应该以积极、主动的态度对待园里的要求，配合幼儿园的工作，只有

这样,才能更好地完成教育幼儿的任务。

家园共育的重要意义主要在于,能充分利用家长资源,创造良好的家庭教育环境,幼儿教师和家长共同作为孩子的教育者相互配合,共同协作,促进幼儿健康和谐发展。

目前存在的主要误区是,家园共育的责任主要放在了教师的肩上,家长不认为自己也是教育主体,不配合老师工作,这个问题有待家长对幼儿教育认识的进一步提高。

分析:首先,这位考生的基本观点是错误的,虽然新纲要的确指出了"家庭是幼儿园重要的合作伙伴",但《纲要》还明确指出,"应本着尊重平等合作的原则争取家长的理解、支持和主动参与","幼儿园应主动与家长配合,帮助家长创设良好的家庭环境,向家长宣传科学保育教育幼儿的知识,共同担负幼儿教育的任务"。由此可见,在家园共育中,幼儿园要发挥主导作用,要充分重视并主动做好家园衔接工作,使幼儿园与家长在教育思想、原则、方法等方面取得统一认识,形成教育的合力。

由于这位考生对基本教育理论理解的断章取义,所以直接导致了后面的误区分析的错误,因此,虽然该考生在语言表达上和逻辑思维上条理分明,但都无助于本题整体性的作答。

3. 有逻辑性,简明扼要

考生的逻辑思维能力和口语表达能力是重要的考查项目,这项能力体现在考生回答问题的条理性和逻辑性上。考生在听到面试题后,思考问题要有逻辑性,组织语言进行陈述时也要有逻辑性,这种逻辑性体现在回答问题的要点是否准确、层次是否清晰、条理是否分明、表述是否前后照应等。通常可以使用首先、其次、最后,或者第一点、第二点、第三点等表述方式,在结尾时注意提炼、总结和升华,起到"画龙点睛"的效果。

因为时间有限,回答问题时一定要抓住核心,说话不含糊、不啰唆、不重复,突出重点,言简意赅,一语中的。

例如:你的班上有一位幼儿经常迟到,如果你是主班老师,你怎么办?

分析:这道题目可以考查考生的教育观念和沟通技巧。在回答时,要分清先后顺序,不能颠倒。首先要了解该幼儿的迟到原因,了解方式有两个渠道:幼儿本人和幼儿家长。之后再考虑解决迟到的办法:如果是幼儿的原因,就和家长共同教育幼儿;如果是幼儿家长的原因,就和家长沟通,避免此类情况经常发生。

4. 自圆其说

面试中一些问题可能比较生僻和刁钻,既没有现成的规律和例子可以遵循,还可以从多个角度分析。面对这种情况,考生千万不要模棱两可,一定要亮出自己的观点,但要充分调动自己的知识储备和生活积累,有理有据,最后能自圆其说,这样,自己的观点就能站得住脚,容易为考官接受。

例如:目前,我国升学和就业压力比较大,为了让孩子在将来更有竞争力,很多家长越来越重视孩子的教育,同时也对教育机构提出了更多要求,很多幼儿园开始开办"蒙台梭利班""奥尔夫班"等特长班。你如何看待这一现象?

分析:这个问题可以有三种基本观点:支持、反对、辩证分析。考生可以根据自己的理论和经验积累选择自己的观点。

支持的观点:我国幼儿园教育的目标是"对幼儿实施体、智、德、美等方面全面发展的教育,促进其身心和谐发展"。这些特长班的开办适应了幼儿园教育的目标,也满足了家长的要求,同时也给幼儿园的发展带来了新契机,一举三得。

反对的观点:同样以幼儿园教育目标为理论依据,我国幼儿园教育的目标是培养全面发展的幼儿,它体现了我国教育目的的基本精神,并兼顾幼儿园教育的性质和特点。仅仅参加某一种特长班,忽视了幼儿的全面发展和对幼儿综合潜能的开发,是片面的;同时,这些特长班的开办增加了家长的经济负担,成为一种新的教育问题。

辩证的观点:综合阐述支持和反对的观点,最后表明要因地制宜,根据幼儿园的具体情况考虑是否开办此类特长班。

5. 有良好的语言习惯

良好的语言习惯指考生要使用标准的普通话,发音清晰,声音自然,音量合宜,语速适中,表达连贯流畅,没有口头语和语法错误,用词得当并且言之有物。

6. 把握好时间

答辩在时间上有严格的规定性,在内容上有严格的限定性。因此要掌握好答辩时间,既不要空耗时间也不要啰唆累赘,冗长的表述最易使评委和其他听众产生厌烦的情绪。这样必然会影响答辩的效果。

课堂训练

1. 谈谈你最喜欢的一本书。

2. "没有教不好的学生,只有不会教的老师",你怎么看待这句话。

3. 西西是幼儿园小班的小朋友,她身体较瘦弱,遵守纪律,但性格内向,不爱说话。一次,在户外活动时,因室内外温差较大,老师要求幼儿穿上外套,但西西因为外套太大妨碍运动不愿意穿,老师见她里面的衣服也比较厚,就同意她不穿外套出去玩儿。正当老师和孩子们在外面玩得尽兴时,西西奶奶来接她,老师没和西西奶奶说话,只是挥了挥手。奶奶领着西西边走边说:"你们老师真不像话,这么冷的天也不给你穿外套。"老师听到这话没说什么,只是笑笑。后来西西奶奶向多位家长说起这件事,引起了一些家长对老师和幼儿园的误会。

请分析这位老师的问题出在哪里,她应该如何与家长沟通?

4. 小明是幼儿园中班的小朋友,他活泼可爱,各项能力都很强,遇到老师也很有礼貌,但他有一个问题,就是特别爱给小朋友起侮辱性绰号,如"斗鸡眼""肥猪"等,每天总有小朋友来找老师告状。如果你是小明的老师,会怎么办?

二、试讲中的口语表达技巧

案例导入

尝试试讲下面的活动设计,时间控制在10分钟之内。

一、活动名称

勇敢的消防员(中班)

二、活动目标

1. 让幼儿在游戏中体验帮助他人的快乐,建立自信心。

试讲中的日语
表达技巧

2. 让幼儿在游戏中发展钻、爬、跑、跳、平衡等体能。

3. 让幼儿在游戏中了解基本的消防安全知识。

三、活动准备

录音带、消防队员(黑猫头饰)、安全出口标志、动物头饰(9个)、灭火器模型、火苗(皱纹纸)、防毒面具、口罩等。

四、活动过程

1. 活动引入

训练(热身):黑猫队长(老师)带领黑猫消防员(小朋友)在训练场进行跑(操场)、跳(够篮球架)、钻(大型玩具隧道)等体能训练。

火情:突然,队长接到火警电话,森林幼儿园着火了,大家准备出发,警报响起,队员拿消防器械(水枪、灭火器),队长计时整队集合,告之门牌号(58号),失火楼层(二楼),被困小动物总数(9名)。分组分工出发。

同时,被困小动物在失火现场(本班教室)躲避。

2. 解救小动物

(1)确认门牌号,一组寻找有安全出口标志的消防通道(南楼梯)先靠右侧上楼救小动物,二组北楼梯边灭火边上楼随后扫尾。

(2)一组队员先到教室(本班教室)寻找被困的小动物,找到后戴好防毒面具护送至操场安全区域。二组边灭火边寻找有无遗漏的小动物,然后找有安全出口标志的消防通道离开火场归队。

(3)集合讨论。

① 小动物全部被救出来了吗?(引导幼儿点数,比较与报警数量是否相符。)

a. 小动物全部被救出来了,大家心情怎样?

b. 小动物没有全部被救出来,怎么办?有什么好办法下次改进?

② 救小动物的时候,心里怎样想的?(鼓励表达自己的冷静勇敢,总结救援经验方法。)

③ 被救的小动物心里有什么感受?想对消防员说什么?以后会怎样做?(引导幼儿对别人的帮助表达感谢,注意日常防火。)

五、活动延伸

我们在救火过程中遇到了哪些困难?现有的消防器材能帮我们解决吗?我们一起来发明新的消防器材吧。

(教案设计:武警河北总队幼儿园 齐趁朋)

试讲是幼儿教师资格证面试中一个特别重要的环节,考生除了对教材本身的分析把握之外,在口头表达上也要注意以下几个要点。

1. 了解试讲的基本环节

试讲主要包括四个环节:活动目标、活动准备、活动过程和活动延伸。活动延伸环节视具体情况而定,可以有也可以没有。

2. 紧密结合主题特点

不同领域、不同主题的试讲会有不同的侧重,试讲时要符合教材本身特点,必须有针对性。如教授体育动作时，重点在于强调动作要领；教授手工课时，重点在于强调手工的步骤；教授科学课时，重点在于启发和概括。

3. 随时调整试讲的语言方式

根据不同教学环节和课堂氛围，在试讲过程中随时调整讲解语。在不同教学环节，要运用不同的讲解语，对于幼儿已有的知识和生活经验，可以用引导、启发性的讲解语；对于重点内容，可以用重复性的讲解语；对于认识不清、含糊混淆的内容可以用归纳、整理性的讲解语。同时要随时注意观察学生的表情、行为和操作活动，通过提问、引导、概括、重复等各种方式及时调整自己的讲解。

4. 会进行强调

在讲解重点、难点内容，概述和总结教学内容以及提请幼儿注意时，往往会用到强调，除了提高音量或用声音的变化来进行强调外，还可以增加身体动作、运用概括和重复以及通过提问和回答进行强调。

5. 注意语言的互动

虽然试讲时并没有幼儿在场，但试讲内容是针对幼儿园教学的，所以在试讲时要注意设计互动性语言，学会自编自演，充分展示自己的教学能力。

6. 教态自然，语言流畅、明白、准确

试讲时要教态自然，仪表得体，身姿、手势和谐。讲试是用口语解说，因此，要保证语言的流畅、明白和准确。尽量把书面语转换成口语，语速要适合讲解内容和情感的需要，语言明白、准确主要指要使用标准的普通话，发音准确、句法完整，没有语病和口头语，试讲语言既要符合科学规范，又要尽量使用幼儿能理解的语言。

7. 把握好时间

试讲时间只有十分钟，要合理安排时间，突出主要环节和重点内容，避免不必要的废话套话，一些细节不需要过度阐释，以免超时。

课堂讲解的目的是引导幼儿主动学习，最终达到良好的教学效果，所以讲解语一定要和提问、训练、活动结合起来，要尽量做到生动、精练，通过描述、概括、启发等多种方式引起幼儿注意、唤起幼儿共鸣，诱发幼儿丰富的想象力，让幼儿在教师春风化雨般的语言中快乐成长。

课堂训练 ··

为儿歌《小老鼠》设计教案并进行试讲，要注意试讲的口语表达技巧。

小老鼠，
上灯台。
偷油吃，
下不来。
吱儿吱儿叫奶奶，
奶奶不肯来，
叽哩咕噜滚下来。

三、其他面试常用技巧

（一）自我介绍

案例导入

比较下面两则自我介绍，说说各自的特点，思考自己在面试时应如何进行自我介绍。

1. 我是××学校毕业的×××。有过几次幼教实习经验，在幼教实习中我保持着童心、爱心和耐心，始终如一地对待每一个家长和孩子，受到一致好评。我的性格开朗、热情大方。

我热爱幼儿教学工作，希望能到幼儿园学到更多更好的教学经验，可以更好地完善自己。我喜欢小朋友，所以我有足够的耐心。我喜欢小朋友们的欢声笑语，所以我选择了这个职业。我知道学前教育这条道不好走，我想既然我喜欢了，选择了，就要坚持、努力做到最好。

2. 我是××学校毕业的×××。我热爱孩子，也热爱和孩子有关的一切，尤其热爱儿童文学，在校期间阅读了上百部儿童文学名著，并在专业儿童杂志上发表了多篇儿歌、儿童故事。我希望能够从事幼儿教师职业，希望永远生活在孩子们的世界里，也希望能够和孩子们一起创作出属于我们共同的童话。

在面试环节常见到自我介绍的题目。自我介绍虽然简短，但可以向考官展现考生基本的逻辑思维能力、语言表达能力、提炼概括能力、现场的感知能力与把控能力，还可以透露出考生自我认知能力和价值取向。做好自我介绍有以下几个要点。

1. 突出重点

自我介绍是为了突出自己与众不同的特点，加深考官对自己的良好印象，又因为时间有限，所以必须在最短的时间内展示出要介绍的重点。

这个重点可以是自己学习成绩优异，可以是获得过的奖项，可以是特殊的工作经验，可以是独特的才能，还可以是独到的教育观念，无论哪一方面，这个重点要有所取舍，一定要紧紧围绕幼儿教师的岗位需要，不能信马由缰、漫无边际。大家可以对比下面两个例子。

我是××号考生，我热爱幼儿教育事业。在校期间成绩优秀，连续三年获得一等奖学金，保育员实习和教养员实习成绩都是优秀。今年我还获得了省级诗歌朗诵比赛一等奖。因此，我认为我非常适合幼儿园教师这一职业，也有信心通过资格考试。

我是××号考生。我曾经得过学校组织的竞赛的两个奖。我热爱幼儿。我的学习成绩也不错，曾经得过一次三等奖学金。我喜欢游泳，也喜欢唱歌，还喜欢养小动物。我最喜欢下雪天和朋友一起散步。我相信我能通过这次教师资格证考试。

2. 突出个性

突出个性的目的同样是为了给自己增加印象分，这里所说的个性一定要积极向上，乐观自信。自我介绍时，最好把个性和专业特长以及由此带来的成就结合在一起展示，会有更好的效果。热爱文学的考生，可以在自我介绍时引用名言或诗句，增添文采；性格开朗的考生可以适当展示自身的幽默；独立坚强的考生可以引用事实来证明。自我介绍的方式一定要符合自身个性，如果不是个性特别强的人，就不要牵强附会，否则容易弄巧成拙。

例文：

我是××号考生。我有一个外号叫"犟姐"，因为我在班里年纪比较大，而且我特别喜欢较真儿。这个习惯让我在学习中受益匪浅，因为我认真钻研，所以能发现问题并解决问题，在校期间我已经在校刊上发表了三篇文章。这个习惯一定也会在今后的幼儿教师生涯中让我受益终身。

3. 随机应变

自我介绍的内容可以提前做好准备，但在实际介绍时，要注意选择合适的时机，可以在教学导入时巧妙加入，也可以在答辩时进行。同时，还可以根据面试时的场景和气氛适当调整，以达到最好的介绍效果。比如考试当天下起了小雨，考生就可以加上这样的话：今天正好下起了小雨，诗人说雨的好处在于"润物细无声"，我想教育的最高境界也应当是"润物细无声"。

4. 注意语气和态度

自我介绍的语气以陈述为主，保持自信，条理清晰，简短明确，需要突出的部分要加重语气和稍微提高声调。不要打断主考官的话急于介绍自己，语气不要过分夸张。

自我介绍的态度要大方，表情要自然，面带微笑，目视前方，坐姿要端正。不要东张西望，左右扭动，不要态度轻浮，要自尊自重。

课堂训练

1. 小A是一名普通的应届毕业生，成绩并不突出，但小A有美术专业特长，尤其擅长水彩画，她特别喜欢孩子，有爱心、有耐心。请结合小A的特点帮她写一份自我介绍。

2. 你作为一名考生，进入面试房间时不小心绊倒了，水杯也甩出来洒了一地水，请问你打算如何挽回局面？

（二）说课

案例导入

下面是美术课《各种各样的鱼》说课稿的教法和学法部分，请结合说课的口语技巧练习说课。

1. 说教法

《幼儿园教育指导纲要》指出："教师应成为学习活动的支持者、合作者、引导者。"活动中，教师要心中有目标，眼中有幼儿，时时有教育，以互动的、开放的、研究的理念，让幼儿真正成为学习的主体。因此，本次活动采用的教法有以下几种。

（1）操作法：幼儿建构活动的基本方法。所谓操作法是指幼儿动手操作，在与材料的相互操作过程中进行探索学习。本次活动安排了两次操作活动。

（2）演示法：教师通过讲解谈话，把实物或教具展示给孩子们看，让他们有直接的感受。

本次活动中的演示法是通过观看各种鱼的图片,引起幼儿的学习兴趣。

(3)情境教学法:在活动中适时地加入幼儿表演的过程,让幼儿充分地欣赏艺术给人带来的快乐。教师对幼儿赏识的激励,使幼儿对此活动有了更快乐的体验,活动《小鱼小鱼水中游》让幼儿在欣赏自己作品的同时体验成功的喜悦。

2. 说学法

《幼儿园教育指导纲要》认为,幼儿是学习的主体,要让幼儿能主动积极地参与探索活动,选择方法很重要。我主要运用以下方法。

(1)观察法:引导幼儿逐步观察小鱼各部分结构,并形成整体印象。

(2)操作法:让幼儿跟着老师画画,了解各种鱼的基本描绘过程及特点。

(3)展示法:教师提前准备展示墙,让幼儿把作品贴到墙上进行解说和展示。

1. 什么是说课

说课是教师面对同行和专家,以先进的教育理论为指导,将自己对课标、教材的理解和把握、课堂程序的设计和安排、学习方式的选择和实践等一系列教学元素的确立及其理论依据进行阐述的一种教学研究活动。

说课与试讲不同,试讲主要解决教什么、怎么教的问题,说课则不仅解决教什么、怎么教的问题,还要说出"为什么这样教"的问题。

2. 说课的语言要求

说课主要包括说教材、说学情、说活动准备、说教法与学法、说教学过程、说教学特色等内容。说课时,与口语表达相关的主要有以下技巧。

1)说课前的准备

要在说课前准备好各领域基本课型的框架,包括目标框架和理论框架。在言语准备不足够充分时,可以套用这样的程式性语言。如语言领域,以诗歌为例,教学目标一般可以设定为以下几项。

(1)理解诗歌的内容,感受诗歌的优美语言,体验诗歌的优美意境。

(2)掌握"快乐"这个词,体会诗歌活泼向上的意境,学习用欢快的语调朗诵诗歌。

(3)启发幼儿结合生活经验大胆想象,激发幼儿亲近、热爱大自然的情感。

(4)模仿诗歌说句子,体验创作的乐趣。

(5)尝试根据诗歌的结构和形式进行仿写,表现出童心和童趣。

遇到不熟悉的教材,一定要分清是哪个领域、哪类主题,然后套用自己提前准备好的相关说课框架,这样能保证说课的顺畅进行。

2)条理清楚、主次得当

说课时一定要按照说课的基本环节去说,但要注意详略得当,重点、难点的解决部分、教学设计的亮点部分等关键内容一定要多给时间详细说明。在表达上可以用下面这样的话来体现:"下面我侧重谈谈对这节课重难点的处理……""基于对教材的理解和分析,本人将该节课的教学目标定位为……"

3)口齿清晰,语言得体

说课不是做报告,说课同讲课一样,要展示出考生的语言表达能力。说课时,要做到措辞准确、吐字清晰,普通话标准,整体要流畅,在此基础上可以追求语言美,配合恰当的情感和语气语调。说课速度要适当,语调的轻重缓急要恰如其分,让考官从考生语调的抑扬顿挫、高低升降中体会出说课内容的变化。比如教学方法和学习方法要用稍慢的语速说清楚,教学的重、难点要用重音来强调。

4)说课时要避免的问题

(1)理论脱离实践

主要表现有教学理论和教学实践不配套,内容不搭;理论空洞,没有具体内容,在教学中没有任何环节体现出来;理论堆砌,重复累赘。

(2)各部分内容脱节

说课的各个环节是有机结合在一起的整体,结构严谨,各部分之间有过渡、衔接和配合,不能各说各话、互不联系。

(3)漏说环节

面试时,因为紧张等原因,容易漏说说课的某些必要环节和重要内容,因此一定要写好说课提纲,对容易忘记的事例和理论重点标注出来,避免不应该出现的错误。

(4)把说课当成复述教案

说课主要体现出教师的教学思想、教学意图和理论依据,体现的是思维过程,而教案是进行课堂教学的具体操作过程,体现的是实践性,两者是不同的。

(5)说课中没有任何辅助手段

在说课时可以有一些辅助手段,如多媒体投影,实物投影、图片、说课稿等,可以充分利用这些辅助手段帮助自己的说课效果更精彩。

(6)毫无感情地念稿或背稿

切忌自始至终一个腔调地念稿或背稿,让考官感受不到考生对教学的热情。考生的声音不能含混,要用足够的音量,使在场的每个人都听得清清楚楚。

课堂训练

结合《我会保护自己》说课稿的部分内容,分析在具体说课时需要用到的语言技巧,和同桌结成对子实际训练。

主要活动过程如下。

1. 欣赏视频,引起兴趣。

观看《动物世界》片段内容,幼儿欣赏视频,引起观察的兴趣。(数字化教学)

2. 教师提问:你都看到了什么动物?它们遇到危险时是怎样保护自己的?

幼儿回忆,可以重播视频,之后回答,鼓励幼儿大胆讲述。(激励法)

提示几种动物的自我保护方法:

羚羊看到狮子来了怎么保护自己?

袋鼠怎么保护自己?

獴怎么保护自己?

野兔怎么保护自己?

幼儿共同总结动物保护自己的方法:回到群体,回到妈妈身边,钻洞等。

3. 教师:你还知道哪些小动物自我保护的方法?幼儿自由讨论。(讨论法)

请个别幼儿大胆讲述,其他幼儿补充说明。(启发法)

你能把这个小动物保护自己的方法表演出来吗?(操作法)

4. 出示图片,然后让幼儿连线。(练习法)

5. 游戏表演。

投影出示草原图片,教师讲解:在美丽的大草原上,许多小动物在快乐地生活,可是有一天危险来到了,它们该怎么保护自己呢?

幼儿分别带上不同动物的头饰,按照刚才学到的知识进行自我保护。(情景表演法)

(三)回答问题的程式化语言

✐ 案例导入

结合下列问题,思考回答问题时为下面三个问题设计可以通用的开头语和结束语。

问题一:谈谈你的优点。

问题二:你做过最成功的一件事是什么?

问题三:谈谈对你影响最深刻的一件事?

在回答结构化面试和答辩的问题时,有一些通用的程式化的语言,可以提前准备好,可以帮助自己理清思路、缓冲紧张情绪,使自己的表达显得清晰、有逻辑性。试举几例。

对这个问题,我有以下几点考虑,第一,……第二,……第三,……

我做出这样的选择是因为……

我认为自己能胜任这份工作,主要有两方面原因……

这种观点有一定的合理性,但仍需要辩证地分析……

您对我的建议正是我要努力达到的目标……

这种做法在一定程度上有损幼儿的身心发育,主要表现在……

我认为可以从这样几个角度来认识这种现象,首先……其次……最后……

这样做完全符合教育学原理,所以,我认为是正确的。

我这样理解您的话,对吗?

需要注意的是,程式化用语并非万能语,考生一定要根据实际情况选择使用。

课堂训练

结合上述例子,尝试用程式化语言回答下面的问题。

1. 班上有两个幼儿打架,他们的家长同时找到你,你怎么办?

2. 你如何理解"教师是人类灵魂的工程师"这种说法?

3. 你如何评价自己刚才的试讲?

(四)面试礼仪

✐ 案例导入

结合下面这位考生的着装和行为,思考面试需要注意的礼仪。

某考生化浓妆、身着超短裙进入考场,考官示意她坐下后,她一言不发,但身子扭来扭去,眼睛东张西望。考官出示题目话音还未落,她就开始快速回答。面试结束后,考官还未示意,她就自己站起身大步离开考场。

面试礼仪包括职业着装、礼貌用语、举止有礼等,从中可以看出考生的一些基本修养和素质,会直接影响考官对考生的印象和评价,因此也不能轻视。面试礼仪要注意以下几方面。

1. 仪表礼仪

教师着装、化妆和佩戴饰品要符合教师职业形象,要整洁大方,不穿脏、透和过于短小的服装,不化浓妆,不佩戴过于夸张的饰品。

2. 语言礼仪

注意说"回答完毕"。如果是一题一题的提问,那么每道题回答完要说"回答完毕";如果是集中回答,在所有的回答结束后要说"回答完毕"。

情感适度,回答问题时可以在理智判断和选择的基础上表现出情感倾向,但要把握好尺度,否则会适得其反。

实事求是,不要对事实进行虚假的编造,也不要夸大和缩小问题。

3. 举止礼仪

大方自信,手脚不要有小动作,脸色不要僵硬冷漠,眼神不要惊慌躲闪,行动不要慌张迟钝,要保持微笑,从内容、语言、气势和仪态气质上表现出自己的信心,给评委留下有能力、有魄力的印象。

退场时听考官指令。所有的题目回答完毕,主考官示意可以离场后,考生再离开考桌,立正鞠躬,然后退场。

课堂训练

分析下列面试礼仪中哪些是对的,哪些是不妥当的,应如何改正?

1. 穿职业套装面试。

2. 提前到达,提前到达面试地点等候。

3. 快速进入,大步走到考官面前。

4. 坐在椅子上抖腿。

5. 在考官发问时身体后仰,靠在椅背上。

6. 考官问完问题后,思考几秒再从容作答。

7. 面试结束,考生一边把椅子拽得吱嘎乱响一边跟主考官说再见。

能力拓展

以 5 人为一小组,按照下面的面试环节进行模拟训练。

1. 结构化面试(5 分钟)

(1) 幼儿教师的工作压力很大,你为什么还要选择这一职业?

(2) 如果你在幼儿园中与同事在教学上的观点有冲突,你怎么办?

2. 展示环节(10 分钟)

给大班幼儿讲一个有趣的童话故事。

下 雪 天

一个冬天的早晨,彼得醒来,望着窗外。昨天夜里下了一场雪。他一眼望去,到处都被雪盖住了。

吃完早餐,他穿上雨衣,跑到屋子外面。路的两旁,雪堆得高高的,只空出一条可以走的路。

嘎喳、嘎喳、嘎喳,他的脚陷进雪地里。他一下子脚趾朝外走,一下子又脚趾朝内走。

然后,他拖着脚慢——慢——地在雪地上画线。他发现雪地里露出一样东西,拿它画出了一条新的线。哦,是一根树枝!——树枝正好可以用来拍打树上的雪。

雪掉下来——啪!——掉在彼得的头上。

他觉得和大哥哥们打雪仗一定会很好玩,但他知道自己还不够大。于是,他做了一个雪人,又做了一个天使。

他假装自己正在爬山。他爬上一座又高又大的雪山——再一路滑到山脚下。

他抓起了一把雪,一把,再一把。他把雪压成圆圆硬硬的雪球,放进口袋里,留着明天再玩儿。然后,他回到温暖的家里。

妈妈帮他脱下湿袜子,他把他做的那些好玩的事儿告诉了妈妈。

他一直想,一直想那些好玩的事儿。

上床前,他摸一下他的口袋。口袋里空空的,雪球不见了,他好伤心。

他睡着了。他梦见太阳把所有的雪都融化了。不过他一醒来,梦就不见了。

到处都是雪! 新的雪还在不停地下着。

吃完早餐,他去找住在对面的朋友,他们一起跑进深深的雪地里。

(艾兹拉·杰克·季兹.下雪天.上谊编辑部,译.济南:明天出版社,2008.)

3. 答辩(5分钟)

(1) 刚才讲故事过程中你出示了很多的图片,还加入了几段音乐,你认为讲故事时加入这类辅助手段的"度"是什么?

(2) 你最大的优点是什么? 你认为这个优点和幼儿教师这份职业有什么关系?

参 考 文 献

[1] 陈鹤琴.陈鹤琴全集[M].南京:江苏教育出版社,1992.

[2] 王力.古代汉语[M].2版.北京:中华书局,1996.

[3] 张颂.朗读学[M].北京:北京广播学院出版社,1999.

[4] 苏彭成.影视表演学基础[M].北京:中国广播电视出版社,2002.

[5] 宋欣桥.普通话语音训练教程[M].北京:商务印书馆,2004.

[6] 张小燕.普通话上声变调与轻声分析[A].阿坝师范高等专科学校学报,2004(02).

[7] 国家语言文字工作委员会普通话培训测试中心.普通话水平测试实施纲要[M].北京:商务印书馆,
2004.

[8] 人民教育出版社中学语文室.幼儿文学[M].北京:人民教育出版社,2005.

[9] 人民教育出版社中学语文室.幼儿文学作品选读[M].北京:人民教育出版社,2005.

[10] 谭桂声.听话和说话[M].北京:人民教育出版社,2005.

[11] 谭桂声.幼儿文学[M].北京:人民教育出版社,2005.

[12] 张斌,徐青.现代汉语(修订2版)[M].2版.上海:华东师范大学出版社,2006.

[13] 伍振国,关瀛.朗诵训练指导[M].北京:中国广播电视出版社,2006.

[14] 祝士媛.学前儿童语言教育[M].2版.北京:北京师范大学出版社,2010.

[15] 梁伯龙,李月.戏剧表演基础[M].北京:中国戏剧出版社,2009.

[16] 陈龙海,李忠霖.职业心态训练[M].北京:北京师范大学出版社,2008.

[17] 陈怡莺.幼师口语沟通技巧[M].2版.北京:高等教育出版社,2019.

[18] 姚继斌.学前教育专业学生儿童故事技能训练策略[J].齐齐哈尔师范高等专科学校学报,2009(1):
136-137.

[19] 陈丹辉.幼儿教师语言训练——幼儿文艺作品吟诵及表演[M].北京:高等教育出版社,2010.

[20] 赵贤德,唐善生.演讲语言与欣赏[M].北京:科学出版社,2010.

[21] 刘焕阳.普通话与教师口语艺术[M].北京:高等教育出版社,2010.

[22] 人民教育出版社中学语文室.听话和说话[M].北京:人民教育出版社,2010.

[23] 教育部教育管理信息中心.全国优秀幼儿艺术教育活动课例评析[M].重庆:重庆西南师范大学出版
社,2011.

[24] 教育部教育管理信息中心.全国优秀幼儿科学教育活动课例评析[M].重庆:重庆西南师范大学出版
社,2011.

[25] 教育部教育管理信息中心.全国优秀幼儿语言教育活动课例评析[M].重庆:重庆西南师范大学出版
社,2011.

[26] 晏红.幼儿教师与家长沟通之道[M].北京:中国轻工业出版社,2012.

[27] 普通话水平测试指导用书(河北版)[M].北京:商务印书馆,2012.

[28] 袁增欣.幼师讲故事教学研究[D].石家庄:河北师范大学,2012.

[29] 孙德刚.演讲口才实用全书[M].西安:陕西出版集团太白文艺出版社,2012.

[30] 马宏.幼儿教师口语[M].北京:北京师范大学出版社,2013.

[31] 线亚威,杨桦.幼儿园教师职业道德读本[M].北京:高等教育出版社,2013.

[32] 胡陵,何芙蓉.普通话与幼儿教师口语[M].成都:西南交通大学出版社,2013.

[33] 许嘉璐.古语趣谈[M].北京:中华书局,2013.

[34] 卡迈恩·加洛.乔布斯的魔力演讲[M].葛志福,译.2版.北京:中信出版社,2013.

[35] 隋雯,高昕.幼儿教师口语[M].4版.北京:高等教育出版社,2022.

[36] 朱彩虹.大学生实用口才训练教程[M].北京:清华大学出版社,2014.

[37] 王力.诗词格律[M].北京:中华书局,2014.

[38] 中华书局编辑部.怎样赏诗[M].北京:中华书局,2014.

[39] 王素珍.幼儿教师口语训练教程[M].3版.上海:复旦大学出版社,2020.

[40] 顾明远.多多关注教师的专业化成长[N].中国教师报,2015-1-14(12).